William Easterly es actualmente profesor de economía de New York University. Anteriormente fue durante 16 años Senior Advisor del Banco Mundial. Ha trabajado en muchos países en desarrollo, especialmente en África, América Latina y Rusia. Es uno de los editores del *Journal of Development Economics* y del *Berkeley Electronics Press Journal of Economics and Growth of Developing Areas*.

En busca del crecimiento

En busca del crecimiento. Andanzas y tribulaciones de los economistas del desarrollo

William Easterly

New York University

Traducción de Bernardo Kugler

Universitat Pompeu Fabra

Publicado por Antoni Bosch, editor
Manuel Girona, 61 - 08034 Barcelona
Tel. (+34) 93 206 07 30 - Fax (+34) 93 206 07 31
E-mail: info@antonibosch.com
http://www.antonibosch.com

Título original de la obra:
The Elusive Quest for Growth: Economists' Adventures and Misadventures in the Tropics

ISBN: 84-95348-07-1
Depósito legal: B-16.077-2003

Diseño de la cubierta: Compañía de Diseño
Fotografía de la cubierta: *Young Boy Using a Toy Camera,* 1994
Fotocomposición e impresión: Sisdigraf

Impreso en España
Printed in Spain

Para Debbie, Rachel, Caled y Grace

Contenido

Agradecimientos

Estoy muy agradecido con Ross Levine y Lant Pritchett, que me hicieron comentarios sobre varios borradores y me dieron ideas a lo largo de nuestras múltiples discusiones sobre el crecimiento. También les agradezco sus comentarios a mis editores de MIT Press, a cinco expertos que anónimamente revisaron el texto, a Alberto Alesina, Reza Baqir, Roberta Gatti, Ricardo Hausmann, Charles Kenny, Michael Kremer, Susan Rabiner, Sergio Rebelo, Sergio Schmuckler, Michael Woolcock, a mis coautores en varios de los estudios que he utilizado aquí, de quienes aprendí mucho, incluyendo al fallecido Michael Bruno, a Shanta Devarajan, David Dollar, Allan Drazen, Stanley Fisher, Roumeen Islam, Robert King, Aart Kraay, Paolo Mauro, Peter Montiel, Howard Pack, Jo Ritzen, Klaus Schmidt-Hebel, Lawrence Summers, Joseph Stiglitz, Holger Wolf y David Yuravlivker, a los organizadores de los seminarios sobre crecimiento del National Bureau of Economic Research, que son tan formativos, entre ellos a Robert Barro, Charles Jones, Paul Romer, Jeffrey Sachs y Alwyn Young, y a los muchos participantes en seminarios y clases en Georgetown y en la School of Advanced International Studies de Johns Hopkins, y en los cursos de capacitación donde he presentado secciones del borrador de este libro. Yo soy el único responsable de las opiniones que se presentan aquí.

Prólogo: la búsqueda

El tema de la búsqueda es antiguo. En muchas de sus versiones es la búsqueda de un objeto precioso con propiedades mágicas: el Vellocino de Oro, el Santo Grial, el Elíxir de la Vida. El objeto precioso, en la mayor parte de las historias, resulta esquivo o, cuando finalmente se encuentra, comporta una desilusión. Jasón consiguió el Vellocino de Oro con la ayuda de Medea quien traicionó a su padre; sin embargo, el matrimonio de Jasón y Medea no estuvo libre de problemas. Jasón traicionó a Medea por otra princesa, y Medea se vengó, matando a la nueva amante de Jasón y a sus propios hijos.

Hace cincuenta años, al término de la Segunda Guerra Mundial, los economistas comenzamos nuestra propia búsqueda en pos de la fórmula para que los países pobres del trópico pudieran llegar a ser tan ricos como los países ricos de Europa y América del Norte. Nos motivó en la búsqueda constatar el sufrimiento de los pobres y las comodidades de los ricos. Si nuestra ambiciosa búsqueda acabase teniendo éxito, sería uno de los triunfos intelectuales más grandes de la humanidad.

Tal como los aventureros de antaño, los economistas hemos tratado de dar con el objeto precioso, la clave que permita a los pobres del trópico escapar a sus padecimientos. En diversas ocasiones creímos haber encontrado el elíxir. Los objetos preciosos que ofrecimos, desde la ayuda exterior hasta la inversión en maquinaria, desde promover la educación hasta controlar el crecimiento de la población, desde conceder préstamos condicionados a determinadas reformas hasta renegociar la deuda en términos más favorables. Ninguno de ellos ha dado los resultados prometidos.

Los países pobres que hemos tratado con estos remedios no lograron el crecimiento que esperábamos. La región que recibió el tratamiento más intensivo, el África Subsahariana, no ha crecido nada. América Latina y el Oriente Próximo crecieron por un tiempo para luego desplomarse durante las décadas de 1980 y 1990. Asia del Sur, otro receptor de los cuidados intensivos de los economistas, ha experimentado un crecimiento errático que la mantiene como albergue de una enorme parte de los pobres del mundo. Y más recientemente, Asia Oriental, el brillante éxito tan celebrado, tuvo su propia caída del crecimiento (de la cual algunos de los países, pero no todos, se recuperan ahora). También hemos tratado de aplicar algunos de los remedios tropicales fuera del trópico, a los países del antiguo bloque comunista, con resultados fallidos.

Así como las pretensiones de quienes clamaron haber encontrado el elíxir de la vida resultaron fútiles, los economistas también hemos propuesto con demasiada frecuencia fórmulas que violan un principio básico de la economía. El problema no ha sido que fallara la ciencia económica, sino que en las políticas económicas propuestas se ignoraron algunos de los principios de la economía. ¿A qué principio básico de la economía me refiero? En palabras de un anciano erudito, "la gente hace aquello para lo cual le pagan; aquello para lo cual no le pagan, no lo hace". Un magnífico libro de Steven Landsburg, *The Armchair Economist* destila el principio más concisamente: "La gente responde a los incentivos, lo demás es nota a pie de página".

Los economistas hemos investigado durante las últimas dos décadas cómo el crecimiento económico responde a los incentivos. Hemos analizado con detalle la manera cómo la empresa privada y los individuos responden a los incentivos, cómo los gobernantes responden a los incentivos, e incluso cómo los donantes de ayudas responden a los incentivos. Estas investigaciones ponen de manifiesto que el crecimiento económico de una sociedad no siempre sirve los intereses individuales de gobernantes, donantes, empresas u hogares. Con frecuencia, los incentivos llevan a todos ellos hacia direcciones improductivas. Esta investigación esclarece, habiéndose beneficiado de poder tener una visión retrospectiva, lo lamentablemente mal orientadas que resultaron estar las panaceas propuestas —algunas de las cuales siguen vigentes— para el crecimiento económico del trópico.

Para que la gente encuentre la forma de pasar de la pobreza a la riqueza debemos siempre tener presente que la gente hace aquello para lo cual le pagan. Si cumplimos con el deber de garantizar que la trinidad compuesta por los donantes del Primer Mundo, los Gobiernos del Tercer Mundo y los ciudadanos del Tercer Mundo, tenga los incentivos correctos, el desarrollo económico tendrá lugar. Si no los tiene, no ocurrirá. Veremos que frecuentemente la trinidad no ha tenido los incentivos correctos, aplicándose fórmulas que violaban este principio básico de la economía, de modo que el crecimiento esperado no ha tenido lugar.

Esta es una historia triste, pero una en la cual asoma un atisbo de esperanza. Tenemos actualmente suficiente evidencia estadística para entender por qué las panaceas fallaron y cómo políticas económicas fundamentadas en ofrecer los incentivos adecuados pueden funcionar. Con los incentivos adecuados los países pueden cambiar e iniciar el camino de la prosperidad. Aunque no será fácil que esto ocurra puesto que no lo es dar con los incentivos adecuados. Veremos cómo los incentivos de donantes, Gobiernos y ciudadanos se entrelazan hasta formar una compleja red difícil de desmadejar.

Peor aún, existe actualmente una creciente frustración con nuestros fracasos. Manifestantes desde Seattle hasta Génova piden que se abandone del todo la búsqueda de una solución. Esto sería un error. Mientras haya naciones pobres que sufren enfermedades, opresión y hambre, como lo describo en la primera parte del libro, y mientras el esfuerzo del intelecto humano pueda concebir formas para reducir su miseria, la búsqueda debe seguir.

Tengo cuatro observaciones para hacer antes de comenzar. En primer lugar, lo que digo aquí es mi opinión personal y no la del que hasta hace poco fue mi empleador, el Banco Mundial. Ocasionalmente soy crítico de lo que el Banco ha hecho en el pasado. Una cosa que admiro del Banco Mundial es que alienta la presencia de tábanos como yo para que ejerciten su libertad intelectual, y que no coarta el debate interno sobre sus políticas económicas.

En segundo lugar, no voy a hablar sobre el medio ambiente. Traté de hacerlo en versiones iniciales de este libro, pero encontré que no podía decir nada interesante. La forma como el crecimiento afecta al medio ambiente es un asunto muy debatido, pero esto sería objeto de un libro diferente. La mayor parte de los economistas cree que cualquier efecto negativo del crecimiento sobre el medio ambiente puede mitigarse con políticas ambientales sensatas como, por ejemplo, hacer que los contaminadores paguen los costes de sus efectos nocivos sobre el bienestar humano, de modo que no se tenga que llegar a detener el crecimiento económico para preservar el medio ambiente. Esto es lo mejor, porque parar el crecimiento económico sería una pésima noticia para los pobres del mundo, como veremos en el primer capítulo.

En tercer lugar, no pretendo presentar un panorama general de toda la investigación sobre crecimiento que los economistas han hecho en los últimos tiempos, y que se ha inspirado en los trabajos del profesor Paul Romer de la Stanford Business School y del premio Nobel Robert Lucas. Aunque no hay aún consenso sobre algunos aspectos del debate, pienso que la evidencia sobre otros es decisiva. Trato de seguir el hilo de las investigaciones directamente relacionadas con los esfuerzos de los economistas por comprender cómo hacer más ricos a los países pobres del trópico.

Cuarto, voy a insertar instantáneas de la vida cotidiana del tercer mundo, interludios, entre los capítulos para que recordemos que tras la búsqueda del crecimiento están las dichas y desdichas de gente real, la razón de ser de esta búsqueda.

I

Por qué es importante el crecimiento

Tras haberme ungido como experto en países pobres, las diferencias entre las vidas de los pobres y de los ricos proporcionan la motivación para proseguir mi carrera. A los expertos no es que nos interese el aumento del producto interno bruto en sí mismo. Nos importa porque mejora la situación de los pobres y reduce su número. Nos importa porque cuando la gente es más rica puede alimentarse mejor y comprar los medicamentos que sus hijos necesitan. En esta parte del libro, examinamos los datos sobre el crecimiento y la reducción de la pobreza.

1. Ayudar a los pobres

Cuando veo a otro niño comiendo, lo miro, y si no me da algo pienso que voy a morirme de hambre.

—Un niño de diez años en Gabón, 1997.

Mientras escribo este capítulo me encuentro en Lahore, una ciudad de 6 millones de personas en Pakistán, a donde he hecho un viaje para el Banco Mundial. La semana pasada viajé, acompañado de un guía, al pueblo de Gulvera no muy lejos de Lahore. Entramos en el pueblo por una carretera pavimentada pero increíblemente estrecha por la cual el chófer conducía a máxima velocidad, excepto en las frecuentes ocasiones en que el ganado se atravesaba por el camino. Después de un trecho, el camino era sólo de tierra, bordeado muy de cerca de ambos lados por casas. Cuando el camino parecía haberse acabado, el guía le mostró al chófer cómo podía virar a la derecha para seguir a campo traviesa y llegar nuevamente a otro camino de tierra que estaba aún en peores condiciones. No quiero ni pensar qué ocurre con esos caminos durante la estación lluviosa.

El "camino" nos llevó directo al centro comunitario de la aldea donde había unos hombres, jóvenes y ancianos (nada de mujeres, sobre esto ya volveré). La aldea olía a boñiga. Los hombres que nos esperaban en la construcción de ladrillo y cemento fueron muy hospitalarios, nos saludaron tomando nuestra mano derecha entre sus dos manos y nos invitaron a sentarnos en unas sillas de mimbre. Nos dieron cojines para que estuviésemos cómodos. Nos sirvieron una bebida de lassi, algo como una mezcla de yogur y leche. La jarra de lassi estaba totalmente cubierta de moscas, pero en todo caso me bebí mi lassi.

Los hombres contaron que durante la semana trabajaban todo el día en el campo y que venían al centro comunitario por la tarde para jugar a cartas y conversar. Las mujeres no podían venir porque, según ellos, aún tenían trabajo que tenían que acabar por la noche. Nubes de moscas zumbaban por todo el lugar y algunos de los hombres presentaban ulceraciones en sus piernas.

Había un joven muy digno llamado Dino a quien los demás mostraban reverencia. La mayor parte de los hombres estaban descalzos y lucían unas largas túnicas llenas de polvo. Una multitud de niños rondaban afuera mirándonos —sólo varones, ninguna niña.

Le pregunté a Dino cuáles eran los principales problemas de Gulvera y me contestó que estaban contentos que les hubieran instalado la electricidad hacía seis meses. Imagínense, poder disfrutar de la electricidad después de las generaciones que tuvieron que vivir en medio de la oscuridad. Estaban contentos de tener una escuela para varones, pero aún les faltaban muchas cosas: la escuela de niñas, un doctor, alcantarillado (todos los residuos se arrojaban a un estanque de agua pestilente ubicado junto al centro comunitario), teléfonos, carretera pavimentada. Las malas condiciones sanitarias y la falta de servicio médico en aldeas como Gulvera pueden ayudar a explicar por qué cien de cada mil niños mueren en Pakistán antes de llegar al primer año de vida.

Le pedí a Dino que visitásemos una casa. Fuimos a la casa de su hermano, que era de adobe con suelos de tierra. Tenía dos habitaciones pequeñas en las cuales vivían, y también establos para el ganado, un horno exterior de boñiga seca, boñiga de ganado apilada para secarla y una bomba manual de agua conectada a un pozo. Los niños que andaban por todos los lados junto a algunas niñas finalmente incluidas nos miraban inquisitivamente y con curiosidad. Dino dijo que su hermano tenía siete críos. El mismo Dino tenía seis hermanos y siete hermanas. Los hermanos vivían todos en la aldea pero las hermanas habían contraído matrimonio y se habían ido a otros pueblos. Las mujeres de la casa estaban cerca de las habitaciones, pero no nos fueron presentadas.

Los derechos de la mujer aún no llegan a las zonas rurales de Pakistán, como lo reflejan las siguientes sombrías estadísticas: hay 108 hombres por cada 100 mujeres, mientras que en los países ricos hay más mujeres que hombres ya que aquéllas tienen mayor longevidad. En Pakistán se da lo que el premio Nobel Amartya Sen llama "las mujeres que faltan", lo cual refleja la existencia de discriminación contra las mujeres en términos de nutrición, atención sanitaria o, incluso, infanticidio femenino. La opresión de las mujeres toma a veces carices violentos. En la prensa de Lahore apareció la historia de un hombre que mató a su hermana para preservar el honor familiar, pues sospechó que ella había tenido una aventura ilícita.

La violencia en las zonas rurales de Pakistán está generalizada a pesar de una aparente tranquilidad como la que se aprecia en Gulvera. Otra historia en la prensa de Lahore hablaba de una disputa en una aldea en la cual una familia había matado a siete miembros de otra familia. Bandidos y secuestradores acechan a los viajeros en sectores rurales del país.

En el camino de regreso al centro comunitario nos topamos con un grupo de muchachos que jugaban con unas nueces, tratando de pegar con una de ellas a las otras. Dino nos invitó a comer, pero nos excusamos (yo no quería utilizar una parte de su escasa comida), nos despedimos y nos fuimos. Un nativo que se vino con nosotros para dar un paseo nos contó durante el viaje que había puesto dos cocineros especialmente para prepararnos la comida. Me sentí mal de no haber aceptado.

Llegamos a unos terrenos donde cuatro hermanos habían agrupado sus residencias en una especie de aldea y seguimos la misma ceremonia: los hombres nos saludaron cálidamente con sus dos manos y nos sentaron en bancas de mimbre. No había mujeres por ningún lado. Había aun más niños que en Gulvera y eran más desinhibidos, la mayoría varones pero esta vez sí, unas pocas niñas. Nos rodearon para observar todo lo que hacíamos y se carcajeaban frecuentemente cuando hacíamos algo que les parecía extraño. Los hombres nos sirvieron una sabrosa infusión dulce de consistencia. Vi a una mujer asomarse desde dentro de la casa pero desapareció en cuanto la miré.

Nos fuimos a la vivienda de uno de los hermanos donde vimos muchas mujeres observándonos desde las puertas de sus habitaciones. Los hombres nos mostraron la vasija que utilizaban para preparar la mantequilla y el yogur. Uno de los hombres trató de mostrarnos cómo se hacía, pero no pudo pues en realidad era trabajo de mujeres, ante lo cual los niños se morían de risa. Los hombres nos hicieron probar la mantequilla y explicaron que la derretían para hacer *ghee* —una mantequilla aclarada— ingrediente importante en su cocina. Dijeron que el *ghee* da vigor y nos dieron a probar. Parecía que su dieta usaba principalmente productos lácteos.

Al preguntarles sobre sus problemas, comentaron que la electricidad había llegado el mes anterior y que tenían los mismos problemas que en Gulvera: falta de teléfono, de agua corriente, de médico, de alcantarillado, de caminos. No era que estuviésemos en medio de la selva, pues estábamos solamente a un kilómetro del camino a Lahore. Eran pobres, pero comparados con los campesinos de las aldeas más remotas del país estaban bastante bien. El camino a su mini aldea era un sendero con medio carril de adoquines hechos por ellos mismos.

La mayor parte de la gente de Pakistán es pobre: el 86 por ciento vive con menos de dos dólares diarios y el 31 por ciento vive en un nivel de pobreza extrema con menos de un dólar diario. La mayor parte de la gente del mundo vive en países pobres, como Pakistán, donde hay gente que, incluso cerca de las grandes ciudades, vive en la pobreza y aislados. La mayor parte de la población mundial vive en países pobres donde las mujeres son oprimidas, demasiados bebés mueren y demasiada gente no tiene suficiente comida. Nos interesa que los países pobres crezcan porque el crecimiento mejora la vida de la gente pobre, como la de Gulvera. El crecimiento económico libera a los pobres del hambre y las enfermedades. El crecimiento del PIB se traduce en mayores ingresos para los más pobres entre los pobres, lo cual los saca de la pobreza.

Las muertes de los inocentes

La tasa típica de mortalidad infantil en los países del quintil más rico es de 4 por cada 1.000 nacimientos; en los países del quintil más pobre es de 200 por cada 1.000. Los padres en los países más pobres tienen una probabilidad cincuenta veces mayor que la de los padres de los países ricos de conocer la pena, en lugar de la dicha, del nacimiento de un bebé. Investigadores han encontrado que una reducción del ingreso del 10 por ciento está asociada con una tasa de mortalidad infantil un 6 por ciento más alta. [1]

Las mayores tasas de mortalidad de los bebés en los países más pobres reflejan, entre otras cosas, que hay mayores tasas de enfermedades contagiosas, frecuentemente de fácil prevención, como la tuberculosis, la sífilis, la diarrea, la poliomielitis, el sarampión, el tétanos, la meningitis, la hepatitis, la enfermedad del sueño, la esquistosomiasis, la ceguera de río, la lepra, la tracoma, lombrices intestinales, e infecciones respiratorias del tracto inferior. [2] A niveles más bajos de ingreso, la enfermedad es más peligrosa porque hay menos conocimiento médico, inferior nutrición y menos acceso a servicios de salud.

Dos millones de niños mueren cada año en el mundo deshidratados por la diarrea.[3] Otros dos millones mueren cada año de tos ferina, poliomielitis, difteria, tétanos y sarampión.[4]

Tres millones de niños mueren anualmente de neumonía bacteriana. El hacinamiento en la vivienda y el humo en ella proveniente del cigarrillo o la leña hacen más probable la incidencia de la neumonía en los niños. La incidencia de neumonía también es más probable entre niños desnutridos que entre aquellos bien alimentados.[5] La neumonía bacteriana se cura con un tratamiento de antibióticos de cinco días como, por ejemplo, el cotrimoxazol, que cuesta 25 centavos de dólar.[6]

Entre 170 millones y 400 millones de niños se infectan cada año con parásitos intestinales, diversos tipos de lombrices, que afectan la percepción, causan anemia e impiden el crecimiento.[7]

La deficiencia de yodo causa el bocio —inflamación de la tiroides— y reduce la capacidad mental. Cada año cerca de 120.000 niños sufren durante su primer año de vida retraso mental y parálisis causados por deficiencia de yodo. Un diez por ciento de la población del mundo, tanto adultos como niños, padece el bocio.[8]

La deficiencia de vitamina A causa ceguera en cerca de medio millón de niños y contribuye a causar la muerte de cerca de 8 millones de niños cada año.[9] Esto no es independiente de las otras enfermedades mencionadas, pues hace más probable morir por diarrea, sarampión y neumonía.

Los medicamentos que permitirían el alivio de estas enfermedades son, a veces, sorprendentemente baratos, hecho que Unicef utiliza frecuentemente para dramatizar la enormidad de la pobreza que sufren estas desdichadas personas. Una terapia de hidratación oral que cuesta menos de 10 centavos por dosis, puede aliviar la deshidratación.[10] Las vacunas contra la tos ferina, la poliomielitis, la difteria, el sarampión y el tétanos cuestan unos quince dólares por niño.[11] La vitamina A puede incorporarse a la dieta a través de la sal o el azúcar o administrando cada seis meses una cápsula que cuesta 2 centavos.[12] Poner yodo en la sal para aliviar la deficiencia de yodo cuesta unos 5 centavos por beneficiario por año.[13] Los parásitos intestinales se curan con medicamentos baratos como el albendozal y el prasicuantel.[14]

Más ricos y más sanos

Lant Pritchett, de la Escuela Kennedy de Harvard, y Larry Summers, ex secretario del Tesoro de Estados Unidos, encontraron que había una asociación estrecha entre crecimiento económico y cambios en la mortalidad infantil. Confirmaron que un tercer elemento que se mantuviese inmutable a lo largo del tiempo, como por ejemplo "la cultura" o "las instituciones", no podía explicar simultáneamente los cambios en los ingresos y en la mortalidad infantil. Más aún, concluyeron que el aumento de los ingresos causaba la caída de la mortalidad infantil y no al contrario. Para ello, utilizando un argumento de tipo estadístico que volveremos a ver más adelante, observaron algunos aumentos del ingreso, como los debidos a aumentos de los precios de las exportaciones, que probablemente no tienen por qué estar relacionados con la mortalidad. Rastrearon el efecto de estos aumentos de los ingresos y encontraron que incluso éstos tenían un efecto sobre la reducción de la mortalidad infantil. Si un aumento de un tipo de ingreso que no puede ser afectado por los cambios en la mortalidad, está aún asociado con una caída de la mortalidad, esto sugiere que la relación de causalidad está en la dirección en que son los aumentos de los ingresos los que están causando una mortalidad reducida.

Los resultados de Pritchett y Summers, si se toman literalmente, significan una enorme influencia del crecimiento económico sobre las muertes de los niños. Si el crecimiento en África hubiese sido un punto porcentual y medio más alto de lo que fue durante la década de los ochenta se hubiese evitado la muerte de cerca de medio millón de niños en el año 1990.

Los más pobres entre los pobres

Las estadísticas presentadas hasta ahora son promedios nacionales. Tras los promedios, aun del país más pobre, hay también variaciones regionales. Malí es uno de los países más pobres de la tierra. El campo a lo largo del río Níger y alrededor de Tomboctú es una de las regiones más pobres de Malí, y por tanto, uno de los sitios más pobres de la tierra. En 1987 cuando se hizo una encuesta, ésta mostró que aunque más de un tercio de los niños había tenido diarrea durante las anteriores dos semanas, muy pocos de ellos estaban bajo tratamiento de una sencilla y barata terapia de hidratación. Ningún niño había sido vacunado contra la difteria, tos ferina o fiebre tifoidea. Cuarenta y un por ciento de los niños nacidos no llega a vivir hasta los cinco años de edad, tres veces la mortalidad en Bamako, la capital, y una de las tasas más altas de mortalidad que jamás se haya registrado.[15]

Así como en Tombuctú, hay otras regiones y grupos de personas en lo más hondo de la pirámide que son despreciados incluso por otros pobres. "En Egipto eran los *madfoun* —los enterrados o enterrados vivos; en Ghana, los *ohiabrubro* —los miserablemente pobres, sin trabajo, enfermos sin nadie que los cuidase; en Indonesia, los *endek arak tadah*; en Brasil, los *miseraveis* —los desposeídos; en Rusia, los *bomzhi* —sin hogar; en Bangladesh, los *ghino gorib* —los despreciables pobres". En Zambia describen así a los *baladana sana* o los *bapina*: "les falta la comida, comen una o dos veces; mala higiene, llenos de moscas, no tienen con que cubrir los costos de la escuela o de la sanidad, llevan una vida miserable, llevan ropa pobre y sucia, carecen de servicios sanitarios y agua, se ven como locos y se alimentan de batatas y verduras". En Malaui, los más pobres eran los *osaukitsita* "principalmente hogares con el cabeza de familia anciano o enfermo, minusválidos, huérfanos y viudas". Algunos eran descritos como *onyentchera*, "los pobres débiles, flacos, cortos de estatura, de cabello fino, cuerpos que no brillan ni aun recién bañados, frecuentemente enfermos y con falta severa de comida".[16]

La comida

La alta mortalidad de los países más pobres refleja también el continuo problema del hambre. La ingestión diaria de calorías en los países del quintil más pobre es la tercera parte de lo que es en los países del quintil más rico.

Mientras una cuarta parte de los países más pobres ha padecido alguna hambruna durante las últimas tres décadas, ninguno de los países más ricos tuvo ninguna. En los países más pobres como Burundi, Madagascar y Uganda, cerca de la mitad de los niños menores de tres años son anormalmente pequeños por causa de deficiencias nutricionales.[17]

Una familia de la India que residía en una choza con techo de paja rara vez "comía dos comidas completas por día. El almuerzo se terminaba masticando un poco de caña de azúcar. De vez en cuando probarían 'sattu' (hecho de harina), legumbres (granos secos), patatas, etc. Pero sólo en ocasiones especiales".[18]

En Malaui, las familias más pobres "quedan sin comida durante 2 o 3 días y hasta toda una semana... y sólo pueden cocer unas legumbres para una comida... algunas familias comen únicamente salvado de maíz amargo (*gaga/deya owawa*) y polvo de *gmelina* mezclado con un poco de harina de maíz especialmente durante los meses de escasez, enero y febrero".[19]

La opresión de los pobres

Ocasionalmente las sociedades pobres padecen de alguna forma de esclavitud a través del endeudamiento. Para tomar un ejemplo, observadores en India informan sobre "un ciclo vicioso de endeudamiento por medio del cual un deudor termina trabajando para un prestamista como sirviente de su casa o peón de su granja... la deuda se va acumulando por los altos intereses, ausencias por enfermedad y gastos de comida y habitación".[20]

Las minorías étnicas son particularmente propensas a ser víctimas de opresión. En Pakistán, en 1993, la comunidad bengalí de Rhemanabad en Karachi "había sido víctima de desalojos y arrasamientos y al volver al asentamiento para construir alojamientos temporales de caña y sacos fue víctima de los especuladores de la tierra, la policía y los políticos locales".[21]

Los niños pobres son particularmente vulnerables a la opresión. El 42 por ciento de los niños entre 10 y 14 años de edad trabajan en los países pobres, mientras que en los países ricos lo hacen el 2 por ciento. Aunque la mayoría de los países tienen leyes que prohíben el trabajo infantil, el Departamento de Estado de Estados Unidos considera que la mayoría de ellos no las hacen cumplir. Mientras que el 88 por ciento de los países pobres cae en esta categoría, ello no ocurre con ninguno de los países ricos.[22] Por ejemplo, esta es la historia de Pachawak en el Estado occidental de Orissa en la India: "Pachawak abandonó la escuela en el tercer grado luego que su maestro le propinase severos azotes. Desde entonces ha estado haciendo trabajo para diversas familias ricas. Su padre posee una parcela de media hectárea y se emplea como trabajador. Su hermano de once años de edad también comenzó a trabajar como siervo cuando la familia tuvo que endeudarse para la boda del hijo mayor. El sistema está íntimamente ligado al crédito, ya que muchas familias se endeudan con los terratenientes quienes, en lugar de la obligación financiera, se quedan con los niños como 'kuthia'. Pachawak trabajaba como pastor de seis de la mañana a seis de la tarde y recibía en pago entre dos y cuatro sacos de arroz por año, dos comidas diarias y un *lungi* [una tela para envolverse]".

Un tipo de trabajo infantil particularmente ofensivo es la prostitución infantil. En Benin, por ejemplo, "las niñas carecen de otra alternativa a prostituirse, comenzando a los 14 años de edad y a veces incluso a los 12. Lo hacen por 50 francos africanos o simplemente por una cena".[23]

Otra ocupación particularmente peligrosa para los niños de países pobres es la guerra. Hasta 200.000 niños soldados entre seis y dieciséis años de edad participaron en guerras en países pobres tales como Myanmar, Angola, Somalia, Liberia, Uganda y Mozambique.[24]

Las mujeres también son vulnerables a la opresión en los países pobres. Según la *Human Rights Guide* de Charles Humana, más de cuatro quintos entre los países del quintil más rico mantienen la igualdad social y económica de las mujeres la mayor parte del tiempo, mientras que ninguno de los países del quintil más pobre proporciona igualdad económica y social a las mujeres.[25] En Camerún, "las mujeres en algunas regiones requieren del permiso del esposo, el padre o el hermano para salir. Además, un esposo o hermano tiene acceso a la cuenta bancaria de la mujer, no así viceversa". Una encuesta realizada en 1997 en Jamaica reveló que "en todas las comunidades, pegar a las mujeres se percibe como un fenómeno de la vida cotidiana". En el Cáucaso, en Georgia, "las mujeres confesaron que frecuentemente en las disputas familiares acababan recibiendo golpes". En Uganda, en 1998 al preguntar a las mujeres "¿qué tipo de trabajo hacen los hombres aquí?", ellas reían y contestaban "comer y dormir, despertarse y seguir bebiendo de nuevo".[26]

El crecimiento y la pobreza

Martin Ravallion y Shaohua Shen, colegas míos en el Banco Mundial, consiguieron datos sobre cada periodo para el cual hubo crecimiento económico y cambios en la pobreza durante el intervalo comprendido entre los años 1981 y 1999. Sus datos provienen de encuestas nacionales de ingresos y gastos familiares. Con el objeto de excluir cambios espurios debidos a cambios de definiciones, los investigadores se limitaron a los casos en los cuales la metodología de las encuestas se mantuvo igual a lo largo del periodo examinado. Obtuvieron así 154 periodos de cambio en 65 países en desarrollo.

Ravallion y Chen definen pobreza en términos absolutos para cada país, como la proporción de personas que tienen un ingreso de menos de 1 dólar por día, al comienzo de cada periodo que se analiza. El umbral de pobreza se mantiene fijo a lo largo de todo el análisis y la pregunta que se hace es: ¿en qué medida el crecimiento económico cambió la proporción de gente bajo el umbral de pobreza?

Su respuesta fue muy clara: el crecimiento rápido iba a la par con una rápida reducción de la pobreza, y las contracciones económicas aparecían junto con aumentos de la pobreza. A continuación, se resumen los resultados de Ravallion y Chen. Para ello se divide el número de episodios en cuatro grupos iguales, desde el de mayor crecimiento hasta el de mayor declive y se compara el cambio en pobreza entre unos y otros:[27]

	Cambio porcentual anual del ingreso promedio	**Cambio porcentual anual de la tasa de pobreza**
Contracción fuerte	-9,8	23,9
Contracción moderada	-1,9	1,5
Expansión moderada	1,6	-0,6
Expansión fuerte	8,2	-6,1

Los aumentos de la pobreza fueron muy acentuados en los países con severas contracciones de su economía —principalmente países de Europa Oriental y Asia Central. Fueron países cuya economía padeció la caída del antiguo sistema comunista y siguió declinando mientras se construía un nuevo sistema. Algunas de estas contracciones que aumentaron la pobreza ocurrieron también en África. Por ejemplo, la pobreza se disparó con ocasión de severas recesiones que ocurrieron en Zambia, Malí y Costa de Marfil.

Los países con un crecimiento positivo del ingreso tuvieron una reducción en la proporción de personas bajo el umbral de pobreza. El crecimiento les llegó a los pobres, por ejemplo, en Indonesia donde la renta media creció un 76 por ciento entre 1984 y 1996 y la proporción de pobres en 1993 pasó a ser el 75 por ciento de lo que había sido en 1984. (Un lamentable retroceso tuvo lugar con la crisis indonesia ocurrida de 1997 a 1999, durante la cual la renta media cayó un 12 por ciento y la tasa de pobreza se disparó en un 65 por ciento, confirmando otra vez que ingreso y pobreza se mueven juntos).

Mirándolo en retrospectiva, nada de esto parece sorprendente. Para que la pobreza se agravase con el crecimiento económico, la distribución del ingreso tendría que hacerse mucho más desigual al aumentar la renta. No existe evidencia de que deterioros tan desastrosos en la desigualdad del ingreso ocurran al aumentar la renta media. En las cifras de Ravallion y Chen, por ejemplo, los índices de desigualdad no muestran ninguna tendencia ya sea de deterioro o de mejoramiento con el crecimiento económico. Si el nivel de desigualdad se mantiene aproximadamente igual, el ingreso de los pobres y el de los ricos sube o baja simultáneamente.

Mis colegas del Banco Mundial, David Dollar y Aart Kraay, encontraron precisamente esto. Un aumento del 1 por ciento en el ingreso medio de la población se traduce en un aumento del 1 por ciento en el ingreso del quintil más pobre. Con el uso otra vez de técnicas estadísticas que permiten identificar la dirección de causalidad, encontraron que un aumento del 1 por ciento en el ingreso per cápita *causa* un aumento del 1 por ciento en el ingreso de los pobres.[28]

Existen dos maneras cómo los pobres pueden mejorar su situación: se puede redistribuir el ingreso de los ricos hacia los pobres o se puede, con el crecimiento económico, aumentar tanto el ingreso de los pobres como el de los ricos. Los resultados de Ravallion y Chen y de Dollar y Kraay sugieren que, en promedio, el crecimiento ha ayudado a los pobres más que la redistribución.

El comienzo de la búsqueda

La reducción del hambre, la mortalidad, y la pobreza a medida que el PIB per cápita sube a lo largo del tiempo nos motiva en nuestra búsqueda de la clave del crecimiento. La pobreza no es sólo un PIB bajo; son los bebés que mueren, los niños hambrientos, y la opresión de las mujeres y los desposeídos. El bienestar de la próxima generación de los países pobres depende del éxito de nuestra búsqueda para hacer más ricos a los países pobres. Pienso de nuevo en la mujer que vi asomándose en una casa en una aldea de Pakistán. A esta mujer desconocida le dedico la búsqueda de ese esquivo crecimiento, en este duro viaje al trópico que economistas de países ricos y pobres emprendemos para hacer más ricos a los países pobres.

Interludio: En busca de un río

En 1710 un joven inglés de quince años llamado Thomas Cresap desembarcó en el puerto Havre de Grace de Maryland, Estados Unidos. Thomas inmigraba a América desde Yorkshire en el norte de Inglaterra.[1]

Thomas sabía bien qué quería de América: un pedazo de tierra a la orilla de un río. La tierra a orillas de los ríos era fértil para los cultivos y el río permitía transportar los productos al mercado. Se asentó junto al río Susquehanna que pasaba por Havre de Grace.

Sabemos de Thomas década y media más tarde. En 1727 se casó con Hanna Johnson y después cayó en mora de una deuda de nueve libras esterlinas.[2] *Thomas luchaba para poder sostener a Hanna y a su primer hijo, Daniel, que había nacido en 1728. Thomas y Hanna vivieron en carne propia la crisis sanitaria de la América de la época ya que dos de sus hijos fallecieron en su infancia.*

Thomas decidió trasladarse con el fin de escapar de sus acreedores. En su siguiente intento por conseguir tierra a orillas de un río, alquiló unas tierras del padre de George Washington junto al río Potomac del lado del Estado de Virginia, cerca de lo que hoy en día es Washington D.C., y comenzó a construir una cabaña con troncos de árbol. Pero era un forastero y cuando estaba talando los árboles para su cabaña, un grupo de vecinos armados le recomendó que se fuese a investigar las oportunidades de encontrar vivienda en otra parte. Thomas, sin pensárselo dos veces, utilizó su hacha para matar a uno del grupo, tras lo cual regresó a Maryland para hacer la mudanza y comentarle a Hanna sobre sus nuevos vecinos. Dice la crónica que, "por alguna razón ella no quiso irse".[3]

Decidieron que más bien se mudarían a Pensilvania y, en marzo de 1730, se asentaron aguas arriba del Susquehanna cerca de lo que hoy es Wrightsville. Thomas pensó que, finalmente, había encontrado su hogar a orillas del río, pero nuevamente tuvo problemas con sus vecinos de Pensilvania. Lord Baltimore, el dueño de Maryland, y William Penn, el propietario de Pensilvania, tenían una disputa de límites entre sus colonias y Thomas se alineó con el que a la postre resultaría ser el bando perdedor. Lord Baltimore le había cedido ochenta hectáreas de tierra a orillas del río en Pensilvania por las que pagaba un alquiler de dos dólares al año. Parecía un buen arreglo excepto que la tierra no pertenecía a Baltimore y los de Pensilvania decidieron expulsar a los de Maryland.

En octubre de 1730, dos de los de Pensilvania emboscaron a Thomas, le golpearon en la cabeza y lo tiraron al río Susquehanna. De alguna manera Thomas se las arregló para nadar hasta la orilla. Acudió a pedir justicia ante el juzgado más cercano de Pensilvania donde el juez le informó que los oriundos de Maryland no tenían derecho a obtener justicia en las Cortes de Pensilvania.[4]

Pocas horas después de oscurecer, el 29 de junio de 1733, una turba de veinte lugareños de Pensilvania rodearon la casa de Thomas y le conminaron a que se entregara con el fin de colgarlo. Thomas estaba dentro con otros seguidores leales a Maryland, su hijo Daniel y Hanna que estaba embarazada de ocho meses de Thomas, hijo. Cuando la turba tumbó la puerta, Thomas disparó hiriendo a uno de los agresores, quienes a su vez habían herido a uno de los hijos de los leales a Maryland. Finalmente, los agresores emprendieron la retirada.

La batalla siguiente ocurrió un año más tarde, en enero de 1734, cuando el comisario del condado de Lancaster envió un escuadrón para que arrestase a Thomas. El escuadrón tumbó nuevamente la puerta y Thomas abrió fuego. Uno de los hombres de Thomas hirió a uno de los atacantes, Knoles Daunt. Los de Pensilvania le pidieron a Hanna una vela para poder curar la herida de la pierna de Daunt. A lo que la amable Hanna contestó que mejor que la herida " hubiese sido en el corazón".[5] Knoles Daunt falleció después a causa de sus heridas. Este grupo tampoco pudo capturar a Thomas.

Finalmente, en noviembre de 1736, un nuevo comisario del condado de Lancaster decidió resolver el problema de Thomas Cresap. A la medianoche del 23 de noviembre el comisario con un escuadrón bien pertrechado compuesto por veinticuatro personas fue a entregarle a Thomas la orden de arresto por el asesinato de Knoles Daunt. Golpearon a la puerta de la casa de los Cresap, donde estaba reunido el grupo habitual compuesto por partidarios de Maryland y por la familia —y con Hanna de nuevo embarazada, esta vez del tercer hijo. Thomas les preguntó a estos pacíficos cuáqueros de Pensilvania qué diablos querían " los malditos cuáquero hijos de puta".[6] Resulta que querían quemar la casa de Thomas. Los leales a Maryland huyeron de la casa en llamas y los de Pensilvania capturaron por fin a Thomas.[7]

A Thomas le pusieron grilletes y se lo llevaron a una cárcel en Filadelfia (ciudad que Thomas llamaba "uno de los poblados más bellos de Maryland") donde pasó un año. Los guardas lo sacaban a veces para que tomara aire fresco, como una vez que lo exhibieron ante una turba enardecida de Filadelfia como el " monstruo de Maryland".

Finalmente, los partidarios de Thomas lograron la libertad del monstruo de Maryland tras enviar una petición al rey en Londres. Como ya había gozado lo bastante de la hospitalidad de Pensilvania, Thomas montó a su familia en un carro y los llevó de regreso a Maryland a lo que, hoy en día, es Oldtown, ubicado junto al Potomac. Llegaron justo a tiempo para que Hanna diese a luz a su quinto, y último, hijo, Michael.

Thomas siguió peleándose con sus vecinos, uno de los cuales anotó que " Cresap es una persona resentida y amarga".[8] Pero esta vez las disputas no llegaron a convertirse en batallas y Oldtown se convirtió en su hogar para el resto de sus días.[9] Construyó su casa en un alto sobre el aluvión del Potomac que era una buena tierra para la agricultura. Desgraciadamente, esta propiedad a orillas del río no disponía de medios de transporte pues el río sólo se hacía navegable 250 kilómetros más abajo, en Georgetown. Un Potomac que no era navegable se convirtió en el combustible que alimentó la obsesión permanente de Thomas con el transporte.

Durante la década de 1740, Thomas formó parte de un grupo de inversores, que incluía a la familia Washington, que exploró la posibilidad de construir un canal junto a los tramos no navegables del Potomac. El proyecto, sin embargo, no se llevó a cabo por la amenaza de guerra con los franceses. El canal, finalmente, fue construido muchos años más tarde, a comienzos del siglo siguiente.

Canales y ríos eran muy necesarios para el transporte puesto que los caminos coloniales se hacían a menudo intransitables debido al fango y, cuando estaban secos, tenían enormes baches. Para aliviar el sufrimiento de conductor y pasajeros, el whisky circulaba generosamente durante el viaje. " Los caballos estaban sobrios", comentaba un pasajero con alivio.[10]

Imposible la navegación, Thomas se dedicó a construir sus propios caminos. Sus criterios de calidad eran, sin embargo, más bien bajos. Su idea de hacer un camino era simplemente remover algunos de " los mayores obstáculos".[11] *Un hijo de su antiguo arrendador y compañero de inversiones, George Washington, pasó por allí en un viaje de reconocimiento. Describió el camino que llevaba a la propiedad de Thomas Cresap como el " peor que jamás haya hollado hombre o bestia alguna".*[12]

Si Thomas creía que marchándose a una frontera remota lograba escapar de las disputas por los límites de sus fincas, estaba equivocado, pues ahora se encontraba en medio de la mayor guerra de su vida, la guerra entre franceses e ingleses que tuvo lugar entre 1754 y 1763.

La guerra comenzó, en parte, porque Thomas (y otros colonos ingleses) no estaban satisfechos con sus tierras de aluvión fluvial y miraban hacia occidente, donde a lo largo del río Ohio, que si era navegable, había tierra mucho más fértil. Thomas se unió a los Washington y a otros virginianos en una operación de apropiación de tierras junto al río Ohio que se bautizó como Ohio Company y que tuvo poca consideración por los propietarios reales de la tierra, los indios Shawnee y Mingo. Cuando la Ohio Company trató de construir un puesto comercial y un fuerte en el río Ohio se divide en dos brazos (y donde actualmente se encuentra Pittsburgh) se tropezaron de lleno con otro enemigo, los franceses de Quebec, que también querían quedarse con la tierra junto al río Ohio. Los franceses, tras breve batalla, pusieron en fuga al comandante local, el joven de veintiún años George Washington. Esto ocurría en 1754 y fue el comienzo de lo que se conocería como la guerra francesa e india. Thomas y sus hijos Daniel y Thomas se hicieron voluntarios de una milicia colonial que combatió a los franceses. Esta milicia era en realidad una banda de matones, conocidos más por su " libertinaje ingobernable" que por su pericia militar.[13] *Thomas también ordenó a uno de sus esclavos negros, llamado Némesis, que se uniera a la milicia. El 23 de abril de 1757 Thomas hijo fue muerto en combate cerca de donde hoy en día está Frostburg, Maryland. Pocas semanas más tarde también Némesis moría en combate.*[14]

Al final, con una gran ayuda de los ingleses, los colonos derrotaron a los franceses y a sus aliados indios. Este no fue aún el fin de las penurias de la guerra que sufriría Thomas. En 1775 estalló la guerra de la revolución en cuyo inicio caería el hijo menor de Thomas, Michael. Thomas y Hannah habían perdido dos de sus hijos en la guerra y otros dos a causa de enfermedades de la infancia. La vida de Thomas había estado llena de violencia, congoja y lucha por ganarse la vida.

Sin embargo, la porfía de Thomas en pos del río al final tuvo éxito. Antes de que Michael muriera, había logrado apropiarse de unas tierras junto al río Ohio. Sus herederos habrían de cultivar tierras fértiles y, más adelante, trabajar en las fábricas a lo largo del río Ohio. El crecimiento de la economía estadounidense, avanzando a lo largo de ríos, canales y ferrocarriles, permitió a los Cresap escapar de la pobreza y tomar el camino de la prosperidad. La vida ha cambiado mucho desde los días de Thomas, que fue el tatarabuelo del tatarabuelo de mi tatarabuelo.

La mayor parte de la población del mundo aún no ha podido dejar atrás las dificultades propias del subdesarrollo. La mayor parte de la población del mundo no ha tenido la suerte que yo tuve de ser gestado en medio de ríos de prosperidad. Si miramos hacia atrás todos venimos de la clase baja. Nos embarcamos en la búsqueda del crecimiento para tratar de hacer que los países pobres crezcan para salir de la pobreza y entrar en la abundancia.

II

Panaceas que fracasaron

En varias ocasiones durante los últimos cincuenta años, los economistas hemos creído haber dado con la respuesta al interrogante del crecimiento económico. Comenzamos con la ayuda exterior para colmar la diferencia entre el ahorro y la inversión "requerida". Incluso después de que muchos abandonáramos la rígida idea de la inversión "requerida", todavía creímos que la inversión en máquinas era la clave del crecimiento. Como complemento de esta idea, apareció la noción de que la educación era una forma de acumular la "maquinaria humana" que traería el crecimiento. A continuación, preocupados por la manera como el "exceso" de población podría desbordar la capacidad productiva de la economía, promovimos el control de la población. Luego, tras darnos cuenta de que ciertas políticas de los gobiernos interferían con el crecimiento, promovimos préstamos vinculados a la adopción de reformas de sus políticas. Finalmente, cuando los países encontraron dificultades para pagar los préstamos obtenidos para reformar sus políticas, ofrecimos perdonar la deuda.

Ninguno de estos elíxires ha funcionado de acuerdo con lo prometido, debido a que no todos los participantes en el proceso de generar el crecimiento económico tenían los incentivos apropiados. En esta parte del libro, repasamos estas panaceas fallidas. En la parte III, examinaremos el camino a seguir en la dura tarea de poner a todo el mundo a colaborar con el crecimiento económico.

2. La ayuda a la inversión

¡De qué manera la costumbre forma hábitos en la persona!
Shakespeare, *Dos Caballeros de Verona.*

El 6 de marzo de 1957 una pequeña colonia británica, la Costa de Oro, se convirtió en la primera nación del África Subsahariana en ganar su independencia, tomando el nombre de Ghana. Delegaciones de ambos lados del telón de acero, incluyendo Moscú y Washington, compitieron por ser los primeros en conceder préstamos y asistencia técnica a la nueva nación. El vicepresidente Richard Nixon encabezó la delegación estadounidense. (Según algunas fuentes, Nixon le preguntó a un grupo de periodistas negros, "¿Qué se siente siendo libre?", a lo cual le respondieron, "No lo sabemos, somos de Alabama").[1]

Posteriormente un cronista decía, refiriéndose al día de la Independencia: "Pocas antiguas colonias pueden tener un comienzo más auspicioso".[2] Ghana suministraba dos tercios del cacao del mundo. Tenía las mejores escuelas de África cuando los economistas pensaban que la educación era una de las claves del crecimiento. Tenía inversión en buena cuantía cuando los economistas pensaban que la inversión era otra de las claves del crecimiento. Durante la década de 1950 bajo un sistema de autonomía parcial, el Gobierno de Nkrumah y los británicos construyeron nuevas carreteras, hospitales y escuelas. Compañías estadounidenses, británicas y alemanas expresaron su interés en invertir en la nación recientemente creada.[3] Todo el país parecía compartir un cierto entusiasmo sobre su desarrollo económico. Un ghaniano de la época lo escribía así: "Busquemos ahora el reino económico".[4]

Nkrumah tuvo a su disposición los servicios de muchos economistas del mundo —Arthur Lewis, Nicholas Kaldor, Dudley Seers, Albert Hirschman y Tony Killick— que compartían el optimismo expresado por Dudley Seers en un informe de 1952: la asistencia a Ghana iba a dar altos rendimientos. En 1952 Seers decía que, "pavimentar la carretera que va de Tarkwa a Takoradi va a aumentar el producto total" por mucho más "que lo que se obtendría aplicando los mismos materiales a cualquier carretera del Reino Unido".[5]

El milagro del Volta

Nkrumah tenía metas mayores que la pavimentación de unas pocas carreteras. Ya había iniciado los planes para construir una gran represa hidroeléctrica en el río Volta, la cual generaría suficiente electricidad para alimentar una fundición de aluminio que se iba a construir.[6] Nkrumah preveía que una vez que la fundición estuviese en operación, se desarrollaría una industria integrada de aluminio. La nueva industria procesaría la alúmina proveniente de una nueva refinería de aluminio que, a su vez, procesaría la bauxita proveniente de las nuevas minas de bauxita. Los ferrocarriles y una planta de sosa cáustica completarían este dinámico complejo industrial. Un informe preparado por asesores extranjeros expresaba su entusiasmo sobre como el represamiento del Volta proveería un medio de transporte acuático entre el norte y el sur de Ghana. El proyecto integraría una "gran industria pesquera nueva al lago". Agricultura irrigada de gran escala, que utilizaría agua del lago, haría que las pérdidas causadas por inundar grandes extensiones de tierra resultasen "pequeñas en comparación".[7]

Los ghanianos, en efecto, construyeron en pocos años la presa de Akosombo con la ayuda de los Gobiernos estadounidense y británico y del Banco Mundial. La presa creó el mayor lago hecho por el hombre en el mundo, el lago Volta. También construyeron rápidamente una fundición de aluminio, propiedad en un 90 por ciento de la gigante multinacional Kaiser Aluminum. Nkrumah abrió en grandiosa ceremonia las compuertas que comenzaron a llenar el gran lago Volta el 19 de mayo de 1964.[8]

Recuerdo haber visitado la presa de Akosombo cuando viví en Ghana durante un año, en 1969-1970. La gran mole que bloqueaba el río Volta era en efecto un logro impresionante.

Yo también era optimista sobre el futuro de Ghana en 1969, pero mis previsiones no recibieron mucha atención, quizá debido a que recién acababa de terminar mi escuela primaria.

Otros observadores más maduros compartieron mi optimismo precoz. El jefe del Departamento Económico del Banco Mundial, Andrew Kamarck, pensaba que el proyecto del Volta le daba a Ghana el potencial de alcanzar un crecimiento del 7 por ciento anual.[9]

De vuelta al Volta

En abril de 1982, Agyei Frempong, un estudiante ghaniano de la Universidad de Pittsburg, entregaba su tesis doctoral en la cual comparaba la evolución del proyecto del río Volta con las altas expectativas abrigadas por Nkrumah y sus asesores extranjeros y locales respecto a industrialización, transporte, agricultura y desarrollo económico en general. El lago Volta estaba allí, y tenían la planta generadora de electricidad y la fundición de aluminio. La producción de la fundición osciló pero creció en promedio cerca de 1,5 por ciento anual entre 1969 y 1992.

Pero hasta ahí llegaban los beneficios del proyecto. Frempong observaba en 1982 que "no había ninguna mina de bauxita, ni refinería de alúmina, ni planta de soda cáustica, ni ferrocarriles". Los esfuerzos por establecer la pesca en el lago estuvieron "plagados de mala administración y fallos mecánicos de los equipos". La gente que vivía cerca del lago, incluyendo las 80.000 personas cuyas casas originales habían sido inundadas por las aguas, padecía enfermedades propagadas por el agua, como la ceguera del río, lombrices, paludismo y esquistosomiasis. Los proyectos de irrigación a gran escala que los planificadores habían previsto nunca operaron. El transporte por el lago que iba a resolver "las dificultades de transporte del país fue un fracaso total".[10]

La parte más triste de esta historia es que el proyecto del río Volta fue el proyecto de inversión con más éxito de la historia de Ghana. Frempong estaba de acuerdo con otros analistas, como Tony Killick, en que la parte central del proyecto era un éxito. El generador eléctrico y la fundición de aluminio continúan operando actualmente, ésta última con electricidad a precio subvencionado y alúmina importada.

El verdadero desastre es que los ghanianos aún siguen tan pobres como lo estaban al comienzo de los 1950. El crecimiento de Ghana se estancó durante medio siglo. ¿Cómo pudo pasar esto? Pues ocurrió que casi todo marchó mal. Los militares derrocaron a Nkrumah en 1966 con el primero de cinco golpes militares victoriosos que hubo durante los quince años siguientes. Su caída fue celebrada en las calles de Accra, pues las ambiciones desarrollistas de Nkrumah solo habían traído escasez de alimentos y alta inflación.

Los ghanianos no habrían celebrado tanto si hubieran sospechado cuanto peor se haría su situación durante las dos décadas siguientes. Los militares restauraron la democracia brevemente entre 1969 y 1971 bajo la presidencia de Kofi Busia. Luego que el ejército derrocó a Busia, la economía y la política se deshicieron por igual. Ghana incluso tuvo una hambruna en los años 1970.[11]

El nadir llegó en 1983 durante el nuevo Gobierno militar del teniente de la aviación Jerry Rawlings. En 1983 el ingreso del ghaniano medio era dos tercios de lo que había sido en 1971. Una sequía había reducido tanto el lago que la planta hidroeléctrica tuvo que cortar el suministro a la compañía de aluminio durante un año. En 1983 los ghanianos consumían solamente dos tercios de su requerimiento calórico recomendado.[12] En 1983 incluso los relativamente acomodados empleados públicos hacían bromas sobre sus "collares Rawlings" —los huesos de las clavículas que sobresalían de sus magros cuerpos.[13] La malnutrición causó la mitad de las muertes de niños en 1983.[14] El ingreso per cápita de 1983 era menor que en 1957, el año de la Independencia.

La crisis de 1983 provocó nuevos esfuerzos de parte del Gobierno de Rawlings para buscar la recuperación de Ghana. Aunque el crecimiento económico se recuperó, después de un cuarto de siglo de decadencia, había un largo y lento camino por recorrer.

El modelo de Harrod-Domar, 1946-2000

La idea de que la ayuda financiera para hacer inversiones en presas, carreteras y maquinaria generaría crecimiento data de bastante atrás. En abril de 1946 el profesor Evsey Domar publicó un artículo sobre el crecimiento económico (*Capital Expansion, Rate of Growth and Employment*) en el cual se discutía la relación entre las recesiones a corto plazo y la inversión en Estados Unidos. Domar suponía que la capacidad productiva era proporcional al stock de maquinaria, cosa que él aceptaba como un supuesto poco realista y, once años más tarde, en 1957, repudió su teoría, quejándose de tener la "conciencia culpable".[15] Decía allí que su propósito original había sido hacer un comentario sobre un esotérico debate del ciclo económico y no derivar una tasa de crecimiento de aplicación práctica. Decía también que su teoría no tenía sentido en términos de crecimiento a largo plazo y que, más bien, apoyaba la nueva teoría de crecimiento de Robert Solow (que discuto en el capítulo siguiente).

En resumen, el modelo de Domar no pretendía ser un modelo de crecimiento, no tenía sentido como tal y su creador lo repudió como modelo de crecimiento hace más de cuarenta años. En estas circunstancias, no deja de ser irónico que el modelo de Domar se convirtiese en el modelo de crecimiento más popular y más ampliamente aplicado en la historia de la economía.

¿Cómo sobrevivió el modelo de Domar su supuesto deceso durante los años cincuenta? Los economistas lo aplicábamos (y aún continuamos haciéndolo) a países pobres, desde Albania hasta Zimbabue, con el fin de determinar una tasa de inversión "requerida" para obtener una tasa de crecimiento. La diferencia entre la inversión requerida y el ahorro del país es conocida como el *déficit financiero.* Como se supone que el ahorro privado no puede llenar este déficit, entonces los donantes lo llenan mediante la asistencia financiera para así poder lograrse el objetivo fijado de crecimiento. Este es un modelo que promete crecimiento inmediato a los países pobres mediante la inversión financiada con ayuda. Ayuda en la inversión para crecer.

En retrospectiva, hay que decir que el uso del modelo de Domar para determinar las necesidades de inversión fue (y sigue siendo) un gran error. Pero no seamos desconsiderados con los defensores del modelo (yo fui uno de ellos al comienzo de mi carrera) que carecían de esta visión retrospectiva. Lo que observábamos cuando el modelo estaba en su apogeo parecía apoyar un nexo rígido entre la ayuda económica, la inversión y el crecimiento. Fue sólo cuando aparecieron más datos que los fallos del modelo se hicieron terriblemente aparentes.

El planteamiento de Domar sobre el crecimiento se popularizó porque predecía de manera maravillosamente simple que: *el crecimiento del PIB será proporcional a la proporción del gasto de inversión en el PIB.* Domar suponía que el producto (PIB) es proporcional a las máquinas, de modo que el cambio en producto será proporcional al cambio en máquinas, o sea, la inversión del año anterior. De esta manera el crecimiento del PIB es directamente proporcional a la relación inversión/PIB del año anterior.[16]

¿De dónde sacó Domar la idea de que la producción era proporcional a las máquinas? ¿No jugaba el trabajo ningún papel en el proceso productivo? Domar escribía justo al término de la Gran Depresión, cuando muchos operadores de máquinas perdieron sus puestos. Domar y muchos otros economistas esperaban una nueva depresión después de la Segunda Guerra Mundial, a menos que el Gobierno hiciese algo para evitarla. Domar tomaba el alto nivel de paro como dado, de modo que siempre habría gente disponible para operar las máquinas adicionales que se pusiesen en servicio. La teoría de Domar se vino a conocer como el modelo de Harrod-Domar. (Un economista inglés, Roy Harrod había publicado en 1939 un artículo similar, pero más intrincado).

Era claro que Domar estaba interesado en el ciclo económico de los países ricos. ¿Cómo fue que la relación fija entre producción y máquinas llegó a ser parte del análisis del crecimiento de los países pobres?

El invento del desarrollo

La búsqueda de una teoría del crecimiento y el desarrollo nos ha desvelado a los economistas desde cuando existimos como tales. En 1776 el patriarca fundador de la economía, Adam Smith, se preguntó qué determinaba la riqueza de las naciones. En 1890, el gran economista inglés Alfred Marshall indicó que la búsqueda del crecimiento "da a los estudios económicos su principal y máximo interés".[17] Robert Lucas, ganador del Premio Nobel, confesó, en uno de sus artículos en 1988, que una vez que se comienza a pensar sobre el crecimiento económico "es difícil pensar en cualquier otra cosa". Pero el constante interés en una teoría del crecimiento se enfocaba solamente desde la perspectiva de los países ricos. Ningún economista le ponía mucha atención a los problemas de los países pobres. El Panorama Económico Mundial (*World Economic Survey*) que la Liga de las Naciones sacó en 1938 preparado por James

Meade, quien también habría de ser ganador del Premio Nobel, contenía un sólo párrafo sobre América del Sur. Las áreas pobres de Asia y África ni recibieron cobertura.[18]

Después de la Segunda Guerra Mundial, súbitamente, los expertos, que habíamos ignorado los países pobres durante siglos, llamábamos la atención sobre sus "urgentes problemas".[19] Los economistas teníamos muchas teorías sobre cómo los países pobres recientemente independizados podían crecer y alcanzar a los ricos.

Quiso la mala suerte de los países pobres que la primera generación de expertos del desarrollo estuviese influenciada por dos eventos históricos simultáneos: la Gran Depresión y la industrialización de la Unión Soviética mediante el ahorro y la inversión forzadas. La depresión y el gran número de personas del campo subempleadas en los países pobres llevaron al economista del desarrollo Sir Arthur Lewis a sugerir un modelo de "trabajo excedente", en el cual el único factor restrictivo es la maquinaria. Lewis sugería que construyendo fábricas se absorbería dicho trabajo sin que declinase la producción rural.

Lewis y otros economistas del desarrollo de los años cincuenta supusieron una relación fija entre gente y máquinas como, por ejemplo, una persona por cada máquina. La producción era proporcional a las máquinas, tal como en la teoría de Domar. Lewis postulaba que la oferta de trabajadores disponibles era "ilimitada", y citaba un ejemplo particular de una economía que había crecido absorbiendo el exceso de trabajo del sector rural: la Unión Soviética.

Lewis decía que "el meollo del desarrollo económico es la rápida acumulación de capital".[20] Como el crecimiento era proporcional a la inversión, se podía estimar dicha proporción y encontrar así el monto de la inversión requerida para lograr cierto objetivo de crecimiento. Supóngase, por ejemplo, que se obtiene un punto porcentual de crecimiento por cada cuatro puntos porcentuales de inversión. Un país que quiera cuadruplicar su crecimiento del 1 al 4 por ciento debe aumentar su tasa de inversión del 4 al 16 por ciento del PIB. El 4 por ciento de crecimiento del PIB daría una tasa de crecimiento per cápita del 2 por ciento si la población creciese al 2 por ciento. A una tasa de crecimiento del 2 por ciento anual, el ingreso per cápita se duplicaría cada 36 años. La inversión tenía que mantenerse por delante del crecimiento de la población. El desarrollo era una carrera entre las máquinas y la maternidad.

¿Cómo se logra que la inversión sea lo suficientemente alta? Supongamos que la tasa de ahorro fuese sólo el 4 por ciento del PIB. Los primeros economistas del desarrollo consideraban que los países pobres eran pobres hasta el punto de que tenían pocas esperanzas de aumentar su ahorro. Había pues un "déficit financiero" del 12 por ciento del PIB entre la "inversión requerida" (el 16 por ciento del PIB) y el 4 por ciento de ahorro actual. Por tanto, los donantes occidentales debían cubrir el "déficit financiero" con asistencia extranjera, lo cual permitiría que se llevase a cabo la inversión requerida y, a su vez, que se lograra el objetivo de crecimiento deseado. (Usaré de aquí en adelante el término *enfoque del déficit financiero* de manera equivalente al término *modelo de Harrod-Domar*).

Los primeros economistas del desarrollo eran vagos respecto de cuanto tiempo tardaría a la ayuda económica en aumentar la inversión y, a su vez, en aumentar el crecimiento. Sin embargo, en la práctica, esperaban réditos rápidos: la asistencia que se hace en un año, entra en la inversión del mismo año, lo cual se materializará en el PIB del año siguiente.

La idea que el crecimiento era proporcional a la inversión no era nueva. Domar mencionaba pesaroso en su libro de 1957 que otro grupo de economistas preocupados por el crecimiento, los economistas soviéticos de los años veinte, había utilizado la misma idea. N. A. Kovalevskii, el editor de *La Economía Planificada* (*Planned Economy*), en marzo de 1930 utilizó la idea de crecimiento proporcional a la inversión para proyectar el crecimiento soviético, tal como los economistas habrían de hacerlo luego, desde los años cincuenta hasta los noventa.[21] No sólo había la experiencia soviética inspirado el modelo Harrod-Domar, sino que los soviéticos deberían llevarse parte del crédito (en realidad de la culpa, según lo que ha resultado) de haber inventado el modelo.

Las etapas de Rostow

El paso siguiente en la evolución del déficit financiero era persuadir a las naciones ricas que llenaran el déficit con ayuda económica. En 1960, W.W. Rostow publicó su libro más vendido, *Las etapas del crecimiento económico*. De las cinco etapas que proyectaba, la que quedó grabada en la mente de las personas fue la del "despegue hacia al crecimiento autosostenido". El único determinante del despegue citado por Rostow era el aumento de la inversión del 5 al 10 por ciento del ingreso. Siendo esto casi lo mismo que Sir Arthur Lewis había indicado seis años atrás, el "despegue" simplemente reafirmaba a Domar y a Lewis con vívidas imágenes de aviones zumbando desde las pistas.

Rostow trató de mostrar que el despegue generado por la inversión se ajustaba a los hechos. La URSS de Stalin influenció bastante a Rostow, tal como lo había hecho con otros, pues efectivamente se ajustaba a la historia del despegue. A esto añadió Rostow unos cuantos casos históricos y del Tercer Mundo. Su propia evidencia era, sin embargo, débil: sólo tres de los quince casos que citaba se ajustaban a la historia de un despegue generado por la inversión. El premio Nobel Simon Kuznets encontró en 1963 datos históricos que eran aún menos compatibles con la historia de Rostow: "en ningún caso encontramos durante periodos de despegue la aceleración de la tasa de crecimiento del producto nacional que está implícita en el supuesto del profesor Rostow de duplicar (o más que duplicar) la proporción de formación neta de capital".[22] (Pero los mitos nunca mueren. Tres décadas después, un conocido economista escribiría: "Uno de los hechos importantes de la historia mundial es que grandes aumentos del ahorro preceden a los despegues significativos del crecimiento económico").[23]

El miedo a los soviéticos y la ayuda extranjera

Haciendo caso omiso a la evidencia, las *Etapas* de Rostow llamaron mucho la atención de los países pobres. Rostow no era el único, ni tan siquiera el principal, defensor de la ayuda extranjera, pero sus argumentos eran muy llamativos.

Rostow en su *Etapas* especulaba con los temores de la guerra fría. (El subtítulo del libro era *Un manifiesto no comunista*). Rostow veía en Rusia "una nación que se desplazaba bajo el comunismo hacia una situación, harto demorada, de potencia industrial de primer orden", una opinión común en ese momento. Aunque sea difícil de creerlo hoy día, muchos de los formadores de la opinión estadounidense pensaban que el sistema soviético era superior en términos de producción, aún siendo inferior en términos de libertades individuales. Había escritores de la revista *Foreign Affairs* que durante los años cincuenta llamaban la atención hacia la voluntad soviética de "extraer grandes ahorros forzosos" cuya ventaja "es difícil exagerar". En términos de "poder económico crecerán más rápido que nosotros". Había observadores que advertían que derivaban "ciertas ventajas" del "carácter centralizado de su operación". Había el peligro de que el Tercer Mundo, atraído por estas "ciertas ventajas" se hiciera comunista.[24]

En retrospectiva, hoy día resulta muy fácil no tomar en serio estos temores. Cuando visité por primera vez la Unión Soviética en agosto de 1990, casi todo el mundo se había dado finalmente cuenta que la Unión Soviética era aún un país pobre más que "una potencia industrial de primer orden". Mientras transpiraba en una pequeña habitación del hotel Intourist que tenía las ventanas selladas y cuyo aire acondicionado se había roto en la era de Jruschov, sin haber sido aún reparado, con unas no muy irresistibles prostitutas tratando de entrar (Hola, yo Natasha, yo sola), me preguntaba como lograron los soviéticos engañarnos durante tanto tiempo. Actualmente el ingreso per cápita de Rusia se estima que es menos de un sexto del estadounidense. (Con el don profético que tenemos los economistas, les decía a mis compañeros en 1990,

"¡Aquí va a haber un auge inmediato!". El crecimiento real ha sido negativo, cada año, desde 1990).

De todas maneras, Rostow sintió en ese momento la necesidad de demostrarle al Tercer Mundo que el comunismo no era "la única forma de organización eficaz del Estado que puede... iniciar un despegue", y propuso en su lugar una fórmula no comunista: las naciones de occidente podrían darle asistencia a las naciones tercermundistas para llenar el "déficit financiero" que había entre la inversión necesaria para el despegue y el ahorro nacional de que se disponía. Rostow utilizó el enfoque del "déficit financiero" para calcular la inversión necesaria para el "despegue".[25] El papel de la financiación privada se ignoraba puesto que los flujos internacionales de capital hacia los países pobres eran mínimos.

El miedo a los soviéticos funcionó. La ayuda extranjera de Estados Unidos ya había crecido bastante durante el final de los años cincuenta bajo Eisenhower, a quien Rostow servía como asesor. Rostow también llamó la atención de un joven senador, John F. Kennedy, quien aconsejado por Rostow logró que se aprobara en el Senado una resolución para la ayuda extranjera en 1959. Luego que Kennedy llegara a la presidencia, envió en 1961 un mensaje al Congreso pidiendo aumentar la ayuda: "En nuestros tiempos estas naciones nuevas necesitan ayuda... para alcanzar la etapa del crecimiento autosostenido... por una razón especial. Sin excepción, todas ellas están bajo la presión comunista".

Rostow continuó en el Gobierno durante las Administraciones Kennedy y Johnson. Bajo Kennedy la asistencia extranjera creció un 25 por ciento en dólares constantes. Bajo Johnson, la asistencia extranjera de Estados Unidos llegó a su máximo histórico de 14 mil millones de dólares de 1985, equivalente al 0,6 por ciento del PIB estadounidense. Rostow y otros economistas con las mismas ideas habían ganado la batalla a favor de la ayuda económica.

Estados Unidos empezó a reducir su asistencia extranjera bajo Johnson, pero otros países ricos más que la compensaron. Entre 1950 y 1995, los países occidentales dieron 1 billón de dólares (de 1985) en asistencia.[26] Como prácticamente todos los defensores de la ayuda utilizaron el argumento del déficit financiero, esto constituyó uno de los experimentos de política económica más importantes, basado en una sola teoría económica, que jamás haya habido.

No olvide que hay que ahorrar

Se había llegado a un notable nivel de consenso respecto a que el dogma de la ayuda a la inversión para el desarrollo "era básicamente válido", como lo indicaba un popular texto de 1966 de Jagdish Bhagwati. En él se advertía, sin embargo, a los donantes sobre el exceso de endeudamiento en préstamos de bajo interés, que constituían una parte sustancial de la asistencia. El mismo texto indicaba que Turquía ya había experimentado problemas con el servicio de la deuda de anteriores préstamos asistenciales. P. T. Bauer, uno de los primeros críticos de la ayuda, observaba sarcásticamente (pero de manera premonitoria) en 1972 que "la asistencia extranjera se necesita para permitir que los países subdesarrollados paguen los préstamos subvencionados... acordados en convenios anteriores de ayuda extranjera".[27]

La manera obvia de evitar un problema de deuda con los donantes oficiales era aumentando el ahorro doméstico. Bhagwati decía que esto era una tarea para el Estado: el Estado debía aumentar los impuestos para generar ahorro público.[28] Rostow predecía que los países receptores naturalmente aumentarían sus ahorros con el despegue, de manera que después de "diez o quince años" los donantes podrían prever que la ayuda pudiera "terminarse". (Treinta y cuatro años después, los donantes aún esperan el apoteósico acontecimiento).

Hollis Chenery destacó aún más la necesidad del ahorro nacional en su aplicación del enfoque del déficit financiero. Chenery y Alan Strout comenzaron en 1966 con un modelo en el cual la asistencia "llenará el déficit temporal entre la capacidad de inversión y la capacidad de ahorro".[29] La inversión se convierte así en crecimiento. Pero también suponían una alta tasa del ahorro proveniente del aumento de la renta. Esta tasa de ahorro debía ser lo suficientemente alta para que el país llegase, después de algún tiempo, al crecimiento "autosostenido", en el cual el país financia sus requerimientos de inversión con su propio ahorro. Sugerían que los donantes relacionasen "el monto de la ayuda proporcionada a la eficacia del beneficiario en aumentar su tasa de ahorro doméstico". (Treinta y cuatro años más tarde los donantes aún están pendientes de seguir la sugerencia).

El déficit financiero y el ordenador se encuentran

El presidente del Banco Mundial, Robert McNamara, de quien Chenery era el asesor económico en jefe, se alborozó al obtener una herramienta que produjera los requerimientos exactos de ayuda para cada país cuando en 1971 los economistas del Banco Mundial montaron en el ordenador de Chenery una versión del déficit financiero.

Un economista del Banco, John Holsen, desarrolló durante un puente de fin de semana lo que denominó el modelo standard mínimo (MSM). Holsen preveía que el modelo "mínimo" tuviese una vida útil de una seis semanas.[30] Esperaba que los economistas de cada país construyesen modelos concretos más refinados para su país que remplazaran el suyo. (Resultó que se sigue utilizando hoy día, veintinueve años después. Yo fui parte de un intento infructuoso de revisarlo de manera fundamental hace once años, de modo que es, en parte, mi fallo). Los economistas del Banco Mundial revisaron el MSM pocos años después y lo rebautizaron como el modelo estándar mínimo revisado (RMSM por sus siglas en inglés).[31] La parte de crecimiento del RMSM era Harrod-Domar: la tasa de crecimiento era proporcional a la relación inversión/PIB del año anterior. La asistencia extranjera y la financiación privada habrían de llenar el déficit financiero entre el ahorro y la inversión requerida para lograr el alto crecimiento.

El déficit financiero presidía las discusiones con otros donantes respecto de cuanta asistencia, u otra financiación, requería un país. Siguiendo a Chenery —y tan desoídos como él mismo— los creadores del RMSM advertían que el ahorro proveniente del ingreso adicional debía ser alto para evitar un endeudamiento insostenible. (La deuda de muchos de los países latinoamericanos y africanos resultó ser insostenible durante los años ochenta y noventa).

La falta de respuesta del crecimiento a la inversión financiada con la ayuda exterior inquietó a los economistas, pero quedaba aún un recurso lógico para los defensores del enfoque del déficit financiero. Un destacado texto de desarrollo (tanto en sus ediciones anteriores como en la más reciente) produjo lo que se habría de convertir en el nuevo dogma: "Aun cuando la acumulación de capital físico pueda considerarse una condición *necesaria* para el desarrollo, no ha demostrado ser *suficiente*".[32] Otro destacado texto de desarrollo lo repetía, "La razón fundamental por la cual [el despegue inducido por la inversión] no tuvo lugar, se debió no a que más ahorro e inversión no fuesen una condición *necesaria* —que lo son— sino a que no es una condición *suficiente*".[33] Ya veremos hasta qué punto la idea de que la inversión es necesaria pero no suficiente encaja con los datos.

Viva el déficit financiero

El enfoque del déficit financiero tuvo un destino curioso después de su apogeo en los años sesenta y setenta. Murió del todo en la literatura económica, pero su espíritu sigue vivo. Los economistas de las instituciones financieras internacionales (IFI) aún continuamos utilizándolo actualmente para hacer las proyecciones de ayuda, inversión y crecimiento.

Los economistas de las IFI hemos utilizado el enfoque del déficit financiero aun cuando era claro que no funcionaba. El PIB de Guyana cayó abruptamente entre 1980 y 1990 mientras que la inversión aumentaba del 30 por ciento al 42 por ciento del PIB,[34] y mientras que la ayuda extranjera era cada año el 8 por ciento del PIB.[35] Esto no puede decirse que fuera un triunfo del enfoque del déficit financiero. Sin embargo, otro informe del Banco Mundial en 1993 argumentaba que Guyana "continuará requiriendo niveles importantes de flujos de capital extranjero... que provean los recursos suficientes para mantener el crecimiento económico".[36] La idea perecería ser, "como esto no funciona, necesitamos más de ello".

Los economistas de las IFI hemos utilizado el enfoque del déficit financiero en medio de la recuperación de una guerra civil. Los economistas del Banco Mundial programamos en 1996 la forma de que la economía de Uganda creciese rápidamente (al omnipresente objetivo de crecimiento del 7 por ciento). Con escasos ahorros e importantes requerimientos de inversión, esto implicaba un gran volumen de ayuda extranjera. El informe argumentaba a favor de una alta ayuda porque cualquier otra cosa "puede ser perjudicial para el crecimiento de Uganda en el medio plazo, el cual requiere flujos del exterior".[37]

Los economistas de las IFI utilizamos el enfoque del déficit financiero después de una crisis económica. Un informe del Banco Mundial les indicaba en 1995 a los latinoamericanos que "aumentar el ahorro y la inversión en 8 puntos porcentuales del PIB elevaría la cifra de crecimiento anual en unos 2 puntos porcentuales".[38] Un informe del Banco Interamericano, también de 1995, se preocupaba por el "desafío de mantener el nivel de inversión necesario para un crecimiento continuado" en América Latina.[39] Un informe del Banco Mundial sobre Tailandia, le decía en el año 2000, al país que era el epicentro de la crisis de Asia Oriental, que "la inversión privada es la clave para la recuperación del crecimiento".[40]

Nosotros los economistas de las IFI utilizamos el enfoque del déficit financiero para preparar a los funcionarios de los países en desarrollo. Cursos que aún se imparten en el Fondo Monetario Internacional (FMI) y el Banco Mundial capacitan a los funcionarios de países en desarrollo para que proyecten los requerimientos de inversión que sean proporcionales a la "tasa objetivo de crecimiento".[41]

Nosotros los economistas de las IFI utilizamos el enfoque del déficit financiero en medio de la caótica transición del comunismo al capitalismo. Un informe del Banco Mundial preparado en 1993 para Lituania decía que "grandes cantidades de asistencia externa se requerirán" para "proveer los recursos para las inversiones críticas" que detengan el declive de la producción.[42] Un informe del Banco Mundial sobre Lituania aún seguía utilizando en 1998 el supuesto que el crecimiento era proporcional a la inversión. Un informe de 1997 sobre Croacia, arrasada por la guerra, decía que "para lograr un crecimiento sostenible del 5-6 por ciento... dentro de los próximos tres años... deben lograrse niveles de inversión del 21-22 por ciento del PIB".[43]

¿Cuánta ayuda e inversión se requieren para lograr un objetivo de crecimiento? Un informe del Banco Europeo de Reconstrucción y Desarrollo (BERD) observa habilidosamente en 1995 que éstas son preguntas propias de planificadores centrales —y luego procede a contestarlas. El BERD anunció que estaba utilizando "la ecuación de crecimiento de Harrod-Domar" para proyectar los requerimientos de inversión. La ecuación le advertía a los países anteriormente comunistas que "se requeriría financiar inversión del 20 por ciento o más del PIB" para lograr "tasas de crecimiento del 5 por ciento" y el informe observaba que "la ayuda oficial condicionada... contribuye a cerrar el déficit entre ahorro e inversión".[44]

Así se cierra este círculo de ironías. Las economías comunistas inspiraron el enfoque del déficit financiero, la guerra fría inspiró llenar el déficit con ayuda económica, y ahora las economías capitalistas procuraban llenar el déficit financiero de los anteriores países comunistas.[45]

La ayuda a la inversión a la luz de la experiencia

Hasta donde sé, nadie ha puesto a prueba el enfoque del déficit financiero con los datos de la experiencia real. Cuando se dispuso de suficiente información de varios países, el modelo se desacreditó en la literatura académica. Pero, tal como hemos visto, el fantasma del modelo sigue vivo determinando las necesidades de ayuda y las perspectivas de crecimiento de los países pobres. Contrastemos el modelo.

Cuando los usuarios del modelo del déficit financiero calculábamos las necesidades de ayuda como el exceso entre la inversión "requerida" y el ahorro observado, nuestra presunción era que cada unidad de ayuda se convertiría en inversión. Además los donantes hablaban de condiciones, exigiendo a los países que aumentase al tiempo su tasa de ahorro, lo cual algunos, como Rostow, aún creían que ocurriría de forma espontánea. De esta manera, la ayuda, combinada con la aparición de condiciones para un aumento del ahorro, debería aumentar la inversión en proporción mayor que uno a uno. Veamos qué ocurrió en la realidad.

Tenemos 88 países para los cuales hay datos disponibles que cubren el periodo de 1965 a 1995.[46] El vínculo entre ayuda e inversión debe pasar dos pruebas para que lo tomemos en serio. En primer lugar, debe haber una relación positiva entre las dos y en segundo lugar, la ayuda debe convertirse en inversión en una proporción de por lo menos uno a uno: una ayuda del 1 por ciento del PIB, debe causar un aumento de la inversión del 1 por ciento del PIB. (Rostow predecía que la inversión aumentaría aún más puesto que habría un crecimiento del ahorro de los receptores de la ayuda). ¿Cómo pasa estas pruebas la ayuda para la inversión? En la primera prueba, solamente diecisiete de los 88 países muestran una asociación positiva entre ayuda e inversión.

Solamente seis de entre estos diecisiete países pasan también la prueba de que la inversión crece al menos en una proporción de uno a uno con la ayuda. Los mágicos seis incluyen dos economías con cantidades triviales de ayuda: Hong Kong (que recibió un promedio del 0,07 por ciento del PIB en ayuda, 1965-1995) y China (promedio del 0,2 por ciento del PIB). Los otros cuatro —Túnez, Marruecos, Malta y Sri Lanka— recibieron cantidades de ayuda nada triviales. Los otros 82 países fallaron las dos pruebas.

Estos resultados para estos 88 países recuerdan los resultados de un estudio hecho en 1994 que no encontró relación alguna entre ayuda e inversión por países. A diferencia de este estudio, no pretendo hacer aquí una afirmación general sobre la eficacia de la ayuda externa. Hay muchos problemas al hacer tal evaluación, en particular la posibilidad de que tanto la ayuda como la inversión estén respondiendo a un tercer factor. Podría ocurrir que en cierto país hubiera mala suerte, como por ejemplo una sequía que ocasionase una caída de la inversión y un aumento de la ayuda. Yo solamente estoy intentando averiguar si la inversión y la ayuda económica evolucionaron conjuntamente de la manera esperada por los defensores del modelo del déficit financiero. Los defensores del déficit financiero preveíamos que la ayuda se convertiría en inversión, no que permitiese que los países hicieran frente a las sequías. Según mis datos, inversión y ayuda no evolucionaron de la manera esperada.

El enfoque del déficit financiero como panacea fue un gran fracaso, puesto que violaba el lema de este libro: *la gente responde a los incentivos*. Consideremos los incentivos que confrontan los receptores de la ayuda extranjera. Estos invertirán para el futuro si esperan recibir un alto rendimiento de sus inversiones. No existe ninguna razón para pensar que la ayuda otorgada simplemente porque el receptor es pobre vaya a cambiar los incentivos de invertir para el futuro. La ayuda no va a hacer que sus receptores aumenten su inversión; éstos, más bien, van a utilizar la ayuda para comprar más bienes de consumo. Y esto es precisamente lo que encontramos cuando examinamos la relación entre ayuda e inversión: el resultado es que no hay relación alguna.

La ayuda podría haber promovido la inversión en lugar de desviarse totalmente hacia el consumo. Como muchos defensores de la ayuda sugirieron, ésta debió condicionarse a aumentos correspondientes de la tasa de ahorro del país. Esto le habría dado a los Gobiernos de los países pobres el incentivo de aumentar sus propios ahorros (por ejemplo, recortando el consumo del Gobierno para aumentar su ahorro) y para promover los ahorros privados. Esto se podría lograr con una combinación de exenciones impositivas a los ingresos destinados al ahorro e impuestos al consumo. El aumento del ahorro habría mantenido a los receptores de la ayuda libre de problemas de deuda y habría promovido el aumento de la inversión. Una ayuda que aumente con el ahorro del país es lo opuesto del sistema actual, en el cual los países con el ahorro más bajo presentan un déficit financiero más alto y así obtienen más ayuda.

Inversión para crecer

El segundo nexo en el enfoque del déficit financiero es la conexión de inversión a crecimiento. ¿Tiene la inversión una retribución rápida en términos de crecimiento, como lo suponía el modelo del déficit financiero?

Comienzo por suponer que, en el corto plazo, la relación entre inversión y crecimiento es la misma en todos los países. Traté de utilizar promedios de cuatro años para evaluar la relación entre crecimiento e inversión. (Cinco años constituyen un horizonte corriente para pronósticos en las oficinas de países de las IFI. Los economistas de países comúnmente proyectan el año inicial a partir de las condiciones observadas, de modo que cuatro años es de hecho el horizonte corriente de las proyecciones). Los resultados con los promedios de cuatro años no resultan buenos para el enfoque del déficit financiero: no hay ninguna relación estadística entre el crecimiento de un cuatrienio y la inversión del cuatrienio anterior.[47]

Permitamos ahora que la relación entre inversión y crecimiento varíe entre países, examinando la conexión en cada país. Tenemos 138 países que tienen diez o más observaciones sobre el crecimiento y la inversión. Nuevamente tenemos dos pruebas que hacer. En primer lugar, los países deben mostrar una asociación positiva entre crecimiento y la inversión del año anterior y, en segundo lugar, la relación debe caer en el rango "usual" que produzca "déficits financieros" razonables. Las cuatro economías que pasan ambas pruebas forman una extraña colección: Israel, Liberia, Reunión (una pequeña colonia francesa) y Túnez.[48]

Recordando el pequeño número de países en los cuales se dio el vínculo esperado entre ayuda e inversión, puedo decir ahora que hay un sólo país al cual se ajusta el enfoque del déficit financiero: Túnez. Antes de que los tunecinos se lancen a una celebración nacional, debo señalar que un éxito entre 138 países es una ocurrencia probable del azar aun si el modelo carece de sentido, que es lo que la evidencia indica hasta el momento.

¿Se necesita la inversión en el corto plazo?

Para los otros 137 países, el conjuro ritual que tenemos los practicantes por el momento es que la inversión es necesaria pero no suficiente. Puedo contrastar esta idea analizando cuantos episodios cuatrienales de alto crecimiento (7 por ciento o más) estuvieron acompañados de las tasas requeridas de inversión. Nueve de cada diez países violan esta condición "necesaria". En el horizonte a corto plazo en el cual trabajamos los economistas de las IFI no existe evidencia de que la inversión sea una condición necesaria o suficiente para un alto crecimiento. A largo plazo, la acumulación de máquinas va junto con el crecimiento, sin embargo en el capítulo siguiente discutiré por qué la inversión no es la fuerza causal, sino que más bien resulta ser la tecnología.

Utilizando promedios cuatrienales tanto para el crecimiento como para la inversión, miremos los episodios de aumento del crecimiento y veamos con qué frecuencia la inversión aumentó en la "cantidad requerida". Durante los episodios de aumento del crecimiento entre periodos cuatrienales, la inversión aumentó en la "cantidad requerida" solamente el 6 por ciento de las veces. El otro 94 por ciento de episodios violaron la "condición necesaria". Según esta evidencia empírica, los aumentos de la inversión no son una condición ni necesaria ni suficiente para crecer en el corto o medio plazo.

Para entender por qué la idea que el crecimiento es proporcional a la inversión del periodo anterior no opera en la práctica, recordemos que dicha relación suponía que las máquinas eran la restricción a la producción ya que había un perpetuo exceso de oferta de trabajadores. Robert Solow, laureado con el Premio Nobel, cuyo modelo de crecimiento discutiremos en el capítulo siguiente, señaló este problema desde 1956 (aunque su perspicacia se nos escapó en las IFI durante las cuatro décadas siguientes). Si hay exceso de oferta de trabajadores y escasez de máquinas, las empresas tendrán un fuerte incentivo para usar una tecnología que emplee muchos trabajadores y pocas máquinas. Por ejemplo, los proyectos de construcción de carreteras en Estados Unidos, donde escasea el trabajo, utilizan muchos martillos neumáticos y relativamente pocos trabajadores. En contraste, la construcción de carreteras en la India, donde abunda la mano de obra, utiliza muchos trabajadores que rompen las rocas con picos. La idea de que la inversión es una restricción rígida para el crecimiento es incompatible conque "la gente responde a los incentivos".

La idea de la mano de obra excedente llevó a otra razón de urgencia para llenar el déficit de la inversión "requerida" —si la inversión no llega para generar el suficiente crecimiento del producto que absorba una mayor parte de este trabajo excedente, el desempleo crecerá. Por ejemplo, un informe de 1998 preparado para Egipto por el Banco Mundial utilizó la idea de siempre del crecimiento proporcional a la inversión para observar la alarmante posibilidad que el desempleo se disparara al 20 por ciento en 2002 (en contraste al 9,5 por ciento de 1998) si la economía crecía sólo al 2 por ciento. En cambio si el crecimiento era del 6,5 por ciento (con la correspondiente mayor inversión) el desempleo en 2002 sería solamente un 6,4 por ciento de la fuerza laboral.[49] La idea que la baja inversión aumenta el desempleo mecánicamente no tiene sentido, pues ignora nuevamente la posibilidad de sustituir máquinas por trabajadores. Si el número de máquinas crece lentamente debido a la baja inversión, entonces los trabajadores, que abundan, se utilizarán para sustituir las máquinas que son escasas. La idea del trabajo excedente sugiere que la gente adicional no tiene ningún efecto sobre la producción a cierta tasa de inversión, idea que es refutada con fuerza por la evidencia disponible.

¿Cómo podríamos haber obtenido una mejor respuesta del crecimiento ante la inversión? Es cierto que cuando una economía crece necesita más maquinas. Pero la razón por la cual la rígida relación entre inversión y crecimiento no ha operado está en que la inversión en máquinas es solamente una entre muchas formas de aumentar la producción futura y, todas ellas, responden a los incentivos. Si los incentivos para que se invierta en el futuro son fuertes, habrá más inversión en máquinas, pero también más adaptación de nueva tecnología (importante componente del crecimiento, como veremos en el capítulo siguiente). Habrá más inversión en máquinas, pero también más inversión en educación y capacitación. Habrá mas inversión en máquinas, pero también más inversión en capital organizativo (para el diseño de instituciones eficientes).

Los múltiples factores que afectan al crecimiento hacen que la relación entre crecimiento e inversión sea laxa e inestable. Mientras que el crecimiento fluctúa alrededor de cierto promedio para cada país, la inversión se mueve para cualquier lado. Sin embargo, es común que las IFI utilicen la relación entre inversión y crecimiento (denominada con el trabado nombre de relación incremental entre el capital y el producto —ICOR por sus siglas en inglés) como una medida inversa de la "productividad" de la inversión. Por ejemplo, en un informe del 2000 para Tailandia, el Banco Mundial veía que uno de los presagios de la crisis financiera de 1997-98 había sido que el ICOR estaba "en 1996, casi en su máximo histórico".[50] Otro informe del 2000 preparado por el Banco Mundial para África atribuía el bajo y decreciente crecimiento de África entre 1970 y 1997 a la baja y decreciente productividad de la inversión "medida por la relación incremental entre el capital y el producto".[51] Se entroniza el ICOR hasta el punto de considerarlo como un elemento causal independiente, cuando no es más que una fracción entre dos elementos que guardan una relación laxa entre sí. Aun si el crecimiento hubiese disminuido por razones totalmente ajenas a la inversión (como, por ejemplo, un mal funcionamiento del sistema bancario en Tailandia o unos Gobiernos corruptos en África), podríamos decir de manera tautológica que el crecimiento bajó cuando la inversión se mantuvo fija, porque el ICOR subió —es decir, que la relación entre crecimiento e inversión bajó. ¡Es lo mismo que decir que el precio de las manzanas bajó porque el de las naranjas se mantuvo fijo y el precio relativo entre manzanas y naranjas bajó!

En lugar de preocuparnos por calcular la inversión que se "necesita" para sustentar una cierta tasa de crecimiento, debemos concentrarnos en fortalecer los incentivos para invertir en el futuro, permitiendo que las diversas formas de inversión desempeñen sus respectivos papeles. (Más adelante, al final del capítulo y en los capítulos siguientes, hablaremos sobre cómo hacerlo).

El examen conjunto de la relación entre ayuda e inversión y entre inversión y crecimiento

Se puede elaborar un escenario que muestre cuál habría sido el ingreso de un país si las predicciones del enfoque del déficit financiero se hubieran cumplido y luego comparar la predicción con el resultado observado. El modelo del déficit financiero predice que la ayuda, o una cantidad mayor que ella, se convierte en inversión. Para ser conservadores nos quedamos con la predicción que habla de partes iguales. Así, en el año inicial, la proporción de inversión en el PIB aumentará en una cantidad igual a la proporción de la ayuda en el PIB. Esta inversión incrementará el crecimiento en el periodo siguiente, con lo cual se puede predecir el crecimiento total del PIB. El crecimiento per cápita se obtiene sustrayendo el crecimiento observado de la población.

Comienzo por comparar el ingreso promedio observado de los zambianos con el que habrían tenido si, llenando el déficit financiero con dos miles de millones de dólares, hubiese funcionado de acuerdo con lo predicho (ver figura 2.1). Zambia sería hoy día un país industrializado con un ingreso per cápita de 20.000 dólares, en lugar de ser uno de los países más pobres del mundo con un ingreso per cápita de 600 dólares (un tercio menos de lo que era en tiempos de su independencia). Zambia es uno de los ejemplos que más claramente desacreditan el enfoque del déficit financiero, pues ya tenía un alto nivel de inversión antes de recibir ayuda, que recibió luego en grandes cantidades. Pero la tasa de inversión cayó en Zambia, en lugar de subir, cuando aumentó la ayuda y, de ninguna manera, la inversión generó crecimiento.[52]

¿Y cuál es la predicción del crecimiento entre todos los receptores de ayuda según el enfoque del déficit financiero? En primer lugar, la frecuencia con que el crecimiento observado ha sido menor que el predicho es mayor que en el caso contrario. En segundo lugar, el modelo del déficit financiero no explica los casos estelares de crecimiento. Los casos estelares predichos, como Guinea-Bissau, Jamaica, Zambia, Comoras, Chad, Mauritania y Zimbabue, más bien resultaron un desastre en términos de crecimiento, a pesar de su alto nivel inicial de inversión y el elevado nivel subsiguiente de ayuda. Hay estre-

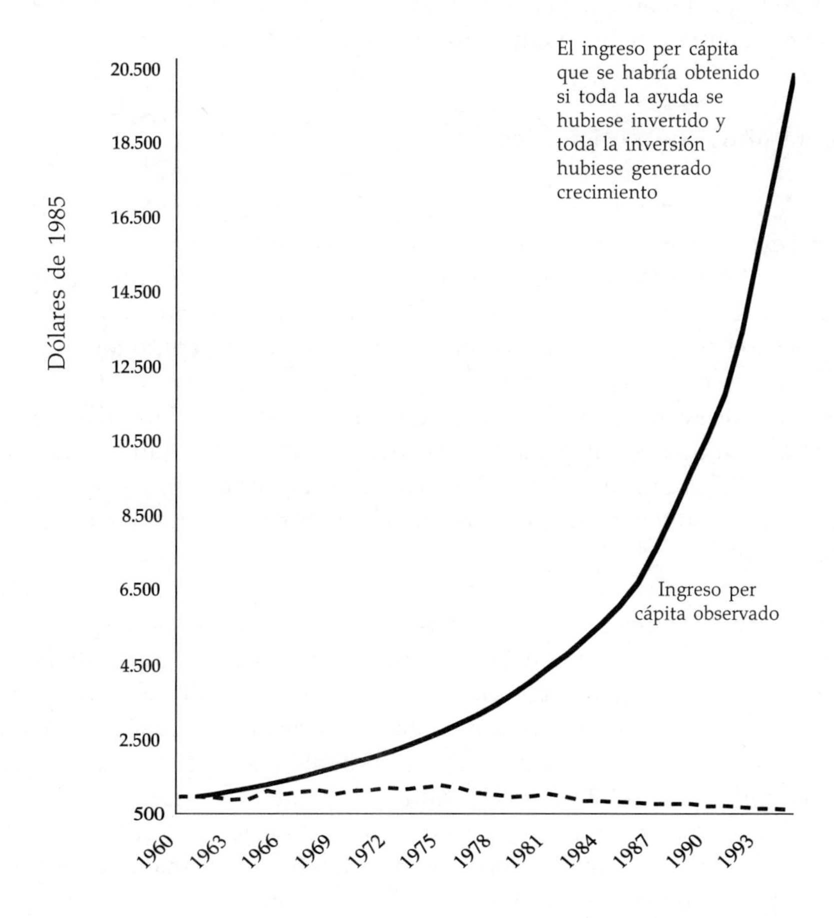

Figura 2.1. El ingreso per cápita de Zambia. La diferencia entre el proyectado con el modelo del déficif financiero y el observado.

llas, como Singapur, Hong Kong, Tailandia, Malasia e Indonesia (estrellas al menos hasta recientemente), que las predicciones del déficit financiero no señalan. Éstos eran países con bajo nivel inicial de inversión o escasa ayuda posterior que, sin embargo, crecieron rápidamente. Prácticamente no hay asociación alguna entre el crecimiento predicho y el observado.

Cincuenta años son suficientes

El fetiche de la inversión financiada con la ayuda nos ha extraviado en nuestra búsqueda del crecimiento durante cincuenta años. El modelo debe ser sepultado ya. Debemos eliminar totalmente el concepto del déficit financiero con su espuria precisión sobre cuanta ayuda necesita un país. No debemos intentar estimar cuanta inversión "requiere" un país para lograr cierta tasa de crecimiento, porque no existe un modelo económico que pueda abordar esta cuestión.

Más aún, dar ayuda en función del déficit financiero crea incentivos perversos para el receptor, tal como se reconoció largo tiempo atrás. Cuanto mayor es el déficit financiero, y mayor la ayuda, menor es el ahorro del receptor. Esto crea incentivos para que el receptor no aporte sus propios recursos para el desarrollo.

Volviendo a la historia sobre Ghana, la triste realidad es que Ghana es casi tan pobre ahora como hace cuarenta y tres años en la época de la independencia. Dar ayuda a los países que generasen buenos incentivos para el ahorro y el crecimiento, como veremos con más detalle en la parte III del libro, sería más eficaz para contribuir con los países en su búsqueda del crecimiento. La realidad más esperanzadora es que Ghana ha tenido una saludable tasa de crecimiento per cápita del 2 por ciento anual desde que las reformas (y flujos frescos de ayuda) comenzaron después del punto más bajo alcanzado en 1983.

El fetiche de lograr el crecimiento construyendo fábricas y máquinas siguió siendo aún sorprendentemente resistente a las esperanzas fallidas. En el capítulo siguiente veremos como una versión más flexible del fetiche resistirá como panacea para el crecimiento.

Interludio: Parmila

Parmila nació en la India, es viuda y anda por los treinta años. Su marido falleció el año pasado tras sufrir una prolongada enfermedad, por lo cual ella se ha quedado sola para mantener a su hijo de siete años y a su hija de tres. Una tierra que era propiedad del marido tuvo que venderse con el objeto de poder pagar el caro tratamiento de su enfermedad. Sin la tierra, Parmila encuentra aún más difícil arreglárselas con lo que tiene.

Aunque Parmila viene de una buena familia de la aldea de Khairplan del distrito Singhbhum, la miseria la ha obligado, a pesar de su linaje, a hacer trabajos de servidumbre. Se gana la vida vendiendo leña, descascarando arroz y trabajando como jornalera para contratistas locales. Recoge leña en los bosques cercanos y la seca. Para venderla tiene que caminar, dos veces por semana, 8 kilómetros hasta el mercado de Jameshedur. Durante los meses de Agrahayan y Poush (de mediados de noviembre a mediados de enero) consigue trabajo en algunas granjas para descascarar arroz. Descascarilla 36 kilogramos en una jornada de nueve horas y recibe la doceava parte de su producto como paga. De este modo, dos semanas de trabajo en cada uno de los dos meses le dejan 90 kilogramos de arroz. En el hogar consumen 1 kilo diario, o sea, que esto le da para tres meses. Además, Parmila trabaja diez días al mes en la construcción para un contratista local, trabajo por el cual le pagan 25 rupias diarias, poco menos de la mitad del salario mínimo legal. Sin embargo, durante la estación lluviosa que dura cuatro meses no se trabaja en la construcción.

Parmila no recibe ningún apoyo de su familia ni de sus suegros. No obstante, a pesar de su miseria, tiene grandes esperanzas en sus dos hijos que van con regularidad a la escuela del pueblo. Incluso tiene planes de enviarlos a la Escuela Secundaria Intermedia de Dimna cuando sean mayores. Piensa dedicarse a preparar arroz inflado para ahorrar el dinero necesario para mandarlos a la escuela.

A pesar de sus calamidades, Parmila mantiene su dignidad y no acepta que la compadezcan. "Incluso en épocas de crisis, mantengo mi estado de ánimo y rehuso venirme abajo. Mi Dios siempre está conmigo", dice Parmila con tono seguro.

3. La sorpresa de Solow: La inversión no es la clave del crecimiento

Los políticos son iguales en todas partes. Siempre prometen construir puentes aunque no haya ríos.
Nikita Jruschov

Robert Solow, laureado con el Premio Nobel, publicó su teoría del crecimiento en dos artículos de 1956 y 1957. Su conclusión sorprendió a muchos, y aún sorprende hoy día: la inversión en maquinaria no puede ser una fuente de crecimiento en el largo plazo. Solow argüía que la única fuente posible de crecimiento en el largo plazo es el cambio tecnológico. En su artículo de 1957 Solow calculaba que el cambio tecnológico explicaba siete octavos del crecimiento del producto por trabajador en Estados Unidos durante la primera mitad del siglo XX.

Aunque los economistas aplicaban (y aún lo hacen) el modelo de crecimiento de Solow en muchos países pobres, muchos se resisten a aceptar su punto de vista de que es el cambio tecnológico, y no la inversión, lo que impulsa el crecimiento en el largo plazo. Aunque los practicantes del desarrollo lentamente se fueron separando de la conclusión de Harrod-Domar de que el crecimiento era proporcional a la inversión, continuaron creyendo que la inversión era el principal determinante del crecimiento en el largo plazo.

Los economistas conocen con el nombre de *fundamentalismo del capital* la creencia de que invertir en edificaciones y máquinas es el determinante fundamental del crecimiento. En la literatura académica del crecimiento se encuentran arduos debates sobre si el fundamentalismo económico se sostiene o no; en el capítulo siguiente veremos qué ocurre cuando la noción de "capital" se extiende para incluir la capacitación y la educación —el capital humano. En este capítulo veremos que el fundamentalismo del capital es incompatible con la idea de que "la gente responde a los incentivos".

Sin embargo, en las IFI son pocos los que ven el fundamentalismo del capital con escepticismo. Hojeando informes recientes, uno se encuentra afirmaciones como éstas: "La experiencia del ajuste del África Subsahariana ha demostrado que para lograr aumentos del PIB real per cápita es clave que se expandan el ahorro privado y la inversión" (Fondo Monetario Internacional, 1996).[1] América Latina también debe afrontar "el desafío de sostener el nivel de inversión necesario para el crecimiento continuo del producto" (Banco Interamericano de Desarrollo, 1995).[2] En el Oriente Próximo, "mejorar el desempeño de la inversión —tanto en activos humanos como físicos— es un determinante importante de la... capacidad de la región para crecer" (FMI, 1996).[3] En Asia Oriental, "la acumulación de activos productivos es la base del crecimiento económico" (Banco Mundial, 1993).[4] Si acaso quedan algunas dudas, es importante saber que "más inversión es la respuesta —o parte de la respuesta— a la mayoría de los problemas en el plano económico y social" (Naciones Unidas, 1996).[5]

Pero la sabiduría convencional de que invertir en construcciones y maquinaria es la clave para el desarrollo en el largo plazo es otra más entre las panaceas que no han conseguido satisfacer las expectativas que ellas mismas generan.

La provocación de Solow

Para ver cómo llegó Solow a su sorprendente conclusión de que la inversión no puede ser fuente de crecimiento, vayamos a su visión original del crecimiento en su artículo de 1956 y el seguimiento que hizo en su artículo de 1957. Cuantos más trabajadores y máquinas tuviese la economía, más produciría. A lo largo del tiempo, el producto total crecería al invertir en más máquinas y tener más trabajadores.

Cuando hablamos de "crecimiento" queremos decir que el nivel de vida de todas las personas debe ir en aumento. La única forma de mejorar el nivel de vida para todos, en promedio, es si cada uno en promedio produce más bienes. Es decir, lo que interesa es la producción por trabajador, llamada frecuentemente la productividad del trabajo.

Queremos que la producción por trabajador aumente y sólo hay dos factores productivos: máquinas y trabajadores. Se puede pensar entonces que la forma para aumentar la producción por trabajador es aumentando el número de máquinas más rápidamente que lo que aumenta el número de trabajadores. Es decir, que para aumentar la producción por trabajador hay que aumentar las máquinas por trabajador.

Sin embargo, al aumentar las máquinas por trabajador se entra rápidamente en problemas. A medida que aumentamos las máquinas por trabajador se llega al punto en el cual cada trabajador estará utilizando más de una máquina al mismo tiempo, saltando como loco de una a otra, como lo hacía Charles Chaplin en su película *Tiempos Modernos.* Resulta difícil imaginar que algo bueno resulte de darle una máquina más a un trabajador que ya esté operando con otras ocho. Estos son los rendimientos decrecientes.

Los rendimientos decrecientes tienen una lógica simple e inevitable: no se puede aumentar indefinidamente la producción aumentando indefinidamente la proporción de un ingrediente de la producción con respecto a otro ingrediente. Cuando se aumenta el número de máquinas respecto del número de trabajadores, el rendimiento de cada máquina adicional se hace cada vez menor.

Para ver los rendimientos decrecientes en acción supongamos, para comenzar, que un ingrediente está fijo mientras tratamos de aumentar el otro.

La próxima vez recuerde la harina

Hoy voy a preparar para el desayuno tartas, el plato favorito de mis hijos. Mi receta indica que debo poner una taza de leche y dos de harina. Estas proporciones no son totalmente rígidas. Creo que mis expertos en tartas se las comerían aun adelgazándolas con un poco más de leche de lo indicado.

Luego me doy cuenta de que apenas tengo dos tazas de harina, la cantidad suficiente para las tartas que necesito para mis tres hijos. De repente mi hija Raquel me recuerda que había invitado a su amiga Eva para el desayuno, cosa que yo había olvidado. A escondidas le puse otra taza de leche a la mezcla, nadie se iba a dar cuenta. Asimismo, mi hijo Caleb me recuerda que su amigo Kevin, el devorador de tartas, también viene a desayunar, de modo que deslizo otro poco de leche en la mezcla. Finalmente, llega mi esposa y me recuerda que Colleen, la amiga de nuestra pequeña Grace, también viene. Desesperado, le pongo aún más leche a la mezcla para las tartas. Quince minutos después los comensales rechazan repugnados las tartas más adelgazadas del mundo.

Esto es rendimiento decreciente en acción: aumentar un ingrediente manteniendo el otro fijo no me permite lograr un crecimiento sostenido de mi producción de tartas. El ingrediente que aumento (leche) mientras mantengo fija la cantidad del otro (harina), tiene rendimientos decrecientes. Esto está bien claro: el efecto de la primera taza de leche es altamente favorable, sin ella, sólo tengo harina seca; con ella tengo por lo menos una tarta gruesa. Pero cuando después de haber echado tres tazas de leche por sólo dos de harina, pongo otra más esto tiene un efecto desastroso sobre la producción de tartas.

Podemos aumentar el PIB de un grupo de trabajadores aumentando el número de máquinas por persona. Si de entrada no hay máquinas, esto está muy bien, pues una máquina adicional aumentará mucho el producto. Cuando ya haya muchas máquinas en funcionamiento, una maquina adicional aumentará muy poco el producto. La severidad con la cual se presentan los rendimientos decrecientes depende de la importancia del capital en la producción. Los rendimientos decrecientes en mi experimento de las tartas dependían de la importancia que por sí mismo tuviera el ingrediente que yo estaba aumentando. Mi fallido intento de aumentar la producción de tartas aumentando la cantidad de un solo ingrediente hubiera sido aún más deplorable si lo hubiera hecho aumentando un ingrediente secundario, como por ejemplo la sal, manteniendo fijos los demás. A mis comensales no les iba a gustar para nada el resultado de tratar de duplicar la producción de tartas añadiendo más y más sal a cantidades fijas de harina y leche.

Si un ingrediente secundario, como la sal, hubiese sido el único ingrediente disponible en cantidad fija, habría tenido mejores oportunidades para expandir la producción de tartas. Si se me hubiese terminado la sal, pero aún tuviese suficiente leche y harina, habría podido satisfacer las demandas de mis hijos. Creo que me habría salido con la mía duplicando las cantidades de leche y harina y manteniendo fija la cantidad de sal. Buena parte del debate sobre el fundamentalismo del capital se centra en la importancia del capital como ingrediente de la producción.

La razón por la cual los rendimientos decrecientes a la inversión de Solow desataron tan particular furor, era porque las construcciones y las máquinas son un ingrediente sorprendentemente menor en el PIB total. Se puede obtener una medida de la importancia del capital en el PIB de Estados Unidos calculando la participación de las rentas totales del capital en el ingreso total. *Las rentas del capital* significan todas las rentas acreditadas a los propietarios directos e indirectos de las construcciones y las máquinas: las ganancias de las compañías, los dividendos de las acciones, y los pagos de intereses sobre los préstamos (ya que los préstamos financian parte de la inversión). Solow estimó que las rentas del capital en Estados Unidos eran alrededor de un tercio del PIB total en su artículo de 1957.[6] Actualmente sigue siendo alrededor de un tercio del ingreso total.[7] Los otros dos tercios del ingreso son las rentas salariales, es decir, los pagos a los trabajadores.

Así pues, el capital representa solamente un tercio de la producción total y los trabajadores representan los otros dos tercios. Si el capital representa sólo un tercio del producto, los rendimientos decrecientes a la inversión serán severos. Cuando las máquinas sean escasas, el producto adicional de una máquina adicional será alto. Cuando haya abundancia de máquinas el producto adicional de una máquina adicional será bajo.

Así no se crece

El tema de los rendimientos decrecientes parece sencillo y obvio, sin embargo trajo consigo la sorpresa que dio Solow. Aumentar las máquinas no es una forma factible de mantener el crecimiento. Si una economía tratara de crecer comprando cada vez más máquinas, podría conseguir un crecimiento muy alto al comienzo, mientras las máquinas fuesen escasas. Pero la existencia de rendimientos decrecientes quiere decir que el crecimiento bajaría cuando las máquinas se hiciesen abundantes con respecto a la cantidad de trabajo disponible. Si el número de máquinas por persona crece a una tasa constante, llegará un punto en que el crecimiento del producto por persona caiga a cero.

Otra sorprendente consecuencia del enfoque de Solow era que el ahorro no sostendría el crecimiento. El ahorro desvía dinero del consumo presente para comprar maquinaria que producirá en el futuro, pero esto no sube la tasa de crecimiento en el largo plazo porque las máquinas no pueden ser una fuente de crecimiento en el largo plazo. De este modo, economías con una alta tasa de ahorro no van a lograr un crecimiento sostenido más alto que el de una economía con bajo ahorro. El crecimiento en ambos casos caería a cero cuando los inevitables rendimientos decrecientes de las máquinas adicionales se materializasen. La economía con el ahorro más alto tendría una renta más alta, pero ninguna de las dos podría mantener el crecimiento.

Esta era la sorpresa que daba Solow: la simple lógica de la producción sugería que el crecimiento por trabajador no podía mantenerse. Sin embargo, Estados Unidos y muchas otras economías industriales ya habían tenido un crecimiento sostenido anual del 2 por ciento por trabajador durante dos siglos. ¿Cómo podíamos observar un crecimiento sostenido por trabajador cuando dicho crecimiento sostenido no era lógicamente posible?

Es la tecnología, estúpido.

La respuesta de Solow a su sorprendente paradoja fue el cambio tecnológico. El cambio tecnológico va a permitir que se vaya economizando el factor escaso: el trabajo. Poniéndolo en otras palabras, el cambio tecnológico permite que una cantidad fija de trabajo nos permita ir más lejos. Solow razonaba que el cambio tecnológico ocurría por causas no económicas tales como el avance de las ciencias básicas. Basándose en el continuo progreso de la frontera tecnológica de Estados Unidos, era razonable suponer una tasa constante de cambio tecnológico. Esta tasa de cambio tecnológico era la que determinaba el crecimiento de la renta por persona en el largo plazo.

Pensemos en la tecnología como si fuese el organigrama que indica donde deben estar trabajadores y máquinas. El cambio tecnológico quiere decir que estos organigramas mejoran continuamente. Digamos, por ejemplo, que el primer conjunto de organigramas indicaba que un trabajador debía seguir el producto que se estaba manufacturando a lo largo de todo el proceso de producción. Recojo la materia prima de la pila donde se encuentra, la llevo a la fundición donde la fundo. Traslado el trozo fundido al troquel donde moldeo la pieza. Acarreo ahora la pieza a la pulidora y allí la termino. Después voy al cuarto de pintura donde la pinto. Salgo y la cargo en el camión y se la llevo al comprador. Cobro y deposito el dinero al Banco. Regreso a la planta, donde tomo la materia prima de la pila donde se encuentra, la llevo a la fundición...

Después recibo como atención de un tal Sr. H. Ford de Michigan un nuevo conjunto de organigramas. En ellos el Sr. Ford sugiere que es mejor que se coloque en cada máquina un trabajador que se queda allí mientras que lo que se mueve es el producto. Sugiere también que se instale una correa transportadora para mover el producto dentro de la planta entre los sitios donde están ubicadas las máquinas. Ahora yo me quedo estacionado en una sola máquina, la de pintura. Todo el tiempo que gastaba corriendo de una máquina a otra se ha eliminado. También me he vuelto experto en pintura, de modo que el tiempo extra que me queda lo puedo utilizar para pintar más piezas. Los nuevos organigramas, ahorradores de trabajo, permiten que un número fijo de trabajadores pueda producir más con el mismo número de máquinas.[8]

Si los nuevos organigramas aparecen al mismo tiempo que se adicionan nuevas máquinas, entonces el salto técnico hacia adelante neutralizará los rendimientos decrecientes. Se es más eficaz porque la forma de organizar el uso del tiempo del trabajador es más inteligente. Los nuevos organigramas son el equivalente a tener más trabajadores, de modo que, en la práctica, es como si se tuviesen más máquinas y más trabajadores, de manera que no se presentan los rendimientos decrecientes de las máquinas.

Este ejemplo ilustra el principio general: el cambio tecnológico impedirá los rendimientos decrecientes si permite ahorrar el ingrediente del que sólo se dispone en cantidad fija: el trabajo. Los trabajadores se vuelven cada vez más eficientes gracias a que se dispone de una mejor tecnología. Es como si se dispusiera de un mayor número de trabajadores. Como el número *efectivo* de trabajadores se mantiene al nivel mayor número de máquinas, los rendimientos decrecientes nunca llegan a manifestarse.

En el largo plazo, todo el crecimiento de la producción por trabajador tiene que ser cambio tecnológico ahorrador de trabajo.

Una digresión sobre la falacia ludita

Hay gente que cree que el cambio tecnológico ahorrador de trabajo es malo para los trabajadores porque los deja sin trabajo. Ésta es la falacia ludita, una de las ideas más tontas que jamás haya salido en la larga tradición de ideas tontas sobre la economía. Hacer una disección de la tontería es una buena manera para seguir analizando la lógica de Solow.

Los luditas originales eran unos tejedores de Nottingham, Inglaterra, hacia el año 1811,[9] que destruyeron los telares que incorporaban nuevas tecnologías ahorradoras de trabajo como protesta contra el desempleo (el suyo propio), difundiendo sus acciones en unas circulares con la misteriosa firma "El Rey Ludd". Destruir las nuevas máquinas era, comprensiblemente, proteger los intereses de los tejedores que se habían adiestrado en tecnología anterior y sabían que sus habilidades no tendrían mucho valor con la nueva tecnología. Las autoridades inglesas, después de estudiar cuidadosamente el caso, zanjaron las preocupaciones de los luditas colgando a catorce de ellos en enero de 1813.

La estupidez intelectual vino después, cuando algunos pensadores generalizaron las dificultades con las que se enfrentaban los luditas convirtiéndolas en la falacia ludita: que un adelanto tecnológico generalizado de la economía que permita producir la misma cantidad de bienes con una menor cantidad de trabajadores, va a resultar en una economía con —menos trabajadores. Por alguna razón no se les ocurrió a los creyentes del ludismo que había otro posible resultado: producir más bienes con el mismo número de trabajadores. El término *tecnología ahorradora de trabajo* es otra manera de decir *tecnología aumentadora del producto por trabajador.* Todos los incentivos de una economía de mercado apuntan a que se aumenten la inversión y la producción en lugar de que se reduzca el empleo; de otra manera algunos propietarios bastante miopes estarían perdiendo la oportunidad de hacer ganancias. Con un mayor producto por el mismo número de trabajadores habrá una mayor renta para cada trabajador.

Por supuesto que puede sobrevenir algún desempleo entre los trabajadores que solamente dominan la tecnología antigua —como los luditas originales—, desempleo que será muy doloroso para quienes lo sufran. Sin embargo, los trabajadores *como un todo* estará mejor si disponen de una tecnología más potente para producir. Los luditas confunden la sustitución de tecnologías antiguas por nuevas con una caída general del empleo. Lo primero si ocurre, lo segundo no. Las economías que presentan cambios tecnológicos, como Alemania, Reino Unido o Estados Unidos, no muestran ninguna tendencia a largo plazo hacia un aumento del desempleo; muestran en cambio una tendencia a largo plazo de aumento de las rentas de los trabajadores.[10] La lógica de Solow puso en claro que el progreso técnico ahorrador de trabajo era la única manera de que el producto por trabajador pudiera aumentar en el largo plazo. Los neoluditas, con una ironía no intencional, denigran la única manera que permite que las rentas de los trabajadores se mantengan creciendo a largo plazo: el cambio tecnológico ahorrador de trabajo.

La falacia ludita sigue viva hoy en día. Consúltese nada menos que un documento tan respetable como el *Informe de Desarrollo Humano* que publica anualmente el Programa de Naciones Unidas para el Desarrollo. El informe de 1966 se preocupa por el "crecimiento sin puestos de trabajo" de muchos países. Los autores indican que el "crecimiento sin puestos de trabajo" ocurre cuando la tasa de crecimiento del empleo es menor que la tasa de crecimiento del producto, lo cual genera "muy bajos ingresos" para millones de trabajadores. El informe de 1993 expresaba la misma preocupación con respecto a este "problema" del crecimiento sin puestos de trabajo que fue particularmente severo en países en desarrollo entre 1960 y 1973: "las tasas de crecimiento del PIB fueron bastante altas, pero las tasas de crecimiento del empleo fueron menos de la mitad que ellas".[11] Similarmente, un estudio de 2000 sobre Vietnam se lamentaba del bajo crecimiento del empleo en la manufactura comparado con el crecimiento de la producción de las manufacturas.[12] Los autores de todos estos informes han olvidado que aumentar el PIB más rápido que el empleo se denomina hacer *crecer el ingreso por trabajador,* que es la única manera como las "muy bajas rentas" de los trabajadores pueden aumentar.[13]

Transiciones

El aumento de la maquinaria por trabajador no puede ser una fuente de crecimiento en el largo plazo, pero sí puede serlo en la transición hacia la trayectoria de largo plazo. Una economía que comenzó con muy pocas máquinas puede tener un alto rendimiento por cada máquina adicional. Debido a estos altos rendimientos, la inversión puede llevar consigo, temporalmente, un alto crecimiento. A medida que se acumulan más máquinas surgen los rendimientos decrecientes y el crecimiento tiene que bajar. Con el tiempo, la economía se estabiliza en el cómodo estado determinado por la tasa de crecimiento del cambio tecnológico ahorrador de trabajo. *Podemos,* por lo tanto, resucitar la inversión como fuente importante de crecimiento en la medida en que las transiciones sean importantes con respecto al largo plazo.

Sin embargo, existen problemas con la idea de que las transiciones sean importantes con respecto al largo plazo. Si la mayor parte del crecimiento proviene de la transición al largo plazo, es porque hay muy pocas máquinas para comenzar. El rendimiento de estas máquinas es muy alto porque son escasas. Esto significa que los rendimientos de la maquinaria —la tasa de interés— en la economía debían ser muy altos en el comienzo. De hecho, las tasas de interés debían haber sido ridículamente altas; Robert King y Sergio Rebelo calcularon que hace un siglo, la tasa de interés de Estados Unidos tendría que haber sido más del 100 por ciento para que los cambios transitorios del capital por trabajador explicasen el crecimiento de Estados Unidos. La evidencia que se tiene sobre las tasas de interés en Estados Unidos indica que han sido bastante estables a lo largo del tiempo (ciertamente, que de ningún modo fueron nunca del 100 por ciento); esto confirma el hallazgo de Solow que el crecimiento de Estados Unidos es un fenómeno del largo plazo y no un movimiento transitorio de un bajo a un alto nivel de capital.

Hay también un problema lógico con la idea de hacer que las transiciones y la inversión expliquen una parte importante del crecimiento. El supuesto es que todas las economías parten muy lejos de su posición de largo plazo. Así, la inversión en maquinaria supuestamente ayudará a aquellas que parten por debajo de su posición de equilibrio de largo plazo a que crezcan rápidamente (después de lo cual crecerán a la tasa del cambio tecnológico). Aquéllas que comenzaron por encima de su posición de largo plazo, van a crecer poco o inclusive podrían declinar hasta alcanzar su posición de largo plazo (después de lo cual crecerán a la tasa del cambio tecnológico).

Pero quienes proponen a la inversión como el motor del crecimiento no dan una buena razón de que todos los países estén tan alejados de su posición de largo plazo. En ausencia de buenas razones para ello, el supuesto más lógico es que la mayor parte de los países están cerca de su posición de largo plazo. Si no, ¿qué ha estado haciendo el largo plazo todo este tiempo?

Solow en el trópico

Solow nunca mencionó las diferencias de ingresos entre países como algo que él estuviese tratando de explicar. Él aplicó su teoría únicamente para el caso del crecimiento de Estados Unidos, donde el elemento clave era un crecimiento constante a lo largo de un largo periodo de tiempo. Nunca mencionó a los países tropicales en ninguno de sus escritos; en realidad nunca aplicó su modelo a ningún país diferente de Estados Unidos. No se le puede pues culpar por la manera como su modelo se aplicó a los países del trópico. Sin embargo, su modelo se convirtió en la teoría básica del crecimiento que se enseñaba en los cursos de economía. Durante los años sesenta, los economistas aplicaron el esquema conceptual de Solow para explicar una amplia gama de experiencias de crecimiento, incluyendo las de países tropicales pobres.

He aquí cómo se podría aplicar este modelo para explicar las diferencias entre países. Se supone que todos los países tienen acceso a la misma tecnología y a la misma tasa de cambio tecnológico. La idea es que no hay razones por las cuales las principales innovaciones tecnológicas que ocurren en un país no puedan aplicarse en otros países (esto no quiere decir que necesariamente se apliquen sino solamente que podrían aplicarse). Una vez que los organigramas están disponibles en un país, los mismos organigramas podrían utilizarse en cualquier otro.

De este modo se excluye la posibilidad que haya diferencias entre países en lo que respecta a la tecnología disponible. En consecuencia, la única manera de que unos países sean más pobres que otros es porque hayan comenzado con muy poca maquinaria. Los países pobres del trópico obtendrán mayores rendimientos de las máquinas que los países ricos de zonas templadas. Los países pobres del trópico tendrán fuertes incentivos para crecer más rápidamente que las economías maduras de la zona templada, que crecen a la tasa del cambio tecnológico. Con el tiempo, los pobres tropicales alcanzarán a los ricos templados y todos crecerán a la tasa del cambio tecnológico.

Cualquier país que comience con un nivel bajo de capital compensará este infortunado legado con los altos rendimientos de este capital. Como el capital financiero internacional fluye a los países con la mayor tasa de rendimiento (la gente responde a los incentivos), dicho capital fluirá hacia este país de bajo capital y altos rendimientos. El país desafortunado alcanzará a los países más afortunados, borrando de su memoria el infortunado comienzo. Los incentivos garantizan pues que los pobres crecen más rápidamente que los ricos. Aquí se ve como este punto de vista se ajusta al optimismo de la posguerra sobre el desarrollo, que habíamos descrito en el capítulo anterior.

Después del fracaso del crecimiento en muchos de los países pobres se hizo claro cual era el problema de aplicar el enfoque de Solow para explicar las diferencias de ingresos entre los países. El premio Nobel Robert Lucas señaló uno de los mayores problemas de aplicar ingenuamente el enfoque de Solow a los diferenciales de ingreso entre países. El ingreso per cápita de Estados Unidos es quince veces el de la India. Con el enfoque de Solow y la misma tecnología entre países, este diferencial de ingresos sólo puede existir porque los trabajadores de EE UU tengan más máquinas que los de la India. ¿Cuántas máquinas más se requieren para explicar un diferencial de quince veces? Como las máquinas no son un ingrediente muy importante para la producción, la respuesta es: muchas. Los cálculos de Lucas implicaban que cada trabajador estadounidense debía tener cerca de 900 veces más máquinas que cada trabajador indio.[14] Los trabajadores estadounidenses en efecto tienen muchas más máquinas, pero tampoco tanto. Quienes han hecho los cálculos encuentran que los trabajadores estadounidenses tienen solamente unas veinte veces más capital que los trabajadores indios.

¿Por qué es necesaria tan exorbitante superioridad —900 veces más máquinas— para explicar un diferencial de ingresos de quince veces? Todo se debe al exiguo papel que juega el capital en la producción: el capital explica solamente un tercio del total de la producción. Tratar de explicar el diferencial de ingresos entre países con un ingrediente relativamente secundario como el capital no funciona, puesto que con el modelo de Solow se requerirían diferencias pantagruélicas de máquinas por trabajador.

Esto debía haberse previsto —pero no ocurrió así. Después de todo, el mismo Solow había mostrado que las máquinas no podían explicar los diferenciales de ingresos a lo largo del tiempo en un mismo país, como el caso del aumento del producto por trabajador en EE UU durante cuarenta años, puesto que las máquinas deberían haber sido mucho más escasas para comenzar de lo que realmente fueron. Es la misma lógica la que muestra que así como las máquinas no pueden explicar grandes diferencias de ingresos entre países, tampoco pueden explicar grandes diferencias a lo largo del tiempo.

Pero la solución que Solow le dio al problema de los rendimientos decrecientes para el caso del crecimiento en un país —el cambio tecnológico determinado por causas no económicas tales como las ciencias básicas— no opera entre países. Podría tener sentido suponer que la tecnología cambia en el tiempo por razones no económicas como el avance de la ciencia, pero decir que los países tienen diferentes tasas de crecimiento por alguna misteriosa causa no económica no es muy satisfactorio. Esto sería como decir que las tasas de crecimiento difieren porque las tasa de crecimiento difieren —lo cual nos lleva otra vez a la cuestión de los incentivos económicos. La tecnología debe variar entre países por razones económicas. Si la tecnología es tan potente para explicar el crecimiento sostenido del ingreso en un país a lo largo del tiempo, es la candidata lógica para explicar los grandes diferenciales de ingreso entre países. Y si la tecnología difiere entre países, debe haber fuertes incentivos para obtener una mejor tecnología. Volveremos a abordar la idea de que la tecnología responde a los incentivos en la parte III de este libro.

Rendimientos y flujos

Aún no hemos llegado a la peor parte de la idea de que la maquinaria es la clave del desarrollo. Lucas también calculó la tasa implícita de rendimiento de las máquinas. Habíamos visto que la maquinaria debía ser 900 veces más escasa en la India que en EE UU para poder explicar todo el diferencial de ingreso entre ambos países por diferencias en maquinaria. Lucas utilizó el principio de Solow sobre los rendimientos y calculó que la tasa de ganancia de las máquinas indias, por ser estas tan escasas, debía ser 58 veces mayor. Estos extraordinarios rendimientos son el homólogo de los cálculos de Rebelo y King de las tasas de rendimiento que debían haber sido superiores al 100 por ciento hace un siglo para que la acumulación transitoria de capital explicase todo el crecimiento. Con semejantes incentivos para invertir en países pobres, "¿cómo es que el capital no fluye de los países ricos a los pobres?", se preguntaba Lucas.

Una respuesta podría ser las desventajas que los países pobres presentan para el inversionista, como podrían ser la inestabilidad política, la corrupción o el riesgo de expropiación. Pero los diferenciales de que hablamos son suficientemente grandes como para compensar los riesgos mencionados. El inversionista extranjero saldría aún ganando en la India si pudiese sacar del país, en promedio, solamente dos rupias de cada cien rupias de ganancia. Nadie cree que la probabilidad de expropiación en la India sea del 98 por ciento. Aún los Gobiernos más exageradamente venales no logran una tasa de robo que, en el promedio de varios años, llegue a 98 céntimos por cada euro. Aún tomando en cuenta un riesgo político razonable para la India, decía Lucas, deberíamos estar viendo como el capital vuela de Nueva York a Nueva Delhi. La gente responde a los incentivos.

Tal cosa no ha ocurrido. Durante la década de los noventa la economía de EE UU tuvo una entrada bruta de inversión y préstamos frescos provenientes del resto del mundo por un monto de 371 dólares anuales por cada estadounidense. Durante el mismo periodo, los préstamos e inversiones que llegaron a India resultaron en un total de 4 centavos de dólar por persona. No había incentivos para invertir en la India.

La insignificancia del capital extranjero que fluía a India no tiene nada de extraño desde la perspectiva de cualquier país pobre. En 1990, el 20 por ciento más rico de la población del mundo recibía el 92 por ciento de las entradas brutas de capital, mientras que el 20 por ciento más pobre recibía el 0,1 por ciento. El 20 por ciento más rico de la población del mundo recibía el 79 por ciento de la inversión extranjera directa, mientras que el 20 por ciento más pobre recibió el 0,7 por ciento de la inversión extranjera directa. En conjunto, el 20 por ciento más rico de la población del mundo recibió el 88 por ciento de las entradas brutas de capital privado, mientras que el 20 por ciento más pobre recibía el 1 por ciento de las entradas brutas de capital privado.

El crecimiento que no ocurrió

La evidencia más clara en contra de la aplicación de los conceptos de Solow entre países fue la ausencia de crecimiento en muchos de los países pobres. Dados los altos rendimientos del capital cuando es escaso, los países pobres tenían todos los incentivos para crecer más rápidamente que los países ricos. Cuanto más pobre era el país, tanto más rápido debía de crecer. Los pobres heredarán el crecimiento. No fue así.

Irónicamente los primeros economistas que reconocieron la falta de crecimiento de los países pobres no eran para nada especialistas sobre países pobres. Los economistas del desarrollo que hacían el seguimiento de los países pobres estaban ciertamente enterados de que las cosas marchaban mal en África y Latinoamérica, pero parecían no darse cuenta de que esto ponía en tela de juicio el viejo paradigma del crecimiento. Hizo falta que un economista especialista en países ricos, como Paul Romer, revisara los datos y señalara que el viejo paradigma no estaba funcionando.

Romer utilizó los datos de más de cien países a partir de la compilación de las rentas nacionales que habían hecho Robert Summers y Alan Heston. Cuando hizo su presentación en la Conferencia Anual de Macroeconomía de 1987 del National Bureau of Economic Research de EE UU, Romer tenía datos de crecimiento entre 1960 y 1981. Estos datos indicaban que los países pobres no crecían más rápido que los ricos con esto, demostraba que las predicciones de Solow, aplicadas a los países del trópico, fallaban.

Romer presentó los datos del periodo 1960-1981 para ilustrar el fracaso de la predicción de que los pobres crecen más rápido. La mayor ironía es que éstos fueron los mejores años para estos países. A los países pobres les fue aún peor antes y después de este periodo, que sirvió para propinarle el golpe de gracia a la aplicación al trópico del viejo paradigma de Solow.

El año 1981, el último de la muestra de Romer, fue también el último año bueno para muchos de los países pobres. Como veremos en el capítulo 5, América Latina y el África Subsahariana tuvieron dos décadas perdidas para el crecimiento después de 1981. El Oriente Próximo y África del Norte se hundieron poco después. Desde 1981, los países pobres no han podido reducir las diferencias con los países ricos, pues les ha ido peor que a estos. Pierden terreno.

Tres quintos de los países más pobres han tenido un crecimiento cercano a cero, o ligeramente negativo, del ingreso per cápita desde 1981. Los dos quintos más pobres, a quienes ya les iba mal entre 1960 y 1981, continuaron mal entre 1981 y 1998. Al quintil medio de países, a los cuales les fue bien durante el periodo 1960-1981, le fue mal entre 1981 y 1998. El 20 por ciento constituido por los países menos pobres continua con una tasa positiva de crecimiento per cápita del 1 por ciento. El siguiente quintil de países, que incluye a las estrellas asiáticas, también tiene un crecimiento respetable en promedio.

Los países ricos tuvieron cierta reducción del crecimiento. En Estados Unidos el crecimiento per cápita fue del 1,1 por ciento durante el periodo

1981-1998 que se compara con un 2,2 por ciento para el periodo anterior comprendido entre 1960 y 1980. Pero esta reducción es pequeña cuando se compara con la de Nigeria, donde el crecimiento per cápita pasó de un 4,8 por ciento entre 1960 y 1980 a una tasa negativa, el –1,5 por ciento, durante el periodo 1981-1998.

A pesar de todas las lamentaciones de los ricos sobre su lento crecimiento, en promedio les ha ido mucho mejor que a los pobres durante el último medio siglo. La relación entre el ingreso per cápita del país más rico y el del país más pobre ha aumentado enormemente durante el periodo. Los ricos se han hecho más ricos y los pobres se han estancado (figura 3.1).

A los países pobres les fue significativamente peor que a los ricos durante el periodo 1960-1999. Entre ellos, los dos quintos de los países pobres apenas crecieron. Los dos quintos de los países más pobres en 1960 (considerando sólo aquellos para los cuales hay datos disponibles) corresponden aproximadamente a lo que se llegó a conocer como el Tercer Mundo. El setenta por ciento de estos países del Tercer Mundo crecieron menos durante el periodo, que la mediana del crecimiento de los países ricos, que fue del 2,4 per cápita. Estaban retrocediendo, no recortando diferencias.

La marca de la historia

Cuando se hizo aparente que la predicción del crecimiento rápido de los países no era acertada, los economistas empezaron a formular algunas preguntas precisas sobre que fue de los países pobres en épocas anteriores. Los economistas habían dado por sentado que los países pobres eran pobres, cuando comenzaron a aplicar al trópico el modelo de Solow, durante los años sesenta. Nadie se había preguntado, en ese momento, por qué los países pobres habían llegado a ser tan pobres.

Un momento de reflexión habría de dar la respuesta, pero ese momento de reflexión sólo llegó mucho más tarde. Los países pobres habían acabado siendo más pobres que los ricos porque en algún periodo anterior habían crecido menos. Debió existir un momento primigenio, ubicado entre la época de Adán y Eva y la era contemporánea, en el cual los ingresos de las naciones eran mucho más iguales. Como los ingresos de las naciones son notablemente desiguales hoy día, tuvo que haber habido un fuerte proceso de divergencia de los ingresos nacionales que contradijera la predicción del modelo de Solow, cuando se aplica entre países, de que los ingresos de las naciones convergen entre sí.

Lant Pritchett, de la Kennedy School of Government de la Universidad de Harvard, cristalizó este momento de reflexión en un artículo reciente.[15] El

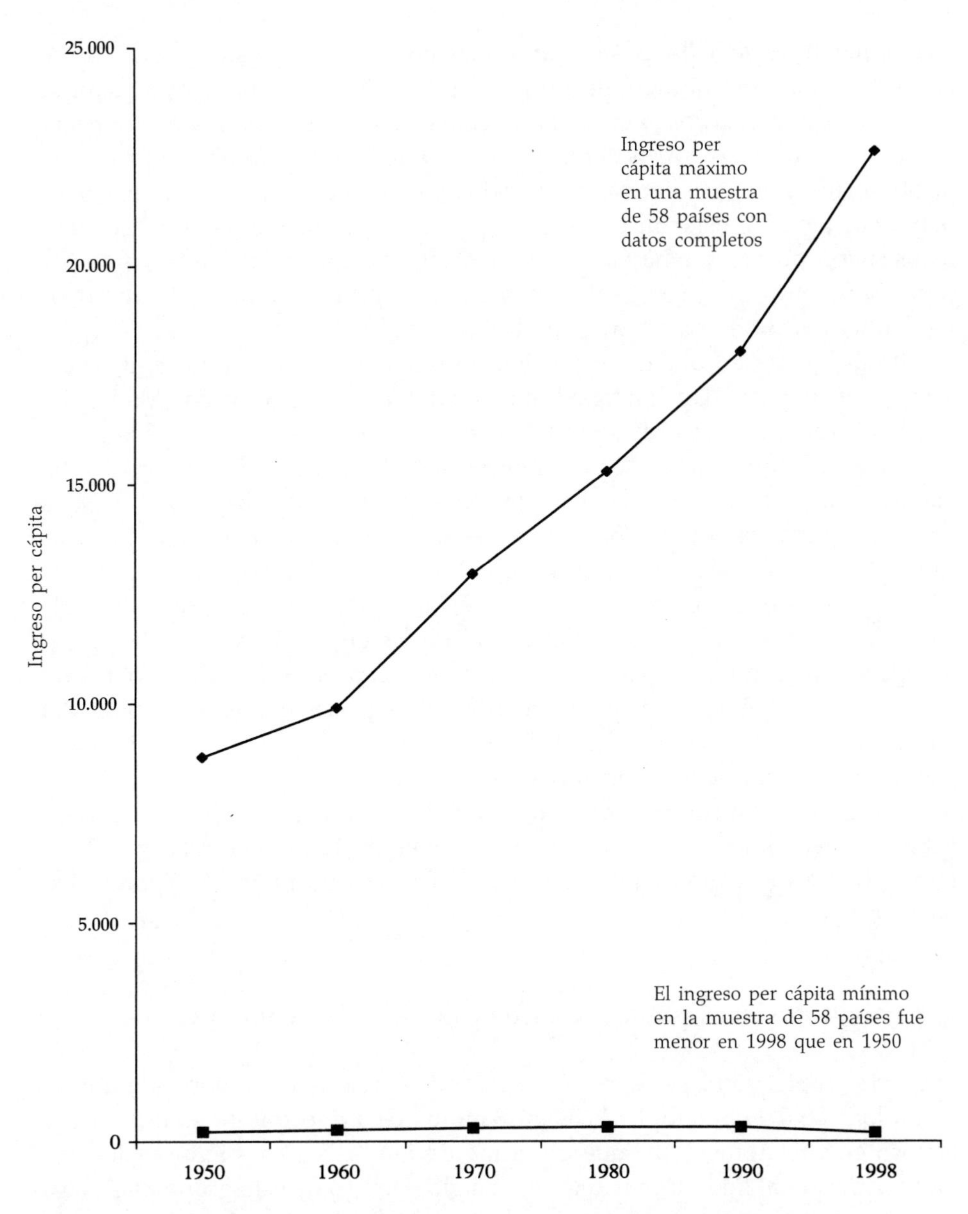

Figura 3.1. El ingreso per cápita máximo ha crecido fuertemente durante el último siglo, mientras que el ingreso per cápita mínimo se ha estancado.

razonamiento es sencillo. Las naciones más pobres de hoy están apenas sobre el nivel de subsistencia del ingreso per cápita. Nivel de subsistencia significa no morir de hambre. Por lo tanto, las naciones más pobres de hoy deben haber tenido hace uno o dos siglos el mismo ingreso que ahora. No puede haber sido de otra manera pues no habrían sobrevivido para contar el cuento. Las naciones muy ricas también estaban bastante cerca del nivel de subsistencia hace uno o dos siglos, puesto que hay datos que indican el considerable crecimiento per cápita durante dicho periodo. En consecuencia la brecha entre los muy ricos y los muy pobres se ha abierto en el último siglo o dos.

Si aún quedasen dudas, se pueden examinar los datos de los países que son pobres hoy día. Un infatigable historiador económico, Angus Maddison, ha reconstruido los datos de 1820 a 1992 para veinte países. Aunque los países pobres están subrepresentados en la muestra de Maddison, es aparente que ha habido una gran divergencia. La relación entre el país más rico —Estados Unidos— y el más pobre —Bangladesh— es de treinta actualmente. La relación entre el más rico y el más pobre en 1820 era solamente de tres (figura 3.2). Las ocho naciones de la muestra de Maddison que son pobres actualmente también se encontraban entre las últimas en 1820. (México, la nación que generalmente ha ocupado la posición más alta entre las ocho pobres de ahora, ya era la décima más pobre en 1820). Los países que estaban cerca del último lugar en 1820 se quedaron mayormente ahí; los países más ricos aumentaron sus ingresos por un factor de 10 o más.

Este es un resultado extraordinario. Más del 90 por ciento de las rentas de los países actualmente ricos se crearon después de 1820. Sin embargo, el ingreso que habían logrado alrededor de 1820 ya era un predictor significativo de si se harían ricos.

Los ganadores son quienes escriben la historia económica

Entonces, ¿por qué el pensamiento económico creía que los pobres alcanzarían a los ricos? Por ejemplo, William Baumol, de Princeton, tenía un artículo famoso en el cual mostraba que un grupo de dieciséis países industriales habían alcanzado al líder durante el último siglo. Dentro de este grupo de países, los más pobres habían crecido más que el más rico. Concluía de ahí, que había una tendencia general hacia la convergencia de los ingresos nacionales.[16]

¿Cómo llegó Baumol a una conclusión tan diferente de lo que sería después el argumento aparentemente irrefutable de Pritchett? La conclusión de Baumol y otras similares que han flotado en el ambiente del pensamiento económico durante largo tiempo resultan fundamentadas en un error. (Un error que es inconfundible luego de apuntarlo, pero que no resulta tan obvio

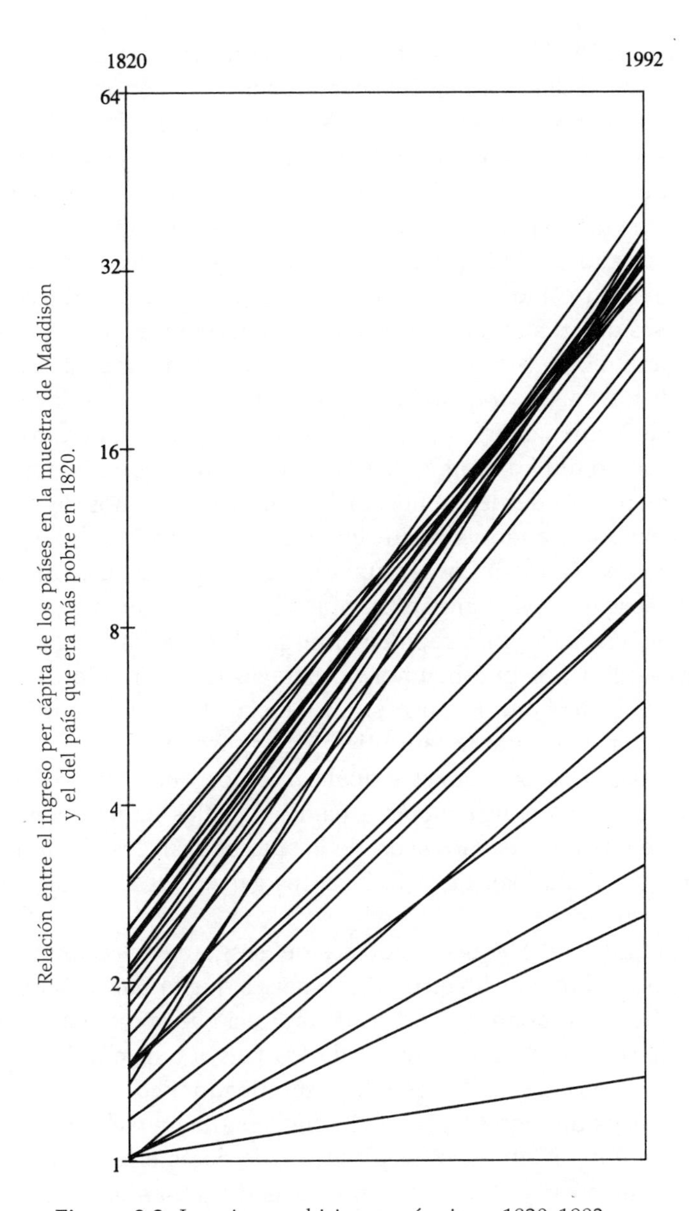

Figura 3.2. Los ricos se hicieron más ricos, 1820-1992.

antes de puntualizarlo —y que resulta una buena ilustración del duro trabajo que tienen que realizar los economistas para poder contestar una pregunta tan básica como la de si los pobres crecen más que los ricos). Brad de Long, de Berkeley, señaló el error de Baumol preguntándose como había escogido Baumol su grupo de países.[17] Los países que tenían datos históricos disponibles eran en ese momento países ricos. Los países ricos son los que se pueden permitir tener trabajando a historiadores económicos que reconstruyen largas series de información estadística. Baumol comprensiblemente seleccionó una muestra de países que tenían datos que pudiera conseguir con facilidad —y al hacerlo, predeterminó el resultado, de manera no intencional, a favor de la convergencia. Estos países, todos ellos ricos en la actualidad independientemente de donde comenzaran, van naturalmente a parecer que convergen. Como la selección no filtró a ningún país basándose en dónde ningún país, era posible que comenzaran desde circunstancias variadas. Algunos de ellos posiblemente comenzaron siendo ya relativamente ricos y otros cuando aún eran relativamente pobres. Como todos terminaron ricos —porque ésta fue la forma como Baumol escogió implícitamente su muestra— tiene que ser que, los inicialmente pobres crecieron más rápidamente que los inicialmente ricos.

Este sesgo explica por qué Baumol se extravió (aceptándolo caballerosamente una vez que De Long lo puso en evidencia). Esta historia muestra de manera general por qué durante tanto tiempo se puso la convergencia de los ingresos nacionales. Los economistas analizaban los que al final resultaban ganadores, porque estos eran los países para los cuales había buenos datos. (También sucede que a los economistas de los países ricos les gusta hablar de otros países ricos y visitarlos). En definitiva, los ganadores son quienes escriben la historia económica.

Incluso la muestra de Maddison adolece del sesgo de selección a favor de los ganadores, puesto que incluye sólo ocho países que el Banco Mundial clasifica actualmente como pobres —menos de un tercio de la muestra. Como las naciones pobres son la enorme mayoría de los países del mundo, sigue habiendo un gran sesgo hacia los que han terminado ricos. La muestra de Maddison, con datos de ingreso para 1820 pueden adivinarse que no incluye, por ejemplo, ningún país africano. Esta escasez de datos en África está totalmente relacionada con la pobreza de África. Chad no mantiene un gran número de historiadores económicos que estén hurgando el pasado del país. Pobres (y analfabetos) ya en 1820 carecían de un Instituto Nacional de Estadística que cocinara los números. Si aceptamos el argumento del escaso crecimiento experimentado en los países que son actualmente pobres, es claro que encontraríamos más evidencia sobre los ricos enriqueciéndose en una muestra más completa.

Incluso mi discusión sobre las tendencias del periodo 1960-1999 estaba sesgada hacia aquellos que al final están entre los ganadores. Mientras que todos los ganadores generalmente tienen buenos datos, los países que han padecido desastres a menudo carecen de series completas de datos. Esto se puede ver con ayuda de la clasificación que el Banco Mundial hace de los países industriales (los países miembros de la OCDE) y en desarrollo. Mi cálculo de la tendencia durante el periodo 1960-1999, que ya mostraba que los países pobres tenderían a crecer menos, utilizó solamente cien países, aquellos con datos disponibles para todo el periodo en cuestión. Los datos sólo faltaron para uno de los países industriales: Alemania, que aún no ha vencido las dificultades de tener datos comparables antes y después de la unificación. Por contra, la mitad de los países clasificados como en desarrollo por el Banco Mundial en 1999, carecen de datos completos. Mi muestra del periodo 1960-1999 está pues sesgada a favor de los ganadores finales.

Ya indiqué la tendencia a que los países pobres creciesen más lentamente que los países ricos durante el periodo entre 1960 y 1999. Ahora sé también que, a causa del sesgo hacia los ganadores, incluso esta conclusión subestima lo ocurrido. Es muy probable que entre los países no considerados por falta de datos —tales como Myanmar, Zaire (Congo), Liberia, Chad o Haití— haya habido peores desastres. El mal desempeño económico dificulta la marcha de las oficinas de estadísticas. Así, por ejemplo, para el año 1999, el Instituto de Estadística de Zaire había dejado de funcionar; sin embargo, datos anteriores mostraban un crecimiento a largo plazo del –2,4 por ciento por año.

Las cifras del crecimiento se encuentran con la banda de los cuatro

La manera más directa de comprobar el papel que la acumulación de capital tiene sobre el crecimiento es estimando qué parte del crecimiento del producto por trabajador se puede atribuir al crecimiento del capital por trabajador. La contribución del crecimiento del capital por trabajador al crecimiento del producto por trabajador viene dada por la participación del capital en la producción, multiplicada por la tasa de crecimiento del capital por trabajador. Tal como se ha observado antes, la participación del capital en la producción es aproximadamente de un tercio, de modo que si el capital por trabajador estuviese creciendo al 3 por ciento, la contribución del capital al crecimiento sería de un punto porcentual. Si el producto por trabajador creciese al 3 por ciento, diríamos entonces que el capital contribuye a un tercio del crecimiento del producto. La parte del crecimiento que no es explicada por la acumulación de capital será la porción explicada por el cambio tecnológico. La contribución al crecimiento del cambio tecnológico ahorrador de trabajo viene dada por la participación del trabajo (que es uno menos la participación del capital) multiplicada por la tasa de cambio tecnológico. Por consiguiente, si la tecnología ahorradora de trabajo estuviese creciendo al 3 por ciento diríamos que el cambio tecnológico contribuye con dos de los tres puntos porcentuales de crecimiento.

Alwyn Young, de la Chicago Business School, hizo el cálculo para las cuatro economías de rápido crecimiento de Asia Oriental —la llamada banda de los cuatro (Corea, Taiwan, Singapur y Hong Kong)— llegando a la conclusión que la mayor parte del rápido crecimiento en Asia Oriental se debía a la acumulación de capital y sólo una pequeña parte era atribuible al cambio tecnológico. Su resultado más sorprendente fue para Singapur, donde el cambio tecnológico ocurría a una tasa de solamente el 0,2 por ciento anual. Paul Krugman difundió luego estos datos en la revista *Foreign Affairs.* Hizo una analogía entre el crecimiento intensivo en capital de Singapur y de la Unión Soviética, desatando un gran revuelo. El primer ministro de Singapur denunció públicamente a Krugman y anunció que, a partir de aquel momento, Singapur tendría un objetivo de cambio tecnológico del 2 por ciento anual.[18]

Tanto académicos como primeros ministros criticaron (con razón creo yo) el hallazgo de Young-Krugman por diversas razones. Primero, porque no tiene en cuenta nuestro lema oficial: la gente responde a los incentivos. Robert Barro de Harvard y Xavier Sala-i-Martín de la Universidad Pompeu Fabra señalan en su texto sobre crecimiento que la propia acumulación de capital responde al cambio tecnológico. Si la tecnología mejora, la tasa de rendimiento del capital mejora también. Si la tasa de rendimiento del capital mejora, se acumulará más capital. En el largo plazo, tanto el capital por trabajador como la tecnología ahorradora de trabajo como el producto por trabajador crecerán a la misma tasa (como en el ejemplo que dimos atrás). Pero diríamos que la causa del crecimiento es el cambio tecnológico, al cual responden tanto la acumulación de capital como el crecimiento del producto. Cuando Peter Klenow y Andrés Rodríguez-Clare rehicieron los cálculos de Young teniendo en cuenta la respuesta del capital al cambio tecnológico, encontraron que el cambio tecnológico explicaba una porción mucho mayor del crecimiento del producto que lo que Young había encontrado para la banda de los cuatro.

Segundo, la hipótesis de que la acumulación de capital explica el crecimiento de Asia Oriental, aún si fuese correcta, no dice nada respecto de si esta experiencia podría replicarse en otros sitios. Para abordar esta cuestión, necesitamos analizar en qué medida la variación entre países de las tasas de crecimiento del capital, explica la variación entre países de la tasa de crecimiento por trabajador. La respuesta es que no mucho. Klenow y Rodríguez-Clare atribuyen solamente el 3 por ciento de la variación del crecimiento por trabajador entre países a las variaciones del crecimiento del capital por trabajador, mientras que las variaciones del cambio tecnológico explicarían el 91 por ciento (el capital humano explica el diminuto residuo del 6 por ciento).[19] En otro estudio se encuentra que las variaciones en el crecimiento del capital físico explican solamente el 25 por ciento de la diferencia de crecimiento entre países.[20]

Démosle mayor concreción a la discusión considerando algunos ejemplos de países de Asia Oriental y de otras partes. Tanto Nigeria como Hong Kong aumentaron su stock de capital físico por trabajador en un 250 por ciento entre 1960 y 1985. Los resultados de esta gigantesca inversión fueron diferentes: el producto por trabajador en Nigeria subió un 12 por ciento durante el periodo mientras que el de Hong Kong subió un 328 por ciento. Y aquí viene otra pareja aún más intensiva en capital: Gambia y Japón aumentaron ambos su stock de capital por trabajador en más del 500 por ciento entre 1969 y 1985. El resultado fue que en Gambia el producto por trabajador subió un 2 por ciento entre 1960 y 1985, mientras que en Japón subió un 260 por ciento.[21] Estas están entre las comparaciones más extremas que se pueden hacer, pero el resultado se mantiene para la muestra como un todo: las variaciones en el crecimiento del capital no explican mucho de las variaciones en el crecimiento del producto. (Es posible que la inversión de capital esté medida incorrectamente porque no toda la "inversión" que se mide se convierte en realidad en maquinaria productiva. Pero incluso así, yo concluiría que la inversión medida no es la clave del crecimiento).

Otro ejemplo del poco crecimiento generado por el capital lo constituye el caso de Tanzania donde mientras el capital por trabajador del sector manufacturero creció al 8 por ciento anual entre 1976 y 1990, el producto manufacturero por trabajador cayó al 3,4 por ciento anual. Esto es particularmente impresionante ya que uno esperaría que tanto el equipo como la destreza tecnológica se pueden adquirir en el mercado internacional, con lo cual la relación entre factores y productos no debería ser tan diferente entre países.[22]

En tercer lugar, las tasas de rendimiento en Asia Oriental no se comportaron como habrían debido de hacerlo si en verdad la acumulación de capital hubiese sido la mayor fuente de crecimiento. Como hemos visto, la tasa de rendimiento del capital tiene que ser alta al comienzo para que la acumulación transitoria de capital sea la fuente principal del crecimiento. La acumulación de capital acaba teniendo rendimientos decrecientes que hacen bajar la tasa de rendimiento. Un estudio hecho en 1977 encontró que en realidad la tasa de rendimiento del capital aumentó a lo largo del tiempo en Singapur.[23] Este estudio concluye que el cambio tecnológico fue central en el alto crecimiento del producto por trabajador de Singapur. Se llegó a la misma conclusión sobre los otros tres miembros de la banda de los cuatro.

Conclusión

El Banco Mundial contribuyó a la financiación de la Fábrica de Calzado Morogoro de Tanzania durante la década de los setenta. Esta fábrica tenía trabajadores, máquinas, y lo último en tecnología para la fabricación de zapatos. Lo tenía todo, menos... zapatos. Nunca produjo a más del 4 por ciento de la capacidad instalada. Esta fábrica que había sido planeada para satisfacer todo el mercado nacional de zapatos y luego exportar las tres cuartas partes de su producción de 4 millones de zapatos a Europa, nunca exportó un solo zapato. La planta no estaba bien diseñada para el clima de Tanzania, tenía muros de aluminio y carecía de ventilación. La fábrica finalmente paró la producción en 1990.[24]

Por qué las máquinas en muchos países en desarrollo no son más productivas que los alerones de cola en un Chevrolet es algo que poco tiene que ver con las máquinas en sí y mucho con el medio en el cual los productores utilizan las máquinas. Morogoro era propiedad del Gobierno de Tanzania, un Gobierno que fracasó en cada iniciativa de desarrollo, grande o pequeña, que emprendió desde la independencia.

Es inútil multiplicar el número de máquinas cuando no hay incentivos para el crecimiento. Quizá las máquinas produzcan algo que nadie desee comprar. O quizá las máquinas estén disponibles, pero otros factores cruciales no se encuentren (un problema común en Tanzania y en otros lugares era que la materia prima importada y los repuestos no se podían conseguir debido al control que el Gobierno imponía para vender divisas a los productores). No sólo las máquinas no fueron una fuente de crecimiento continuado, sino que su potencial productivo se desperdiciaba porque los Gobiernos interferían con los incentivos del mercado para que las máquinas se usasen eficientemente.

Pero incluso si las máquinas se hubiesen usado eficientemente, el resultado original de Solow de que el capital no puede ser la fuente eventual de crecimiento sería correcto. Que las economías ricas tengan más capital ocurre porque el cambio tecnológico neutraliza los rendimientos decrecientes.

Los hechos contradicen el fundamentalismo del capital. Los sacerdotes del fundamentalismo del capital que aplicaron el modelo de Solow al trópico pusieron su resultado patas arriba. Si la acumulación transitoria de capital fuese la fuente principal de las diferencias de crecimiento, los países tendrían que tener unas tasas muy altas de rendimiento del capital al comenzar. Pero no es así. Si la acumulación transitoria de capital fuese la fuente principal de las diferencias de crecimiento, habría que esperar que los países pobres con escaso capital creciesen más que los países ricos como respuesta a los altos rendimientos del capital. Pero no es así. Si la acumulación transitoria de capital fuese la fuente principal de las diferencias en crecimiento, podríamos esperar que el capital financiero fluyera de los países ricos a los pobres como respuesta a los altos rendimientos del capital. No es así. Si la acumulación transitoria de capital fuese la fuente principal de las diferencias de crecimiento, tendríamos que esperar que la acumulación explicase en buena medida las diferencias de crecimiento entre países. Pero no es así. Intentar crecer solamente con capital físico fue otra panacea inútil.

Este no es el fin de la historia, porque habría otro intento por resucitar la aplicación del modelo de Solow a los países pobres ampliándola con la educación de los trabajadores —el capital humano. Un nuevo grupo de académicos sostendrían que al si se controla por educación y ahorro, se observa que los países pobres crecen más rápido que los ricos. Para ver si la educación es la panacea del crecimiento, pasemos al capítulo siguiente.

Interludio: Las plantas secas de maíz

Albert y Mercegrace Barthelemy viven en La Brousse, Haití, junto con sus hijos Dethanie, Mercenise, Amors, Indianise y Alfese. Han vivido en la misma casa de adobe, cuyos muros ahora ya se están desmoronando, durante veinte años. La casa tiene suelo de tierra y la única habitación tiene secciones divididas por cortinas. El techo de paja fácilmente podría desaparecer destruido por la próxima borrasca.

Hace un año una de las hijas "se enfermó del pecho" y falleció. Mercegrace, que tiene cuarenta y nueve años, no sabe qué enfermedad se llevó la vida de su hija, como tampoco sabe que la enfermedad que tiene lisiado a su hijo Alfese de ocho años, se llama poliomielitis. Indianise de catorce años de edad es sordomuda.

Albert, que tiene 50 años, trabaja en la construcción de una carretera que conecta su aldea con otra. Se tuvo que endeudar para pagar el funeral de su hija y tiene que pagarle al prestamista un interés del 50 por ciento. Mercenise, de veinte años, espera casarse con su novio, pero tiene que esperar hasta que consigan dinero para el ajuar y la fiesta de la boda.

Amors, de diecisiete años, sale todas las mañanas a la huerta para ver como están las plantas secas de maíz que constituyen la fuente de alimentación de la familia, para ver si hay alguna mazorca comestible.[1] *Hoy ha encontrado una y un tallo de caña de azúcar. Mercenise enciende el fuego, asa la mazorca y la divide en seis partes. Después, cada uno chupa un trozo de caña.*

Amors se marcha caminando a la escuela que está tras la montaña a una hora, para recibir su informe escolar de fin de año. Indianise va a buscar agua al manantial con dos bidones que carga un burro.

Cuando oscurece la familia va a la cama. Albert lee el informe de su hijo a la luz de un poco de queroseno que pone a quemar en una botella de leche. A Amors le faltan dos años más para terminar la primaria. A sus diecisiete años apenas puede leer y escribir. Es posible que Albert no pueda pagar la escuela de Amors los años que vienen. Sin embargo, aún sueña con que Amors termine sus estudios y pueda irse a la ciudad donde podrá ganar suficiente dinero para sacarlos de la pobreza.

4. ¿Educarse para hacer qué?

Para estar seguros de dar en el blanco, lo mejor es disparar primero y después llamarle blanco a lo que se le dio.
Ashleigh Brilliant

Después de haber dedicado veintidós de mis primeros veintiocho años de vida a obtener una educación, es natural que tenga un sesgo en la dirección de pensar que la educación es importante. Lo mismo les ocurre a otros expertos que tienen un buen nivel educativo.

En 1996 la Comisión para la Educación en el Siglo XXI de la Unesco, publicó *Learning: The Treasure Within.* Jacques Delors, presidente de la Comisión y ex presidente de la Comisión Europea, decía en la introducción que no se veía la educación como una "cura milagrosa". La comisión la veía más bien como "uno de los principales medios disponibles para promover una forma de desarrollo humano más profunda y armoniosa y, por tanto, para reducir la pobreza, la exclusión, la ignorancia, la opresión y la guerra".

La Comisión para la Educación en el Siglo XXI estaba compuesta por un distinguido grupo de estadistas desempleados. Otro de sus miembros era Michael Manley, ex primer ministro de Jamaica, aún no descalificado como experto del desarrollo por haber llevado a la quiebra la economía jamaiquina entre 1972 y 1980.

Delors citaba un poema de La Fontaine en la introducción de *Learning: The Treasure Within*:

> Estad seguros, dijo el labrador, de no vender la herencia
> que nuestros ancestros nos han dejado:
> Ella contiene un tesoro oculto.

Delors se inspiraba luego en su propia musa agregando:

> Pero el viejo sabiamente
> les mostró antes de morir
> que el tesoro es aprender.

La idea de que la educación es "uno de los principales medios" para "el desarrollo humano" ha sido compartida por otros. La Unesco, la Unicef, el Banco Mundial y el Programa de Naciones Unidas para el Desarrollo habían organizado antes una convocatoria mundial. La Conferencia Mundial de Educación para Todos tuvo lugar entre el 5 y el 9 de marzo de 1990 en Jomtien, cerca de Bangkok, Tailandia. En el documento oficial con la Declaración Mundial sobre la Educación para Todos, se indicaba que la educación cumple con tareas tales como asegurar "un mundo más seguro, sano, próspero y ambientalmente fiable, al tiempo que contribuye al progreso social, económico y cultural, a la tolerancia y a la cooperación internacional".[1] La Conferencia Mundial de Educación para Todos puso el objetivo de lograr en el año 2000 la educación primaria universal en todos los países del mundo. (No lo lograron, siendo aparentemente tan ineficaces como llenos de buenos deseos).

El secretario general de la Unesco, Federico Mayor, se expresó en un lenguaje no tan poético: "El nivel general de educación de la población de cada país... determina su capacidad de participar en el desarrollo mundial, ... de beneficiarse del avance del conocimiento y de crecer mientras contribuye a la educación de otros. Esta es una verdad evidente que ya nadie disputa".[2]

Otras afirmaciones sobre esta verdad evidente no llegan tan lejos, pero continúan identificando a la educación con uno de los secretos del crecimiento. El Banco Interamericano de Desarrollo (BID) observa que "está ampliamente reconocido que la inversión en capital humano (educación) promueve el crecimiento económico". El *Informe sobre el desarrollo mundial* del Banco Mundial, en su edición de 1997, destaca que "muchos atribuyen el éxito de los países de Asia Oriental en buena medida a su decidido compromiso de financiación pública de la educación primaria como eje del desarrollo económico".[3] Un economista del Banco Mundial resume así el estado del saber: "La educación de hombres y —aunque frecuentemente desatendida— de mujeres, contribuye directamente al crecimiento económico a través de sus efectos sobre la productividad, las rentas del trabajo, la movilidad laboral, la capacidad empresarial y la innovación tecnológica".[4]

A la luz de estas declaraciones de fe en la educación sorprende encontrar —tal como me ocurrió a mí— que la respuesta del crecimiento a la dramática expansión de la educación durante las cuatro últimas décadas haya sido indudablemente decepcionante. El fracaso del crecimiento educativo patrocinado por el Estado se debe, una vez más, a ignorar nuestro lema: la gente responde a los incentivos. Si los incentivos para invertir en el futuro no están presentes, de poco vale expandir la educación. Que un Gobierno fuerce a alguien a ir a la escuela no le cambia sus incentivos para invertir en el futuro. Capacitar a gente altamente cualificada en países donde la única actividad rentable es el cabildeo de favores ante el Gobierno, no es la fórmula del éxito. Crear destrezas donde no existe tecnología para utilizarlas no va a promover el crecimiento económico.

La explosión de la educación

Entre 1960 y 1990, como reflejo del tributo que se le rendía a la educación en los círculos políticos, hubo una notable expansión de la escolaridad. Impulsado por el énfasis que el Banco Mundial y otros donantes ponían en la educación básica, la matrícula en la educación primaria había alcanzado en 1990 el 100 por ciento en la mitad de los países del mundo. En 1960 solamente el 28 por ciento de los países del mundo tenían una matrícula del 100 por ciento en el nivel primario. La mediana de la proporción de niños en la educación primaria pasó del 80 por ciento en 1960 al 99 por ciento en 1990. Tras estas cifras se ocultan milagros como el del Nepal, que pasó de un 10 por ciento de matrícula en primaria en 1960 al 80 por ciento en 1990.

En 1960 había desastres de educación secundaria como el de Níger donde solamente 1 de cada 200 niños en edad de hacerlo se matriculaba en la escuela secundaria. Desde 1960, la tasa mediana de matrícula en secundaria en los países del mundo se ha casi cuadruplicado, de un 13 por ciento de los niños en edad de secundaria en 1960 al 45 por ciento en 1990.

La matrícula universitaria muestra explosiones similares. En 1960 veintinueve países carecían de estudiantes universitarios. En 1990 solamente tres países (Comoras, Gambia y Guinea-Bissau) carecían de ellos. Entre 1960 y 1990, la mediana de la tasa de matrícula universitaria en el mundo había aumentado por más de siete veces del 1 por ciento al 7,5 por ciento.

¿Dónde se ha metido toda la educación?

¿Cuál ha sido la respuesta del crecimiento económico a la explosión educativa? He aquí la respuesta: poco o nada. La falta de relación entre el crecimiento de la escolaridad y el crecimiento del PIB se ha observado en varios estudios. La falta de crecimiento en África, a pesar de la explosión educativa, llevó a un investigador a preguntarse, "¿Dónde se ha metido toda la educación?".[5] En este estudio se construyeron series del crecimiento de capital humano (educación) y no se pudo encontrar una relación positiva entre el crecimiento de la educación y el crecimiento del producto por trabajador. (En realidad en algunos ejercicios se encontró una relación negativa estadísticamente significativa).[6] En la figura 4.1 se presentan cifras de este estudio que comparan Asia Oriental y África.

Los países africanos de rápido crecimiento en capital humano durante el periodo entre 1960 y 1987 —países tales como Angola, Mozambique, Ghana, Zambia, Madagascar, Sudán y Senegal— tuvieron, sin embargo, un desastroso crecimiento económico. Países como Japón, de modesto crecimiento en capital

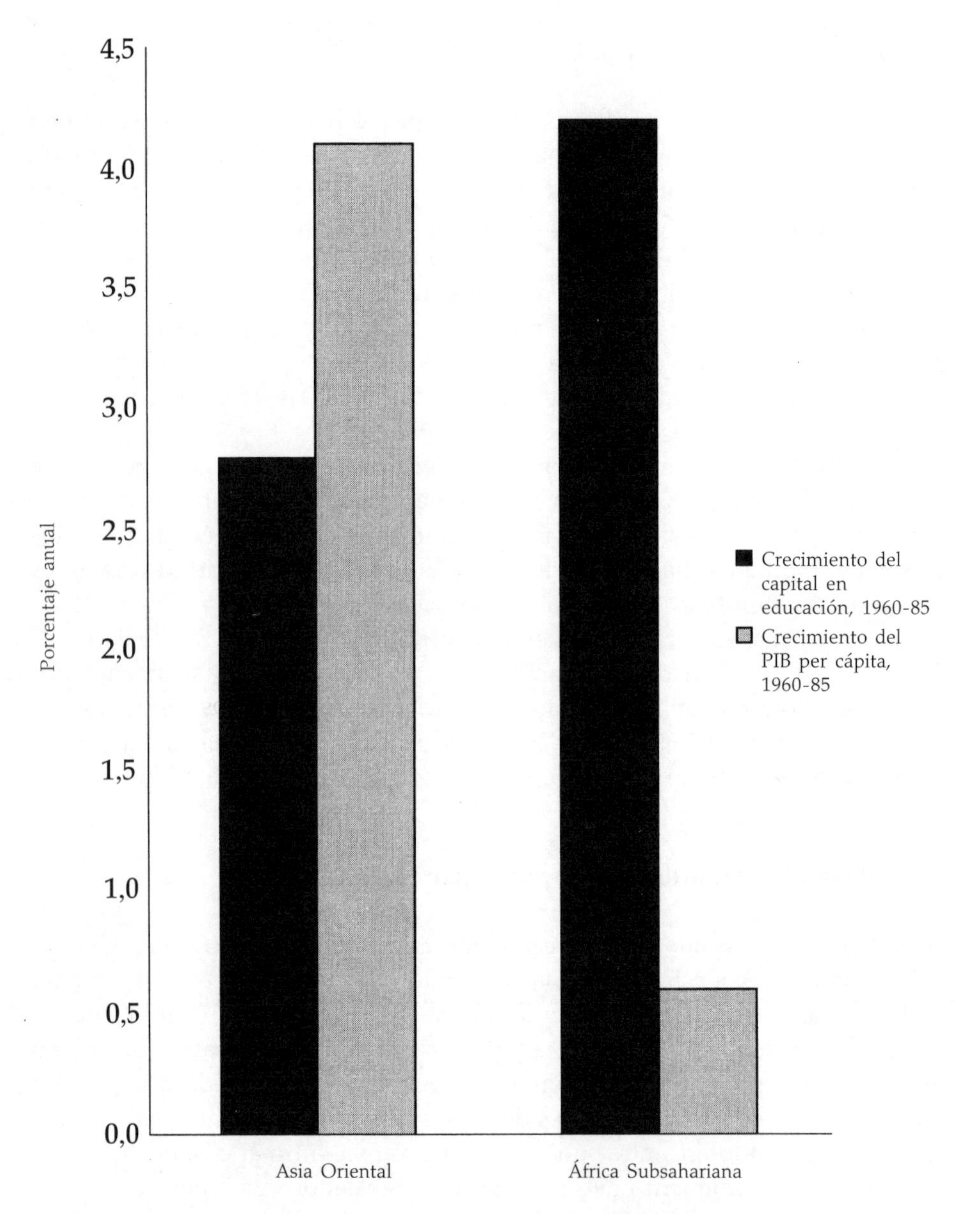

Figura 4.1. ¿Para dónde se ha ido toda la educación? *Fuente:* Pritchett, 1999.

humano, tuvieron un crecimiento milagroso. Otros de los milagros de Asia Oriental tales como Singapur, Corea, China e Indonesia tuvieron un rápido crecimiento en capital humano que fue menor o igual al de los desastres africanos de crecimiento. Así, la expansión de capital humano de Zambia y Corea fue similar, pero el crecimiento de Zambia estuvo siete puntos porcentuales por debajo del de Corea.

Este estudio también señalaba que Europa Oriental y la ex Unión Soviética tienen niveles de escolaridad que se comparan favorablemente con los de Europa Occidental y de Estados Unidos. Sabemos ahora que, sin embargo, su PIB por trabajador era solamente una pequeña fracción del de Europa Occidental y EE UU. Así, por ejemplo, la matrícula en educación secundaria que es del 97 por ciento en Estados Unidos es sólo ligeramente mayor que el 92 por ciento de Ucrania, pero el ingreso per cápita de Estados Unidos es nueve veces el de Ucrania.

Hay otra característica del mundo que pone en duda la contribución de la educación al crecimiento. La tasa de crecimiento mediana de los países pobres ha estado cayendo en el tiempo. El crecimiento del producto por trabajador fue del 3 por ciento en los años sesenta, del 2,5 por ciento en los setenta, del -0,5 por ciento en los ochenta y del 0 por ciento en los noventa. El estudio observaba que este descenso tuvo lugar al mismo tiempo que ocurría una enorme expansión educativa en los países pobres.

Siendo tan sorprendentes los resultados de este estudio, vale la pena comprobar si hay otros estudios que los repliquen.[7] Otro grupo de economistas hizo un estudio similar sobre cómo el crecimiento responde al cambio en los años promedio de escolaridad de la fuerza de trabajo entre 1965 y 1985.[8] Aquí tampoco se encontró relación alguna entre el crecimiento de los años de escolaridad y el crecimiento del PIB per cápita, falta de relación que persiste aún controlando por otros determinantes del crecimiento. (Sí se encontró una relación positiva entre el nivel inicial de educación y el crecimiento subsecuente de la productividad).

Se podría pensar que es África quien está explicando la ausencia de relación en los dos estudios en cuestión, quizá porque al comenzar con un bajo nivel de base se amplifica el cambio porcentual del capital humano en África y, además, sabemos que África creció poco o nada. Sin embargo, el segundo estudio halla que incluso excluyendo a África de la muestra no se observa ninguna correlación entre el crecimiento de la escolaridad y el del PIB. Además, cuando se utiliza el cambio de escolaridad en números absolutos en lugar de relativos, tampoco aparece la relación. Más aún, la expansión educativa tuvo efectos bien diferentes dentro de África misma (véase la figura 4.2).

En este estudio se encontró que el nivel de escolaridad inicial está relacionado con el cambio subsecuente de la productividad. Así, un país con un alto

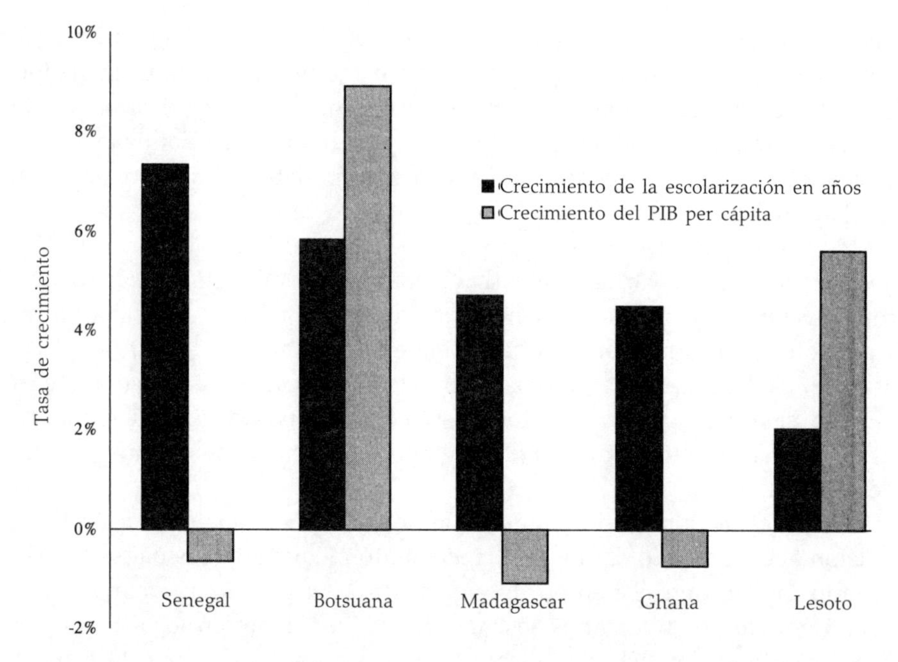

Figura 4.2. Efectos diversos de la expansión de la educación en África sobre el crecimiento, 1965-1985. *Fuente:* Benhabib y Spiegel, 1994.

nivel inicial de capital humano crecerá rápido debido al efecto indirecto del capital humano sobre el crecimiento a través de la productividad. Otros economistas han encontrado resultados similares en los que el crecimiento del producto depende positivamente de la escolaridad inicial.[9] Esta relación se espera que sea temporal. Cuando el nivel de capital humano es alto con respecto al de capital físico, los rendimientos de la inversión en capital físico serán altos y, en consecuencia, el crecimiento será alto hasta que el capital físico y el humano se ajusten nuevamente.[10]

La relación tiene que ser temporal porque un crecimiento que dependa de la escolaridad inicial no tiene mucho sentido en el largo plazo. Como lo observaba el primer estudio, el crecimiento tiende a fluctuar alrededor de un promedio constante mientras que la escolaridad tiene una tendencia a aumentar. La existencia de una relación entre crecimiento y escolaridad inicial debería implicar que el crecimiento tienda a aumentar, pero esto no ocurrió. Por ejemplo, el crecimiento mundial promedio bajó entre los sesenta y los noventa a pesar del aumento del nivel educativo. Por más que la educación inicial pueda tirar del crecimiento por periodos limitados, digamos de diez o de veinte años, no es lógico pensar que la conclusión tenga sentido para el largo plazo.

Un tercer grupo de economistas también encontró que las variaciones del crecimiento entre naciones poco tiene que ver con las variaciones del crecimiento del capital humano. Si el crecimiento de un país es un punto porcentual más alto que el promedio, solamente el 0,06 de este punto porcentual se atribuye al crecimiento más rápido del capital humano, en tanto que el crecimiento de la productividad explica el 0,91 del punto porcentual de mayor rapidez del crecimiento del producto. (El otro factor que se supone que también es clave para el desarrollo, el capital físico, contribuye solamente el 0,03 del punto porcentual de crecimiento más rápido).[11]

Hay aún un cuarto estudio que señala un problema más sutil con la idea de que el crecimiento del capital humano es un factor importante del crecimiento. Si el crecimiento del capital humano es el que empuja el crecimiento del PIB, las economías de rápido crecimiento exhibirán un capital humano que crece rápidamente. Esto implica que los trabajadores jóvenes deberían tener una cantidad considerablemente mayor de capital humano que quienes fueron educados en una época con menor capital humano. Este elemento debería reflejarse en unas remuneraciones mayores para los jóvenes que para los trabajadores de mayor edad. Sin embargo, en todas partes se observa que los salarios aumentan con la experiencia; los trabajadores de mayor edad reciben salarios significativamente superiores a los de los jóvenes, incluso en economías de rápido crecimiento. Aun si los años de experiencia contasen para algo, deberíamos observar en economías de rápido crecimiento menores aumentos salariales relativos debidos a la experiencia, a causa de la ventaja de los jóvenes en términos del capital humano. Esto no se observa. Deducimos que el crecimiento del capital humano no es más rápido en una economía de rápido crecimiento y no puede por tanto explicar su mayor crecimiento.[12]

Este estudio mostró otro fallo aún más serio en la relación del nivel de escolaridad con el crecimiento subsecuente. La relación de causalidad entre el nivel de escolaridad inicial y el crecimiento puede ser a la inversa. Si se puede pronosticar hasta cierto punto el crecimiento futuro, entonces la expectativa de un mayor crecimiento futuro aumentaría la tasa de rendimiento de la educación presente. La educación tiene más valor donde el salario de los educados está creciendo rápidamente que donde dicho salario se encuentra estancado. La de la relación entre escolaridad inicial y crecimiento subsecuente resulta más consistente con una situación de crecimiento que genera escolarización que con una de escolarización que genera crecimiento.[13]

El quid del asunto es que la educación es otra de las fórmulas mágicas que no ha respondido a las expectativas generadas.

Educación e ingresos

El resultado de que la educación no es muy importante para el crecimiento es causa de grandes controversias. A pesar del fracaso del capital físico y del capital humano para explicar las variaciones en el crecimiento, hay un buen número de economistas que sostienen que el capital físico y el capital humano pueden explicar las grandes variaciones que hay entre los ingresos de los países. Estos economistas, uno de los cuales es Gregory Mankiw de Harvard, señalan que el ingreso de largo plazo está determinado en el modelo de Solow por el ahorro en forma de capital físico y de capital humano. Mankiw utiliza el número de jóvenes matriculados en la escuela secundaria como su medida de ahorro en capital humano. Ciertamente, que hay una fuerte relación entre los niveles de ingreso y la matrícula de secundaria. Mankiw muestra que sus medidas de ahorro en capital físico y en capital humano pueden explicar hasta el 78 por ciento de las diferencias del ingreso per cápita entre naciones.[14] ¿Cómo se reconcilia este resultado con el de que el crecimiento del producto no se relaciona con el crecimiento del capital humano?

Antes de responder esta pregunta, observemos como Mankiw ata algunos cabos sueltos del enfoque de Solow (tal como se aplica a países en desarrollo) de manera impecable, agregando el capital humano. La acumulación de capital físico no puede ser una fuente de crecimiento en el modelo de Solow porque hay rendimientos severamente decrecientes como consecuencia de la baja participación (entre un cuarto y un tercio) del capital en la producción. Una vez que se agrega el capital humano, la participación de todos los tipos de capital sube al 80 por ciento. Por consiguiente, el decrecimiento de los rendimientos del capital humano y físico tomados en conjunto es mucho menos severo. Es como si aumentáramos al tiempo la harina y la leche en nuestro ejemplo de las tartas. Los dos ingredientes son una parte tan importante de la receta que podemos aumentar bastante la producción de tartas aun manteniendo constantes todos los demás ingredientes. De la misma manera, hay un espacio significativo para aumentar la producción aumentando simultáneamente el capital físico y el humano. Esto implica que países con la misma tecnología podrían tener rentas muy diferentes debido a la acumulación de capital físico y humano. En apoyo de la posición de Mankiw, varios estudios aportaron la evidencia de que las altas tasas de acumulación de capital físico y humano explicaban la mayor parte del alto crecimiento de Asia Oriental.[15]

En segundo lugar, Mankiw ató el cabo suelto del lento crecimiento de los países pobres. Recordemos que estos países debían crecer más rápidamente pero no lo hacían. Mankiw encuentra que después de controlar por la acumulación de capital y de educación, los países pobres tendían a crecer más rápidamente. Esto no significa que deba cumplirse la idea del modelo de Solow de que todos los países van hacia el mismo destino. Países con diferentes tasas de acumulación de capital y de educación van hacia destinos diferentes. Los que ahorran mucho (tanto en términos de capital físico como humano) van a enriquecerse; los que ahorraban poco van a empobrecerse. Pero si se es pobre con respecto a su propio destino final se va más rápidamente hacia él. Otro estudio ampliamente citado también encontró que, después de controlar por otro conjunto de variables diferente del de Mankiw, los países pobres crecían más rápidamente.[16]

En tercer lugar, Mankiw ató el cabo suelto de la falta de flujos de capital hacia los países pobres. Supuso que el capital humano (la gente cualificada) no tenía movilidad entre países mientras que el capital físico sí la tenía. Si la pobreza de los países pobres se explica por su bajo nivel de capital humano, los inversionistas internacionales no van a invertir en estos países puesto que se requiere trabajo cualificado para obtener buenos rendimientos de las máquinas. Si no hay trabajo cualificado, el rendimiento de las máquinas es bajo. Esto explicaría por qué el capital se dirige más a los países ricos que a los pobres.

Resulta, sin embargo, que buenos modelos teóricos no siempre resisten un examen detallado. Existen tres problemas con la relación de Mankiw entre la matrícula en secundaria y el ingreso de un país.

El primer problema es que la educación secundaria es una medida muy parcial de la educación acumulada. ¿Qué pasa con la educación primaria? Resulta que la relación entre la renta per cápita y la educación primaria es mucho menos satisfactoria. Parece no existir una relación estrecha cuando la matrícula pasa en primaria del 0,2 al 0,9. Todos estos países son pobres. Los numerosos países con cobertura universal en primaria tienen una renta promedio mayor que los otros, pero tienen una gran variabilidad en sus ingresos, yendo desde los muy pobres hasta los muy ricos. En resumen, la educación primaria varía mucho menos entre países que la secundaria y explica mucho menos las variaciones de los ingresos. Al concentrarse en la educación secundaria solamente, Mankiw exageró las diferencias de educación.[17]

El segundo problema está en las rentas del capital humano bajo los supuestos de Mankiw. Mankiw supuso que los flujos de capital igualarían las tasa de rentabilidad del capital físico, lo cual dejaba solamente al capital humano con tasas de rentabilidad diferentes entre países. Tratar de explicar las diferencias de ingresos solamente con el capital humano es lo mismo que tratar de hacerlo solamente con el capital físico. Nos encontramos nuevamente con la situación de tener que explicar grandes diferenciales de ingresos a partir de en un ingrediente minoritario. Si un país pobre lo es debido a la falta de capital humano, como lo señaló Paul Romer, de Stanford, en su comentario al trabajo de Mankiw, los pocos trabajadores cualificados que hubiera deberían estar ganando altísimos salarios.

Comparemos nuevamente Estados Unidos con la India. En 1992 Estados Unidos tenía catorce veces el ingreso per cápita de la India. La relación de los salarios de los trabajadores no cualificados entre los dos países es la misma. En la India el trabajo no cualificado es abundante mientras que el trabajo cualificado es escaso. De acuerdo con los supuestos de Mankiw, el salario de los trabajadores cualificados debería ser tres veces mayor en la India que en Estados Unidos,[18] lo cual debería inducir la emigración del trabajo cualificado de Estados Unidos a la India. En lugar de ello, lo que se observa es precisamente lo contrario: indios cualificados que se van a Estados Unidos. Más aún, si las predicciones del enfoque de Mankiw se hiciesen realidad deberíamos de esperar que los indios no cualificados quisiesen emigrar a Estados Unidos, en tanto que los indios cualificados se quedasen en su sitio. Esto no es lo que ocurre: ha sido 14,4 veces más probable que los indios educados emigren a Estados Unidos a que lo hagan los indios menos educados.

La propensión de los indios cualificados a emigrar a Estados Unidos es parte del fenómeno general de fuga de cerebros. Un estudio reciente de sesenta y un países pobres encontró que la gente con educación secundaria o más tiene una mayor probabilidad de emigrar hacia Estados Unidos que aquellos con educación primaria o menos, en todos los sesenta y un países. Las personas con educación universitaria tenían mayor probabilidad de emigrar que aquellas con educación secundaria solamente en cincuenta y uno de los países. Algunos países están perdiendo ante Estados Unidos la mayor parte de su fuerza de trabajo cualificada. Así, por ejemplo, una estimación conservadora indica que el 77 por ciento de las personas de Guyana con educación universitaria se han ido a Estados Unidos.[19]

Encontramos justamente lo contrario de lo que predice Mankiw, de que los cualificados quieran emigrar a los países pobres, porque el diferencial del salario de los cualificados está a favor de los países ricos. Mientras que un ingeniero gana en Bombay 2.300 dólares al año, en Nueva York gana 55.000.[20] Los salarios de los trabajadores cualificados en lugar de ser tres veces mayores en la India que en Estados Unidos, según lo predicho por el modelo de Mankiw, son veinticuatro veces mayores en Estados Unidos que en la India. El enfoque de Mankiw predice una relación negativa entre salarios cualificados e ingreso per cápita; en cambio, la relación es fuertemente positiva.

El modelo de Mankiw también implica una relación entre salarios cualificados y no cualificados en la India que resulta disparatada. Según los supuestos de Mankiw, Estados Unidos tiene catorce veces el salario no cualificado de la India y el salario cualificado de India debería ser tres veces mayor que el de Estados Unidos. Si la relación entre salarios cualificado y no cualificado en Estados Unidos es dos (como sugería Mankiw), se deduce que el salario cualificado de la India debería ser ochenta y cuatro veces el salario no cualificado. Si la gente responde a los incentivos debería haber entonces un gigantesco movimiento hacia la educación en la India con el fin de capacitarse para ganar el salario cualificado. La tasa de rendimiento de la educación en la India debería ser cuarenta y dos veces la de Estados Unidos. Pero tales monumentales diferencias de ingresos no existen en la India (tampoco en otros países pobres). El salario de los ingenieros en la India es solamente tres veces el de los trabajadores de la construcción. Hay estudios que encuentran que los rendimientos de la educación en los países pobres no son más del doble que en los países ricos, no cuarenta y dos veces y aun así el diferencial se debe a que el coste de la inversión —las rentas que se dejan de ganar— es más bajo en los países pobres.[21]

El tercer problema es el de la causalidad (otra vez). ¿Qué ocurriría si la educación secundaria fuese un lujo en el cual se regodean quienes se van haciendo más ricos? En este caso sería natural que la demanda de escuelas secundarias subiera a medida que aumentara el ingreso per cápita, pero esto no ayudaría a demostrar que las escuelas secundarias hacen más productiva a la gente.

Esto me lleva a un problema más fundamental que tengo con la explicación que Mankiw da a las diferencias de ingresos entre las naciones. ¿Incluso aceptando el argumento de que las diferencias de ingresos se explican por las diferencias de ahorro, surge la pregunta de qué explica las diferencias de ahorro? Su propuesta solamente desplaza el problema de explicar las diferencias de crecimiento al de explicar las diferencias de ahorro entre las naciones. Encuentro poco atractivo decir que las naciones pobres lo son porque no son de natural ahorrativas. Esto está muy cerca de culpar a los pobres de su propia pobreza.

Educación e incentivos

Una clave sobre por qué la educación tiene poco más valor que los *hula hoops* para una sociedad que desea crecer, proviene de lo que la gente educada hace con sus habilidades adquiridas. En una economía con una amplia intervención del Gobierno, las actividades con los mayores rendimientos bien pueden ser los trapicheos o las gestiones ante el Gobierno para obtener trato preferente. Por medio de sus intervenciones, el Gobierno genera oportunidades para obtener ganancias. Así, por ejemplo, un Gobierno que fija la tasa de cambio, prohibe el comercio de divisas extranjeras y genera una alta inflación, crea las oportunidades para que se comercie ventajosamente con dólares. A las personas cualificadas posiblemente les interesa, más que cualquier otra cosa, dedicarse a gestionar ante el Gobierno la posibilidad de obtener divisas al tipo de cambio fijo que es bajo, para luego venderlas en el mercado negro con pingües ganancias. Este tipo de actividad no contribuye a aumentar el PIB; simplemente redistribuye rentas del pobre exportador, que tuvo que entregar sus dólares al tipo de cambio oficial, al cambista del mercado negro. En una economía muy intervenida por la acción del Gobierno las personas más cualificadas optan por realizar actividades que, en lugar de generar crecimiento, redistribuyen el ingreso. (Unos datos graciosos que confirmarían esta observación es que las economías donde abundan los abogados crecen más lentamente que aquellas en las que abundan los ingenieros).[22] De esta manera, economías con un alto diferencial de cambio en el mercado negro tendrán un bajo crecimiento, independientemente de que tengan una alta o baja escolaridad. Por otra parte, las economías donde este diferencial sea bajo tendrán más crecimiento con una alta escolaridad que con una baja escolaridad. La escolaridad vale la pena solamente cuando las decisiones del Gobierno establecen incentivos para el crecimiento y no para la de redistribución.

Otra clave es que el Estado en buena medida dirigió la expansión educativa proveyendo educación pública gratuita y exigiendo la asistencia de los niños a la escuela. El objetivo de conseguir la cobertura universal de la educación no conlleva los incentivos para invertir en el futuro, que es lo que importa para el crecimiento. La calidad de la educación será diferente en una economía con incentivos para invertir en el futuro que en una economía que no los tiene. En una economía con incentivos para invertir en el futuro, los estudiantes se aplicarán en sus estudios, los padres supervisarán la calidad de la educación impartida y los maestros sentirán la presión para enseñar. En una economía estancada, sin incentivos para invertir en el futuro, los estudiantes van a holgazanear en clase y a veces ni siquiera asistir a ella, los padres sacarán a sus hijos de la escuela para ponerlos a trabajar y los maestros harán de canguros sobre cualificados.

La corrupción, los bajos salarios de los maestros, y lo inadecuado del gasto en libros, papel y lápices son todos problemas que destrozan los incentivos para una educación de calidad. En Vila Junqueira, Brasil, la gente comentaba a unos entrevistadores que "la escuela estatal se está cayendo, pasan semanas enteras sin un maestro, no hay director ni maestros eficientes, ni seguridad, ni higiene". En Malaui, los entrevistados informaban que:

> Escuchamos que el Gobierno aprobó la educación primaria gratuita y que provee de todos los elementos esenciales, como cuadernos, plumas y lápices. Pero los alumnos jamás han recibido estos útiles. Tenemos que proveerlos nosotros mismos. Estamos seguros que no es culpa del Gobierno, sino pura negligencia de la administración de la escuela. Hemos visto varios maestros que andan por ahí vendiendo cuadernos y plumas. Además, los maestros no están dedicados a sus funciones. A menudo los niños regresan a casa sin haber recibido ninguna clase. Se dice que los maestros no

están motivados debido a las malas condiciones de trabajo. En particular, sus salarios son inadecuados. No sorprende que desvíen recursos gratuitos de la educación primaria para complementar sus salarios de miseria. Todo esto afecta negativamente la calidad de la educación en la escuela. Solamente diez niños han pasado a la educación secundaria en los últimos diez años.[23]

En Pakistán los políticos otorgan puestos de maestro como elemento de clientelismo. El fraude se da en gran escala en exámenes supervisados por maestros poco escrupulosos o intimidados. Tres cuartas partes de los maestros no podrían resolver los exámenes que les administran a los estudiantes. La lengua de enseñanza es el urdu, a pesar de que el lenguaje operativo de esta sociedad multilingüe es el inglés. Algunas de las escuelas financiadas por el sector público son islámicas y en ellas lo que los estudiantes hacen principalmente es estudiar el Corán. Las otras escuelas públicas son de tan pobre calidad que cualquier familia que se lo pueda permitir envía a sus hijos a costosas escuelas privadas. Estudiantes de secundaria pertenecientes a facciones religiosas rivales se han enfrentado en la escuela con AK-47s.[24] No deben ocurrir muchas cosas buenas en escuelas donde se exhiben más las armas que los libros.[25]

Aunque los maestros estén pobremente remunerados muchas veces hay demasiados de ellos. Un patrón frecuente es que se gasta mucho más en salarios de maestros (un medio cómodo para el clientelismo político) que en libros, papel y lápices. Filmer y Pritchett encuentran que el gasto en material escolar tiene una tasa de rendimiento entre diez y cien veces más que el gasto adicional en maestros, lo cual significa que los materiales escolares son muy escasos en relación con el número de maestros.[26]

Una tercera clave proviene de lo que ocurre con otras inversiones. Una buena educación es productiva cuando está acompañada por maquinaria de alta tecnología, la adopción de tecnologías avanzadas y otras inversiones que ocurren en economías con incentivos para crecer. Sin incentivos para crecer no hay maquinaria de alta tecnología ni tecnologías avanzadas que complementen la educación. Se ha creado una oferta de cualificaciones donde no hay demanda para ellas. De esta manera las cualificaciones se desperdician —como por ejemplo cuando personas con un título universitario hacen de taxistas— o el personal cualificado emigra a los países ricos donde pueden emplear maquinaria y tecnologías avanzadas.

Es cierto que el advenimiento de una generación bien preparada puede suponer un incentivo para invertir en maquinaria de alta tecnología y adaptar tecnologías avanzadas. Pero si la política del Gobierno ha destruido todo incentivo para crecer, es poco probable que queden ganas para realizar las inversiones que las altas cualificaciones habrían atraído si la situación fuese diferente.

Conclusión

A pesar de los nobles sentimientos que despierta la educación, los rendimientos de la explosión educativa de las últimas cuatro décadas han sido decepcionantes. Pienso que aprender bajo las circunstancias correctas es muy bueno, pero los objetivos políticos de aumentar el número de estudiantes o la ampulosa retórica de las comisiones internacionales, no crean por sí solas los incentivos para crecer. De esta manera, la educación ha resultado otra de las fórmulas mágicas que nos ha fallado en la búsqueda del crecimiento.

El que la gente se eduque dependerá de los incentivos para invertir en el futuro. Ningún país sin una población cualificada se ha hecho rico. Pero el número de estudiantes puede ser una medida del nivel educativo de escaso valor.

El reconocimiento tardío que la falta de incentivos para crecer puede ser el responsable de la decepcionante respuesta a la acumulación de máquinas y de escolaridad, llevó a la comunidad internacional a contemplar otra idea: controlar el crecimiento de la población para así economizar en máquinas y escuelas.

Interludio: Sin un refugio

Sudán ha estado en guerra durante diecisiete años. Se trata de una guerra civil entre el norte y el sur, la segunda desde la independencia del país; la primera también duró diecisiete años. Más que de una nueva guerra, se trata de la continuación de las tensiones étnicas que han perdurado durante varios siglos. (Poniéndolo de manera muy simplificada se puede decir que se trata de una división entre el norte arábico-islamista y el sur africano-cristiano). La guerra civil se reanudó en septiembre de 1983, cuando el presidente Numayri, con un Gobierno que estaba bajo el control norteño, decidió promulgar la ley islámica, la Shari'a.[1]

Entonces, cerca de 20.000 niños del sur entre siete y diecisiete años decidieron escapar de sus aldeas al comenzar la guerra, con el fin de evadir su reclutamiento como soldados para el ejército del norte. Algunos de ellos se encaminaron hacia Etiopía, en un viaje que duraba entre seis y diez semanas, atravesando zonas inhóspitas. Algunos de los niños perdieron sus avíos (mantas, zapatos, ropa, ollas) a manos de asaltantes. Algunos murieron por las enfermedades y el hambre. Los supervivientes encontraron una paz temporal en Etiopía.

En mayo de 1991 un nuevo Gobierno etíope los expulsó y tuvieron que regresar a Sudán durante la estación lluviosa. A causa de ello, muchos de los niños morían cuando tenían que cruzar ríos. Los restantes llegaron a un campo de refugiados que la Cruz Roja había establecido en Sudán. Cuando la contienda se reanudó a finales de 1991, escaparon de nuevo a campos de refugiados ubicados en Kenia. Desde 1992, Unicef ha logrado reunir cerca de 1.200 niños con sus familias. Los demás aún siguen en Kenia en los campos. Simon Majok, un niño de catorce años dice: "Los niños de Sudán no hemos tenido suerte".[2]

En 1999 aparecieron nuevos informes sobre niños que estaban huyendo hacia Kenia, en esta ocasión para escapar de los combates que se habían desatado entre las tribus del sur.[3] *En marzo de 2000, la organización Solidaridad Cristiana Internacional denunció que fuerzas progubernamentales habían esclavizado a 188 mujeres y niños sudaneses del sur, tras unas incursiones que llevaron a cabo en aldeas de la región norte de Bahr al Ghazal.*[4]

5. ¿Dinero para preservativos?

Lo único más peligroso que un economista es un economista aficionado.
Segunda Ley de la Economía de Bentley

El candidato menos atractivo a convertirse en el Santo Grial de la prosperidad tiene 18 centímetros de caucho: es un preservativo. Para muchos entre nosotros, los expertos del desarrollo, el control de población es el elíxir que evitaría la catástrofe de la hambruna colectiva y permitiría que los países pobres se hicieran ricos. La ayuda extranjera para financiar el control de la población —dinero para preservativos— sería la panacea que llevará la prosperidad a los países pobres.

Si hay un hecho concreto que ha causado pánico entre los observadores del Tercer Mundo, éste es el crecimiento de la población. Según muchos, el crecimiento de la población, si no es una amenaza para la vida misma de la gente, por lo menos pone catastróficamente en peligro la prosperidad de las naciones pobres. Viceversa, el control de la población mediante la planificación familiar —siendo explícitos, mediante el uso de preservativos en las relaciones sexuales— promoverá la prosperidad de las naciones pobres.

El tema de la población ha sido motivo de preocupación en economía desde hace mucho tiempo. A comienzos del siglo XIX, Thomas Malthus presentó el conocido argumento de que el crecimiento exponencial de la población sobrepasaría la producción de alimentos, lo cual llevaría a que hambrunas generalizadas ocasionaran los ajustes necesarios de población. La encarnación reciente de Thomas Malthus es un biólogo de Stanford llamado Paul Ehrlich. En su famosa denuncia de 1968, *The Population Bomb,* Ehrlich preveía que durante los diez años posteriores a la publicación de su libro, las hambrunas ocurrirían "repetidamente por Asia, África y América del Sur", matando quizá hasta un quinto de la población mundial.[1] La incidencia de las enfermedades epidémicas entre los pobres que viven hacinados, incluyendo posiblemente la reaparición de la peste bubónica, aumentaría las tasas de mortalidad.

El pánico causado por la explosión demográfica es más notorio por lo que no ocurrió: la muerte generalizada por hambre. En los años sesenta, cuando Ehrlich escribió su elocuente advertencia, cerca de una entre cada diez naciones tenía una hambruna por lo menos una vez por década. En los noventa, solamente un país entre los doscientos del mundo tuvo una. Mientras la población mundial aproximadamente se duplicaba entre 1960 y 1998, la producción de alimentos se triplicó, tanto en las naciones ricas como en las pobres.[2] En lugar de encontrarnos con una mayor escasez de alimentos, ha ocurrido que los precios de los alimentos han bajado casi a la mitad durante las últimas dos décadas.[3]

Por ejemplo en Pakistán, uno de tantos países donde Ehrlich preveía hambrunas y disturbios para conseguir alimentos "quizá al comienzo de los setenta y seguro hacia el comienzo de los ochenta", la producción de alimentos se ha duplicado en los últimos quince años.[4] Durante este periodo, la producción de alimentos en todo el mundo en desarrollo creció en un 87 por ciento. Debe ser por esto que Ehrlich confesó recientemente que le hace falta hacer "un esfuerzo constante para poder darse cuenta que la habitabilidad del mundo está decayendo rápidamente".[5]

La preocupación de Ehrlich en 1968 era el crecimiento de la población. La tasa de crecimiento anual de la población mundial había llegado a su valor máximo, un 2,1 por ciento, por la época cuando se publicaba *The Population Bomb*. Dicha tasa ha bajado desde entonces y el Banco Mundial proyecta para el año 2015 un crecimiento de la población mundial del 1,1 por ciento por año.[6] El crecimiento de la población ha bajado incluso en presencia de menores tasas de mortalidad, porque las tasas de natalidad han bajado aún más.[7]

A pesar de todo, el pánico por la explosión demográfica persiste. Un heredero contemporáneo del trono del alarmismo demográfico es Lester Brown del World Watch Institute. En el comunicado de prensa del lanzamiento de su libro en 1999, modestamente titulado *Beyond Malthus* (*Más allá de Malthus*), decía que "el mundo está cosechando ahora las consecuencias de su pasado descuido de la cuestión de la población". "Después de cerca de medio siglo de continuo crecimiento de la población mundial", continua el comunicado con aflicción, "en muchos países la demanda de alimentos, agua y productos forestales simplemente está excediendo la capacidad de los sistemas locales de soporte vital".[8] *State of the World 2000* (*El estado del mundo año 2000*) publicado por el World Watch Institute advierte que el crecimiento de la población "puede afectar más directamente el progreso económico que ninguna otra tendencia, exacerbando casi todos los demás problemas ambientales y sociales".[9] Y nuevamente es Pakistán que está en peligro: "El crecimiento de Pakistán de sus 146 millones actuales a 345 millones para el año 2050 va a reducir su tierra arable por persona de las 0,08 hectáreas actuales a 0,03, área escasamente comparable a la de una cancha de tenis".[10]

La organización Population Action International observa que "la capacidad de la agricultura para alimentar a la población mundial también está amenazada".[11] El Population Institute advierte crudamente sobre "Los Cuatro jinetes del Apocalipsis del siglo XXI: Superpoblación, Deforestación, Escasez de agua, Hambrunas". Como resultado, "los países en desarrollo tendrán gastos excepcionales de alivio de desastres... y esto a sólo muy pocos años de ahora".[12]

Esto no es lo único sino que, según Lester Brown, la población crece más rápido que los empleos: "En ausencia de un esfuerzo acelerado para reducir el crecimiento de la población en los años venideros, el desempleo puede llegar a niveles inmanejables". En lo que se refiere a Pakistán, se "proyecta que la fuerza de trabajo crezca de 72 millones en 1999 a 199 millones para el año 2050".[13]

La respuesta de los alarmistas al pánico demográfico es demandar más planificación familiar (más preservativos). Otro de estos cónclaves de personas bien intencionadas, la Conferencia Internacional de Población y Desarrollo que se reunió en El Cairo en 1994 bajo el patrocinio de la ONU adoptó un programa de acción que "aboga porque se disponga de planificación familiar en todo el mundo para el año 2015... presenta estimaciones de los niveles de recursos nacionales y asistencia internacional que se requerirán, y solicita a los Gobiernos que destine para este fin los recursos necesarios". La conferencia de El Cairo exhorta a que "la comunidad internacional se movilice, de manera inmediata, para establecer un sistema de coordinación global y la capacidad en el ámbito global, regional y subregional para la adquisición de anticonceptivos y otros bienes esenciales para los programas de salud reproductiva en países en desarrollo y en países con economías en transición".[14]

Lester Brown está de acuerdo en que la respuesta es más dinero para preservativos: "El creciente apoyo nacional e internacional a los servicios de planificación familiar... traerá para el próximo siglo el doble beneficio de unas mejores condiciones de vida y unas perspectivas laborales más claras.[15]

Una reseña que se hizo en 1999 sobre las resoluciones de El Cairo observaba optimista que "a medida que se desean unas familias cada vez más pequeñas y que el acceso a la anticoncepción segura ha mejorado, los niveles de fecundidad han bajado". Sin embargo, "aún hay 150 millones de parejas en el mundo cuya necesidad de anticoncepción no ha sido satisfecha".[16]

En el balance que hizo la ONU en 1999 sobre el cumplimiento de las resoluciones de El Cairo, su secretario general Kofi Annan señalaba melancólicamente que "sin fondos no podemos hacerlo". Aunque reconocía que había otras prioridades presupuestarias para países ricos y pobres, preguntaba retóricamente: "¿Qué puede ser más importante que la oportunidad de ayudar a la gente en el mundo a controlar su número?".[17]

El grupo promotor Crecimiento de Población Cero, cuyo nombre indica a las claras qué promueve, advierte a los estadounidenses que ellos "también se verán afectados por los conflictos políticos que causan los refugiados ambientales que escapan de áreas superpobladas y degradadas en busca de condiciones más benignas, o por los problemas que plantean los derechos sobre unos recursos naturales finitos como el petróleo, los recursos acuíferos o la tierra".[18]

Total, que al parecer, el elíxir del crecimiento que permitirá evitar el desastre de la población es, poniéndolo de manera supersimplificada, un cómico: dinero para preservativos. La Unicef defiende el credo con su característica sobriedad: "La planificación familiar puede traer mayores beneficios para más gente a un costo menor que cualquier otra de las tecnologías de las que dispone actualmente el género humano".[19]

La agencia estadounidense de ayuda USAID juega un papel importante en promover la planificación familiar: "USAID administra un sistema global para la entrega de materiales anticonceptivos. Numerosos países y numerosos donantes dependen del sistema de previsión de suministros de anticonceptivos de USAID, diseñado para asegurar la permanente disponibilidad de los anticonceptivos que se seleccionen".[20] USAID está tan dedicada al suministro de anticonceptivos que inunda el mercado con preservativos. Hay países receptores de la ayuda de USAID, tales como El Salvador y Egipto, donde se entregan tantos preservativos que se usan como globos para festejar en los partidos de fútbol.

El mito de los nacimientos no deseados

El inverosímil elíxir del dinero para preservativos no es consistente con el principio que la gente responde a los incentivos. La idea de pedir ayuda para anticonceptivos se basa en la opinión de que si se dejase operar el libre mercado a su propio arbitrio, no se suministrarían los anticonceptivos necesarios para satisfacer la demanda. Los "150 millones de parejas... cuya necesidad de anticoncepción no ha sido satisfecha" dejarían de tener hijos si tan solo pudieran disponer de preservativos pagados por la asistencia internacional. Sin embargo, un preservativo es idéntico a cualquier otra mercancía que el mercado suministra como, por ejemplo, una coca-cola. Y no existe ningún programa de asistencia para cubrir las necesidades insatisfechas de coca-cola que 150 millones de parejas podrían tener.

Quienes defienden lo del dinero para preservativos podrían argüir que las familias pobres no tienen con qué comprar preservativos, aunque este argumento carece de lógica, ya que un hijo no deseado es mucho más costoso que un preservativo. Un preservativo se puede conseguir en cualquier parte por unos 33 centavos de dólar.[21] El precio de un preservativo es pues un factor secundario frente a otros incentivos positivos o negativos de tener hijos.

Los defensores de la ayuda para la anticoncepción responderán que la gente de los países pobres no tienen acceso a los preservativos a ningún precio. Esta afirmación, sin embargo, nos invita a preguntarnos cómo puede el mercado libre dejar de proveer una mercancía barata con la gran demanda que resultaría si 150 millones de parejas tuviesen una necesidad insatisfecha de anticoncepción. Después de todo, el mercado libre no encuentra dificultades de colocar coca-cola en todos los países pobres del mundo.

Resulta, por añadidura, que se puede hacer algo más que aplicar la lógica económica al caso de la supuesta demanda insatisfecha de anticoncepción. Existen encuestas sistemáticas de hogares de varios países que contienen información sobre el número deseado de hijos. Lant Pritchett comparó el número deseado y el número efectivo de hijos para varios países y encontró que en aquellos países donde las mujeres tienen un gran número de hijos nacidos, las mujeres también declaran tener un alto número de nacimientos deseados. Cerca del 90 por ciento de las diferencias de fecundidad entre países se explica por las diferencias en la fecundidad deseada. Hasta aquí llega la historia de la supuesta demanda insatisfecha de anticoncepción.[22]

Verificación de los desastres de población

Si fuese cierto que el crecimiento de la población ha causado hambrunas, escasez de agua, desempleo masivo y otros desastres, debería poderse ver tal efecto en la evolución de la economía. Los países con rápido crecimiento de la población deberían tener un crecimiento bajo o negativo de su PIB per cápita. Según los alarmistas, el crecimiento de la población ahoga las posibilidades de generación de empleo de la capacidad productiva actual y sobrepasa la producción de alimentos. Siendo así, el PIB per cápita debe caer cuando la población crece "demasiado".

Esta predicción puede ser —y ha sido— fácilmente comprobada. La relación entre crecimiento del producto per cápita y crecimiento de la población es una de las más intensamente estudiadas en la literatura estadística. Esta se ha hecho tan extensa que hoy día hasta hay encuestas sobre las encuestas. Una de las encuestas encuentra que "la mayoría de los economistas especializados en temas de población" tiene una visión que es "claramente poco alarmista". Según estos estudios, el estado del conocimiento entre los economistas indica que no existe evidencia que muestre que el crecimiento de la población afecte el crecimiento per cápita en una u otra dirección.[23] La relación más conocida entre el crecimiento y sus determinantes fundamentales muestra que no hay un efecto significativo del crecimiento de la población sobre el crecimiento per cápita.[24] Cuando se controla el efecto del crecimiento de la población sobre el crecimiento económico por factores plausibles tales como el nivel de desarrollo o la escasez de recursos, también se mantiene su irrelevancia.[25] Yo encontré una relación positiva, pero insignificante, entre crecimiento de la población y crecimiento del PIB per cápita en un estudio donde controlaba los elementos de la política del Gobierno que determinan el crecimiento.[26]

Hay hechos que, al ser tenidos en cuenta, muestran que la falta de relación entre el crecimiento de la población y el crecimiento económico per cápita no debe sorprender a nadie.[27] En primer lugar, se sabe que tanto el crecimiento de la población como el crecimiento económico se han acelerado en el muy largo plazo. Ambos fueron lentos hasta el siglo XIX en las naciones industrializadas de hoy día, pero luego se aceleraron ambos. Durante las últimas décadas, tanto el crecimiento de la población como el crecimiento económico per cápita de las naciones industrializadas se han hecho más lentos. Resulta difícil reconciliar estos hechos con la idea de que el crecimiento de la población es desastroso y que el control de la población es la panacea para crecer.

Una segunda constatación se obtiene al observar que el crecimiento de la población no varía lo suficiente entre países como para explicar las variaciones del crecimiento per cápita. El crecimiento per cápita varía entre el –2 y el +7 por ciento para todos los países entre 1960 y 1992. El crecimiento de la población varía solamente entre el 1 y el 4 por ciento. Aun si el crecimiento de la población redujese el crecimiento solamente en una relación de uno a uno (la idea de los alarmistas), esto únicamente explicaría un tercio de la variación del crecimiento per cápita. Hay países como Argentina con bajo crecimiento de la población y bajo crecimiento per cápita y países como Botsuana con alto crecimiento de la población y alto crecimiento económico. Los países de Asia Oriental crecieron mucho más rápido que los países industrializados a pesar de tener una tasa de crecimiento de la población más alta. Ni tan siquiera África, tan difamada por su alta fecundidad, ha tenido la clase de hambruna predicha por los alarmistas.

En tercer lugar, entre los años sesenta y los noventa, el crecimiento de la población del Tercer Mundo se ha reducido en cerca de medio punto porcentual. Asimismo, el crecimiento per cápita, tal como se vio, se redujo también durante el mismo periodo. Además, al comparar entre países, *no* se encuentra relación alguna entre los casos exitosos de reducción del crecimiento de la población y los casos exitosos de incremento del crecimiento per cápita (véase la figura 5.1). Prácticamente en todos los países se desaceleró el crecimiento per cápita, pero el grado de desaceleración no se relaciona con los cambios en el crecimiento de la población.

Parece claro que el crecimiento económico depende de una serie de factores que no tienen nada que ver con el crecimiento de la población. Ya hemos visto que incluso controlado por dichos factores, no hay evidencia respecto de

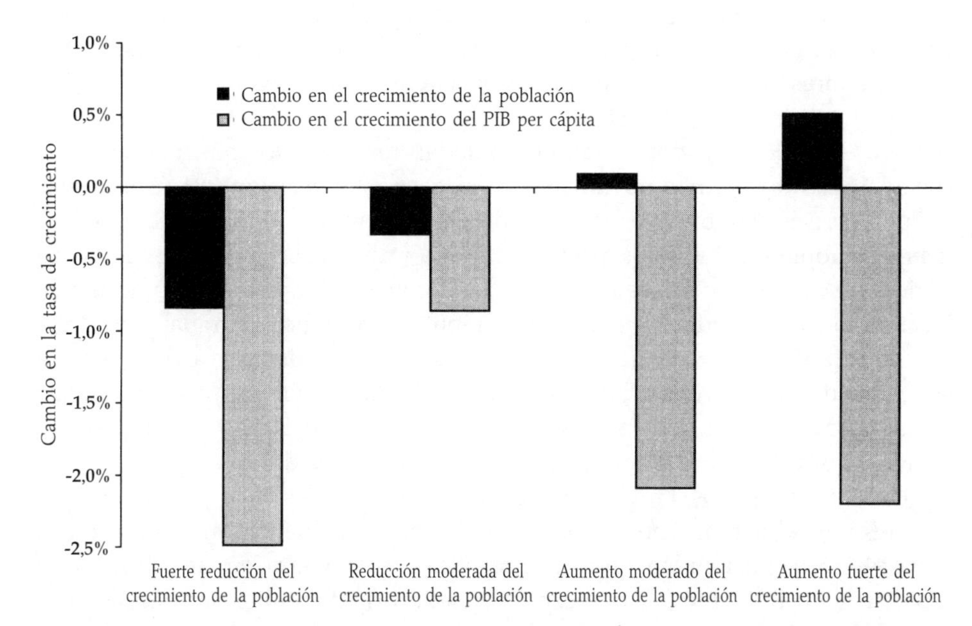

Figura 5.1. Cambios en el crecimiento de la población y el crecimiento per cápita entre 1961-1979 y 1980-1998. Cada grupo comprende un cuarto de la muestra, ordenados de la mayor reducción al mayor aumento en el crecimiento de la población.

que el crecimiento de la población tenga efecto alguno sobre el crecimiento per cápita.

La opinión de que una población mayor rebajaría el ingreso per cápita y aumentaría el desempleo supone de manera implícita que la productividad de una persona adicional es cero y, de esta manera, el efecto de una mayor población es solamente dividir el mismo PIB entre más gente. Además de ser esta una posición insultante respecto del potencial humano de los países pobres, es incompatible con el principio de que la gente responde a los incentivos. Una persona adicional representa una oportunidad de ganancias potenciales para el empleador que la contrata. Una persona adicional tiene el incentivo de encontrar empleo para sobrevivir. El salario real se ajustará hasta que la demanda de trabajadores iguale a su oferta.

¿Es bueno o malo tener más población?

Después de todo lo dicho, aún hay otro argumento que puede darse a favor de subsidiar el control de la población. Cuando los padres deciden tener hijos, no evalúan los efectos de su decisión sobre el resto de la sociedad. Una población mayor puede causar daños al medio ambiente natural. Puede, por ejemplo, congestionar el espacio perjudicando a los residentes actuales. Cuando los padres tienen hijos no toman en cuenta que el resto de la sociedad puede tener que soportar este tipo de costes.

Pero los hijos adicionales también pueden tener efectos positivos sobre la sociedad, que los padres no consideran al hacer sus decisiones. Un niño más es un futuro contribuyente más, que puede contribuir a financiar los programas del Gobierno. La razón principal de los problemas financieros de la seguridad social en los países ricos es la disminución del crecimiento de la población, lo cual ha reducido la proporción entre el número de trabajadores que son contribuyentes y el número de jubilados que reciben sus pensiones. La situación de la seguridad social de Estados Unidos, que es mejor que la de otros países ricos, se debe a que su población está creciendo más rápido (lo cual ocurre debido a la inmigración, no a la fecundidad).

Una razón menos tangible de posibles efectos positivos de una mayor población es el denominado principio de los genios. Cuantos más niños haya, mayor será la posibilidad que uno de ellos se convierta en un Mozart, un Einstein o un Bill Gates. Este efecto, señalado originalmente por Simon Kuznets y Julian Simon, hace que se aumente el acervo de ideas que podrán ser utilizadas por la población, sea cual sea su tamaño, en su esfuerzo por mejorar.

Como las ideas pueden compartirse con un número adicional de personas a coste cero —un número ilimitado de personas puede escuchar un aria de Mozart— las ideas nuevas se pueden utilizar más eficazmente cuanto mayores sean las poblaciones. El coste inicial de poner una idea en ejecución se puede dividir entre más gente que puede usar la idea sin coste adicional. El coste inicial de montar Internet será una carga tanto menor cuanta más gente haya dispuesta a compartirlo, y el beneficio de Internet es mayor cuanta más gente esté utilizándolo. Innovaciones más tradicionales, tales como el paso de una sociedad de caza y recolección a una sociedad agrícola y, de ésta, a la sociedad industrial, son más beneficiosas cuantas más personas haya para, primero, compartir los costes iniciales y, luego, amplificar los beneficios correspondientes.

El crecimiento de la población también puede estimular la innovación tecnológica porque precisamente incrementa la presión sobre los recursos existentes. Así, por ejemplo, cuando aumenta el número de personas por unidad de tierra, la gente se esfuerza por encontrar ideas nuevas sobre como obtener más alimentos de la tierra disponible. Este principio de la "presión de la población" fue enunciado por Ester Boserup.

Michael Kremer, un economista de Harvard, hizo una prueba sencilla del principio Kuznets-Simon-Boserup del crecimiento beneficioso de la población, en un provocativo artículo llamado "El crecimiento de la población desde 1 millón a.C". Observaba que el principio sugiere que hay una relación positiva entre la población inicial y el crecimiento de la población subsiguiente.[28] Una población inicial más elevada significa más creación de ideas, más gente para utilizar las ideas, y más gente para compartir el coste inicial de aplicar la idea. Los beneficios de la sociedad deben entonces permitir el sostenimiento de más niños nacidos y, por tanto, la población crecería más. Esta predicción contrasta radicalmente con el principio Thomas Malthus-Paul Ehrlich-Lester Brown que indica que una elevada población inicial llevará a una crisis de la población causada por hambrunas. ¿Quién está en lo correcto: Boserup o Malthus?

Kremer mostró que la evidencia del muy largo plazo está a favor de Boserup. La población mundial ha estado creciendo establemente desde 125.000 en el año 1 millón a.C., a 4 millones en el años 10.000 a.C., a 170 millones en la época de Cristo, a 1.000 millones en la época de Mozart, a 2.000 millones en la época de la Gran Depresión, a 4.000 millones en la época de Watergate y hasta los 6.000 millones actuales.[29] Y el crecimiento de la población se ha estado acelerando, no reduciendo. Hay una relación positiva en el muy largo plazo entre la población inicial y el crecimiento de la población subsecuente, como lo predicen Kuznets-Simon-Boserup, no una relación negativa como la que predicen Malthus-Ehrlich-Brown.

Si volvemos desde el pasado lejano al presente reciente, la relación positiva ya no se da. La población ha seguido creciendo desde los años sesenta mientras que la tasa de crecimiento de la población ha empezado a bajar. Pero ni aun esto apoya a Malthus. La población está bajando por reducciones en la natalidad no por incrementos en la mortalidad debido a hambrunas —que era lo esperado por los Malthusianos.

¿Deberíamos entonces subsidiar el control de la población? En primer lugar, aun si fuese deseable hacerlo, es claro que la forma de hacerlo no es subsidiando la anticoncepción puesto que el precio de los anticonceptivos es un elemento menor en la decisión de tener hijos. En segundo lugar, los costes y beneficios de una mayor población son muy poco claros. Probablemente cada país debe resolver por sí solo si una población en aumento está poniendo una presión inaguantable sobre sus recursos naturales o si, por el contrario, una mayor población es un terreno fértil para nuevos ingresos tributarios y nuevas ideas.

Desarrollo, el mejor anticonceptivo

Supongamos que un país, por la razón que sea, desea reducir su crecimiento de la población. Una regularidad estadística con la cual todo el mundo está de acuerdo es que hay una relación negativa entre el ingreso per cápita y el crecimiento de la población. Los padres tienen menos hijos en los países ricos que en los países pobres. En el quintil más pobre de países hay en promedio 6,5 nacimientos por mujer mientras que en el quintil más rico hay en promedio 1,7 nacimientos por mujer.[30] Una frase que lo dice de una manera que resulta desagradable para algunos, es que los padres deciden sobre la calidad, en oposición a la cantidad, de hijos. Los padres de países ricos tienen menos niños que los de países pobres, pero invierten más en cada hijo en escolaridad, nutrición y clases de danza.

¿Por qué ocurre esto? Nuevamente encontramos a gente respondiendo a incentivos. Gary Becker, otro premio Nobel, fue el pionero de la idea de entender la vida familiar a partir de los incentivos, aunque lo hizo de una manera que algunas personas califican de insensible. Él encontró que a medida que la gente se enriquece, su tiempo se hace más valioso. El tiempo que deja de utilizarse en el trabajo, que es altamente remunerado, significa unos ingresos perdidos. Cuidar niños es una tarea intensiva en tiempo, cosa que yo mismo pude constatar alborozado. Los padres más ricos deciden utilizar más tiempo en el trabajo y menos en funciones paternas, es decir, tener una prole menor. Los padres más pobres reciben una menor remuneración de su trabajo, utilizan más tiempo en funciones paternas y tienen una mayor prole.

Aunque los ricos tienen menos hijos que los pobres, invierten más en cada uno de ellos. Es razonable pensar que el beneficio de la inversión en capacitarse aumente con la capacidad inicial. Así, el rendimiento de aprender geometría es mayor para quienes ya saben aritmética. El alto nivel de capacitación de los padres ricos se transmite en parte a sus hijos mediante la interacción natural del hogar. Invertir en educación de alta calidad conlleva un rendimiento más alto para los hijos de padres ricos que para los hijos de padres pobres. De esta manera, los ricos invierten más en la formación de sus hijos que los pobres. Un país, dependiendo del nivel inicial de capacitación de los padres, puede terminar con una alta fecundidad y una renta baja —o con una baja fecundidad y una renta alta.

Ambas condiciones se autoperpetúan. Como la sociedad pobre obtiene bajos rendimientos de la capacitación, no le sale a cuenta invertir en capacitarse. Como no invierte en capacitación, esa sociedad se mantiene pobre. El padre promedio gana poco, gasta menos tiempo trabajando y más criando hijos —con una prole mayor. La sociedad rica obtiene rendimientos altos de la capacitación, de modo que mantiene altos niveles de inversión en capacitación, enriqueciéndose así continuamente. Como el padre promedio está bien remunerado, gasta menos tiempo en criar hijos y tiene una familia más pequeña. Un salto en el desarrollo permitiría desplazar a una sociedad pobre con alta fecundidad hasta una mayor prosperidad con baja fecundidad.[31] El desarrollo por sí mismo es un anticonceptivo mucho más eficaz que el dinero para preservativos.

Las dos revoluciones

Nuestra era se ha beneficiado con dos revoluciones: la revolución industrial (usando una terminología que ha quedado pasada de moda) y la revolución demográfica. En la revolución industrial hubo un salto de la producción que se obtenía a partir del uso de cierto nivel de recursos. En la revolución demográfica, el crecimiento de la población se aceleró primero para luego desacelerarse.

La pregunta interesante de hacerse es, ¿cómo están relacionadas estas dos revoluciones? Tal como se discutió atrás, el avance tecnológico y el crecimiento de la población se asociaban positivamente en las fases iniciales de la revolución industrial. A mayor población más inventores geniales y mayor escala del mercado, con un mejoramiento de la tecnología. El avance tecnológico permitió a su vez que se pudiera alimentar una población mayor. Tanto la frontera tecnológica como la población crecieron juntos durante siglos, con un aceleramiento de ambas hasta recientemente. A menudo, esta fase del crecimiento se ha denominado de crecimiento extensivo, porque tanto la mano de obra como la producción se expandieron sin que hubiese mejoras en las condiciones de vida. Este tipo de crecimiento extensivo se ha diseminado por todo el mundo, asustando a los alarmistas, pero sin causar los desastres predichos por ellos.

Durante la fase siguiente de las dos revoluciones, la tasa de crecimiento del ingreso per cápita se aceleró en los países ricos mientras que el crecimiento de la población se redujo en ellos. Esta fase del crecimiento se denomina intensiva porque cada trabajador genera más producto, mejorándose las condiciones de vida; la industria utiliza más intensivamente a cada trabajador. No todas las regiones han alcanzado la fase de crecimiento intensivo. Sólo está establecido en los países industrializados de Occidente y de Asia Oriental.

El premio Nobel Robert Lucas dice que es un aumento en la tasa de rendimiento del conocimiento y la capacitación, o "capital humano", lo que explica el paso del crecimiento extensivo al crecimiento intensivo.[32] El avance tecnológico llega a un punto en el que eleva la tasa de rendimiento del capital humano por encima de la tasa con que descontamos el futuro, lo cual hace deseable invertir en capital humano porque la inversión se recupera con creces en el futuro. Esto tiene dos consecuencias: una, que la producción por persona aumenta, puesto que cada persona puede producir más gracias a sus menores cualificaciones y, la otra, que los padres que se preocupan por el bienestar de sus hijos, aprovecharán los altos rendimientos de la capacitación para invertir en una mayor educación de cada hijo, a la vez que reducirán el número de hijos (cambiando cantidad de hijos por calidad de hijos, utilizando de nuevo la insensible expresión de los economistas). De esta manera, se obtiene un crecimiento intensivo y un descenso del crecimiento de la población.

Tenemos que hacer dos comentarios sobre el crecimiento intensivo. Una, que la inversión en capital humano no debe interpretarse solamente como años de escolaridad, que no parece explicar mucho el crecimiento. El capital humano, entendido de manera más amplia, incluye los conocimientos adquiridos de los amigos, de la familia y de los compañeros así como la mejora de conocimientos y habilidades adquiridos en el trabajo. Es más difícil medir el capital humano con esta definición amplia, pero lo que sí sabemos es como aumentarlo: estableciendo los incentivos para que se invierta para el futuro.

El siguiente comentario se refiere a por qué no ha arraigado el crecimiento intensivo en todo el mundo. ¿Si los rendimientos del capital humano aumentan como resultado de un progreso tecnológico generalizado, por qué no todos los países han podido aprovechar estos altos rendimientos del conocimiento y la capacitación? Veremos en la parte III del libro que algunos Gobiernos han interferido con los rendimientos de la capacitación al no permitir que sus ciudadanos conserven todos sus ingresos. Los países con este tipo de Gobiernos se quedaron atascados en el crecimiento extensivo. Los Gobiernos que protegieron los derechos de propiedad y permitieron el funcionamiento de los mercados libremente (la mayor parte del tiempo) progresaron hasta el crecimiento intensivo (Europa Occidental y sus vástagos, Asia Oriental). Veremos también que el hecho de comenzar desde un nivel muy bajo de capacidades puede impedir que se logren los altos rendimientos de la capacitación disponibles en el mercado mundial.

La respuesta para quienes se inquietan por el elevado crecimiento de la población es que más bien deberían preocuparse por aumentar los incentivos a invertir en la gente. Con los incentivos adecuados, los padres van a querer reducir su número de hijos sin necesidad de que los bienhechores internacionales tengan que ir repartiendo dinero para preservativos.

Para tratar de establecer los incentivos correctos, las instituciones internacionales comenzaron a hacer préstamos condicionados a que se realizaran las reformas necesarias. En el capítulo siguiente veremos si esto funcionó.

Interludio: Las pinturas de las tumbas

Shahhat que tiene veintinueve años, vive en 1981 en Berat, situada a 700 kilómetros al sur de El Cairo, a orillas del río Nilo en Egipto. Los 7.000 habitantes de Berat están esparcidos en once caseríos, cada uno de ellos ubicado al pie de sus campos ancestrales. Los agricultores del lugar utilizan los mismos azadones, rastrillos, poleas y trilladoras que aparecen en las antiguas pinturas de las tumbas. Shahhat es el cabeza de una familia de siete y alimenta, además, a un continuo cortejo de sobrinos y sobrinas que lo visitan. Es el propietario de un búfalo, un asno y ocho ovejas, y también de una hectárea de tierra.

La madre de Shahhat, Ommohamed, tuvo veinte hijos, catorce de los cuales fallecieron en su infancia o durante su niñez. Ommohamed y sus vecinas vivían aterrorizadas por el tracoma y otras enfermedades endémicas; a menudo le compraban amuletos protectores a la hechicera del pueblo.[1] *La fiebre y la diarrea asolaban el pueblo cada verano por la época del khamsin, el viento del sur que llegaba cargado de polvo.*[2] *Tanto Shahhat como su madre Ommohamed jamás fueron a la escuela.*

Berat tiene una fuerte tradición machista y violenta. Un padre asesinó a su hija soltera para preservar el honor de la familia, después de que ella quedase embarazada. La ahogó en un pozo donde ella se encontraba lavando ropa. Las amenazas violentas son parte de la vida cotidiana de Berat; los hombres por lo común llevan una barra, cuchillo o pistola. La violencia puede estallar súbitamente por una cuestión de honor familiar, pasión sexual o disputas de dinero, afectando a las vidas de docenas de personas. Las sentencias de cárcel por asesinatos en disputas o peleas no premeditadas son ligeras. Tras una pelea, es normal que al cabo de pocas horas todos los involucrados estén en paz, riendo y conversando como si nada hubiese ocurrido.

Once años más tarde, en 1992, Shahhat había dejado la agricultura para convertirse en capataz de uno de los sitios arqueológicos a orillas del Nilo. Ganaba unos cien dólares al mes. Ahora a los cuarenta años de edad vivía en una casa de adobe con una habitación ubicada en su tierra ancestral. Había vendido un pequeño jardín de claveles que tenía frente a su casa para poder tomar una segunda esposa de diecisiete años con la consiguiente indignación de su primera esposa, y ahora tiene seis hijos vivos. Después de que Shahhat cayera en la costumbre de beber demasiado licor, sus dos mujeres lo demandaron por desentenderse del mantenimiento de sus hijos.[3]

6. LOS PRÉSTAMOS QUE SE HICIERON, EL CRECIMIENTO QUE NO OCURRIÓ

Otra victoria más como ésta y estamos perdidos.
Pirro

El 18 de agosto de 1982, Jesús Silva Herzog, ministro de finanzas de México, anunció que México no podía continuar pagando su deuda externa con la banca comercial internacional. México, y muchos otros países de renta media, se habían endeudado en exceso con la banca comercial, y ahora los bancos no querían concederles nuevos créditos. Sin los nuevos créditos, México no podía pagar los créditos anteriores.

El anuncio de Silva Herzog fue el terremoto que marcó el inicio de la crisis de la deuda de los países de renta media de América Latina y África, puesto que todos los nuevos préstamos comerciales quedaron abruptamente suspendidos. Al mismo tiempo, se empeoró la crisis de la deuda de los países africanos de renta baja que ya se habían sobreendeudado con préstamos oficiales. Oriente Próximo y África del Norte también entraron en crisis a causa de cierto sobreendeudamiento y de la caída de los precios del petróleo durante la década de los ochenta.

Igual que los pasajeros del *Titanic*, nosotros, los expertos del desarrollo, no entendíamos en aquel momento el lío en que estábamos metidos. El *Informe sobre el desarrollo mundial* del Banco Mundial de 1983 proyectaba con optimismo un "caso medio" de crecimiento per cápita de los países en desarrollo del 3,3 por ciento anual para el periodo comprendido entre 1982 y 1985. El escenario más pesimista era un "caso bajo" de crecimiento per cápita del 2,7 por ciento anual entre 1982 y 1985. (El crecimiento per cápita verdadero resultó ser cercano a cero).[1]

En aquel momento pensamos que una buena solución para evitar el colapso del crecimiento era otorgar préstamos y ayuda a los países en desarrollo, condicionándolos a que cambiasen su política económica. En lugar de ayuda para financiar la inversión, ahora se trataba de ayuda para financiar la reforma.

Anteriormente, los préstamos del Banco Mundial, que habían sido hechos para financiar proyectos, contenían condiciones referentes sólo a los mismos proyectos. Pero desde 1980, el Banco Mundial había comenzado a dar a países en crisis préstamos generales que incluían condiciones sobre sus políticas económicas. Estos *créditos de ajuste* se decía, permitirían que los países se enfrentaran a la crisis de la deuda al inducir a sus beneficiarios a ajustar sus políticas económicas para promover el crecimiento a la vez que, dada la falta de crédito comercial, se proveían los recursos necesarios.

Aunque el FMI siempre había impuesto condiciones en sus préstamos, a partir de 1982 expandió el número de estas operaciones y alargó el plazo de sus préstamos. Los donantes de ayuda y los acreedores oficiales (tales como las agencias de promoción de exportaciones) ahora también imponían en sus donaciones y préstamos más condiciones, coordinando sus créditos con el FMI y el Banco Mundial.

Estos préstamos de ajuste pretendían compensar el daño ocasionado por la suspensión del crédito comercial al mismo tiempo que facilitaban la introducción de los cambios de política que permitirían que el crecimiento continuara. Una estrategia similar se habría de ensayar otra vez trece años más tarde, con la segunda crisis de la deuda de México en 1994-1995 y, otra vez, dos años más tarde con la crisis de Asia Oriental en 1997-1998).

"Ajuste con crecimiento" era el lema popular del momento. Cuando busqué en la biblioteca del Banco Mundial títulos que contuvieran variaciones de "ajuste con crecimiento" encontré 192. Por ejemplo, en junio de 1983, el Banco Mundial y el FMI, bajo el título "Ajuste y crecimiento: cómo están el Fondo y el Banco respondiendo a las actuales dificultades", publicaron extractos de los discursos de sus respectivos presidentes.[2] En 1986, A.W. Clausen, presidente del Banco Mundial, dio una conferencia bajo el título "El ajuste con crecimiento en el mundo en desarrollo: un desafío para la comunidad internacional".[3] En 1987, el Banco Mundial y el FMI publicaron un volumen titulado *Programas de ajuste orientados al crecimiento* en cuya introducción se discutía la "complementariedad fundamental" que había entre "el ajuste y el crecimiento económico".[4]

El Banco Mundial y el FMI tenían la esperanza de lograr un "ajuste con crecimiento" involucrándose en forma intensa con los países del trópico. Durante la década de los ochenta, el Banco Mundial y el FIM otorgaron, en promedio, seis préstamos de ajuste por país en África, cinco en América Latina, cuatro en Asia y tres por país en Europa Oriental, Oriente Próximo y África del Norte.

La operación fue un éxito pero no para el paciente. Hubo mucho crédito, poco ajuste y poco crecimiento durante los años ochenta y noventa. Un estudio posterior mostró que las predicciones del Banco Mundial sobreestimaron el crecimiento de los países receptores en 3'5 puntos porcentuales.[5] La tasa de crecimiento per cápita del país típico en desarrollo entre 1980 y 1998 fue cero.[6] Crédito sí hubo, mas no crecimiento (véase la figura 6.1).

El crecimiento durante los años ochenta y noventa retrocedió en África, América Latina, Europa Oriental, Oriente Próximo y África del Norte. Solamente Asia escapó del efecto depresivo generalizado que sufrieron las economías tropicales (hasta 1997, cuando Asia comenzó su propia crisis). Desgraciadamente el papel del crédito de ajuste fue contradictorio. Veremos que el crédito de ajuste era inconsistente con el principio de que "la gente responde a los incentivos". El crédito de ajuste no creó los incentivos correctos —ni para los prestamistas ni para los beneficiarios— para restablecer el crecimiento.

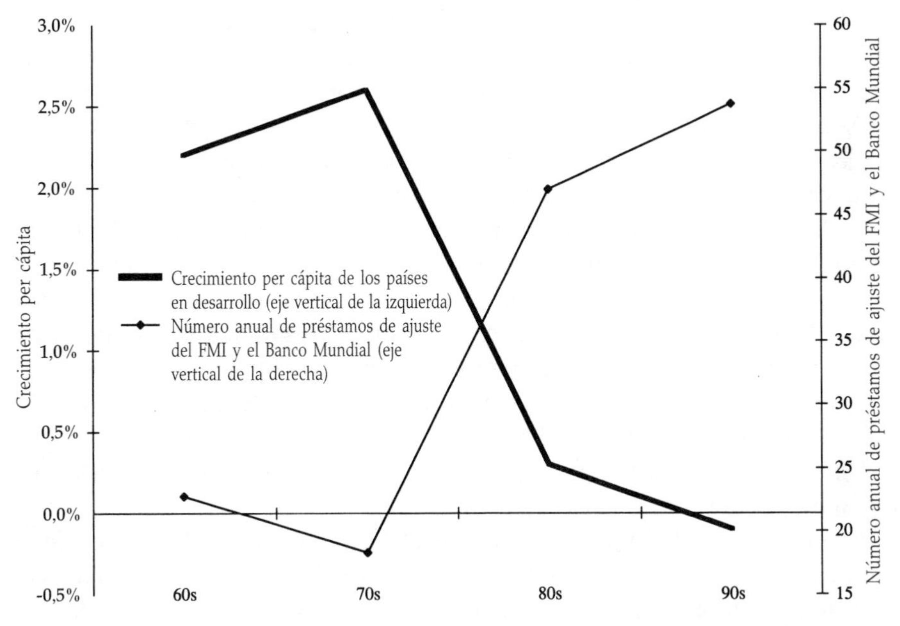

Figura 6.1. Los préstamos de ajuste del FMI y el Banco Mundial no pudieron encender el crecimiento del Tercer Mundo.

Algunos éxitos

En algunos casos los créditos de ajuste fueron un éxito, lo que muestra su potencial bajo las condiciones apropiadas.

En octubre de 1985 fui a Ghana en mi primer viaje con el Banco Mundial. La Ghana reformista era un caso de laboratorio para el crédito de ajuste. La participación de los donantes en Ghana era tan intensa que no había espacio en el hotel donde se alojaban todos los representantes de los donantes. Me tuve que quedar en un hotel bastante regular donde, entre otras penalidades, durante una tormenta se cayó el techo sobre mi cama y explotó el aire acondicionado.

Con mis tribulaciones y todo, el Banco Mundial y el FMI le otorgaron a Ghana diecinueve préstamos de ajuste entre 1980 y 1994. Tras serias reformas realizadas en 1983, Ghana creció al 1,4 en términos per cápita, mejoría enorme tras la tasa negativa del 1,6 por ciento anual que se dio entre 1961 y 1983.

Hubo otros casos de éxito. El Banco Mundial y el FMI le concedieron a Mauricio siete préstamos de ajuste entre 1980 y 1994. Durante este periodo, el PIB per cápita de Mauricio tuvo un crecimiento estelar del 4,3 por ciento anual. En el mismo periodo, el Banco Mundial y el FMI le otorgaron cinco préstamos de ajuste a Tailandia, que creció a una tasa aún más espectacular del 5,3 por ciento anual per cápita. Finalmente, el Banco Mundial y el FMI le dieron siete préstamos de ajuste a la estrella máxima, Corea, concentrados a comienzos del periodo 1980-1994. Corea se las arregló para alcanzar un crecimiento per cápita del 6,7 por ciento anual durante ese periodo. (Tanto Tailandia como Corea requerirían nuevos préstamos de ajuste en 1997-1998 tras las nuevas crisis; sus resultados aún están por determinarse).

En América Latina, tras las frustraciones de la década de los ochenta, los préstamos de ajuste durante los años noventa fueron a la larga un éxito. El Banco Mundial y el FMI le concedieron a Argentina quince préstamos de ajuste entre 1980 y 1994. Argentina tuvo varios intentos fallidos (y aún desastrosos) de reforma hasta que finalmente encontró el éxito en los noventa. El crecimiento respondió a los esfuerzos: tras el crecimiento per cápita del –1,9 por ciento anual entre 1980 y 1990, entre 1990 y 1994 el crecimiento per cápita fue del 4,7 por ciento anual. (Desgraciadamente, desde entonces las cosas han empeorado mucho).

Perú mostró también un viraje. El Banco Mundial y el FMI le concedieron a Perú ocho préstamos de ajuste entre 1980 y 1994. Al comienzo (también con consecuencias desastrosas). Perú no reformó, pero finalmente lo hizo durante los noventa. El crecimiento per cápita también cambió del -2,6 por ciento anual entre 1980 y 1990 a un 2,6 por ciento anual entre 1990 y 1994.

Préstamos sin ajuste

¿Por qué no funcionaron así de bien los préstamos de ajuste para todos los países? ¿Por qué tomó tanto tiempo en Argentina y en Perú (y el éxito allí fue frágil) y en los otros países latinoamericanos donde hubo una década perdida de crecimiento latino? La pista clave está en ver qué financiaban los donantes y que hacían los países en respuesta a la financiación. Los préstamos estaban ahí, pero muy frecuentemente el ajuste no ocurría. Al prestar indiscriminadamente, se introducían incentivos que tenían un dudoso impacto sobre la voluntad de hacer las reformas requeridas para crecer.

Zambia recibió doce préstamos de ajuste del Banco Mundial y el FMI entre 1980 y 1994. Durante este periodo, el flujo de recursos procedentes de préstamos oficiales y de ayuda llegó a ser una cuarta parte del PIB de Zambia. Sin embargo, al término de este periodo, Zambia había tenido una inflación mayor al 40 por ciento todos los años entre 1985 y 1996, con la excepción de dos de ellos.

Todo el mundo estaba de acuerdo en que la alta inflación genera unos incentivos que son desfavorables para el crecimiento, de modo que las condiciones de los préstamos de ajuste incluían acciones para reducir la inflación. La pregunta es entonces, ¿por qué los donantes seguían prestándole a Zambia aún en presencia de alta inflación?

Lo ocurrido en Zambia representa un patrón típico. Países con una inflación de tres dígitos recibían tanto crédito oficial como el que recibían países con una inflación de solamente un dígito. Tales préstamos a un país con alta inflación se justificaban inicialmente porque iban a ayudar a reducir la inflación. Pero en Zambia (y en muchos otros países) el crédito continuaba, e incluso aumentaba, cuando la inflación se mantenía alta, y también cuando aumentaba. El FMI observaba en 1995 que "los resultados de las políticas dirigidas a conseguir... una inflación baja" con sus programas, en economías de renta baja "son variados, en el mejor de los casos". En realidad, en la mitad de los países que tuvieron acuerdos con el FMI bajó la inflación y en la otra mitad subió.[7] Esto es tener tanto éxito como acertar la mitad de las veces el resultado de echar una moneda al aire.

Dificultades con la transición

Otro caso que muestra la incapacidad de controlar la inflación con los préstamos de ajuste ocurrió durante el periodo crítico que hubo en Rusia entre 1992 y 1995, tras la introducción del mercado libre el 1 de enero de 1992. Siguiendo la regla de reaccionar ante las crisis una vez ocurren, en lugar de tratar de prevenirlas, el Banco Mundial y el FMI no tuvieron listos los préstamos de ajuste para la fecha crítica en que Rusia introdujo el mercado libre. Durante el periodo comprendido entre el triunfo de Yeltsin, después del golpe fallido de agosto de 1991, y la liberación de los precios el 1 de enero de 1992, el FMI y el Banco Mundial no pudieron apoyar con vigor suficiente a los reformistas que ponían en práctica su programa de terapia de choque. Solamente después de que la inflación hubiera explotado hasta los miles por ciento y que el Banco central ruso imprimiera dinero a diestro y siniestro para financiarle créditos a las empresas estatales, fue cuando el FMI y el Banco Mundial le otorgaron los créditos de ajuste a Rusia. Para entonces, los reformistas ya habían perdido la credibilidad de la gente que veía sus ahorros devorados por la inflación. De la misma manera que con muchos otros préstamos de ajuste en otros países, ni aun entonces fue controlada la inflación. Sólo en 1995, tras otro préstamo de ajuste del FMI, se estabilizó finalmente la inflación. Mientras tanto, se perdieron años críticos durante los cuales la población rusa se desilusionó de los mercados libres con las consecuencias políticas que continúan asediando al país actualmente.

El caso ruso es sólo un ejemplo de una de las desventuras más notorias de los préstamos de ajuste (y de los economistas): la incapacidad de facilitar una transición fluida del comunismo al capitalismo. Los errores cometidos en el trópico se repitieron en los países del norte empobrecidos por el legado de la planificación central. Las 24 economías ex comunistas recibieron 143 préstamos de ajuste y mucha asesoría de economistas occidentales durante los años noventa. El resultado no fue decoroso: la reducción acumulada del producto, en una economía típica ex comunista de Europa Oriental durante los noventa, fue del 41 por ciento, y el porcentaje de población que vivía con menos de dos dólares diarios aumentó del 1,7% al 20,8%. Aún siendo la transición un proceso complicado, no pudimos ni siquiera poner en marcha lo más elemental —la inflación se mantuvo galopante en las economías ex comunistas a las cuales les estábamos prestando, envenenando así su primera experiencia con los "mercados libres". Hacia 1998, la inflación acumulada desde 1990 por la economía ex comunista media había sido del sesenta y cuatro mil por ciento, con todo y los préstamos de ajuste (veáse la figura 6.2).[8]

Otras políticas

El mismo fenómeno de ayuda hacia países con malas políticas económicas ocurre cuando se observan políticas diferentes de las relacionadas con la inflación. Mauritania tuvo un diferencial promedio del mercado negro de divisas de más del 100 por ciento durante cada año entre 1982 y 1989. Este diferencial, que es la diferencia porcentual entre la tasa de cambio del mercado negro y la oficial, representa un impuesto a los exportadores, quienes tienen que comprar sus inputs importados a la tasa de cambio del mercado negro, mientras que tienen que vender las divisas obtenidas por sus exportaciones a la tasa oficial de cambio. Los préstamos de ajuste conllevan usualmente la cláusula de que la tasa oficial de cambio esté a un nivel que permita ser competitivos a los exportadores. Pero a pesar del alto diferencial prevaleciente en el mercado

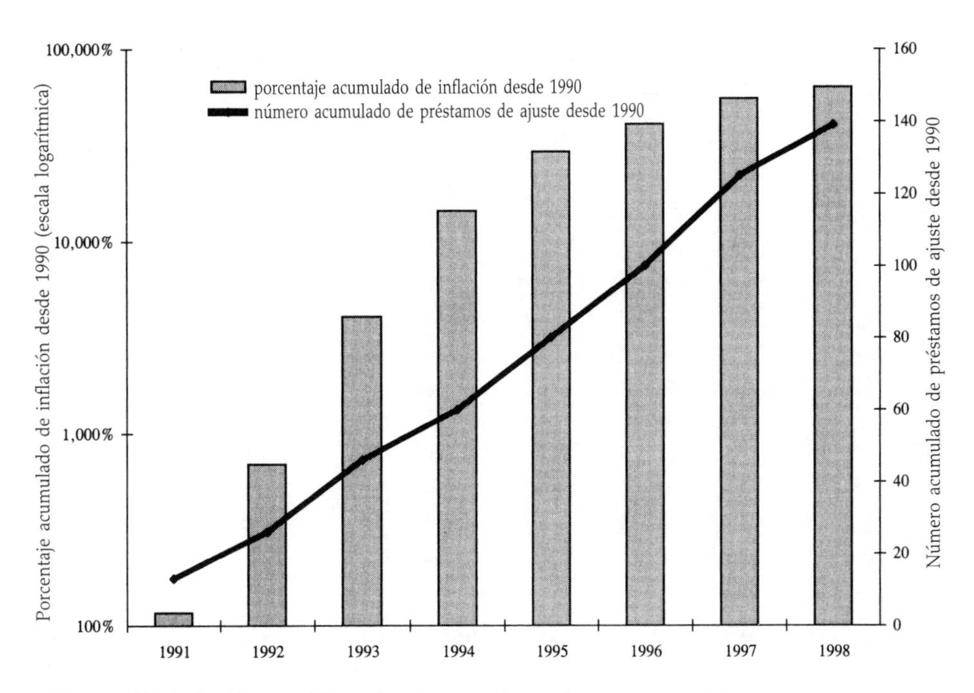

Figura 6.2. Inflación y créditos de ajuste en los países ex comunistas.

negro de divisas de este país, el Banco Mundial y el FMI le concedieron a Mauritania seis préstamos de ajuste entre 1982 y 1989. Otros donantes siguieron el ejemplo del Banco y el Fondo, de manera que Mauritania terminó recibiendo cada año durante ese periodo un promedio del 23 por ciento de su PIB en donaciones y préstamos oficiales. En el cuadro 6.1 se muestran otros ejemplos de cómo los donantes concedimos altos niveles de asistencia a países con diferenciales de tasa de cambio superiores al 100 por ciento.

Se obtiene la misma conclusión sobre el incumplimiento de las condiciones que ya vimos en relación con la inflación, examinando los niveles promedio de ayuda obtenida según la magnitud del diferencial de tasa de cambio. Los donantes parecen indiferentes al nivel del diferencial de la tasa de cambio cuando otorgan su asistencia. El nivel de asistencia es parecido tanto para países con diferenciales que están por el 10 por ciento, como para aquellos que están por encima del 100 por ciento.

Otro tipo de condición que los préstamos del Banco y el Fondo incluyen es la reestructuración o cierre de empresas públicas que estén dando pérdidas. Aquí también las condiciones se observan tanto como los diez mandamientos.

Tomemos el ejemplo de los ferrocarriles de Kenia, propiedad del Gobierno. El Banco Mundial y el FMI le concedieron a Kenia diecinueve préstamos

Cuadro 6.1
Ejemplos de elevados diferenciales de tipo de cambio y ayudas importantes

Países	Años	Diferencial de tipo de cambio (%)	Ayuda oficial al desarrollo/PIB (%)
Bangladesh	1985-1992	198,9	7,4
Costa Rica	1981-1984	179,2	6,0
Etiopía	1984-1993	176,8	10,4
Guyana	1980-1990	344,4	14,3
Mauritania	1982-1989	156,8	23,0
Nicaragua	1981-1988	2116,1	17,7
Sierra Leona	1987-1990	545,7	7,0
Sudán	1984-1990	269,0	6,5
Siria	1984-1991	403,6	10,1
Uganda	1980-1988	301,0	5,7
Zambia	1987-1991	308,0	14,0

de ajuste entre 1979 y 1996, los cuales incluían como condición la resolución de los problemas de las empresas estatales en mal estado de salud. Desde 1972 ya se sabía que Ferrocarriles de Kenia era una empresa con problemas financieros que requerían algún tipo de solución.[9] El informe de 1983 del Banco Mundial indicaba que Ferrocarriles de Kenia tenía "severas dificultades financieras", aunque esperaba que las recientemente anunciadas intenciones de "examinar y reducir las paraestatales" mejorara la situación.[10] La Reseña del Gasto Público de 1989 indicaba que el Gobierno había preparado un plan para Ferrocarriles de Kenia sobre el cual los autores tenían grandes esperanzas —excepto porque había "serios retrasos en la ejecución del plan", según el informe, los que significaba que aun prevalecían las "malas condiciones financieras de Ferrocarriles de Kenia".[11] En 1995, una vez más según el FMI, Ferrocarriles de Kenia "continuaba con problemas de liquidez y mora acumulada en el servicio de su deuda externa garantizada por el Gobierno. La aplicación de... recortes en personal y en actividades periféricas también estaba retrasada".[12] Un informe del Banco en 1996 indicaba el "pobre desempeño financiero" de Ferrocarriles de Kenia, su "deficiente" desempeño técnico y las urgentes necesidades de "mantenimiento y modernización". En un último informe, ya al final del milenio, Ferrocarriles de Kenia aún estaba perdiendo dinero sin que se hubiese hecho su reforma. Aparentemente, la reforma de este enclave de patronazgo e ineficiencia del Gobierno continuará retrasada en el futuro.

Parece como si los donantes también nos despreocupásemos del cumplimiento de las condiciones impuesta sobre déficit fiscales. El Banco y el Fondo le concedieron a Costa de Marfil dieciocho préstamos de ajuste entre

1980 y 1994, a pesar que tuvo un déficit presupuestario promedio del 14 por ciento del PIB entre 1989 y 1993. Todo el mundo estaba de acuerdo en que los elevados déficit presupuestarios generan incentivos contrarios al crecimiento. Un informe del Banco Mundial para Costa de Marfil en 1998 lo decía: "Los altos déficit actuales y las expectativas de déficit aún mayores en el futuro generan un ambiente de incertidumbre que no es propicio para la inversión privada".[13] Las condiciones de los préstamos generalmente requerían reducir el déficit presupuestario. ¿Cómo pudo entonces Costa de Marfil tener un déficit de dos dígitos porcentuales del PIB tras recibir dieciocho préstamos de ajuste?

El caso de Costa de Marfil no es aislado. El FMI y el Banco Mundial le otorgaron veintidós préstamos de ajuste a Pakistán entre 1970 y 1997. Todos estos préstamos tenían como condición que Pakistán redujese su déficit presupuestario. Sin embargo, el déficit quedó firme en un 7 por ciento del PIB a lo largo del periodo. Durante el nuevo milenio, el FMI y el Banco siguen concediendo préstamos de ajuste a Pakistán condicionados a que reduzca su déficit presupuestario.

La verdad sea dicha, una parte del alto déficit cuando hay ayuda es intencional. Los proyectos de los donantes que tienen una alta tasa de rendimiento y que son financiados con la ayuda están incluidos en el déficit presupuestario; cuantos más de estos proyectos haya, tanto mayor la ayuda y asimismo el déficit. Pero la intención de los donantes es que los países se independicen gradualmente de la ayuda y que comiencen a financiar buenos proyectos por sí mismos. Los casos de Costa de Marfil y de Pakistán parecen mostrar una dependencia continuada más que una progresiva liberación de la ayuda externa. Costa de Marfil muestra además otro patrón aún más generalizado, el de los altos déficit que crecían a la par con la ayuda oficial para el desarrollo.

Otro problema de política económica que se nos escapa a unos donantes un poco descuidados es el de las tasas de interés real muy negativas. La tasa real de interés (tasa de interés menos tasa de inflación) se hace típicamente muy negativa cuando el Gobierno fija la tasa de interés y al mismo tiempo emite dinero, generando así una alta inflación. Esto equivale a gravar a los tenedores de cuentas bancarias. Tal gravamen tiene el efecto de destruir el sistema bancario pues nadie quiere mantener depósitos bancarios que están perdiendo valor. Sin embargo, un sistema bancario en buen estado de funcionamiento es crucial para el crecimiento económico. Lo habitual, sin embargo, es que países que tienen tasas reales de interés muy negativas, reciba más ayuda que aquellos que tienen tasas reales de interés positivas. El cuadro 6.2 presenta algunos ejemplos que ilustran este hecho.

Lo más alarmante de todo, sin embargo, es que parece que los créditos de

Cuadro 6.2
Ejemplos de tipos de interés real muy negativos y ayudas importantes

Países	Años	Tipo de interés real (%)	Ayuda oficial al desarrollo/PIB (%)
Bolivia	1970-1985	–49,4	5,6
Guinea-Bissau	1989-1992	–15,9	38,3
Nicaragua	1989-1991	–86,7	54,5
Sierra Leona	1983-1991	–34,4	6,3
Sudán	1979-1984	–15,6	10,7
Somalia	1979-1988	–24,9	10,4
Uganda	1981-1988	–41,8	5,7
Zambia	1985-1991	–33,6	17,0

ajuste no discriminan mucho entre Gobiernos más o menos corruptos. Poco se puede esperar de un préstamo de ayuda a un Gobierno corrupto, como se verá con mayor detalle unos capítulos más adelante. Según la clasificación de la International Credit Risk Guide, los países en desarrollo más corruptos del mundo en la década de los ochenta y comienzos de los noventa eran Congo/Zaire, Bangladesh, Liberia, Haití, Paraguay, Guyana e Indonesia. Aun así, el conjunto de estos países recibió 46 préstamos de ajuste del Banco Mundial y el FMI durante el periodo de los ochenta y comienzos de los noventa. Es difícil entender cómo Mobutu Sese Seko del Zaire, cuyo botín se expresaba en miles de millones de dólares, recibió nueve préstamos de ajuste del Banco Mundial y el FMI.

Estas historias, y las tablas en que quedan reflejadas, son parte de un problema más general. En un estudio reciente del Banco Mundial se encontró que la ayuda no influye sobre la elección de políticas económicas por parte de los países receptores. Tampoco consideran los expertos de las instituciones donantes el valor de las políticas de los países al determinar quiénes reciben asistencia. La ayuda parecería estar determinada por los intereses estratégicos de los donantes y no por las decisiones de política económica de los beneficiarios. Así, por ejemplo, Estados Unidos da grandes sumas de ayuda a Egipto como premio por los acuerdos de paz de Camp David. Francia les da grandes sumas a sus ex colonias. (Las instituciones multilaterales, como el Banco Mundial tienden a dar más ayuda a los países con buenas políticas económicas, pero el premio por tener una mejor política económica es pequeño. Cuando se pasa de los países con las peores políticas a los países con las mejores, se observa que la ayuda es apenas un cuarto de punto porcentual mayor para los últimos).[14]

Cómo aparentar que hay ajuste

Max Escher tiene un cuadro famoso que se llama *Subir y bajar*. Utilizando su dominio de las ilusiones ópticas, Escher muestra a gente que, solamente subiendo (o solamente bajando) por una escalera cuadrangular, llega al mismo punto del cual partieron. Lo mismo ocurrió con muchos países que parecían estar ajustándose y ajustándose mientras recibían préstamos de ajuste, para terminar al final en el mismo punto en el cual habían comenzado.

Un Gobierno que es irresponsable antes de recibir un préstamo de ajuste tiene los mismos incentivos para continuar siendo irresponsable después del préstamo. Solamente la sustitución de un mal Gobierno por un buen Gobierno podría hacer que cambiase la política económica del país. Un Gobierno irresponsable que no se corrige se esforzará en hacer ver que se está ajustando, sin hacerlo en realidad. Aun cuando los donantes exijan, por ejemplo, la reducción del déficit fiscal, el Gobierno irresponsable tendrá todos los incentivos para llevar una contabilidad creativa que permita evitar el verdadero ajuste.

El déficit que se genera el día de hoy es una manera de tomar prestado del futuro. El déficit se financia con deuda adicional que hace posible aumentar los ingresos presentes del Gobierno a costa de tener que hacer mayores pagos de la deuda en el futuro. Pero adquirir deuda pública no es la única forma como un Gobierno que no valora el futuro puede tomar prestado contra el futuro, ya que existen otras maneras de liberar mayores fondos para el presente a cambio de mayores pagos futuros. Por ejemplo, recortando los gastos de mantenimiento de carreteras, liberando así recursos que pueden utilizarse para financiar clientelismo y consumo. Claro que la falta de mantenimiento significará que los costes de reconstruir las carreteras serán mucho mayores que los ahorros en mantenimiento. El Informe sobre el Desarrollo Mundial 1994 del Banco Mundial estimaba que "un mantenimiento oportuno de 12 mil millones de dólares habría ahorrado costes de reconstrucción de 45 mil millones de dólares en África durante la pasada década".

Aunque los donantes conocen cuales son las técnicas que permiten simular el ajuste, de todos modos les resulta difícil supervisar el cumplimiento de las condiciones impuestas. Las condiciones sobre el déficit, aun siendo débiles, tienen más fuerza que las condiciones sobre gastos de mantenimiento. Consideremos el caso en que se trata de mantener los gastos de mantenimiento durante un recorte del déficit. Volviendo al caso de Kenia con sus diecinueve préstamos de ajuste del Banco Mundial y el FMI entre 1979 y 1996, el Banco Mundial preparó varios informes del gasto público durante el periodo. Dichos informes se hacían con el objeto de inducir al país a reducir su malgasto y a mantener durante el ajuste el gasto deseable, tal como el correspondiente al mantenimiento de carreteras, pero los informes del gasto público recibieron poca atención en Kenia.

El economista del Banco Mundial responsable de Kenia se quejaba en el año 2000 del deplorable e inadecuado gasto en operaciones y mantenimiento, repitiendo lo que decía el Informe del Gasto Público 1996 del Banco Mundial, que indicaba "un historial espantoso en mantenimiento de equipo y construcciones que se observa generalmente en todos los ministerios".[15] El Informe del Gasto Público 1994 señalaba la "severa deficiencia de recursos para operaciones y mantenimiento".[16] El Informe de 1989 observaba que el gasto en operaciones y mantenimiento "tiene deficiencias sustanciales en todos los sectores cubiertos por la misión". El Memorando Económico de 1983 indicaba que el financiamiento insuficiente para inputs intermedios "provocaba que los proyectos operasen por debajo de los niveles de actividad planificados y que los edificios permanecieran desocupados por un tiempo después de terminados".[17] El Memorando Económico de 1979 indicaba "un serio problema de fondos corrientes insuficientes para mantener operando a plena capacidad los proyectos existentes". Dicho memorando detectaba una particular escasez de fondos para el mantenimiento rutinario de carreteras (aunque indicaba esperanzadoramente que "el Gobierno ya ha comenzado a tomar medidas para mejorar sustancialmente el mantenimiento de carreteras").[18]

Comiéndose el futuro

El principio fundamental es siempre el mismo: un Gobierno que roba del futuro endeudándose, también lo hará por otros medios. Así, por ejemplo, un Gobierno puede recortar la inversión en infraestructura que habría de traer ingresos futuros y, de esta manera, reducir déficit actual al tiempo que aumenta el déficit futuro. Las compañías de teléfonos de los Estados africanos han recortado las inversiones nuevas en telecomunicaciones hasta el punto que los usuarios deben esperar un promedio de más de ocho años para conseguir una línea, aunque los ingresos por línea en África son altísimos comparados con el patrón mundial.[19]

Un Gobierno puede también obtener ingresos en el presente vendiendo empresas estatales rentables, dejando de percibir el ingreso futuro que generarían. Entre 1989 y 1993, Nigeria tuvo dos acuerdos de *standby* con el FMI y dos préstamos de ajuste del Banco Mundial que imponían restricciones sobre su déficit presupuestario y su deuda pública. Durante el mismo periodo, el Gobierno vendió derechos de participación en futuras exploraciones y explotaciones de petróleo por un valor de 2.500 millones de dólares —durante un periodo en el cual desaparecieron de las cuentas oficiales 12.000 millones de dólares de ingresos del petróleo, probablemente en los bolsillos de miembros del Gobierno de Nigeria. Este es un patrón generalizado: los países que reciben préstamos de ajuste obtienen mayores ingresos de la venta de empresas del Estado que los países que no tienen programas de ajuste.

Los países con programas de ajuste también bombeaban más rápidamente petróleo de sus reservas del subsuelo que en los periodos sin programas de ajuste. De esta manera obtenían mayores ingresos presentes a costa de dejar menos petróleo disponible para obtener ingresos por su venta en el futuro.[20]

Los Gobiernos pueden también, con el fin de satisfacer el objetivo de un determinado déficit en términos monetarios, simplemente trasladar ciertos gastos e ingresos en el tiempo.[21] En 1998 Brasil emitió bonos públicos de cupón cero cuyo capital principal e intereses se pagaban al cabo de un año, con lo cual se evitaban los pagos de intereses en el año presente. Muchos Gobiernos recurren al expediente de retrasar los pagos a proveedores y empleados. Este tipo de mora reduce el déficit en el año corriente y la correspondiente deuda explícita, pero aumenta el déficit del año siguiente y la correspondiente deuda implícita.[22]

Las naciones del trópico posiblemente aprendieron algunos de estos trucos de las naciones industrializadas. Durante le aplicación del programa Gramm-Rudman para intentar contener los déficit de Estados Unidos, el Congreso cambió el día de pago de una nómina de personal militar por 3 mil millones de dólares de un año fiscal al siguiente. El secretario de Defensa Caspar Weinberger también pospuso para el año fiscal siguiente la compra de unos nuevos sistemas de armas con el fin de reducir el gasto corriente aunque el aplazamiento significara unos mayores costos unitarios.[23] Al Gobierno de los EE UU también le gustaba la idea de ir vendiendo activos del Estado. El Congreso había ido postergando con la venta de la compañía de ferrocarriles Conrail hasta que apareció el programa Gramm-Rudman. Cuando este programa otorgó el incentivo de permitir que los ingresos procedentes de privatizaciones se pudiesen aplicar a conseguir los objetivos presupuestarios, el Congreso súbitamente vendió Conrail.

Los Gobiernos también pueden trasladar los impuestos a lo largo del tiempo. El anecdotario abunda en países en desarrollo que recaudan por adelantados los impuestos para cumplir con las metas de déficit de un programa del FMI.[24] El congreso de los EE UU adelantó en 1987 la recaudación de mil millones de dólares en impuestos indirectos para cumplir el límite del déficit del programa Gramm-Rudman.[25]

Otro truco de prestidigitación es reducir el gasto corriente a cambio de una obligación futura. El Gobierno puede, por ejemplo, en lugar de dar subvenciones directas a las empresas públicas, servir como garante de préstamos bancarios otorgados a estas empresas para cubrir sus pérdidas, haciendo así aparecer como que hubiera una reducción del déficit. Cuando llega el momento en que las empresas se declaran insolventes para devolver su deuda, el Gobierno la paga y termina así cubriendo las pérdidas de las empresas estatales de manera similar a cuando las subvenciones eran explícitas. En Egipto, por ejemplo, se eliminó en 1991 el apoyo presupuestario a las empresas públicas, pero se permitió que las empresas continuaran utilizando sobregiros bancarios y préstamos extranjeros. El Gobierno egipcio cubría periódicamente las obligaciones incumplidas por las empresas.[26]

Los Gobiernos que son creativos pueden hacer desaparecer totalmente las pérdidas de una empresa estatal haciendo que una institución financiera pública (cuyos balances rara vez se incluyen en las definiciones del déficit) subsidie a las empresas del Estado. En el caso de Uganda, en 1987-1988, el Banco central le otorgó divisas a las compañías tabacaleras y cerveceras del Estado a un coste artificialmente bajo, reduciendo así los costes de los inputs importados. En Argentina, antes de 1990, el Banco central subsidiaba las tasas de interés de sus préstamos a empresas públicas que generaban pérdidas, reduciendo así sus costes y sus pérdidas.[27] Los bancos estatales de China hacen préstamos a las empresas estatales a tasas de interés negativas.

Los Gobiernos pueden también auto subvencionarse utilizando dinero de sus fondos de pensiones. Así, muchos Gobiernos obligaban a que sus fondos de pensiones que acumulaban excedentes al comienzo del ciclo vital de los cotizantes a prestarles a tasas reales de interés negativas. Ejemplos de esto incluyen a Costa Rica, Ecuador, Egipto, Jamaica, Perú, Trinidad y Tobago, Turquía y Venezuela. En el peor de estos caso el rendimiento de estos fondos fue del –37,4 por ciento, cifra no muy estimulante para los jubilados de Perú. Unas tasas de interés más bajas en la deuda del Gobierno reducen el déficit presupuestario, pero también reducen las reservas con las cuales el fondo debe cubrir su propio déficit durante los periodos posteriores del ciclo vital.[28] El Gobierno tendrá que hacer frente a las obligaciones netas del fondo de pensiones, es decir, que el esquema de las tasas negativas de interés simplemente redistribuye gasto del presente al futuro.[29]

Hay otras tretas que un Gobierno puede utilizar cuando se le imponen otras condiciones de reforma. Para cumplir un objetivo de inflación, el Gobierno puede mantener el déficit constante y, financiarse con deuda en lugar de emitir dinero. Sin embargo, cuando la carga verdadera de la deuda se hace evidente, las agencias financieras dejan de prestar, y el Gobierno debe emitir nuevamente dinero, se genera nueva inflación, esta vez más alta, entrándose en un ciclo con inflación y emisión de dinero aceleradas, puesto que hay que ir cubriendo la deuda acumulada.[30] Lo que el Gobierno ha logrado es reducir la inflación inicial a expensas de una mayor inflación futura. (Las fallidas reducciones de la inflación en Argentina antes de 1980 se corresponden al pie de la letra con esta descripción).

Los ejemplos anteriores muestran que los países pueden mejorar su situación de corto plazo y aparentar que están cumpliendo con ciertas condiciones cuando en realidad solamente están posponiendo la solución del problema. De esta manera, en el futuro tienen que recibir nuevos préstamos de ajuste para confrontar el ahora agrandado problema de ajuste. Esto puede permitir entender por qué algunos países recibieron un enorme número de préstamos de ajuste.

Examinemos primero los préstamos del FMI para crisis a corto plazo (los denominados *stand-by* en la jerga del FMI). Estos préstamos son para abordar una crisis aguda, tal como un agotamiento de las reservas en divisas. En condiciones ideales, el FMI y otras agencias internacionales ayudarían al país a resolver su crisis de manera que se evitase su futura recurrencia. Pero tal cosa no ocurre. Los países se instalan en un carrusel crisis-rescate del Fondo-crisis-rescate del Fondo y así sucesivamente. Este carrusel dio 22 vueltas en Haití, 18 en Liberia, 16 en Ecuador y 15 en Argentina. El lema del FMI, del Banco Mundial y de los países receptores parece haber sido "millones para resolver las crisis, ni un dólar para prevenirlas".

Hubo doce países que durante los quince años transcurridos entre 1980 y 1994 recibieron quince o más préstamos del FMI y el Banco Mundial: Argentina, Bangladesh, Costa de Marfil, Filipinas, Ghana, Jamaica, Kenia, Marruecos, México, Pakistán, Senegal y Uganda. La mediana del crecimiento per cápita de estos países durante el periodo indicado fue cero. Esto representa el fracaso principal del crédito de ajuste: su incapacidad para poner en marcha políticas que promuevan el crecimiento. Un mayor crecimiento expande los ingresos tributarios y los ingresos por exportaciones con mayor rapidez, facilitando así el servicio futuro de la deuda y eliminando la necesidad de nuevos préstamos de ajuste. El FMI, el Banco Mundial y los otros donantes se preocupaban tanto por las deudas (el pasivo) que no le daban la atención debida a los incentivos necesarios para expandir los activos de esas economías —es decir, su capacidad para generar ingresos futuros mediante el crecimiento económico. Un estudio reciente de Pzreworski y Vreeland (2000) muestra que los programas del FMI tienen un efecto negativo sobre el crecimiento. Una extensa literatura del Banco Mundial y del FMI, que no es concluyente, trata de estimar los efectos de sus programas sobre el crecimiento controlando por diversos factores. Los efectos positivos del crecimiento son extremadamente difíciles de detectar. Resulta claro que las expectativas de "ajuste con crecimiento" no se materializaron. Hubo muy poco ajuste, muy poco crecimiento, y muy poco análisis de los resultados de los créditos de ajuste.

Los incentivos para los donantes y los beneficiarios

¿Por qué nuestros créditos de ajuste se convirtieron hacia finales de los años ochenta en dar sin más a los países sin esperanzas? ¿Por qué no fue el crédito de ajuste la fórmula mágica que habría evitado dos décadas sin crecimiento? ¿Por qué no estábamos exigiendo el cumplimiento de las condiciones de reforma? Una vez más la respuesta está en nuestro lema oficial —la gente responde a los incentivos. Los incentivos no se controlan en la entrada de las agencias internacionales. Los prestamistas tienen incentivos que los inducen a prestar aun cuando las condiciones de los préstamos no se cumplan. Los beneficiarios a su vez tienen incentivos que los inducen a no reformarse aun cuando reciban préstamos condicionados. Hay una gran variedad de incentivos que causan los problemas mencionados.

En primer lugar, los donantes no serían donantes si no estuviesen preocupados por la suerte de los pobres en los países beneficiarios. Pero esta misma preocupación por los pobres hace que sus amenazas de cortar el crédito por incumplimiento de las condiciones no tengan mucha credibilidad. A la hora de la verdad, aun cuando no se cumplan las condiciones, los donantes quieren ayudar a los pobres, de modo que acaban concediendo la ayuda. Los beneficiarios pueden prever este comportamiento de los donantes, posponer las reformas y no ayudar a los pobres, a sabiendas que aun así recibirán la ayuda. Tal como lo vimos en el caso del déficit presupuestario, en este terreno también pueden aparentarse reformas.

La preocupación de los donantes por los más pobres genera incentivos aún más perversos para los beneficiarios. Como los países con mayores problemas de pobreza reciben más ayuda, son éstos los países con menos incentivos para aliviar su problema de pobreza. Los pobres acaban siendo los rehenes que sirven para recabar la ayuda de los donantes.[31]

¿Cómo podría corregirse este problema de los incentivos perversos? Los pobres del país receptor se beneficiarían si, paradójicamente, la decisión de ayuda se delegara en una agencia insensible a la cual no le importasen los pobres. La amenaza de esta agencia egoísta de retener la ayuda si el beneficiario no cumpliese con las condiciones y aliviase la pobreza, tendría credibilidad. El beneficiario cumpliría las condiciones y los pobres se beneficiarían.

Los donantes también confrontan incentivos equivocados por razones menos altruistas. Muchas de las instituciones donantes están organizadas por departamentos responsables de unos grupos concretos de países. El presupuesto de estos departamentos está relacionado con el tamaño de los recursos que desembolsan a favor de sus beneficiarios. Un departamento que no desembolse su presupuesto de préstamos verá posiblemente su presupuesto reducido al año siguiente. A presupuestos más grandes mayor prestigio y más fácil promoción personal, de modo que el personal de cada departamento tiene incentivos para desembolsar las ayudas, aunque las condiciones de los préstamos no se cumplan.

Existe otro incentivo que los prestamistas generan para los prestatarios al hacer que los préstamos dependan del cambio de sus políticas económicas. Esto crea un cierto tipo de ajuste en zigzag según el cual los países se ajustan y luego retroceden en el ajuste. Una vez ajustados reciben nuevos préstamos porque las políticas han cambiado favorablemente. Cuando retroceden en su ajuste, no reciben nuevos préstamos, pero pueden ajustarse nuevamente, abriendo las puertas a otra ronda de crédito de ajuste por parte del Banco Mundial, el FMI y los otros donantes. La revista *The Economist* describe así el proceso seguido en Kenia:

> Durante los últimos años Kenia viene haciendo un curioso ritual de apareamiento con sus donantes de ayuda. Los pasos son: uno, Kenia recibe los compromisos anuales de ayuda externa. Dos, el Gobierno empieza a comportarse mal, retrocediendo en sus reformas económicas... Tres, en una nueva reunión de los países donantes se hace evidente la exasperación de los Gobiernos extranjeros que preparan sus duras reprimendas. Cuatro, el Gobierno de Kenia saca del sombrero un conejo para calmar los ánimos. Cinco, los ánimos se apaciguan y los donantes comprometen su ayuda. La danza comienza de nuevo.[32]

Hay una cuarta razón por la cual, ocasionalmente, las agencias oficiales de crédito otorgan nuevos préstamos a los países que no reforman. A menudo estos países ya tienen una gran deuda adquirida con las agencias, con la cual tienen dificultades de pagos. Las agencias oficiales prefieren que no se haga pública la información sobre préstamos malos, puesto que puede ser políticamente incómodo y amenazar el presupuesto de la agencia. Esto motiva a la agencia a otorgar nuevos préstamos para facilitar el pago de la deuda anterior.

Los beneficiarios conocen bien los incentivos que tienen los donantes. Puede resultar sorprendente, pero a la hora de decidir sobre cómo se desembolsan los préstamos de ayuda, son los empobrecidos beneficiarios quienes tienen la voz cantante durante las negociaciones. La amenaza de que el departamento de una agencia internacional que se ocupa de un país no vaya a desembolsar el préstamo si las condiciones no son satisfechas no es verosímil. Los prestatarios saben que los donantes y prestamistas se preocupan por los pobres y que los presupuestos de los donantes y prestamistas dependen de que puedan hacer nuevos préstamos. Los prestatarios pueden también amenazar con la moratoria de su deuda en caso de no recibir crédito adicional, de modo que las ayudas, en cualquier caso, continúan.

Lo que pudo haber sido

Una persona sabia dijo en alguna ocasión que la definición de tragedia es *lo que habría podido ser*. Un estudio reciente del Banco Mundial concluye que la ayuda *habría tenido* un impacto positivo sobre el crecimiento si los beneficiarios hubiesen seguido buenas políticas económicas. Indica también que la asistencia no tiene un impacto significativo, en promedio, sobre el crecimiento. Sin embargo, cuando hay buenas políticas en relación, por ejemplo, con un presupuesto equilibrado y la inflación, la asistencia tiene un impacto positivo. En países de renta baja con buenas políticas, una ayuda externa adicional de un punto porcentual del PIB está asociada con 0,6 puntos porcentuales mayor de crecimiento del PIB.

Recientemente se ha comenzado a observar una tendencia hacia una mejor política económica entre los países de bajos ingresos. De cuarenta economías de bajos ingresos, quince habían aplicado en 1994 políticas suficientemente buenas para que el impacto de la ayuda sobre el crecimiento fuera significativamente positivo. Hay también signos de que donantes y prestamistas están siendo más selectivos con los beneficiarios de sus aportaciones. Así, por ejemplo, el Banco Mundial ha emprendido reformas en este sentido.

Desgraciadamente, la cantidad de recursos que las naciones industrializadas asignaron a la ayuda de países en desarrollo en 1994 fue la menor, como porcentaje de su PIB, en los últimos veinte años. La gran ironía es que la ayuda creciese cuando las políticas empeoraban y que ahora, que las políticas finalmente están mejorando, la ayuda esté bajando.

Si a veces los créditos de ajuste durante los años ochenta y noventa no resultaron más efectivos que enviar arena al Kalahari, fue por falta de incentivos tanto para el prestamista como para el prestatario. El crédito de ajuste condicionado a que se realizan determinadas reformas fue otra de las fórmulas fallidas en la búsqueda del crecimiento.

Miremos hacia el futuro

Deberíamos vincular la ayuda al comportamiento pasado de los países, y no a las promesas que hagan sobre su comportamiento futuro. De esta manera, los países beneficiarios tendrán incentivos para proseguir con políticas generadoras de crecimiento. Cuanto mejores sean sus políticas para generar crecimiento, tanto mayor debe ser la ayuda per cápita que reciba un país. Deberíamos clasificar los países de acuerdo con sus políticas, de modo que se pudiera asociar la cuantía de la ayuda con su posición en la lista. No importa la fórmula concreta, sino que la ayuda aumente con el éxito de sus políticas, para que así los Gobiernos tengan un incentivo para adoptar las mejores políticas.

Veremos en capítulos posteriores que algo sabemos sobre qué políticas están asociadas al crecimiento. Indiquemos por lo pronto que un país con un tipo de cambio del mercado negro muy por encima de su tipo oficial de cambio, una alta tasa de inflación, un alto déficit presupuestario, y niveles altos de corrupción no debería estar recibiendo ayuda. Un país pobre, sin mercado negro de divisas, con baja inflación, tipos de interés libres, un déficit presupuestario razonablemente bajo, instituciones que protejan la propiedad privada y la legitimidad de los contratos y políticas estrictas contra la corrupción debería recibir mucha ayuda.

La concesión de ayudas según los resultados de la política económica seguida cambiaría drásticamente la asignación de la ayuda. Estuve comparando la clasificación de países por nivel per cápita de ayuda oficial para el desarrollo recibida durante la década de los ochenta y la clasificación de países por el resultado de sus políticas (el resultado se mide con un índice que promedia el déficit del Gobierno, la inflación, el desarrollo financiero, y el diferencial en el mercado negro de divisas). Encontré que durante la década de los ochenta las dos variables, el resultado de las políticas económicas y la financiación para el desarrollo, eran prácticamente independientes. Haber cambiado la concesión de ayudas para que éstas dependiesen de los resultados económicos durante los ochenta, habría aumentado drásticamente la ayuda para algunos países (como India, Tailandia y Malasia) y la habría reducido también drásticamente para otros (como Nicaragua, Jamaica y Ecuador).

Para que se cumpliesen las condiciones sobre los resultados económicos con el fin de obtener ayuda, se deberían hacer "concursos de ayuda" entre los países, de modo que éstos presentasen propuestas para el uso de la ayuda de manera que promoviera el crecimiento. En sus propuestas, los países participantes deberían documentar sus logros anteriores y explicar sus planes para seguir progresando en el futuro.

Sin embargo, la ayuda debería responder más a los logros anteriores que a los planes para el futuro. Esto invertiría el sistema actual bajo el cual los planes propuestos son los que justifican que los donantes desembolsen su ayuda. Este sistema ha permitido que los países jueguen con éxito la alternancia de malas políticas con buenas políticas hasta que obtienen la ayuda para luego retornar a las malas políticas. Como resultado, hay países que han recibido ayuda mientras aplican políticas que en promedio son malas.

A medida que la renta de los países aumenta a causa de sus políticas favorables al crecimiento económico, la ayuda debe crecer de forma acorde. Es lo opuesto a lo que ocurre actualmente. Un país con políticas destructivas y renta en descenso recibe ayuda en condiciones más favorables. Kenia, por ejemplo, era lo suficientemente rico como para pagar el tipo de interés de mercado por sus préstamos del Banco Mundial, hasta que sus malas políticas y la bajada de su ingreso lo convirtieron en elegible para obtener préstamos a tipos de interés inferiores a los de mercado. Por el contrario, los países que prosperan se "gradúan" y pierden su elegibilidad para recibir préstamos con tipos de interés bajos. El cambio en la ayuda debería ser siempre positivo a medida que aumenta el ingreso, no negativo. (Sin duda que al comienzo de un nuevo acuerdo de ayuda, ésta debe ir hacia los países pobres. No estoy recomendando ayuda externa para Austria. Pero esto sería sólo al comienzo, para no generar el incentivo perverso a quedarse pobre). Lo que propongo constituye un cambio drástico respecto de la actitud convencional de reducir la ayuda a medida que aumenta la renta, lo cual genera un incentivo negativo en contra de hacerse más rico. Aunque este incentivo negativo podría contrapesarse con otros incentivos positivos para hacerse rico, lo cierto es que estorba. Si la ayuda se diese a los países que más la merecen (aquellos con las mejores políticas) se podría finalmente tener alineados en favor del crecimiento los incentivos de los donantes y de los Gobiernos.

La prueba última de la inoperancia de los créditos de ajuste es la admisión de que las deudas no pueden pagarse, ya que esto demuestra que los recursos no se destinaron a un uso productivo. Las instituciones internacionales realmente han llegado a admitirlo, tal como se discute en el capítulo siguiente.

Interludio: La historia de Leila

Mi amiga Leila (cuyo nombre he cambiado para proteger su intimidad) es una mujer bengalí-estadounidense que siempre luce en su cara una amable sonrisa. Tiene unos ojos luminosos y brillantes que transmiten vida y alegría. Es, además, una buena profesional. Sin embargo, a veces, notaba en Leila un aire sombrío que me intrigaba. Un día había de contarme su historia.

Cuando la guerra por la independencia de Bangladesh estalló en 1971, ella vivía allá y tenía diez años. Después de que los nacionalistas bengalíes exigieran una cierta autonomía regional en lo que en ese entonces era el Pakistán Oriental, las tropas de Pakistán Occidental lanzaron el 25 de marzo una campaña de terror en Bangladesh. El ejército pakistaní preparó una lista negra de profesionales bengalíes para exterminar el alto mando del movimiento autonomista. El padre de Leila, un conocido economista bengalí, estaba en la lista. Disfrazado de campesino huyó por tierra hasta la frontera con India, donde halló refugio. Leila, su hermano y su madre huyeron poco después por vía aérea hacia París para refugiarse en casa de unos amigos. Bangladesh ganaría luego su independencia con la ayuda de India y la historia pudo haber tenido un final feliz para Leila y su familia, pero no fue así.

Tras nueve meses de estar allí, dos de las tías de Leila salieron del sótano donde se habían refugiado mientras la guerra tronaba por encima de ellas. Pensaron que, habiendo cesado los combates, era seguro hacerlo. Se montaron en su coche con dos hijos de siete y once años de edad en los asientos traseros. Los soldados pakistaníes, aun cuando se habían rendido, no habían sido desarmados y, para desahogar su ira y su resentimiento, disparaban sus armas indiscriminadamente contra la población civil. Una bala solitaria llegó al coche de las tías de Leila y atravesó la cabeza de ambos primos, matándolos instantáneamente. La familia de Leila, después de todo, no había escapado de la guerra.

7. Perdónanos nuestras deudas

La financiación usada de manera improductiva conduce al endeudamiento, lo cual se utiliza a continuación como argumento para generar más financiación.
Lord P.T. Bauer, 1972

Haití es un país pobre que tiene una alta deuda externa y sin crecimiento económico. El servicio de la deuda externa ha llegado a ser un 40 por ciento de sus exportaciones totales, bastante por encima del 10 o 25 por ciento que se considera "sostenible".[1] Desgraciadamente, esta deuda se adquirió no para expandir la capacidad productiva de la economía, sino para financiar empleo clientelista en el Gobierno y unas fuerzas armadas y de policía de tamaño excesivo. Como la corrupción ha sido endémica en el país, hay una fuerte sospecha que algunos de los recursos de los préstamos extranjeros han ido a parar a los bolsillos de los gobernantes. Esta es una descripción de la experiencia de Haití en la década de los noventa, pero la década a la cual se refieren estos hechos no es la de 1990, sino la de 1890.[2]

El problema de países pobres con un alto endeudamiento externo no es pues novedoso. Su historia se remonta a los dos estados-ciudad de Grecia que incumplieron el pago de los préstamos del Templo de Delos en el siglo IV a.C., pasando por el incumplimiento del pago por parte de México del primer crédito externo después de su independencia en 1827, y llegando al caso de Haití con una deuda externa que representa el 484 por ciento de sus exportaciones.[3]

Sin embargo, los problemas de los países pobres con altos niveles de endeudamiento externo siguen siendo noticia de primera página. Muchos de los defensores de la ayuda a los países pobres solicitaron la condonación de toda la deuda de estos países con motivo de la celebración del nuevo milenio. La campaña por la condonación de la deuda se bautizó con el nombre Jubileo 2000. El apoyo al Jubileo 2000 viene de personalidades tan diversas como Bono del grupo *rock* U2, el economista Jeffrey Sachs, el Dalai Lama y el Papa. En septiembre de 1999 tuve la oportunidad de ver una transmisión en la *web* donde los improbables compañeros Bono y Sachs le consultaban al Papa sobre cuestiones relacionadas con la deuda del tercer mundo. En abril de 2000, miles de personas se manifestaron en el *Mall* en Washington D.C. a favor de "tirar la deuda". Incluso Hollywood se ha movilizado. En la película *Notting Hill,* Hugh Grant menciona la "cancelación de la deuda del tercer mundo" para conquistar a Julia Roberts.

El Banco Mundial y el FMI ya tienen un programa llamado la Iniciativa de PPAE (países pobres altamente endeudados) cuyo objetivo es negociar la deuda con aquellos países pobres con buenas políticas económicas. Por primera vez en la historia, este programa incluye la condonación de parte de las deudas con el FMI y el Banco Mundial. La cumbre de los siete mayores países industrializados (el G-7) que tuvo lugar en Colonia en junio de 1999 solicitó una expansión del programa PPAE de manera que se acelerase el proceso de renegociación y se ampliase el monto de condonación de la deuda concedido a cada país. Los miembros del Banco Mundial y el FMI —los Gobiernos prácticamente de todos los países del mundo— aprobaron su expansión en septiembre de 1999. La expansión aumenta el costo total de la Iniciativa PPAE (en dólares actuales) de 12.500 millones de dólares a 27.000 millones de dólares.[4] De este modo, la condonación de la deuda se convierte en la más reciente panacea para aliviar la pobreza de los países pobres. El espacio de la *web* de la campaña Jubileo 2000 lo dice así, "Millones de gente vive en la pobreza a causa de la deuda del tercer mundo y sus consecuencias". Si se logra que el plan Jubileo 2000 de condonación de la deuda se ponga en marcha, "el año 2000 podría marcar el comienzo de dramáticas mejoras en salud, educación, empleo y desarrollo en los países quebrantados por la deuda".[5]

Hay un pequeño problema: es el escaso reconocimiento entre los activistas de Jubileo 2000, tales como Bono, Sachs, el Dalai Lama y el Papa, de que la condonación de la deuda no es una política innovadora. Así como el exceso de endeudamiento no es nuevo, tampoco lo son los esfuerzos por condonarle las deudas a los deudores. Ya llevamos dos décadas ensayando condonación de deuda sin obtener los saludables beneficios que augura Jubileo 2000.

Dos décadas de historia de condonación de la deuda

Aunque desde 1967 hubo insinuaciones de que "los pagos del servicio de la deuda han llegado a un punto en el cual varios países confrontan una situación crítica", la oleada actual de alivio de la deuda de los países pobres realmente arrancó en 1979.[6] Las *World Debt Tables* de 1979 del Banco Mundial anotaban que había "retraso en el pago de la deuda" de préstamos oficiales a países pobres, aunque "la condonación de la deuda o de su servicio han aliviado los problemas de algunos". Las reuniones de la UNCTAD de 1977-1979 culminaron con que los acreedores oficiales condonaran 6.000 millones de dólares de la deuda de cuarenta y cinco países pobres. Las medidas adoptadas por los acreedores oficiales incluían "la eliminación del pago de intereses, la reprogramación del servicio de la deuda, la asistencia con los costes locales, la ayuda compensatoria incondicional y nuevas donaciones para el reembolso de deudas antiguas".[7]

El informe del Banco Mundial de 1981 para África señalaba que Liberia, Sierra Leona, Sudán, Zaire y Zambia (todos los cuales habrían de convertirse en PPAE) ya habían experimentado "severas dificultades en el servicio de la deuda" en los años setenta y que "era probable que continuaran teniéndolas durante los años ochenta". El informe insinuaba la renegociación de la deuda en términos más favorables: "deben buscarse soluciones de largo plazo a las crisis de deuda" y "la práctica actual de [los donantes de] separar las decisiones de ayuda y de deuda puede ser contraproducente".[8] El informe del Banco Mundial de 1984 para África era más directo, al menos tan directo como puede ser el lenguaje oficial: "Donde haya programas que se pueden supervisar, la renegociación multianual de la deuda y unos periodos de gracia más extendidos deben ser parte del paquete de asistencia financiera del programa".[9] El lenguaje se hizo aún más fuerte en el informe del Banco Mundial de 1986 para África: las necesidades financieras de los países africanos de rentas bajas "tendrán que ser suplidas con ayuda bilateral adicional y la renegociación de la deuda en términos más favorables".[10] El Banco Mundial observaba en 1988 que "durante el año pasado se llegó a una mayor aceptación de la urgencia de los problemas de la deuda de los países de rentas bajas del África Subsahariana".[11] El informe de África del Banco de 1991 seguía escalando la retórica: "África no puede escapar de su actual crisis económica sin reducir considerablemente la carga de su deuda".[12]

El tour del G-7 alrededor del mundo

Los países ricos respondieron al llamamiento del Banco Mundial de renegociar la deuda de los países pobres. La cumbre del G-7 que tuvo lugar en Venecia en junio de 1987 propuso la supresión del pago de intereses de la deuda de los países de rentas bajas. El G-7 acordó un programa de condonación parcial de deuda que vino a conocerse como los términos de Venecia (comenzando así una jerga tecnocrática que habría de denominar cada programa de condonación de deuda con el nombre de la ciudad sede de la correspondiente cumbre del G-7). Un año más tarde, la cumbre de 1988 del G-7 acordó un menú de opciones que incluía la condonación parcial, la extensión de los plazos y unos tipos de interés reducidos. Este menú se dio a conocer como los términos de Toronto.[13]

Con el fin de ayudar a los países africanos a servir su deuda, el Banco Mundial había iniciado en diciembre de 1987 un Programa Especial de Asistencia (PEA) para los países de rentas bajas de África. El FMI complementó el PEA con un Servicio Ampliado de Ajuste Estructural (SAAE). Ambos programas trataban de proveer "una asistencia concesional de desembolso rápido, considerablemente mayor, a los países en ajuste".[14]

En la cumbre del G-7 de 1990, en Houston, se consideró "reprogramar la deuda para los países endeudados más pobres". El Reino Unido y Holanda propusieron los "términos de Trinidad" mediante los cuales se incrementaría al 67 por ciento el componente de donación de la reducción de la deuda, que había sido del 20 por ciento en los términos de Toronto.[15] En la cumbre del G-7 de 1991, en Londres, se acordó que "se necesitaban medidas adicionales de alivio de la deuda... yendo mucho más allá de los términos de Toronto".[16] Hasta noviembre de 1993, el Club de París (que agrupa a los prestamistas oficiales) aplicó los Términos Ampliados de Toronto que eran aún más generosos.[17] En diciembre de 1994, el club de París anunció los "términos de Nápoles", de acuerdo con los cuales, los países elegibles recibirían una mayor reducción de su deuda.[18]

Fue entonces, en septiembre de 1996, cuando el FMI y el Banco Mundial anunciaron su Iniciativa de la Deuda de PPAE, la cual permitiría a los países pobres "salir de una vez por todas del proceso de reprogramación" y reanudar sus "relaciones normales con la comunidad financiera internacional, caracterizadas por flujos financieros espontáneos y total cumplimiento de los compromisos". Los prestamistas multilaterales por primera vez "actuarían para reducir la carga de sus préstamos en algunos países", condicionándola en todo caso a la buena política de los países beneficiarios.

El Club de París acordó al mismo tiempo ir más allá de los términos de Nápoles concediendo una reducción de la deuda del 80 por ciento.[19] Cuando en septiembre de 1999 se reunían Bono, Sachs, el Dalai Lama y el Papa, se habían acordado ya paquetes de reducción de la deuda para siete países pobres por un monto de 3.400 millones de dólares en valor actual.[20] Hubo entonces, en 1999, nuevas peticiones para la expansión del programa, expansión que según el Jubileo 2000 no iba suficientemente lejos. El Banco Mundial informó en octubre 2000 que para final de año, veinte países habrían recibido "una significativa reducción de su deuda".

Además de la reducción explícita de la deuda, también hubo durante el periodo otra forma implícita de reducción de la deuda en forma de cambio de deuda regular (a tasas de interés del mercado) por deuda concesional (a tasas de interés bastante por debajo de las de mercado). Es notable que la carga del servicio de la deuda para los PPAE subiese durante el periodo, a pesar de las enormes transferencias netas de recursos por parte de agencias de préstamos concesionales, como la Asociación Internacional de Fomento del Banco Mundial, y de otras instituciones bilaterales y multilaterales.

La necesidad de ofrecer paquetes continuos de reducción de la deuda, mientras al mismo tiempo se cambiaba deuda regular por deuda concesional, mientras Jubileo 2000 pedía aún más reducción de la deuda y mientras Bono, Sachs, el Dalai Lama y el Papa expresaban su desaliento, hace pensar que algo marcha mal con el uso de la reducción de la deuda como panacea para el desarrollo. Ahí está la paradoja. Al cabo de dos décadas de reducción de la deuda y de estar concediendo financiación cada vez más barata, un número más elevado de países se califican como altamente endeudados.

En el resto de este capítulo examinamos posibles explicaciones de lo que marchó mal durante las dos décadas pasadas de reducción de la deuda. La preferencia revelada de los deudores por tener una deuda alta puede llevar a nuevos endeudamientos con el fin de remplazar las deudas saldadas anteriores. La concesión de términos cada vez más favorables para reducir la deuda puede también generar incentivos perversos, pues los países pueden decidir endeudarse en previsión de una futura condonación del préstamo. El problema del alto endeudamiento persistente puede simplemente reflejar la existencia de "Gobiernos irresponsables" que continúan siendo irresponsables después de que se les perdona la deuda.

Vendiendo el futuro

Los activistas del Jubileo 2000 consideran la deuda como si fuese un desastre natural que acabase de golpear a los países pobres. La verdad es posiblemente menos caritativa. Bien pudiera ser que los países que se endeudaron tan tremendamente lo hiciesen porque estaban dispuestos a hipotecar el bienestar de las generaciones futuras con tal de financiar las condiciones de vida de la generación actual (principalmente las de la clientela del Gobierno).

Esta es una hipótesis que se puede comprobar. De ser cierta, tiene consecuencias que pueden ser explosivas. Si es cierto que "la gente responde a los incentivos", entonces algunas cosas sorprendentes ocurrirán en respuesta a la reducción de la deuda. Cualquier condonación de deuda traerá como resultado un nuevo endeudamiento por parte de los Gobiernos irresponsables hasta hipotecar el futuro de su país en el mismo grado que antes. La condonación de la deuda será en este caso una fútil panacea; no sólo será ineficaz para estimular el desarrollo sino que ni tan siquiera servirá para reducir la carga de la deuda.

Hay señales sutiles de la hipoteca del futuro que podemos examinar para ver si la hipótesis del "endeudamiento irresponsable" se mantiene. Podemos ver si, además de adquirir un endeudamiento excesivo, los países pobres también vendieron activos nacionales a una tasa desproporcionadamente alta, lo cual sería otra forma de expropiar a las generaciones futuras. De la misma manera que un heredero despilfarrador de una novela del siglo XIX pasa de endeudarse a vender la cubertería de la familia, cabe esperar que los "Gobiernos irresponsables" adquieran deuda nueva al mismo tiempo que liquidan sus activos.

Con el fin de examinar si se responde con nuevo endeudamiento y con la venta de activos a la reducción que de la deuda, he analizado los cuarenta y un países que el FMI y el Banco Mundial catalogan como PPAE: Angola, Benin, Bolivia, Burkina Faso, Burundi, Camerún, Congo (República), Congo (República Democrática), Costa de Marfil, Chad, Etiopía, Ghana, Guinea, Guinea-Bissau, Guinea Ecuatorial, Guyana, Honduras, Kenia, Laos, Liberia, Madagascar, Malaui, Malí, Mauritania, Mozambique, Myanmar, Nicaragua, Níger, República Central Africana, Ruanda, Santo Tomé y Príncipe, Senegal, Sierra Leona, Somalia, Sudán, Tanzania, Togo, Uganda, Vietnam, Yemen y Zambia.

Los datos sobre reducción de la deuda que hay en las *World Debt Tables* del Banco Mundial comienzan en 1989. La relación entre reducción de la deuda y nuevo endeudamiento durante el periodo es interesante: el total de deuda condonada a estos cuarenta y un países pobres altamente endeudados fue de 33.000 millones de dólares, mientras que su nuevo endeudamiento fue de 41.000 millones de dólares. Esto parece confirmar que la reducción de la deuda estuvo acompañada de un nuevo endeudamiento de similar orden de magnitud.

El nuevo endeudamiento fue mayor en aquellos países que recibieron una mayor reducción de la deuda. Se da una relación estadísticamente significativa entre la reducción media de la deuda como proporción del PIB y el nuevo endeudamiento neto como proporción del PIB. De manera consistente con la hipótesis de hipotecar el futuro, los Gobiernos sustituyen la deuda condonada con un nuevo endeudamiento.

Otro dato que hace pensar que la condonación de deuda no redujo la deuda significativamente aparece al examinar la carga de la deuda durante el periodo de 1979 a 1997. La reducción de deuda debía haber reducido a su vez la carga de la deuda, a menos que los Gobiernos estuviesen reemplazando deuda condonada con deuda nueva. Para medir la carga de la deuda he utilizado el valor presente del servicio de la deuda como proporción de las exportaciones. El valor presente del servicio de la deuda es simplemente la cantidad que un Gobierno debería tener en depósito (ganando intereses) para poder pagar todo el servicio futuro de su deuda. Esto no significa que deba hacerlo, pero es un ejercicio de cálculo que permite presentar con un solo dato el flujo total de pago de intereses y amortización del principal.

Utilizo nuevamente 1979 como año base porque fue el año en que la cumbre de la UNCTAD inauguró la secuencia actual de reducción de deuda. Tengo datos de entre veintiocho y treinta y siete países pobres altamente endeudados para el periodo que va de 1979 a 1997. A pesar del proceso de reducción de deuda que estaba en marcha, la proporción típica entre valor presente del servicio y exportaciones subió vigorosamente entre 1979 y 1997. Se pueden distinguir tres periodos diferentes: (1) de 1979 a 1987, cuando las proporciones subieron más; (2) de 1988 a 1994, cuando las proporciones permanecieron constantes; y (3) de 1995 a 1997, cuando bajaron. El comportamiento en los periodos 1 y 2 es consistente con el fracaso de la reducción de la deuda, mientras que la caída en el último periodo puede estar indicando que la reducción proporcionada dentro de la Iniciativa PPAE de 1996 ha tenido más éxito que los intentos anteriores.

A pesar de la caída del último periodo, la proporción típica entre deuda y exportaciones era significativamente más alta en 1997 que en 1979, lo cual sugiere que para los cuarenta y un países altamente endeudados, el nuevo endeudamiento superó el ritmo de reducción de la deuda, de acuerdo con lo que haría suponer la hipótesis de la hipoteca del futuro como explicación del proceso de alto endeudamiento.

Ahora voy a examinar los datos sobre la venta de activos, una señal más sutil de que se está hipotecando el futuro. Un tipo de activos importantes de algunos de los PPAE son las reservas de petróleo. Extraer petróleo y venderlo es una forma de agotar activos, pues se reduce la cantidad de petróleo disponible en el subsuelo para las generaciones futuras. Hay diez PPAE que son productores de petróleo, para los cuales hay datos en el periodo comprendido entre 1987 y 1996. ¿Entre los países productores de petróleo, creció más su producción durante este periodo en los PPAE que en los restantes? La respuesta es afirmativa. El crecimiento promedio de la producción de petróleo fue 6,6 puntos porcentuales mayor en los PPAE que en los que no son PPAE, diferencia que es estadísticamente significativa. El crecimiento logarítmico promedio de la producción fue del 5,3 por ciento en los PPAE y del –1,3 por ciento en los demás.

Otra forma de venta de activos que tuvo lugar en la época fue la venta de empresas estatales a compradores privados extranjeros ("las privatizaciones"). Tenemos datos sobre los ingresos por privatizaciones desde 1988 hasta 1997. Durante este periodo los PPAE vendieron empresas estatales por un monto total de 4.000 millones de dólares, lo cual posiblemente subestima el total puesto que no todas las ventas se registraron en las estadísticas oficiales. Aún con estos datos deficientes, hay una asociación positiva y significativa entre la deuda condonada y los ingresos en divisas por privatizaciones en los PPAE. Las privatizaciones pueden haberse hecho por razones de eficiencia o incluso como condición para la reducción de la deuda, pero también pueden estar señalando a un Gobierno despilfarrador que está gastando sus activos.

La señal más clara y la más preocupante de que se están liquidando activos es que el ingreso per cápita del PPAE típico bajó entre 1979 y 1998. Esto es preocupante, en primer lugar, porque muestra que dos décadas de reducción de la deuda no pudieron evitar el crecimiento negativo de los PPAE, lo cual no es una buena noticia para los activistas del Jubileo 2000 que afirman que la reducción de la deuda traerá consigo el crecimiento.

En segundo lugar, la caída del ingreso es una indicación indirecta de que los Gobiernos están reduciendo la capacidad productiva de sus economías. Las políticas de estos Gobiernos muy posiblemente hayan favorecido el consumo presente sobre la inversión para el futuro. La caída del ingreso puede ser una indicación indirecta de que los Gobiernos estaban permitiendo el deterioro de las infraestructuras públicas tales como caminos, escuelas y hospitales, reduciendo así la rentabilidad de la inversión privada y contribuyendo a la depresión generalizada de los PPAE.

¿El alto endeudamiento es cuestión de mala política o de mala suerte?

Otra señal de la irresponsabilidad de algunos Gobiernos —en particular de aquellos con alto endeudamiento— es la presencia de unos déficit tanto externo como presupuestario muy elevados. En efecto, controlando por el ingreso per cápita, se observa que los niveles promedio de los déficit externo y presupuestario (con o sin donaciones) entre 1980 y 1997 fueron peores en los PPAE que en el resto de países.

Estos no son los únicos signos de un comportamiento irresponsable por parte de los Gobiernos altamente endeudados, los cuales también siguen con mayor frecuencia políticas miopes que a expensas del crecimiento futuro generan subsidios que favorecen a sus partidarios. Así, por ejemplo, mantienen los tipos de interés a niveles inferiores a la tasa de inflación y otorgan créditos subsidiados a sus partidarios. Como reacción, aquellos que tengan dinero en el banco al ver que la inflación está erosionando sus depósitos en términos reales, los retirarán del sistema financiero para colocarlos en bienes inmuebles o en divisas. En consecuencia, el sector financiero se reducirá en tamaño, lo cual es nocivo ya que la presencia de un sector financiero sano y de buen tamaño es requisito necesario para el crecimiento. No es de extrañar, por tanto, que después de controlar por el ingreso per cápita, se observe que los PPAE tienen sistemas financieros que son más pequeños que los de las demás economías.

Los Gobiernos irresponsables también tenderán a subsidiar las importaciones de su clientela favorita. Esto se puede hacer manteniendo el tipo de cambio bajo de manera artificial (es decir, sobrevaluando artificialmente su propia moneda), lo cual abarata las importaciones. Desgraciadamente este tipo de cambio también tiene el efecto de reducir el precio que reciben los exportadores, en moneda nacional, por sus exportaciones, lo cual es un incentivo negativo a exportar. Como las exportaciones son un motor importante del crecimiento, una moneda artificialmente sobrevaluada tenderá a deprimir el crecimiento. A causa del tipo de cambio manipulado, los inversionistas privados no invertirán en lo que de otra manera serían actividades rentables de exportación. He observado que, en efecto, después de controlar por el ingreso, los PPAE tienden a tener monedas más sobrevaluadas que los otros países. Esta es otra manera como los PPAE hipotecan el futuro a favor del presente: subvencionando el consumo de bienes importados a expensas del crecimiento futuro.

Sin embargo, ¿no podría ser que los PPAE hubiesen tenido peor suerte que otros países? ¿Podría esto explicar el alto endeudamiento, en lugar de la hipótesis de unos Gobiernos irresponsables? Esta hipótesis alternativa se puede comprobar directamente. Una forma de mala suerte es que los precios de las importaciones crezcan más que los de las exportaciones (el deterioro de los términos de intercambio de la jerga económica). ¿Se deterioraron los términos de intercambio de los PPAE más que los de los otros países? La respuesta es negativa.

Otra forma de mala suerte es la guerra. Muchos países pobres tuvieron guerras durante el periodo en el cual los PPAE se convirtieron en PPAE. ¿Experimentaron los PPAE el colapso de la producción que usualmente acompaña una guerra, lo cual habría hecho más gravosas sus deudas? No, los PPAE no tuvieron una probabilidad mayor de estar en guerra que el resto de países durante el periodo en cuestión. La hipótesis de los "Gobiernos irresponsables" explica mejor el alto endeudamiento de los países pobres que la hipótesis de la "mala suerte".

A la hora de la verdad: ¿quién financia los déficit?

Hasta aquí he estado examinando el comportamiento irresponsable desde la perspectiva del prestatario. Sin embargo, alguien debe haber estado dispuesto a prestarles a estos prestatarios irresponsables. ¿Así como hubo endeudamiento irresponsable, hubo también préstamos irresponsables? Me imagino que el lector ya habrá adivinado la respuesta.

Examinamos primero cual ha sido la composición de la financiación de los excesivos déficit externos de los PPAE. Hay algunos hechos interesantes. En primer lugar, al controlar por el ingreso, se observa que los PPAE recibieron menos inversión extranjera directa (IED) que otros países en desarrollo (PED). Esto puede ser otro indicador indirecto de las malas políticas puestas en evidencia por los otros indicadores, ya que muestra que los inversionistas no querrán invertir en una economía con un alto déficit presupuestario y una moneda altamente sobrevaluada. Los inversionistas también podrían haberse inquietado por el impacto que la condonación de la deuda podría tener sobre otras obligaciones externas, una de las cuales es la inversión extranjera directa.

En segundo lugar, a pesar de sus malas políticas, los PPAE recibieron más financiación del Banco Mundial y del FMI que otros PED. El resultado en el caso del Banco Mundial se obtiene después de controlar por la renta inicial (que esta correlacionada negativamente con la financiación del Banco Mundial). El monto de la financiación adicional del Banco Mundial para los PPAE (0,96 por ciento del PIB) es relativamente pequeño si se compara con el monto total del déficit en cuenta corriente, pero es grande con respecto a la financiación total del Banco Mundial en todos los PED (1,1 por ciento del PIB). La participación de la financiación del Banco Mundial en nuevos préstamos extranjeros también fue significativamente mayor (en 7,2 puntos porcentuales) en los PPAE que en los países restantes.

Los resultados en lo que respecta al FMI son similares. Después de controlar por el ingreso inicial, resulta que el FMI le prestó más a los PPAE que a los otros países. Lo mismo que en el caso del Banco Mundial, el efecto es pequeño con respecto al déficit en cuenta corriente (0,73 por ciento del PIB) pero grande cuando se compara con la financiación media del FMI a otros países (0,5 por ciento del PIB). El efecto PPAE de la participación en préstamos nuevos es del mismo signo y significativo: después de controlar por el ingreso, el FMI muestra 4,4 puntos porcentuales más en su participación en nuevos préstamos a PPAA que en préstamos a otros países. Los PPAE se hicieron PPAE, en parte, por recibir préstamos del Banco Mundial y del FMI.

En tercer lugar, se encuentran resultados similares a los anteriores cuando se examina la composición de nuevos préstamos hechos a los PPAE entre 1979 y 1997. El crédito privado tiende a desaparecer y el crédito multilateral adquiere una participación mayor. La participación en préstamos nuevos de los créditos del Banco Mundial con bajos tipos de interés —denominados créditos de la Asociación Internacional de Fomento (AIF)— se triplicó durante el periodo. Al comienzo del periodo, la participación del crédito privado en nuevos préstamos era 3,6 veces mayor que la de la AIF, en tanto que al término del periodo, la de la AIF era 8,6 veces mayor que la participación del crédito privado.

En cuarto lugar, podemos examinar el flujo neto de recursos a los PPAE, es decir, los nuevos préstamos menos los pagos por intereses y amortización de deuda. Durante el periodo de crecimiento de la carga de la deuda (1979-

1987), el grueso de las transferencias netas procedió de fuentes concesionales (AIF, otras multilaterales y donantes bilaterales como, por ejemplo, USAID), aunque hubo también transferencias positivas de prestamistas privados. Las fuentes concesionales les hicieron transferencias netas a los PPAE por un monto total de 33.000 millones de dólares. Esta enorme transferencia de carácter concesional hace aún más impresionante el fenómeno del endeudamiento creciente de estos países, expresado en términos de valor presente, durante el periodo.

Luego, entre el periodo 1979-1987 y el periodo 1998-1997 hubo un gran cambio en las transferencias netas ya que, durante el último periodo, se estabilizaron las proporciones de la deuda. Grandes transferencias netas positivas de la AIF y de los donantes bilaterales compensaron las transferencias netas negativas del BIRF (la ventanilla no concesional del Banco Mundial), de donantes bilaterales no concesionales y de fuentes privadas. Esta fue otra forma de reducción de la deuda, ya que cambió deuda no concesional por deuda de bajo interés y a largo plazo —la cual tiene un elemento grande de donación. Sin embargo resulta notable que al valor presente neto de la deuda permaneció prácticamente inmutable durante el periodo, al menos hasta años recientes. AIF y los donantes bilaterales estaban de hecho financiando el rescate de los prestamistas no concesionales, acumulando nueva deuda con rapidez suficiente para mantener constante la carga de la deuda, aunque los prestamistas no concesionales estuviesen retirando todo su dinero.

El fondo de la historia es que el problema de la deuda de estos países fue consecuencia de los préstamos hechos por el FMI, el Banco Mundial y los donantes bilaterales sustituyendo a los prestamistas privados y no concesionales que se retiraban. ¿Cómo pudo pasar esto?

El método seguido por los donantes (el FMI, el Banco Mundial y los donantes bilaterales) conocido como *llenar el déficit financiero,* fomentaba la concesión de nuevos préstamos a Gobiernos irresponsables. Vimos el déficit financiera haciendo su malhadada aparición en el capítulo 2, como la diferencia entre la "inversión requerida" y el ahorro doméstico. Aquí, el déficit financiero se define como la diferencia entre la "financiación requerida" y la financiación privada disponible. El requerimiento financiero es la suma del déficit comercial, los intereses de la deuda adquirida y los pagos para su amortización. "Llenar el déficit financiero" implica que se concede más ayuda concesional a los países cuanto mayor sea su déficit comercial y su deuda actual, y cuanto menor sea el crédito privado. Esto recompensa de manera perversa a los "Gobiernos irresponsables" cuyas políticas espantan a los prestamistas privados y conducen a mayores déficit comerciales y a un mayor endeudamiento. Llenar el déficit financiero es verter dinero bueno sobre dinero malo, creando una espiral oficial de la deuda en la cual la incapacidad de los países para servir su deuda actual es la razón para que se les concedan nuevos préstamos oficiales.

Luego en su desatino final, la comunidad de donantes, calcula la cantidad "necesaria" de reducción de la deuda para "colmar el déficit financiero". La recompensa por tener un gran déficit financiero es que la deuda se limpie en los libros contables, borrándose así la memoria del comportamiento irresponsable de prestatarios y prestamistas, todos juntos.

En el año 1977, con el advenimiento de la nueva iniciativa multilateral de reducción de la deuda, los PPAE recibieron el 63 por ciento del flujo de los recursos dedicados a los países pobres, aunque solo tenían el 32 por ciento de la población.

El extraño caso de Costa de Marfil

Si se incluye como ayuda la reducción de la deuda, Costa de Marfil recibió en 1997 un flujo per cápita de ayuda 1.276 veces más grande que el de la India. Sería interesante explicarles a los pobres de la India por qué Costa de Marfil, cuyo Gobierno ha establecido en dos ocasiones lujosas nuevas capitales nacionales en la ciudad natal de dos líderes sucesivos, debe recibir más de mil veces más ayuda que la que reciben ellos.

La explicación se hace aún más difícil al examinar cómo comenzaron los problemas de Costa de Marfil. Entre 1979 y 1997 este país tuvo un déficit promedio de cuenta corriente en la balanza de pagos del 8 por ciento del PIB. Esto quiere decir que, en promedio, el gasto en importaciones y pago de intereses de la deuda excedió los ingresos por exportaciones en el 8 por ciento del PIB. El principal sospechoso como causante de este exceso de gasto es el Gobierno que tuvo durante el periodo un déficit de más del 10 por ciento del PIB.

¿De dónde pudo resultar este déficit tan grande del Gobierno? El Gobierno se había beneficiado de un aumento en los precios internacionales del café y el cacao en la década de los setenta puesto que todos los productores nacionales de café y cacao tenían que entregar su producto a la "Comisión de Comercialización" del Gobierno a un precio fijado. Este precio fijado por la comisión no aumentó con el aumento de los precios internacionales, proporcionando una gran bonanza al Gobierno que compraba barato y vendía caro. (Entre 1976 y 1980 los productores de cacao recibieron sólo el 60 por ciento y los de café el 50 por ciento de los respectivos precios internacionales).[21] El Gobierno utilizó estos recursos adicionales para gastar sin ton ni son, proceso que continuó aun después de que desapareciese la bonanza del café y el cacao, cuyos precios cayeron fuertemente en 1979.[22] Sin cambio en los gastos y con unos ingresos fuertemente reducidos, el Gobierno comenzó a padecer grandes déficit presupuestarios.

El exceso de gasto del Gobierno en capítulos tales como el establecimiento de nuevas capitales generó una inflación interior por encima de la internacional, lo cual, con una tipo de cambio fijo, hizo que la moneda se apreciara en términos reales. La sobrevaluación media de la moneda durante el periodo fue del 75 por ciento, lo cual abarató las importaciones para los consumidores pero generó incentivos negativos para los exportadores, reforzando así el alto déficit externo. El despilfarro del Gobierno hizo que la carga de la deuda externa se duplicase a lo largo del periodo, desde un 60 por ciento del PIB en 1979 hasta el 127 por ciento en 1994, cuando comenzó la condonación de la deuda.

Podemos constatar que los préstamos no fueron utilizados con fines muy productivos ya que el ingreso promedio per cápita cayó a la mitad entre 1979 y 1994. El número de ciudadanos pobres —en cuyo nombre, primero se hicieron, y luego se condonaron, los préstamos— aumentó de un 11 por ciento de la población en 1985 (primer año para el cual hay datos) al 37 por ciento en 1995.[23] Hubo alguna recuperación de la producción después de la devaluación que se realizó en 1994, pero el camino será largo después de pronunciado declive de la economía.

¿Y quién le estaba prestando a Costa de Marfil durante esta etapa de políticas irresponsables, en la cual la carga de su deuda se duplicó? Un informe del Banco Mundial en 1988 decía: "Bajo el supuesto cuestionable de que se pueda asegurar suficiente financiación externa, la proporción de la deuda en el PIB va a llegar a alrededor del 130 por ciento hacia 1995".[24] Obsérvese cuan cercano está el pronóstico al resultado, o sea, que sí se logró hallar la "cuestionable" financiación buscada. El Banco Mundial y el FMI financiaron, en promedio, el 58 por ciento de los nuevos préstamos que se hicieron a Costa de Marfil entre 1979 y 1997. El FMI, por si solo, le hizo nueve préstamos de ajuste al Gobierno durante el periodo y el Banco Mundial le hizo doce. La participación del Banco Mundial y el FMI subió de un 10 por ciento en 1997 al 76 por ciento en 1997.

La forma del crédito del Banco Mundial a Costa de Marfil experimentó un importante cambio pasándose del crédito no concesional (tipo BIRF) al crédito concesional (tipo AIF). Uno de los incentivos perversos del negocio de la asistencia externa consiste en que cuanto más irresponsables son los Gobiernos, más favorables son los términos del crédito que reciben.

La mayor parte del crédito restante procedía de los países ricos encabezados por Francia (cuyo Gobierno también comparte la responsabilidad por el retraso de la devaluación que se había hecho necesaria en Costa de Marfil). Mientras tanto, los préstamos privados se vinieron abajo, del 75 por ciento del total del crédito nuevo en 1979 hasta casi cero a partir de 1989. Los prestamistas privados sí que consideraron cuestionable prestarle a Costa de Marfil en la época del informe del Banco Mundial en 1988. No así las agencias de préstamos oficiales, que no tuvieron el mismo sentido común que mostraron las privadas.

En estas circunstancias, no podría dejar de resultar apropiado que, en marzo de 1988, el Banco Mundial y el FMI anunciaran un nuevo programa de condonación de la deuda para Costa de Marfil, por el cual se condonaron algunos de sus propios préstamos anteriores. La condonación de deuda estaba sujeta a que Costa de Marfil cumpliese unas pocas condiciones tales como contener su déficit presupuestario y dejar de interferir en la determinación de los precios del café y el cacao. El FMI le concedió en marzo de 1988 un nuevo préstamo a tres años a Costa de Marfil, sujeto a dichas condiciones. El crédito del Banco Mundial también continuó con nuevos compromisos de préstamos por cerca de 600 millones de dólares en 1999.[25]

Durante un tiempo el Gobierno cumplió con las condiciones principales, pero luego las cosas empezaron a empeorar. El FMI observaba en julio de 1999 que, "Los resultados del programa de 1988 fueron variados, con algunas dificultades de ejecución".[26] La moneda estaba aún sobrevaluada en un 35 por ciento en 1998. Costa de Marfil estaba clasificada en 1988 dentro del tercio más corrupto de países del mundo. La Unión Europea le suspendió la ayuda a Costa de Marfil en 1999 después de comprobar que su ayuda anterior había sido malversada. La malversación era tan imaginativa que llegaban a hacerse "grandes facturaciones falsas de equipo médico, tales como estetoscopios de 15 dólares facturados por 318 dólares, y 2.445 dólares cobrados por una balanza de bebé que costaba alrededor de 40 dólares".[27] El FMI suspendió los desembolsos de su programa en 1999. El ejército finalmente acabó con las aflicciones del Gobierno corrupto del momento con un golpe que tuvo lugar poco antes de la Navidad de 1999.

Conclusión

Debemos hacer todo lo que esté a nuestro alcance para mejorar las condiciones de vida de los pobres, tanto en naciones con un alto endeudamiento, como en naciones con un endeudamiento moderado. Es razonable pensar que el alto endeudamiento esté desviando recursos que podría gastarse en salud y educación que favorece a los pobres. Quienes dicen que condonemos la deuda están del lado de los ángeles, o al menos del lado de Bono, Sachs, el Dalai Lama y el Papa. Nuestro corazón nos dice que condonemos la deuda para ayudar a los pobres.

Pero ocurre que la razón contradice al corazón. La condonación de la deuda favorece a aquellos países que mejor mostraron su capacidad de utilizar mal la ayuda en el pasado. Es inútil reducir la deuda a países cuyos Gobiernos no cambian su comportamiento. La misma mala administración de los fondos que condujo al alto endeudamiento actual es la que impedirá que la ayuda concedida con el fin de reducir la deuda llegue a los verdaderamente pobres.

Un programa de reducción de la deuda tendrá sentido cuando cumpla con dos condiciones: (1) que se conceda donde ya se haya comprobado el paso de un Gobierno irresponsable a un Gobierno con buenas políticas; (2) que sea una medida que se tome por una sola vez, que nunca se repita. Examinemos el porqué de estas dos condiciones.

Es posible que un buen Gobierno que realmente quiere ayudar a los pobres haya heredado una alta deuda de una mal Gobierno. En este caso habría que considerar la eliminación de la deuda. Esto significa que solamente aquellos Gobiernos que demuestren un cambio fundamental en su comportamiento podrán ser candidatos a ver reducida su deuda. Para valorar qué países han hecho el cambio exigido, la comunidad internacional deberá observar un historial suficientemente largo de buen comportamiento antes de otorgar la reducción de la deuda. Hubo pasos importantes en esta dirección en la iniciativa PPAE de 1996, que desgraciadamente se vieron debilitados por propuestas posteriores tales como las de las reuniones anuales del Banco Mundial y el FMI del año 2000, cuando se propuso acelerar el proceso de reducción de la deuda y aumentar el número de países favorecidos.

Sin cambios en el comportamiento de un Gobierno, las agencias oficiales de crédito no deben seguir cerrando su déficit financiero. El concepto mismo de déficit financiero debe eliminarse, de una vez por todas, puesto que ha creado incentivos perversos a continuar aumentando el endeudamiento. Aunque los préstamos se hacen y se condonan en nombre de los pobres, los pobres no se benefician de que se generen incentivos para aumentar el endeudamiento.

Para evitar el incentivo a aumentar el endeudamiento, el programa de reducción de la deuda debe establecer la política creíble de que la condonación de la deuda no se volverá a ofrecer nunca jamás en el futuro. Si esto parece complicado, es porque toda la idea de reducción de la deuda es complicada. Los Gobiernos van a seguir teniendo incentivos muy fuertes para endeudarse en exceso mientras tengan la esperanza que su deuda será condonada.

Un programa de reducción de la deuda que no cumpla con estas dos condiciones terminará dirigiendo más recursos a los países con malas políticas que a los países con buenas políticas. ¿Por qué habrían de recibir los PPAE cuatro veces la ayuda per cápita que reciben los países menos endeudados, como ocurrió en 1997? Si hay la menor expectativa de que los donantes continuarán favoreciendo en el futuro a Gobiernos irresponsables, la reducción de la deuda chocará contra la respuesta de la gente (y de los Gobiernos) a los incentivos. La reducción de la deuda será entonces otro más de los elíxires decepcionantes en la búsqueda del crecimiento.

Interludio: Una casa de cartón

Julia nació en México, cerca de Guadalajara, en 1925. Sus padres no estaban casados. Su padre cultivaba maíz, garbanzos y trigo.

A los diez años Julia ingresó en la escuela. No le iba muy bien y tuvo que repetir el primer curso tres veces. En realidad, Julia había comenzado a trabajar como empleada doméstica desde antes de entrar a la escuela, cuando tenía ocho años. Las cosechas que obtenía su padre eran tan escasas que todos los miembros de la familia tenían que participar en la desesperada búsqueda de algún dinero.

La madre de Julia había dejado a su padre para casarse con otro hombre y luego falleció cuando Julia tenía once años. La familia la mandó a vivir con un tío y una tía en Guadalajara, donde continuó con su trabajo como doméstica a la vez que cumplía también con las labores domésticas en casa de sus tíos.

A los dieciocho años Julia se casó con Juan, quien trajo al hogar un ingreso razonable con su trabajo de mecánico, lo cual permitió que Julia dejase de trabajar. Sin embargo, en 1947 Juan sufrió un accidente laboral que lo mantuvo dos años sin empleo, durante los cuales Julia trabajó como empleada doméstica nuevamente y haciendo tortillas. En 1949, Juan consiguió nuevamente un trabajo en la construcción. Sin embargo, sus ingresos ahora eran inestables puesto que había comenzado a beber alcohol en exceso, debido a lo cual no siempre podía ir al trabajo. En 1958 tuvo otro accidente en el trabajo, sufriendo una caída de 17 metros. Desde entonces Julia ha sido la perceptora principal de ingresos del hogar y Juan se ha dedicado a la bebida, trabajando sólo de manera ocasional. Su alcoholismo llegó al máximo en 1965 cuando, según Julia, "estuvo borracho todo el año".

En 1965 Julia tuvo su décimo hijo. Todos, excepto los tres primeros habían muerto en su infancia. Su hija mayor, Rosa, emuló a su madre comenzando a trabajar como empleada doméstica a los ocho años. Los ingresos de Julia y Rosa les permitieron comprar una parcela de tierra donde construyeron su propia casa. Sin embargo, Julia contrajo una neumonía que obligó a Juan a vender la tierra para pagar los tratamientos de Julia.

En 1973 se trasladaron a Rancho Nuevo, el sitio donde residen actualmente. Rancho Nuevo es un suburbio de Guadalajara donde no hay agua corriente, alcantarillado ni alumbrado público. Se halla enclavado junto a un pestilente basurero donde talleres clandestinos arrojan ilegalmente sus residuos industriales. Los habitantes de Rancho Nuevo también lo usan para tirar su basura, puesto que no hay servicio de recogida.

Julia y Juan vivían en casa de una sobrina de Juan sin pagar alquiler. La sobrina finalmente se cansó y los echó en 1982. Entonces ocuparon una parcela y construyeron una casa de cartón con suelo de tierra. Nadie conocía ningún propietario de la tierra que fue "invadida" por treinta familias. Sin tener ninguna seguridad sobre su parcela, Julia y Juan carecían de incentivo alguno para construir una casa mejor. La casa de cartón es muy caliente durante la primavera, se inunda con las lluvias del verano y es fría en invierno cuando la temperatura del suelo es de 4 grados. La policía los acosa periódicamente para extorsionarlos con la amenaza de sacarlos de la tierra que ocuparon ilegalmente.[1]

III

La gente responde a los incentivos

En la segunda parte del libro vimos que la búsqueda de una fórmula mágica que convirtiera la pobreza en prosperidad había fracasado. Ni la ayuda, ni la inversión, ni la educación, ni el control de la población, ni la condonación de la deuda habían demostrado ser la panacea del crecimiento. El crecimiento no respondió a ninguna de estas fórmulas porque las fórmulas no habían tenido presente el principio básico de la economía: la gente responde a los incentivos. En la parte III del libro veremos que, con frecuencia, la gente pobre no tiene suficientes incentivos para emerger de la pobreza, incluso cuando los Gobiernos no interfieren con el funcionamiento del libre mercado. Para que los pobres puedan sobreponerse a la mala suerte, y a la pobreza inicial que los mantiene atrapados entre sus garras, se requiere a menudo que los Gobiernos directamente generen incentivos que los motiven a emerger de su pobreza. Observaremos que hay casos en los cuales se debe culpar de la situación a la mala suerte y no a las malas políticas. También veremos que pueden ser los Gobiernos quienes perturban el funcionamiento de los mercados y generan incentivos que acaban con el crecimiento. Unas de las maneras como los Gobiernos destruyen las economías es mediante la corrupción. Con el fin de establecer los incentivos apropiados para combatir la corrupción y promover el libre mercado se requiere con frecuencia que se lleven a cabo reformas institucionales fundamentales que hagan que los Gobiernos cumplan con la ley y respondan ante sus ciudadanos. Incluso cambiar las políticas de un Gobierno y acabar con la corrupción existente, cuando ellas son el problema, puede resultar difícil puesto que los propios gobernantes a menudo tienen los incentivos para introducir políticas que destruyen su propia economía. La presencia de grandes desigualdades y de polarización étnica facilita que los Gobiernos escojan políticas destructivas, no en el interés de la nación sino en el de ciertas clases sociales o grupos étnicos. Para garantizar el crecimiento muchas veces es necesario un esfuerzo consciente por parte de los Gobiernos para proveer servicios de sanidad, educación e infraestructura. No se crece cuando (en palabras de un libro de oraciones) a través de nuestros Gobiernos "hemos hecho lo que no debíamos" o "hemos dejado de hacer lo que debíamos".

Proporcionar los incentivos adecuados no es por sí mismo otra panacea para el desarrollo. Es un principio que se debe ejecutar paso a paso, arrancando las capas de intereses creados cargadas de incentivos perjudiciales y abriendo paso a gente nueva con incentivos correctos. Es algo así como retirar las zarzas que se atraviesan en el sendero del desarrollo, en dura lucha por cada centímetro de camino que se abre —incluso encontrando que a veces es imposible avanzar. Es difícil desenmarañar el complejo tejido de incentivos entrecruzados de los Gobiernos, los donantes y la gente. Sin duda la nueva perspectiva del crecimiento que se fundamenta en los incentivos puede resultar tan terriblemente desencaminada como las panaceas que la precedieron.

Resulta fácil, en retrospectiva, ver qué falló; más difícil resulta generar ideas que puedan funcionar. Pero ahora estamos en mejor posición para hacerlo que nuestros predecesores por dos razones: tenemos cuatro décadas de experiencia de las cuales podemos extraer lecciones sobre qué procesos, funcionaron y cuáles no; y la teoría económica cuenta con nuevas herramientas analíticas que permiten arrojar nuevas luces sobre la cuestión del crecimiento.

8. Historias de rendimientos crecientes: difusión, emparejamientos y trampas

Los que tienen recibirán
Y los que no, perderán
Así lo dice la Biblia
Y aún es noticia.
Inspirado en B. Holiday, "Dios bendiga al Niño"

El potencial de unos ingresos elevados en el futuro es un poderoso incentivo para hacer todo lo necesario para obtenerlos. ¿Qué pudo haber desbaratado los incentivos entre los pobres? Si la tecnología ha sido el determinante principal de las diferencias de ingresos y crecimiento entre las naciones, ¿por qué no respondieron todos los países pobres a los altos incentivos a implantar tecnologías avanzadas? La respuesta a todas estas preguntas es: los rendimientos crecientes. La respuesta es: difusión del conocimiento, emparejamientos de aptitudes y trampas de pobreza.

Las historias de difusión, emparejamientos y trampas han llevado a los economistas por extraños vericuetos. ¿Cómo pudo atemorizarse la industria textil de los EE UU por una pequeña inversión realizada en una fábrica de camisas por un empresario de Bangladesh llamado Noorul Quader? ¿Qué tuvo que ver el anillo defectuoso que hizo que el transbordador espacial Challenger explotara con el subdesarrollo de Zambia? ¿Qué tiene que ver la formación de guetos urbanos con la pobreza de Etiopía? ¿Cómo influyen la difusión y los acoplamientos para que los pobres se queden atrapados en la pobreza?

Pensemos algo más en los incentivos para crecer. El crecimiento es el proceso de hacerse rico. Hacerse rico es una elección entre consumir el día de hoy o hacerlo el de mañana. Si yo recorto mi consumo radicalmente y ahorro una gran porción de mi ingreso salarial, después de unos años seré rico porque tendré, además de mi ingreso salarial, el ingreso de los intereses percibidos por mis ahorros. Si consumo todo mi ingreso salarial tendré para siempre solamente mi ingreso salarial.

Sin embargo, desde la perspectiva tradicional del crecimiento, en la economía como un todo, los ahorros no afectan el crecimiento de largo plazo. El crecimiento está determinado por una tasa fija de cambio tecnológico. La existencia de rendimientos decrecientes implica que al aumentar el ahorro de la economía bajarán los tipos de interés hasta el punto en el cual la economía ahorrará apenas lo suficiente para mantener el ritmo de cambio tecnológico. El crecimiento de largo plazo viene, por consiguiente, determinado por la tasa de cambio tecnológico, independientemente de cuales sean los incentivos para ahorrar.

¿Pero, es cierto que el capital tiene rendimientos decrecientes? Las nuevas teorías del crecimiento argumentan que la respuesta a esta pregunta es negativa.[1] ¿Cómo puede ser negativa cuando al tener más máquinas por el mismo número de trabajadores claramente estas máquinas tienen rendimientos decrecientes? La respuesta es que la gente puede acumular capital tecnológico: conocimiento sobre nuevas tecnologías que economizan trabajo.[2]

Si esto suena muy parecido al cambio tecnológico que hace posible el crecimiento dentro del modelo de Solow, es porque lo es. El cambio consiste en hacer que ahora la tecnología y todas las otras cosas que permiten ir más allá de los límites que impone una cantidad fija de trabajo, *respondan a los incentivos.*

La idea central es sencilla. Para que haya rendimientos decrecientes se requiere que la cantidad de uno de los ingredientes de la producción, tal como el trabajo, se mantenga fija. Pero los empresarios deseosos de aumentar sus ganancias tratarán de encontrar formas de evitar las limitaciones que impone una cantidad fija de trabajo. Buscarán nuevas tecnologías que economicen trabajo.

Este efecto que tienen los incentivos sobre el crecimiento constituye un cambio enorme respecto del marco de referencia de Solow, donde un cambio tecnológico que tenía lugar por razones no económicas siempre determinaba el crecimiento en el largo plazo. En la nueva situación, cualquier cambio en los incentivos afectará de manera permanente la tasa de crecimiento económico.

Pero la tecnología tiene unas características curiosas. Primero, el conocimiento tecnológico se puede difundir fácilmente de una persona a otra. Segundo, la tecnología alcanza su máximo potencial cuando las personas más cualificadas se asocian entre sí, y, tercero, las personas menos cualificadas pueden quedar por fuera de todo el proceso atrapadas en una *trampa.*

Difusión

Noorul Quader observaba en Bangladesh, en abril de 1980, como se producían las primeras camisas en el estreno de su fábrica, Confecciones Desh S.L. Bangladesh no tenía una notoria industria de confecciones de la cual se pudiese hablar antes de que Quader iniciase su compañía. En 1979 los trabajadores de la confección de Bangladesh conformaban un grupo solitario, ya que sólo había cuarenta de ellos.[3]

Las máquinas de Quader continuaron a plena marcha todo el resto de 1980, produciendo 43.000 camisas durante su primer año de operaciones.[4] Una fábrica que produjese todas estas camisas, exportándolas a 1,28 dólares cada una, para unas ventas totales de 55.050 dólares no era nada impresionante, aun para los patrones de Bangladesh 55.050 dólares era menos de un diezmilésimo de las exportaciones bengalíes de 1980.[5]

Interesante fue lo que ocurrió después, una historia de difusión, consecuencias imprevistas y rendimientos de escala. Como resultado directo del establecimiento de la fábrica Desh por parte de Noorul Quader con sus 55.050 dólares de ventas, Bangladesh hoy día produce y exporta cerca de 2 mil millones de dólares en camisas y otros productos confeccionados —un 54 por ciento de las exportaciones totales del país.[6]

Para encontrar como fue que los 55.050 dólares de Quader se convirtieron en 2 mil millones de dólares tenemos que retroceder hasta antes del establecimiento de la fábrica. Quader, que había sido funcionario del Gobierno y tenía buenas conexiones internacionales, tuvo un aliado en su aventura por establecer una fábrica de camisas en la anteriormente descamisada Bangladesh. Este aliado fue la Compañía Daewoo de Corea del Sur, compañía dedicada a la producción de textiles en el ámbito mundial. Daewoo estaba buscando una nueva sede de operaciones para poder evadir los contingentes a las importaciones de confecciones que Estados Unidos y Europa le habían impuesto a Corea. Estos contingentes no comprendían a Bangladesh, de modo que un proyecto empresarial apoyado por Daewoo en Bangladesh era una forma de introducir más camisas en los mercados prohibidos.

Daewoo y Confecciones Desh, la compañía de Quader, suscribieron un acuerdo de colaboración en 1979. Una particularidad importante del acuerdo era que Daewoo recibiría en su planta de Pusán 130 trabajadores de Desh para capacitarlos. En pago, Desh le reconocía a Daewoo regalías y comisiones de venta por un monto del 8 por ciento del valor de las ventas.[7]

El acuerdo fue un gran éxito —excesivo según Daewoo. Los administradores y trabajadores de Desh aprendieron demasiado rápido. Quader canceló el acuerdo de colaboración en junio de 1981, tras poco más de un año en producción, y logró elevar la producción de las 43.000 camisas de 1980 a 2,3 millones en 1987. Aunque a Daewoo no le fue mal con el acuerdo, los beneficios de su inversión inicial en conocimiento se habían difundido bastante más allá de lo que preveían sus intenciones iniciales.

Pero ni tan siquiera Desh pudo controlar que la manía de las camisas se difundiese a otros. De los 130 trabajadores de Desh capacitados por Daewoo, 115 dejaron Desh durante la década de los ochenta, para establecer sus propias empresas de exportación de confecciones.[8] Se diversificaron a la confección de guantes, chaquetas y pantalones. Las empresas de confección establecidas por antiguos trabajadores de Desh fueron las que llevaron a Bangladesh a alcanzar los 2 mil millones de dólares actuales de exportación de confecciones.

La explosión de la confección en Bangladesh pronto llamó la atención en todo el mundo. Los sorprendidos manufactureros estadounidenses imploraron que los protegiesen de los bengalíes, que ya habían sobrepasado en algunas líneas de producción a las obsesiones tradicionales de los grupos proteccionistas estadounidenses, como Corea, Taiwan y China.[9] El Gobierno de Estados Unidos, bajo el mando de ese ferviente admirador de la libre empresa que era Ronald Reagan, impuso contingentes a las importaciones de confecciones de Bangladesh desde 1985. Los bengalíes impasiblemente se diversificaron hacia Europa y presionaron con éxito la reducción de los contingentes impuestos por Estados Unidos. La industria bengalí está en la actualidad firmemente establecida, aunque no deje de ser vulnerable a los avatares de la política del comercio mundial.

No ha sido mi intención presentar una pieza moralizadora sobre cómo pueden tener éxito las naciones. Ni tampoco presentar una pieza moralizadora sobre cómo puede tener éxito Bangladesh ya que su economía como un todo dista de ser un caso claro de éxito. Más bien he querido utilizar esta historia para ilustrar por qué pueden haber rendimientos crecientes.

La crónica del nacimiento de la industria de la confección de Bangladesh ilustra el principio de que la inversión en conocimiento no se queda solamente con el inversionista inicial. El conocimiento se difunde.

Inversión en conocimiento

El economista Paul Romer sostiene que el conocimiento crece cuando se invierte conscientemente en conocimiento. Solow había considerado el conocimiento como un dato, independiente del nivel de inversión. Para Solow el conocimiento provenía de fuentes independientes de la actividad económica, como por ejemplo las ciencias básicas. Sin embargo, si el conocimiento tiene un alto rendimiento económico, la gente va a responder a este incentivo acumulando conocimiento.

La inversión en conocimiento aparece por todas partes en el ejemplo de Desh S.L. ¿Por qué fue tan valiosa la participación de Daewoo en el proyecto conjunto? ¿Por qué no se fabricaban camisas en Bangladesh antes de que Daewoo ofreciese sus servicios? La respuesta consiste en que Daewoo ya había aprendido cómo hacer camisas y cómo comercializarlas en el mercado mundial. Desde la fundación de la compañía en 1967, los administradores y trabajadores de Daewoo habían ido creando conocimiento sobre la producción de confecciones, el cual algún día habría de ser útil también para otros, por ejemplo Noorul Quader de Desh S.L., y transmitió este conocimiento a los trabajadores de Desh. Pusieron a los trabajadores de Desh a hacer, en su planta de Pusán en Corea, el corte, costura, acabado y resto de trabajo a máquina entre el 1 de abril y el 30 de noviembre de 1979. La inversión que Daewoo hizo en 1967 creó conocimiento que le vendió a Desh en 1979. Crear conocimiento no es solamente inventar tecnologías completamente nuevas. Algunos aspectos de la manufactura de confecciones han sido conocidos desde hace posiblemente varios siglos. Las ideas tecnológicas pertinentes para hacerlo podían haber estado flotando por ahí en el éter, pero solamente quienes las aplicaran podían realmente aprenderlas y enseñarlas a otros.

Luego, en Bangladesh, continuó la inversión en conocimiento cuando Daewoo y Desh adaptaron los métodos de Daewoo a las condiciones locales. Un obstáculo que había que superar era el sistema de comercio altamente proteccionista de Bangladesh. Sería difícil poder hacerse competitivo a nivel mundial si los precios que se debían pagar por las telas utilizadas como materia prima eran varias veces superiores al precio mundial debido a los aranceles y contingentes impuestos por el Gobierno de Bangladesh. Ahora bien, el Gobierno estaba dispuesto a llegar a un acuerdo de tipo zona franca, de los que permiten que los exportadores como Desh importen su materia prima libre de aranceles. Daewoo conocía perfectamente los entresijos de los sistemas de zona franca pues éstos existían en Corea. Daewoo le explicó a Desh cómo utilizar el sistema y asesoró al Gobierno bengalí sobre su eficaz administración.

Daewoo y Desh también le explicaron a los bancos locales de Bangladesh como emitir cartas de crédito simultáneas. Y encontraron la forma de hacer que estas cartas de crédito simultáneas fueran aceptadas por el Gobierno, en el contexto de sus rigurosos controles de divisas.

Una institución financiera, el Empire Capital Group Inc. de California, da la siguiente explicación sobre como funcionan las cartas de crédito simultáneas:

> Utilizamos cartas de crédito simultáneas cuando el intermediario desea que el fabricante y el comprador se mantengan separados por razones competitivas al mismo tiempo que se garantiza el pago a las respectivas partes. Este instrumento opera de manera muy simple. Se abre la carta de crédito de entrada (CC primaria) con la agencia de préstamo designada por nosotros como beneficiario. Esta es la fuente primaria, y usualmente única, de pago. La agencia de préstamo abre una carta de crédito de salida (CC secundaria) a favor de un beneficiario identificado por usted. Los términos y condiciones de pago de esta CC de salida son normalmente idénticos a los que aparecen en la

> CC de entrada. Sin embargo, la utilización de CC simultáneas permite "diferencias en las condiciones" cuando se presenta un riesgo mínimo de cumplimiento. Por ejemplo, una CC primaria establece que se paga por muebles ensamblados. Razones de eficiencia hacen que para llenar un contenedor se envíen piezas sin montar. La solución es utilizar cartas de crédito simultáneas. Las agencias de préstamo por regla general no aceptan ningún riesgo de cumplimiento.[10]

¡Ya se puede dar cuenta el lector por que los bengalíes necesitaban cierta asistencia técnica!

El principio crucial nuevamente es: *el conocimiento se difunde*. Un tipo de conocimiento que ayude a producir a bajo coste —es decir, a enriquecerse— es difícil que pueda mantenerse secreto. La gente tiene amplios incentivos para observar lo que hacen los demás. La gente que trabaja en un lugar tiene amplios incentivos para irse y hacer lo mismo que se hace en ese lugar con el fin de enriquecerse.

El conocimiento tiene una característica particular que genera la tendencia a que se difunda de una manera que es generalmente beneficiosa para la sociedad. A diferencia de una máquina concreta, un conocimiento concreto puede ser utilizado al mismo tiempo por más de una persona. La congestión surge si cien trabajadores de Desh se congregan alrededor de la misma máquina de coser. No es muy factible que cien trabajadores utilicen la misma máquina de coser al tiempo. Pero *sí es* factible que cien trabajadores bengalíes diferentes utilicen al mismo tiempo la idea abstracta de emplear cartas de crédito simultáneas. Una idea en sí no impone límites sobre el número de personas que la pueden utilizar.

Conocimiento complementario

Una segunda característica del conocimiento es importante en esta historia de la difusión: el conocimiento nuevo es complementario al conocimiento existente. Dicho en otras palabras, una nueva idea es más valiosa para una sociedad cuanto más se sabe en esa sociedad. Esta característica significa que la inversión en conocimiento tiene rendimientos crecientes. En este preciso momento, este texto se escribe utilizando el conocimiento incorporado en Microsoft Office 97, el cual permite un salto en productividad sin más inversión en una sociedad familiarizada con el antiguo Microsoft Office y con los ordenadores personales en general. Sin embargo, al reflexionar sobre el estado del conocimiento en los años setenta, antes del comienzo de la revolución de los ordenadores personales, se observa que los beneficios de Office 97 habrían sido nulos en esa sociedad de los setenta, sin ordenadores y sin saber que hacer con él.

Los rendimientos crecientes tienen una consecuencia particularmente importante. Como el nombre indica, los rendimientos del capital (incluyendo el capital del conocimiento) aumentan cuando el capital aumenta. Los rendimientos del capital son altos donde el capital abunda; los rendimientos del capital son bajos donde el capital es escaso. Esto es lo opuesto a los rendimientos decrecientes, que dan lugar a rendimientos del capital elevados cuando el capital es escaso.

¿Cómo hemos superado los rendimientos decrecientes para llegar a los rendimientos crecientes? A medida que una sociedad obtiene más y más máquinas con un número fijo de trabajadores, es cierto que las máquinas adicionales contribuyen cada vez menos en términos de producto adicional, tal como se discutió en el capítulo 3. Sería absurdo pensar en un mundo tipo Alicia en el país de las maravillas donde el valor de una máquina de coser adicional es mayor cuantas más máquinas de coser se tengan. ¿Hasta cuántas máquinas de coser puede operar una persona?

Pero con el conocimiento ocurre algo diferente. A medida que una sociedad tiene más ideas productivas, la contribución a la producción de cada idea adicional es cada vez mayor. Cuando esta inversión en conocimiento se difunde a toda la gente, este nuevo conocimiento aumenta la productividad del conocimiento y de las máquinas existentes en la economía. Cuando la creación de conocimiento y su difusión son suficientemente intensas, se sobreponen al proceso normal de rendimientos decrecientes de las máquinas. Cuanto mayor sea el conocimiento de que se disponga, mayor será el rendimiento de cada elemento nuevo de conocimiento. Cuanto mayor el rendimiento de cada elemento nuevo de conocimiento, mayores serán los incentivos para invertir en la adquisición de aún más conocimiento.

Hemos visto que tanto el capital físico como el capital humano tienden a moverse hacia las economías más ricas. Si es cierto que las diferencias de renta se explican por diferencias en los niveles de conocimiento, resulta obvio que el capital físico y el humano prefieran dirigirse hacia las economías con más conocimiento, puesto que allí será mayor su rentabilidad.

Es aparente que se dieron rendimientos crecientes en la industria de la confección en Bangladesh. Los trabajadores de Desh observaron como Daewoo y Noorul Quader creaban conocimiento útil para la fabricación de camisas y su venta al exterior, para establecerse en zonas francas y para obtener cartas de crédito simultáneas. Ellos se llevaron consigo este conocimiento cuando dejaron Desh para establecer sus propias empresas de confección. En 1985 había más de setecientas compañías manufactureras de confecciones en Bangladesh. El conocimiento se difunde.

Tomemos el ejemplo de Prendas Mohammadi S.L., que comenzó a fabricar camisas en enero de 1985 con 134 máquinas de coser japonesas. Mohammadi

S.L. tuvo que comprar sus propias máquinas de coser que nadie más podía utilizar al mismo tiempo. Pero sí podía usar las mismas ideas que otras setecientas empresas estaban utilizando al mismo tiempo —ideas que se habían originado en Desh. El jefe de producción de Mohammadi había sido jefe de producción en Desh; el gerente de marketing de Mohammadi había sido gerente de marketing en Desh; otros diez antiguos trabajadores de Desh trabajaban en Mohammadi dando capacitación a sus trabajadores. Treinta y tres meses después de haber iniciado su actividad, Mohammadi ya había exportado camisas por un valor de 5 millones de dólares, siendo Noruega su comprador principal.

Desh y Noorul Quader no sufrieron mucho por la competencia. Hacia 1987 su producción había aumentado cincuenta y una veces. El mercado mundial de la confección de prendas de vestir, del cual participaban los bengalíes, era un océano enorme.

Aun así, Noorul Quader no fue plenamente remunerado por los beneficios que generó a Bangladesh al crear involuntariamente la industria bengalí de la confección. Los rendimientos de su inversión inicial fueron más para el conjunto de la sociedad que para él. La distinción entre rendimientos para la sociedad como un todo y rendimientos privados es importante, como veremos en un momento.

Como hemos visto que la inversión en capital físico no es un determinante importante del crecimiento, resulta razonable pensar que la inversión directa en conocimiento sí sea bastante importante. Noorul Quader adquirió conocimiento pagándole regalías a Daewoo; posteriormente este conocimiento se difundió a otros fabricantes bengalíes.

Antes del proyecto de Noorul Quader, los rendimientos de las inversiones en fábricas de confecciones bengalíes eran bajos. Una vez que Noorul Quader puso en marcha el sector con su generación de conocimiento apoyado por Daewoo, el rendimiento de la inversión en confecciones se hizo alto.

La difusión es crítica para que se den situaciones como la descrita. Supongamos que el conocimiento creado no se difundiera y que el inversor en conocimiento fuera el único beneficiado. A medida que el inversor adquiriera un conocimiento cada vez mayor, sus rendimientos serían mayores que los de los demás y se acrecentarían aún más a medida que aumentara su inversión. Reinvertiría sus enormes ganancias en su propia empresa. Incluso atraería inversiones de otras personas, pues podría ofrecer los rendimientos más altos del mercado. Este astuto inversor crecería mientras que nadie más podría hacerlo. Se haría el amo de la economía —primero el sector, luego la nación y al final el mundo...

Una teoría del crecimiento en la cual una empresa se apodera del mundo no es muy atractiva puesto que esto no ha ocurrido nunca, a pesar de los enormes esfuerzos que algunos han hecho. Se necesita algo más para que la teoría sea razonable. Y ese algo es: *el conocimiento se difunde*. La difusión establece una distinción entre los beneficios sociales y los privados. Con difusión hay rendimientos sociales crecientes, no rendimientos privados crecientes. Una sociedad se beneficia de la inversión en conocimiento que haga esa sociedad; un individuo no se beneficia en exclusiva de la creación de conocimiento que él mismo hace. Esto significa que los incentivos del mercado para crear conocimiento no serán lo suficientemente fuertes, aunque ese conocimiento sea beneficioso socialmente. El libre mercado no llevará al mejor resultado posible, puesto que existen diferencias entre el rendimiento privado y el rendimiento social de las inversiones en conocimiento.

Círculos

El principio de que el conocimiento se difunde permite que ocurran círculos virtuosos y círculos viciosos. Pensemos en una economía en la cual una inversión considerable por parte de unos pocos individuos ha creado algún conocimiento. Este conocimiento se ha difundido a otros individuos, quienes han logrado altos rendimientos de sus propias inversiones en conocimiento. Como los altos rendimientos son atractivos, otros a su vez también invierten. El conocimiento aumenta aún más y se difunde a otros más. Estos últimos invierten en conocimiento, que se aumenta aún más y se difunde a otros más y así sucesivamente.

La onda inicial de inversión provocó un círculo virtuoso de mayor inversión y crecimiento. El caso Desh parece ilustrar esta situación. Noorul Quader puso las cosas en marcha. Otros invirtieron para crear conocimiento adicional, con lo cual se incrementó el rendimiento de otras inversiones en conocimiento.

Sin embargo, los círculos virtuosos no siempre se producen y algunos países quedan atrapados sufriendo círculos viciosos. Para completar el cuadro nos hace falta un elemento adicional —una tasa mínima de rendimiento que los inversionistas requieren para hacer sus inversiones. La existencia de una tasa de rendimiento mínima, conocida también como la tasa de descuento, es altamente plausible.

Si existe dicha tasa de descuento, digamos, para los inversionistas bengalíes, éstos van a necesitar ese rendimiento mínimo para renunciar a cierto consumo presente y, en su lugar, invertir en fábricas de confecciones. ¿Qué le ocurre entonces a un país que parte de un bajo nivel de conocimiento y con pocas máquinas?

La tasa de rendimiento del conocimiento nuevo depende de la cantidad de conocimiento que ya haya; la cantidad de conocimiento depende de cuáles sean los incentivos para invertir en conocimiento. Si para comenzar hay poco conocimiento, su tasa de rendimiento será baja. Si esta baja tasa de rendimiento es inferior a la tasa de rendimiento mínima requerida, es decir, a la tasa de descuento, entonces no habrá inversión en nuevo conocimiento. Si no hay inversión actualmente, el nivel futuro de conocimiento continuará bajo y, en consecuencia, su tasa de rendimiento permanecerá baja en el futuro, con lo cual no habrá tampoco inversión en el futuro. Esto continuará así indefinidamente, quedando este país atrapado en un círculo vicioso. Un país pobre encerrado en un círculo vicioso se encuentra en una *trampa* de la cual no hay salida fácil.

El porqué del bajo nivel inicial de conocimiento carece de importancia —fuese por mala suerte reciente, o por la acumulación de mala suerte repetida a lo largo del tiempo. Quizá el conocimiento bengalí sobre la producción de confecciones se había perdido durante la cruenta guerra de independencia de comienzos de los años 1970. Quizá la ola inicial de socialización por parte del Gobierno independiente acabó con el sector. Quizá nunca hubo un sector de la confección.

Tampoco es importante qué es lo que genera la primera oleada de inversión en conocimiento que saca el país del círculo vicioso, pasando directamente al círculo virtuoso. Desde la perspectiva de Desh, no fue más que un golpe de suerte lo que expulsó a Daewoo del mercado estadounidense de las camisas y que obligó a Daewoo a buscar un país sin camisas para establecer una base. El Gobierno de Bangladesh cooperó al permitir que las materias primas reexportables se pudieran importar libres de aranceles, lo cual muy posiblemente hizo subir la tasa de rendimiento de posibles nuevas inversiones. Podemos suponer que la oleada inicial de inversión, junto con el cambio de política del Gobierno, hicieron subir la tasa de rendimiento por encima del mínimo requerido y, que después de ello, el sector simplemente se alimentó a sí mismo.

Aún queda la pregunta importante: ¿si los círculos virtuosos son tan maravillosos, por qué no ocurren siempre? Seguramente todo el mundo querrá entrar en un círculo virtuoso, ¿por qué no actúa entonces todo el mundo como Noorul Quader de Desh S.L.? Aquí la distinción entre rendimientos sociales y privados de la inversión resulta de nuevo crucial. Una persona por sí misma, aun un Noorul Quader, no puede cambiar su propia suerte. No puede sola iniciar un círculo virtuoso.

Parte del problema es que el individuo no es recompensado por las contribuciones sociales que realiza cuando invierte. Al invertir en conocimiento, él aumenta el acervo de conocimiento disponible para todo el mundo, y no recibe ninguna recompensa por hacerlo. Debido a ello, es menos propenso a hacer esas contribuciones al conocimiento social.

La otra cara del problema consiste en que los rendimientos de la inversión de un individuo dependen no sólo de su inversión, sino también de las inversiones que los demás hagan en conocimiento. La tasa de rendimiento de la nueva inversión en conocimiento depende del acervo total de conocimiento en la economía. Si la tasa de rendimiento está muy por debajo del mínimo, la inversión que una sola persona pueda hacer resultará demasiado pequeña para movilizar todo un sector y menos aún toda la economía por encima del umbral necesario. Lo único que va a comprobar esta persona es que sus inversiones obtienen un rendimiento por debajo del mínimo, o sea, que al final no invertirá en conocimiento, nadie más lo hará, y todo el mundo seguirá enfrentándose a una situación con rendimientos por debajo del mínimo.

Noorul Quader era un individuo emprendedor y con suficiente suerte como para beneficiarse de la enorme inyección inicial de conocimiento que puso Daewoo y que hizo atractivo comenzar a invertir en el sector de la confección de Bangladesh. Aun así, no fue plenamente recompensado por los beneficios que aportó a los demás y, menos aún, lo fue Daewoo. La combinación fortuita de la necesidad de sortear las restricciones sobre el comercio internacional y las exenciones arancelarias del Gobierno de Bangladesh hicieron que resultase atractivo para Daewoo y Noorul Quader comenzar el proceso. La contribución de la pura suerte en la modernización del sector de la de confección en Bangladesh ilustra lo difícil que puede ser para un país pobre encontrar círculos virtuosos de este tipo en los cuales el conocimiento se difunde.

Esta historia de difusión del conocimiento también deja claro que el mercado por sí mismo no va necesariamente a generar crecimiento. Una política de *laissez-faire* por parte del Gobierno puede perfectamente dejar a la economía, o partes de ella, dentro de un círculo vicioso. Salir del círculo vicioso puede requerir una intervención decidida del Gobierno con el fin de crear conocimiento. El principio de que el conocimiento se difunde cambia de manera fundamental nuestra forma de entender cómo opera el mercado, para bien o para mal. Los mercados requerirán a menudo una inyección de subsidios públicos para poner en movimiento la bola de nieve del conocimiento.

Emparejamientos

¿Qué relación hay entre la explosión del transbordador espacial *Challenger*, que tuvo lugar el 28 de enero de 1986, con la pobreza de Zambia? *Ninguna* es una buena respuesta inicial. Sin embargo, resulta que ambos acontecimientos son metáforas de rendimientos crecientes, metáforas que ilustran en esencia el mismo principio: el principio de los emparejamientos.

La explosión que tuvo lugar a los setenta y tres segundos de haber despegado el *Challenger* se debió al fallo de un solo componente, un aro de goma conocido como un anillo tipo O, del cohete acelerador del lado derecho.[11] Los errores de los responsables del anillo tipo O convirtieron en letales, todos los miles de millones de dólares de componentes en buen funcionamiento del resto de la nave.

La metáfora se aplica a muchos otros productos además de al transbordador espacial. En general, producir se compone de un conjunto de tareas. Consideremos una cadena de montaje en la cual cada trabajador ejecuta tareas sucesivas. El valor de las acciones de cada trabajador depende de la calidad de las acciones de los demás trabajadores. En un caso extremo, si un trabajador comete un error garrafal, el resto de las tareas ejecutadas no sirven para nada. Esto creará incentivos para que los mejores trabajadores traten de emparejarse con otros buenos trabajadores en la misma cadena de montaje. Los buenos trabajadores querrán estar en la misma cadena de montaje con otros trabajadores buenos, para así obtener la retribución a sus mejores habilidades.

Complementariedad

En la historia del anillo tipo O, un trabajador altamente cualificado complementa a otro. Mi productividad como trabajador es mayor cuanto mayor sea el nivel de cualificación de mis compañeros de trabajo. Si esto le suena como el principio básico de los rendimientos crecientes —los rendimientos de las cualificaciones aumentan a medida que la cualificación promedio de la sociedad aumenta— es porque se trata de lo mismo. La historia de los emparejamientos describe rendimientos crecientes en las cualificaciones.

Por otro lado, la historia de los rendimientos decrecientes diría lo contrario. Con rendimientos decrecientes, un trabajador cualificado puede sustituir a otro. Si yo soy un trabajador altamente cualificado, la presencia de otro trabajador altamente cualificado hace que mi tipo de cualificaciones se haga más abundante —y, por lo tanto, menos valiosa.

Rendimientos decrecientes o rendimientos crecientes es el tipo de ambivalencia que se siente cuando una persona con cualificaciones similares a las propias llega a la empresa. Por una parte, puede que el resto de compañeros le valore menos a uno porque hay otra persona similar que puede en caso necesario sustituirlo. Estos son los rendimientos decrecientes. Por otra parte, la productividad propia puede ser mayor puesto que ahora uno puede compartir y resolver problemas con el colega. Estos son los rendimientos crecientes. Que uno pierda o gane depende de si entre uno mismo y el nuevo colega prevalece la sustitución o la complementariedad. Yo prefiero tener compañeros de trabajo con cualificaciones similares a las mías, cosa que sugiere que los trabajadores en mi oficina nos complementamos y tenemos rendimientos crecientes en las cualificaciones.

Esto también tiene que ver con que los abogados más cualificados de Estados Unidos se concentren en Nueva York y no en Nuevo México. Si los trabajadores cualificados pueden desplazarse libremente adonde prefieran, van a tender a reunirse en lugares donde se pueden juntar con muchos otros trabajadores cualificados. Una economía va a tener fuertes concentraciones de altos niveles de cualificación en unos pocos lugares, rodeados de amplias zonas en las que prevalecen los niveles bajos de cualificación.

Evidencia sobre la complementariedad

Esta es una explicación del gran atractivo que ejercen las grandes ciudades a pesar de las bien documentadas desventajas que tienen en términos de congestión, crimen y anuncios de Telefónica. Las ciudades son el lugar donde se junta la gente con altas cualificaciones. En Estados Unidos, los condados que pertenecen a áreas metropolitanas tienen un ingreso por persona que es un 32 por ciento mayor que el de los condados rurales. Esto también explica por qué el valor de la propiedad inmobiliaria es mayor en las grandes ciudades que en las áreas rurales. La mediana del valor de la vivienda en el condado urbano más rico —Nueva York, N.Y.— es veintidós veces mayor que la del condado rural más pobre —Starr, Texas.[12] Robert Lucas de la Universidad de Chicago lo pone así, "¿Por qué está pagando la gente de Manhattan y del centro de Chicago los arrendamientos que pagan, si no es por estar cerca de otra gente?".[13]

En otro estudio en el cual se encontró evidencia de este hecho, se analizan los salarios y arrendamientos en diversas ciudades de Estados Unidos. Se encontró que el salario de una persona con unas determinadas cualificaciones y nivel de educación era más alto en las ciudades cuyas poblaciones tenían una cualificación promedio mayor. En otras palabras, si una persona se traslada de una ciudad con bajo capital humano a otra con alto capital humano, ganará un salario mayor. La interpretación del resultado es que una persona con una cierta escolaridad es más productiva —y recibe un salario mayor— cuando reside y trabaja con gente de mayor cualificación.

Las ciudades con poblaciones más cualificadas también tienen alquileres más altos para un mismo tipo de vivienda y de entorno. La interpretación de esto es que los alquileres más altos se justifican por la oportunidad de vivir y trabajar cerca de los altamente cualificados.[14]

En un estudio del Banco Mundial sobre Bangladesh se encontraron resultados similares. Los hogares del distrito de Tangail/Jamalpur tienen un consumo real que es un 47 por ciento menor que el de los hogares con idénticas cualificaciones de Dhaka. Una mujer que se trasladase de Tangail/Jamalpur a Dhaka, por el solo hecho de hacerlo, tendría un nivel de vida más alto.

En otro estudio sobre grupos de inmigrantes en Estados Unidos se encontró un resultado análogo. Una característica de los grupos de inmigrantes es que son más propensos a juntarse con inmigrantes de su propio país de origen. Una persona perteneciente a un grupo de inmigrantes con un alto salario medio va a tener un salario probablemente mayor que otra perteneciente a un grupo inmigrante con un salario medio bajo. Lo que decimos aquí no es tautológico. Un sólo individuo es muy poco para llegar a influir sobre la media del grupo. Si no hubiese beneficios de emparejamiento, deberíamos esperar que los salarios individuales dependieran solamente de la cualificación de la persona. En vez, se observa que el salario está influido por el salario del grupo al cual se pertenece. Los resultados observados en estos estudios sugieren que la oportunidad que una persona tenga de poder juntarse con personas cualificadas es tan importante como las propias cualificaciones del individuo.

¿Y qué ocurre cuando los trabajadores cualificados se desplazan a través de las fronteras internacionales? El principio del emparejamiento ayuda a explicar la fuga de cerebros de países pobres a países ricos. Un *chef* reconocido de Marruecos sabe que se puede juntar con personal más cualificado del sector de la restauración en Francia que en Marruecos y que, por tanto, ganará más en Francia. Un cirujano de la India ganaría más si puede juntarse con personal más cualificado de enfermería, anestesiología, radiología, tecnología médica, contabilidad y servicios auxiliares. El cirujano altamente cualificado va a preferir trasladarse a Estados Unidos, donde encuentra otros trabajadores altamente cualificados.

Si hubiesen rendimientos decrecientes, el trabajador no cualificado procuraría trasladarse a los países ricos de abundante capital. El trabajador cualificado preferiría quedarse en los países pobres donde escasea. Bajo el prisma del emparejamiento, el trabajador cualificado del país pobre va a querer trasladarse al país rico para juntarse con personal cualificado. En efecto, como hemos visto, una persona educada de la India tiene una probabilidad catorce veces mayor de emigrar a Estados Unidos que su compatriota no educado.[15]

(Los mismos incentivos explican que el capital financiero también se dirija hacia los países ricos. Los rendimientos crecientes significan que la tasa de rendimiento del capital será mayor donde el capital abunde. Vimos en le capítulo 3 que el 20 por ciento más rico —y, por lo tanto, más abundante en capital— de la población mundial recibe el 88 por ciento de los flujos brutos totales de capital, mientras que el 20 por ciento más pobre solamente recibe el 1 por ciento de dichos flujos).

Por supuesto, hay restricciones a los movimientos migratorios entre países. Por ello, seguramente resulte informativo observar qué hace, en países abundantes en gente cualificada, la gran cantidad de personas cualificadas que no se pueden trasladar, comparado con lo que hacen en países con poca gente cualificada. Las grandes diferencias de salarios calificados entre países también se ajustan a la hipótesis de los emparejamientos. Recuérdese que en el capítulo 4 se indicaba que los ingenieros, en 1994, percibían 55.000 dólares anuales en Nueva York y 6.000 dólares en Bombay.[16]

De la historia anterior surge una pregunta natural que aún está sin responder. ¿Cómo es que, para empezar, los trabajadores de los países pobres son menos cualificados que los de los países ricos?

Cómo no hacerse rico en el negocio inmobiliario

Los casos de rendimientos crecientes resultan, en general, en unos mayores rendimientos de las inversiones individuales cuando la sociedad tiene un capital de conocimiento medio mayor. ¿Es ésta una característica de los emparejamientos? Definitivamente, sí.

Un claro ejemplo de emparejamiento extraído de la vida cotidiana, que se presta para analizar las inversiones individuales, es el de la propiedad inmobiliaria. En los guetos urbanos no se construyen lujosas mansiones a pesar de que ahí los precios del suelo sean bajos. Y cuando alguien se hace rico es normal que salga del gueto en lugar de quedarse allí y renovar su vivienda. El valor de una lujosa mansión se vería disminuido por los bajos valores de las casas vecinas del gueto, cosa que puede estar reflejando los efectos negativos de la vecindad, tales como unas altas tasas de crimen y una baja calidad de las escuelas. Estos efectos que tiene una vecindad generan potentes incentivos para los emparejamientos. Una casa nueva que se construye en un vecindario es, por lo general, de un tipo y valor parecidos a las que ya existen.

No es difícil darse cuenta de los incentivos y desincentivos que existen para hacer mejoras en la propia casa. Supongamos que el resto de vecinos tiene poco interés en mantener una buena apariencia de su vivienda. Van a dejar viejos coches abandonados en la calle y sus fachadas sin pintar. Como para la mayor parte de compradores potenciales de vivienda esto no resulta muy atractivo, las casas del vecindario disminuyen el precio de mi casa. Esto debilita mis incentivos para mantener en perfecto estado mi propia casa.

Existen círculos viciosos y círculos virtuosos en la propiedad inmobiliaria. Los vecindarios que se encuentran en estado de abandono permanecen en dicho estado porque no es atractivo para nadie hacer mejoras. Los vecindarios de precios caros se mantienen caros puesto que para cualquier persona, dejar caer el precio de su propia casa tiene un coste elevado (así como para los vecinos, que seguramente aplicarían un poco de presión sobre el descuidado).

Mejora de las cualificaciones y emparejamientos

Regresemos ahora a la cuestión más seria de las cualificaciones de los trabajadores en los países. La gente aplicándose a mejorar sus cualificaciones actuará como los propietarios al mejorar sus casas en el contexto del valor de la propiedad inmobiliaria del vecindario. Vale la pena hacerlo si los vecinos (compañeros de trabajo) tienen casas (cualificaciones) de alta calidad.

Supongamos que un país comienza en la pobreza y todos sus habitantes poseen cualificaciones de bajo nivel. X tiene que decidir si se capacita como doctora pensando, claro está, en todos los sacrificios que dicha decisión conlleva. Para formarse en una facultad de medicina, tiene, en primer lugar, que renunciar a los salarios que puede percibir como no cualificada. No va a poder mantener a sus ancianos padres ni a sus hermanos menores mientras esté estudiando. Pero si se convierte en un médico altamente cualificado tendrá unos ingresos mayores. Después de unos años de privaciones, podrá mantener a sus padres y hermanos aún mejor. Pero, ¿en qué medida crecerán sus ingresos después de graduarse?

Estamos de nuevo en la situación anterior. El nivel de sus ingresos dependerá de su éxito para emparejarse con otros trabajadores cualificados —tales como enfermeros, farmacéuticos o administrativos. Las posibilidades de emparejamientos lucrativos dependen del nivel de educación de los demás. Su problema después de graduarse será encontrar otra gente con cualificaciones similares.

Nuestra señorita X podría tratar de coordinarse por adelantado con otro grupo de personas que estuvieran estudiando para juntarse después de graduados. Esto, sin embargo, le exigiría tener más información de la que es razonable esperar que tenga y la obligaría a acuerdos imposibles de hacer cumplir. Quizá lo mejor que pueda conseguir sea averiguar cuanta gente se está formando, en promedio, en su futuro campo de actividad. En el mejor de los casos podrá obtener información agregada sobre los niveles medios de educación en su país. Si abunda el número de personas con títulos universitarios, las posibilidades de que pueda juntarse con gente cualificada son mayores. Con ello sabrá que estudiar medicina será más lucrativo si lo hace en un país donde ya haya abundancia de personas cualificadas en enfermería, farmacia y oficios auxiliares. No lo será donde haya poca disponibilidad de este tipo de personal cualificado.

Este es el meollo de la cuestión: conviene estudiar si el nivel educativo medio del país es alto y no conviene si es bajo. La decisión es razonable desde el punto de vista personal pero resulta desastrosa para el país. Una nación con niveles medios de educación bajos se quedará atrapada en este nivel bajo porque ninguno de sus habitantes considerará que estudiar le resulte provechoso.

La situación es aún peor si las calificaciones de la fuerza de trabajo van a la par con el estado general del conocimiento de un país. Las personas que se eduquen en una sociedad con un nivel bajo de conocimientos no se beneficiarán tanto como los que se eduquen en una sociedad en la cual el conocimiento es abundante. Aun cuando el conocimiento se difunda, el valor de educarse es menor si, para empezar, hay poco conocimiento para difundirse. Incluso si los trabajadores se forman en una sociedad de escaso conocimiento el país continuará empobrecido (recordemos que en el capítulo 4 indicamos lo poco valiosa que fue la explosión de la educación).

Tal como ocurre en los otros casos de rendimientos crecientes, la importancia de los emparejamientos abre la posibilidad de que un país pobre lo sea solamente porque comenzó pobre. La educación tiene sus círculos viciosos. Un país que comienza con un buen nivel de cualificación de sus trabajadores se hace más cualificado. Uno que comienza poco cualificado permanece poco cualificado. Desde esta perspectiva el que una sociedad sea más o menos cualificada no tiene nada de natural, en el sentido que no refleja virtudes o vicios de la gente, sino que sólo refleja la situación de partida. Otra vez nos encontramos con naciones atrapadas en círculos viciosos.

Leñadores, aguadores

Desde esta perspectiva, no hay tampoco nada natural en la forma en que los países se han especializado. Las naciones pobres poco cualificadas van a producir materias primas y las naciones ricas van a producir bienes secundarios o terciarios, tales como los bienes manufacturados para el consumo.

Consideremos el caso de un empresario que dispone de una oferta de trabajadores no cualificados y que está en el proceso de decidir qué producir. Una característica de los trabajadores no cualificados es que es más probable que cometan errores y que, de esta forma, estropeen el producto que están elaborando. ¿Qué es más provechoso? ¿Qué trabajen sobre un producto que ya ha pasado por un costoso proceso previo de transformación —fina lencería de lino— o sobre un producto que incorpora poca transformación —cultivar las plantas de lino? Si la probabilidad de que un trabajador estropee el producto es la misma en ambos casos, es mejor arriesgarse a estropear un producto de menor valor sin transformación (el lino) que un producto de mayor valor con mucha transformación (la lencería).

Por esto, en la práctica, los países pobres con cualificaciones bajas producen relativamente más materias primas mientras que los países ricos, altamente cualificados, producen relativamente más bienes manufacturados. Los economistas habían venido pensando que la especialización en la producción de bienes agrícolas o manufacturados era sólo el reflejo de la ventaja comparativa —es decir, resultado de tener mejores tierras o mejores emplazamientos industriales. La hipótesis de adquisición de las cualificaciones se ajusta mucho mejor a la realidad.

Estados Unidos, cuyas ventajas agrícolas son legendarias, dedica el 2 por ciento de su economía a la agricultura.[17] Etiopía, cuyas frecuentes sequías, topografía montañosa y la mosca tsetsé que mata el ganado hacen su tierra casi tan apropiada para la agricultura como lo es la superficie lunar, dedica el 57 por ciento de su economía a la agricultura.[18] Los estadounidenses tienen altas cualificaciones con menos de un 5 por ciento de población analfabeta. Los etíopes tienen, en promedio, bajas cualificaciones con un 65 por ciento de población analfabeta.[19] La ventaja comparativa en agricultura y manufacturas es, en sí misma, manufacturada.

Trampas

El principio de los emparejamientos también permite explicar las diferencias de ingresos que existen entre países. En un país en el cual todos los trabajadores son cualificados, el salario medio, será mucho mayor que en uno en el cual todos los trabajadores carecen de cualificaciones. La diferencia de ingresos será mayor que la diferencia de cualificaciones entre trabajadores individuales. En el país rico los trabajadores cualificados refuerzan mutuamente su productividad, mientras que en el país pobre los trabajadores no cualificados se reducen la productividad entre ellos. Para empeorar aún más las cosas, quienes logren cualificarse en el país pobre tratarán de trasladarse al país rico. El enfoque de los emparejamientos permite explicar diferenciales de cuarenta veces en el ingreso de dos países cuando el diferencial de educación por trabajador es mucho meno de cuarenta veces. Puede servir para explicar por que las diferencias de ingresos entre naciones son tan persistentes: mientras que las personas de los países pobres reciben incentivos débiles para cualificarse, las de los países ricos reciben incentivos fuertes.

El enfoque de los emparejamientos puede aplicarse también a las diferencias étnicas de educación e ingresos. Consideremos el caso de dos grupos étnicos, los morados y los verdes.

Los morados comienzan con un alto nivel de educación. Los verdes comienzan con un bajo nivel de educación, debido a algunas razones que no son claras (quizá los morados habían esclavizado a los verdes en épocas de oscuro recuerdo). Supongamos que se impone por ley la segregación de los dos grupos, de modo que los morados sólo pueden trabajar con otros morados y los verdes, análogamente, sólo pueden unirse a trabajar con otros verdes. Los verdes no tendrán muchos incentivos para educarse por las mismas razones expuestas al hablar de países: las posibilidades de que un verde educado encuentre otro con cualificaciones similares son escasas. Si no hay nadie más con cualificaciones similares para emparejarse, los rendimientos de cualificarse serán bajos. Cada verde hace este cálculo y se abstiene de cualificarse. De esta manera la profecía de que no habrán verdes cualificados se cumple.

Pero aunque no hubiese una segregación impuesta legalmente, los verdes también se verían atrapados en un bajo nivel de educación. Los empleadores, la gran mayoría de los cuales son morados puesto que entre ellos están los individuos cualificados, saben que históricamente los verdes tienen pocas cualificaciones mientras que los morados tienen altas calificaciones. Sin información adicional, un empleador que no se tome la molestia de indagar más supondrá que un verde tiene pocas calificaciones y un morado tiene altas cualificaciones. De manera que empleadores morados altamente cualificados en busca de trabajadores cualificados siempre contratarán a morados. Cuando un verde decida educarse, de poco le va a servir, porque los empleadores pensarán de todos modos que no está educado. Los verdes pues, no se educarán, cumpliéndose así las expectativas de los empleadores.[20]

Por supuesto, en el relato anterior estaba pensando en los diferenciales de ingresos que, por razones étnicas, existen en Estados Unidos entre blancos y negros. Los negros ganan un 41 por ciento menos que los blancos. Estos no son los únicos diferenciales de ingresos de origen étnico en Estados Unidos. Los de etnia indio-americana ganan un 36 por ciento menos, los de etnia hispanoamericana un 31 por ciento menos y los de origen asiático un 16 por ciento más.[21] Existen en Estados Unidos diferencias de prosperidad de origen étnico aún más sutiles. George Borjas descubrió que las personas cuyos abuelos habían inmigrado de Austria ganaban un 25 por ciento más que las personas cuyos abuelos habían inmigrado de Bélgica. Las diferencias iniciales de ingresos se han mantenido a lo largo de dos generaciones. Análogamente, entre los ya mayoritariamente pobres de etnia indio-americana hay diferencias según tribus de procedencia. Los Iroqueses tiene un ingreso familiar que es cerca del doble que el de los Sioux.

Otras diferencias de origen étnico se observan en Estados Unidos según religiones. Los episcopalistas ganan un 31 por ciento más que los metodistas.[22] Dentro de los 160 individuos más ricos, el cuarenta por ciento son judíos, que sólo representan el 2 por ciento de la población total.[23]

Hay claros ejemplos de trampas de pobreza de tipo etno-geográfico en diversos países. Casi cada país tiene sus regiones de pobreza persistente, como son los casos del sur de Italia, el nordeste de Brasil, Beluchistán en Pakistán o Chiapas en México. En la mayoría de estas regiones la pobreza tiene profundas raíces históricas. Celso Furtado, historiador económico brasileño, traza el origen de las vicisitudes del noreste brasileño al colapso de los precios del azúcar en el siglo XVI.

En Estados Unidos hay cinco enclaves de pobreza bien definidos: (1) negros residentes en barrios urbanos pobres; (2) pobladores rurales negros del delta del Mississippi; (3) etnias nativas en el oeste; (4) etnias hispanoamericanas en el suroeste; y (5) blancos en el sureste de Kentucky (la figura 8.1 presenta un mapa con las trampas de pobreza rurales; las urbanas son muy pequeñas en área como para alcanzarse a distinguir en un mapa nacional). El enclave del sureste de Kentucky es particularmente interesante de destacar puesto que muestra que la trampa de pobreza está más localizada de lo que en general se cree. En realidad, dieciocho de los veinte condados de población blanca más pobres de Estados Unidos están en el sureste de Kentucky. Todas estas trampas de pobreza han estado ahí desde bastante tiempo.

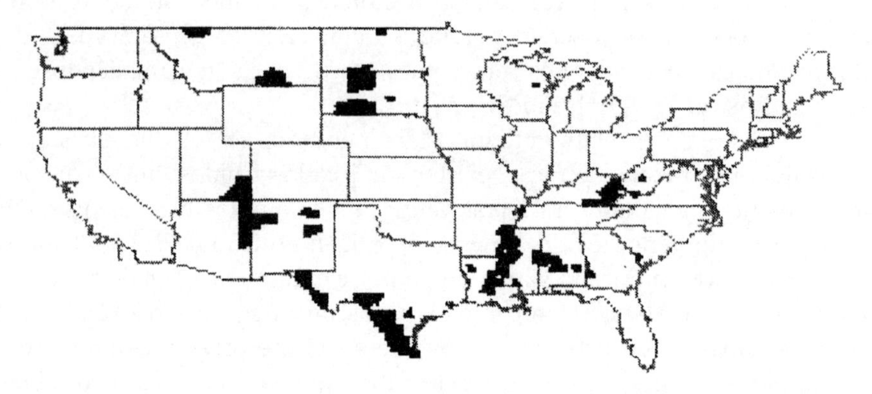

Figura 8.1. Trampas de pobreza de Estados Unidos (condados con una tasa de pobreza mayor del 35 por ciento).

Otros países también tienen trampas de pobreza bien definidas por su composición étnica. Un 81 por ciento de la población indígena de México es pobre, en tanto que entre la población blanca y mestiza sólo lo son el 18 por ciento.[24] La población indígena de Guatemala tiene el doble de probabilidad de ser analfabeta (el 80 por ciento de ellos lo son) que el resto de los guatemaltecos.[25] Entre los mismos indígenas hay diferencias. El ingreso de los de lengua quiché es 22 por ciento menor que el de los de lengua kekchi.[26]

En Brasil, los residentes de las favelas pobres se quejaban de que los empleadores no contratan a nadie cuya dirección sea una favela con reputación de ser violenta. Los residentes de estas favelas dan direcciones falsas y consiguen recibos de electricidad de amigos residentes en otro lugar para justificar su dirección falsa.[27]

Una diferencia muy conocida entre los blancos y negros de Suráfrica es que los blancos ganan 9,5 veces más. Las grandes diferencias entre negros de diferente origen étnico son menos conocidas. Entre las comunidades tradicionales (unidades administrativas equivalentes a poblados) de población negra en el Estado KwaZulu-Natal que tiene una gran variedad de grupos étnicos, la ratio entre la comunidad tradicional más rica y la más pobre es de 54.

Las diferencias entre grupos étnicos son comunes en otros países también. La dimensión étnica de las elites especialmente ricas en el mundo de los negocios no es un secreto: los de origen judío en Estados Unidos, los libaneses en África Occidental, los Indios en África Oriental, los chinos de ultramar en Asia Suroriental. Virtualmente cada país tiene su propio grupo etnográfico que es notable por su éxito. Por ejemplo, en Gambia, un diminuto grupo étnico conocido como los Serahule se dice que domina los negocios en una proporción que nada tiene que ver con su número; los llaman los "judíos gambianos". En Zaire, los kasaianos han sido dominantes en empleos técnicos y gerenciales desde la época del dominio colonial; los llaman "los judíos de Zaire".[28]

También hay, como lo habíamos visto, evidencia de trampas de pobreza a escala de países. Hacia 1820, India era la última entre veintiocho naciones para las cuales hay datos desde 1820 hasta 1992. Y la India seguía siendo casi la última del grupo en 1992. Europa del Norte y sus vástagos de ultramar estaban arriba en 1820 y ahí siguen actualmente.

Los ricos también están atrapados

El enfoque de los emparejamientos que permite predecir las trampas de pobreza también predice las trampas de riqueza. Habrá áreas en las cuales se concentran cualificaciones que son valiosas y que serán mucho más ricas que otras. Un vistazo rápido revela este tipo de concentraciones: las ciudades. Y hay, además, una gran concentración dentro de las ciudades: los condados metropolitanos del corredor Boston-Washington son un 80 por ciento más ricos por persona que los demás condados metropolitanos en EE UU.[29] Siendo que el corredor Boston-Washington corresponde en buena medida a la zona de los primeros asentamientos coloniales en Estados Unidos, sospecho que haber tenido una ventaja inicial en el pasado lejano tiene mucho que ver con este diferencial de ingresos.

Resulta obvio que también existen dentro de cada área metropolitana vecindarios con sus trampas de pobreza y de riqueza. Los ricos y los pobres no se mezclan al azar a lo largo y ancho de toda un área metropolitana, sino que se concentran en ciertos vecindarios, de acuerdo con la predicción de la hipótesis de los emparejamientos aplicada a la propiedad inmobiliaria. En general, si el conocimiento se difunde, la gente rica querrá estar cerca de otra gente rica en conocimiento para beneficiarse de la difusión proveniente de ellos. Si el beneficio de la difusión de conocimiento es mayor cuanto más conocimiento ya tiene quien lo recibe, aquellos con mayor conocimiento podrán pagar más que un pobre por la compra de una casa en el vecindario rico.

En el mapa del área metropolitana de Washington D.C. se puede trazar una recta norte-sur que lo parte por la mitad y que divide los ricos de los pobres. El cuartil más rico en la ciudad y sus suburbios está al oeste de la línea y el cuartil más pobre está al este de ella. El código postal más rico (Bethesda, Maryland 20816) es cinco veces más rico que el más pobre (College Heights en Anacostia D.C.). Esto, como ya resulta usual, tiene un fuerte componente étnico puesto que Bethesda tiene un 96 por ciento de población blanca y College Heights tiene un 96 por ciento de población negra.[30]

La geografía económica permite ver que la concentración espacial ocurre a escala mundial. Esta concentración presenta una característica fractal, en el sentido de que se repite en cada nivel de agregación. Utilizando datos nacionales, se puede calcular que el 54 por ciento del producto bruto del mundo se elabora en el 10 por ciento de su área terrestre. Este cálculo incluso subestima la concentración, pues ignora el hecho de que dentro del espacio de cada país la producción no está uniformemente distribuida. Así, por ejemplo, en Estados Unidos, en el 2 por ciento de su superficie se produce la mitad de su PIB. Esto simplemente refleja la contribución de las ciudades a la producción nacional. Pero incluso dentro de las ciudades existen concentraciones.

Complementos y trampas

Es importante recordar cuáles son los elementos principales del enfoque de las "trampas" —que son los que determinan si predice correctamente. Las teorías son interesantes solamente en la medida que puedan eventualmente resultar falsas. El supuesto crucial del enfoque de la difusión es que el conocimiento nuevo se complementa fuertemente con el ya existente. Para que la hipótesis se cumpla necesitamos que ocurran tanto el *complementa* como el *fuertemente*. Las cualificaciones de los trabajadores deben complementarse entre sí y deben hacerlo de manera suficientemente fuerte como para contrarrestar los rendimientos decrecientes que normalmente se presentarían a medida que las cualificaciones se fueran haciendo más abundantes. El conocimiento nuevo debe complementarse fuertemente con el conocimiento y las máquinas existentes para contrarrestar los rendimientos decrecientes de las máquinas. Unas cualificaciones y un conocimiento fuertemente complementarios generan las trampas.

El enfoque de los emparejamientos, igual que el de la difusión, plantea un conflicto entre individuo y sociedad. ¿Cuál es el determinante principal de la productividad del individuo: lo que él hace o lo que hace la sociedad? Dicho de manera rápida, si, como en el caso de los rendimientos decrecientes, es lo que el individuo hace, éste no tendrá que preocuparse por los círculos virtuosos y viciosos. El individuo obtiene lo que merecen sus esfuerzos individuales. Esta es la aplicación que hace Mankiw del modelo de Solow, como se vio antes. Si es más importante lo que hace la sociedad, se pueden formar círculos viciosos. Los esfuerzos individuales se pueden echar a perder porque el resto de la sociedad no realiza esfuerzos similares. Como resultado de ello, el individuo no hace ningún esfuerzo. Todos y cada uno hacen el mismo cálculo y nadie hace ningún esfuerzo, confirmando así el acierto de cada uno al no hacer ningún esfuerzo.

He presentado casos de trampas de pobreza con diversos niveles de agregación: los vecindarios, los grupos étnicos, las provincias, los países. Es posible que incluso en el mundo como un todo hubiese una enorme trampa de pobreza antes de la revolución industrial. En el extremo opuesto, incluso el hogar o la familia extendida podrían ser un nivel social de agregación adecuado para este análisis. El nivel en el cual se forman las trampas depende de cual es la sociedad relevante en la cual los fenómenos de difusión y emparejamiento ocurren. Cuando miembros del vecindario (o el hogar) solamente se asocian entre sí (por razones no económicas), el vecindario (o el hogar) se convierte en la "sociedad" para el individuo. En el extremo opuesto, si la economía mundial está ampliamente abierta, aunque sea solamente para un número limitado de personas y empresas, el mundo es la sociedad relevante para esas personas y empresas. Desgraciadamente, son los pobres quienes tienden a tener una sociedad más restringida al no tener la capacitación, los ordenadores personales y los contactos que les darían acceso al conocimiento mundial.

En Malaui existe el dicho *Wagalimoto ndi wagalimoto, wa wilibala ndi wa wilibala* (quienes tienen vehículos conversan entre sí, mientras que los que tienen carretillas conversan entre sí). En Kok Yangak, poblado de la República Kirguizia, la gente informaba de que "los ricos y los pobres no se gustan entre sí y nunca se asociarían". Y en Foua, Egipto, la gente estaba "dividida de acuerdo con compartimentos socioeconómicos... los ricos emprenden juntos sus actividades sociales, y los pobres se mantienen juntos".[31]

Difusión, emparejamiento y trampas explican como la presencia de la pobreza más abyecta es consistente con el principio de que la gente responde a los incentivos. Las diferencias de ingresos se explican no por los esfuerzos que los individuos hagan por acumular capital físico y humano, sino por las diferencias en el conocimiento y en las oportunidades de emparejarse que existen entre las naciones, entre las regiones dentro de cada nación y entre los grupos étnicos. Los pobres se enfrentan a unos incentivos débiles para mejorar sus cualificaciones y sus conocimientos, porque sus potenciales de difusión y emparejamiento dependen de otros pobres.[32]

En las trampas se obtiene lo que se espera

Otro rasgo de las trampas es que las expectativas importan. Unas expectativas optimistas pueden ayudar a salir de la trampa de pobreza.

Consideremos el caso de un país que se encuentra por debajo del umbral de la trampa de pobreza. Los rendimientos de las inversiones en conocimiento, máquinas y educación son demasiado bajos para hacer atractiva la inversión y, de esta manera, el país se encuentra atrapado en la trampa de pobreza. Supongamos por el contrario que uno espera que el resto de la gente vaya a invertir en la adquisición de cualificaciones, conocimiento y máquinas. Si el resto de la gente tiene expectativas similares resulta provechoso invertir porque una vez la inversión madure las cualificaciones adquiridas podrán emparejarse con las cualificaciones adquiridas por todos los demás. Unas expectativas favorables son pues condición suficiente para sacar la economía de la trampa de pobreza. Y viceversa, unas expectativas desfavorables pueden llevar a un país que se encuentra por encima de la trampa a caer en ella cuando todo el mundo comience a pensar que nadie más va a invertir. Es decir, el que una economía se enriquezca o empobrezca puede depender de que todo el mundo espere que se enriquezca o empobrezca.

Las expectativas pueden constituir una de las fuentes de la inestabilidad de las tasas de crecimiento que se observa en el mundo real. Una sola conmoción que reciba el sistema puede bastar para cambiar las expectativas súbitamente. De repente alguien deja de invertir porque cree que los demás dejarán de invertir. Esto podría explicar la caída del crecimiento en América Latina tras la crisis de la deuda en 1982, la crisis mexicana de 1985 y la crisis de Asia Oriental en 1997-1998. El crecimiento cambia mucho más fuertemente de lo que cambian sus elementos fundamentales debido a que las expectativas cambian abruptamente.

El enfoque de los rendimientos crecientes y las correspondientes trampas de pobreza parece indicar que la pobreza es un problema de coordinación. Bastaría con que todo el mundo se pusiese de acuerdo por adelantado en hacer inversiones para llegar a un nivel de cualificación por encima del umbral de la trampa de pobreza, para poder salir de dicha trampa. Desgraciadamente, el mercado no lleva a cabo esta coordinación por sí mismo y, en consecuencia, la pobreza persiste.

Trampas y políticas del Gobierno

En un mundo dominado por los efectos de la difusión, los emparejamientos y las trampas, ¿cómo podría la política del Gobierno influir sobre los incentivos? En primer lugar, debe reconocerse que la intervención del Gobierno bien puede ser necesaria para sacar una economía de una trampa. Si para invertir se requiere un rendimiento mínimo, un bajo nivel de conocimiento puede hacer demasiado baja la tasa de rendimiento como para que el sector privado invierta. El sector público podría sacar la economía de la trampa subvencionando las inversiones en conocimiento nuevo.

En segundo lugar, hay que ser cuidadoso con la forma como la intervención del Gobierno puede afectar los incentivos. Un programa masivo de inversión pública financiado con un impuesto punitivo para la inversión privada no ayudaría a salir de la trampa. Cuando la causa de la trampa es una baja rentabilidad del capital, no tiene sentido deprimir aún más dicha rentabilidad. Lo que el Estado daría con una mano, lo estaría quitando con la otra.

Unas malas políticas del Gobierno podrían incluso ser la causa de la trampa. Una consecuencia de las malas políticas son las bajas tasas de rendimiento para el sector privado. Si la tasa de rendimiento, tras la puesta en práctica de la política del Gobierno, cae por debajo de la tasa de rendimiento mínima requerida, el sector privado no invertirá. Un sector privado que tenga que enfrentarse a políticas malas no invertirá en el conocimiento ni en las cualificaciones necesarias para que el país salga de la trampa.

El primer paso en una situación de malas políticas del Gobierno es eliminarlas. Si esto no es suficiente por sí solo para sacar el país de la trampa, el paso siguiente consistirá en que el Gobierno subvencione todas las formas de acumulación de conocimiento y de capital. Esto significaría exenciones tributarias y arancelarias para la adquisición de bienes de capital, educación y tecnología, y más aún, hasta subsidios directos del Gobierno para ello. Los subsidios habría que financiarlos con impuestos que, por su parte, no desincentivasen la acumulación de conocimiento, como, por ejemplo, impuestos sobre el consumo.

Los Gobiernos pueden también tratar de actuar para resolver el problema de coordinación. Si un Gobierno logra convencer a un número suficiente de agentes importantes para que hagan grandes inversiones incluso en ausencia de incentivos suficientes, el país podría escapar de la trampa. La colaboración entre Gobierno y sector privado que ayudó a iniciar el milagro de Asia Oriental es un posible ejemplo de este tipo de situación.

Cuando un país escapa globalmente de la trampa pero deja atrás algún grupo étnico o alguna región, el Gobierno debería tratar de subvencionar la obtención de cualificaciones, en este caso, por parte de los pobres. Los subsidios sociales del Gobierno deben en este caso aumentar, en forma de complemento, a medida que aumentan los ingresos de los pobres. Esto es lo contrario de lo que ocurre en los sistemas actuales de protección social de los países industrializados, con honrosas excepciones como la del exitoso sistema de deducciones fiscales a los ingresos del trabajo que existe en Estados Unidos, que muestra cómo premiar a los pobres por obtener mayores ingresos. El subsidio para que los pobres se cualifiquen debería financiarse de manera que no redujera los rendimientos que el resto de la gente recibe por sus cualificaciones. Otra vez, utilizar un impuesto sobre el consumo es una forma de hacerlo.

Tras haber presentado las posibles políticas que se pueden ejecutar, el papel que juega la difusión, los emparejamientos y las trampas, deja abiertas las puertas para que surja el terrible fantasma de la indeterminación. Las diferencias de políticas económicas no son suficientes para explicar toda la variación en el crecimiento de los países. Algunas naciones serán pobres solamente porque comenzaron siendo pobres o porque todo el mundo espera que sean pobres. El éxito o el fracaso de las políticas económicas no determinan de manera unívoca el destino de los pobres. Incluso sabiendo que un grupo posee las virtudes de la justicia, la, austeridad y la laboriosidad, y aun cuando un Gobierno sensato le dé al grupo todos los incentivos para el éxito, *no tenemos la certidumbre de cuál será su futuro económico.* El futuro depende también de las condiciones iniciales de conocimiento y cualificaciones, que son difíciles de medir.

De acuerdo con los planteamientos hechos en este capítulo, la perspectiva que se les presenta a los pobres que se encuentran atrapados en círculos viciosos es más bien desalentadora. En el capítulo siguiente se consideran cuestiones relativas a la tecnología que ofrecen esperanzas al menos para algunas de las regiones y naciones atrasadas.

Interludio: La guerra y los recuerdos

Jade es una joven que se crió en Nae-Chon, una aldea de 240 personas que está ubicada en Corea, 80 kilómetros al sur de Seúl, la capital. Jade nació en 1958, un año después que yo. En el transcurso de su vida, el ingreso medio de los coreanos ha aumentado más de ocho veces. En el transcurso de mi vida, el ingreso de los estadounidenses ha aumentado poco menos del doble.

Los mayores de Nae-Chon recuerdan su juventud con sentimientos mezclados de nostalgia y de alivio. La madre de Jade recuerda que cuando llegó inicialmente a Nae-Chon en 1950 no había ninguna tienda; los residentes tenían que hacer una caminata de tres o cuatro horas hasta Suwon para comprar azúcar, sal o aceite para las lámparas. Agrega la Sra. Kwang que cuando iban, todos llevaban un fardo de leña montado en sus espaldas que vendían en Suwon.

La madre de Jade llevaba su ropa al río para lavarla. Cuenta la Sra. Kwang que "había tanto que hacer que teníamos que levantarnos a las tres de la madrugada", pero, agrega suspirando, que "esa ropa que usábamos era hermosa".

"Los más pobres solamente podían comer corteza de árboles y las yerbas o plantas silvestres que se encontraban durante la primavera", explica la Sra. Yu. "Siempre había una temporada de hambre antes de la cosecha del arroz".

La conversación se puso sombría cuando empezaron a rememorar la guerra. El esposo de la Sra. Kwang tuvo que trabajar como esclavo en una mina de carbón en el norte y cuando regresó estaba en muy mal estado de salud. La Sra. Kwang recuerda como durante la guerra con Corea del Norte, todo el mundo escapaba hacia el sur apurando el paso entre los cuerpos que yacían por los caminos.

El padre de Jade tenía un título en derecho, pero veinte años de guerra le habían impedido establecerse en su profesión. Siguió como agricultor y, poniendo sus esperanzas en la generación siguiente, envió a Jade a la Universidad de Seúl. Jade terminó sus estudios, se casó y se fue a Japón. Su hermana vive actualmente en Inchon, en un apartamento lleno de máquinas "lavadora, secadora, procesador de alimentos, de jugos". Su madre aún vive en Nae-Chon.

Nae-Chon ahora ya tiene todos los elementos de una sociedad de consumo. Las calles están pavimentadas, las casas tienen antenas de TV o de satélite y conexiones de teléfono. Sin embargo, las botellas y envases de plástico que se ven por las cunetas no resultan tan atractivas. Una fábrica de espuma de poliuretano da empleo a los residentes. Los jóvenes ya no hablan de la guerra o de política, sino de deportes, viajes al extranjero y de ropa. El estado de nutrición ha mejorado tanto durante las últimas décadas que esta generación es 10 centímetros más alta que la de sus abuelos.[1]

9. Destrucción creativa: El poder de la tecnología

Considero que hay un mercado mundial como para cinco ordenadores.
Thomas Watson, director de IBM, 1943

En el capítulo anterior se describía el conocimiento tecnológico como una fuerza generadora de trampas de pobreza. Pero existen otras formas mediante las cuales la fuerza de la tecnología ofrece esperanzas a los países del trópico, los cuales tienen menos ataduras con las tecnologías existentes que los países industrializados. Por lo menos algunos países tropicales tienen la posibilidad de pasar por alto algunas etapas tecnológicas que ya se hayan hecho obsoletas y saltar directamente hacia la frontera tecnológica. Sin embargo, apropiarse de las oportunidades que ofrece la tecnología requiere ciertos niveles mínimos de cualificación e infraestructura, alguna experiencia tecnológica previa y políticas favorables por parte del Gobierno.

El impacto de lo nuevo

Al mirar el desorden que reina sobre mi escritorio, casi todo lo que veo son productos que no existían hace unos pocos años. Lo principal, el ordenador portátil en el cual escribo estas palabras, no existía en 1985. Cuando obtuve mi doctorado escribí diligentemente mi tesis en lo que hoy sería un dinosaurio de ordenador. Sólo unos pocos años antes, había estado escribiendo mis trabajos en la secundaria y la universidad en una máquina de escribir manual. Incluso en 1986, cuando obtuve mi primer portátil en el Banco Mundial, me ocurría que tiernos e inocentes archivos eran secuestrados para siempre por el ordenador. En una ocasión tuve que rescribir el mismo archivo cuatro veces.

Mi portátil actual corrige mi ortografía y gramática. Se conecta con una línea telefónica que me permite bajar mi correo electrónico; el correo electrónico, los veloces módem y la tecnología telefónica que permite todo esto no existían hace unos poco años. Ahora puedo también entrar en Internet, otra nueva tecnología, para leer miles de trabajos sobre la economía y encontrar información de diversos sitios de la Red. Mucha de la información que obtuve para la preparación de este libro la conseguí en Internet. Puedo conseguir las direcciones de correo electrónico y los teléfonos de colegas en la Red. Guardo estas direcciones y números de teléfono en una agenda Sharp que no existía unos años atrás pero que actualmente ya está superada por los *Palm.*

El café que me bebo mientras trabajo es de Starbucks, un producto de alta calidad que tampoco existía hace unos años. Mi suministro de buen café estaba limitado a lo que conseguía en mis ocasionales viajes a Bogotá, Colombia, de lo contrario tenía que aguantar los horrores de las marcas habituales en las tiendas de EE UU. Ahora hay un Starbuck a la vuelta de cada esquina y el café que me tomo en casa me lo proporciona una máquina de *espresso* que se vende barata.

Estamos pasando por una revolución tecnológica sorprendente. Hemos visto que la acumulación de factores, tales como por ejemplo las máquinas, no explica muy bien el crecimiento. La mayor parte del crecimiento es un residuo, parte del cual incluye la tecnología.

El módem de mi ordenador es veintidós veces más rápido que los que había disponibles en el mercado hace dos décadas.[1] Solamente entre 1991 y 1998, el precio de un megabit de almacenamiento en disco duro bajó de cinco dólares a tres céntimos.[2] La capacidad de un ordenador por dólar pagado ha aumentado 10.000 veces en las últimas dos décadas. La utilización de semiconductores por unidad del PIB creció 3.500 veces desde 1980 hasta ahora. En 1981 había 213 ordenadores conectados a Internet; hoy día hay 60 millones.[3]

Y no es solamente la así denominada alta tecnología la que ha tenido estos saltos espectaculares. El rendimiento de las cosechas de trigo se duplicó entre 1970 y 1994; los rendimientos del maíz y el arroz se incrementaron ambos, en 70 y 50 por ciento, respectivamente. La producción de cereales en Asia lo ha hecho aún mejor; sus rendimientos se han triplicado en las últimas cuatro décadas.[4]

La industria se ha hecho más eficiente. Han surgido tecnologías nuevas, tales como el control instantáneo de inventarios y las máquinas de control numérico.

En la salud ha habido avances espectaculares. Para tomar un solo ejemplo, el tratamiento de enfermedades mentales como la esquizofrenia y la depresión han experimentado un salto con la aparición de medicamentos tales como el Risperdal y el Prozac que traen alivio a millones de afectados por la dolencia.

La lista podría seguir indefinidamente. El cambio tecnológico es verdaderamente una fuerza poderosa que promueve el crecimiento económico. A fin de cuentas se trata de la creación de nuevos bienes y nuevas tecnologías. Sin embargo, hay un efecto colateral del crecimiento que consiste en que destruye bienes y tecnologías existentes. En el capítulo anterior vimos como la nueva tecnología se complementa con la existente, lo cual podía tener consecuencias desfavorables para las naciones atrasadas. Ahora vamos a mostrar como la nueva tecnología puede en ciertas ocasiones sustituir a la tecnología existente, lo cual puede dar cierto margen a las naciones o regiones atrasadas para que se pongan al día. Comencemos por celebrar el asombroso poder de la tecnología para generar un mayor producto a partir de una misma cantidad de factores. Mostrémoslo con la historia de la iluminación, un campo en el cual se puede medir con precisión tanto el factor (en julios) como el producto (en lúmenes).

La historia de la luz

El primer tipo conocido de iluminación, que data de hace alrededor de 1,4 millones de años, fue el de una hoguera, la cual fue inventada por nuestro medianamente talentoso ancestro, el *Homo australopithecus*.[5] Todos aquellos que hemos tratado de hacer una hoguera sabemos bien que su fuego consume bastante energía y da poca luz. Un tanto más dotados, los pueblos paleolíticos, entre hace 17.000 y 42.000 años, sustituyeron las hogueras como fuente de luz por unas lámparas de piedra en las cuales quemaban grasas animales. Gran progreso éste de acuerdo con los patrones de la época: la lampara de grasa era unas veintidós veces más eficiente, en términos energéticos, como fuente de luz.

Siguiendo hacia adelante dentro del proceso evolucionario encontramos que los babilonios, alrededor de 1750 a.C., utilizaban aceite de ajonjolí para iluminar sus templos, con lo cual duplicaban la eficiencia de las lámparas de grasa animal. Finalmente, en la época de los griegos y los romanos, habían aparecido las velas que duplicaban la luminosidad del aceite de ajonjolí. A la luz de las velas escribió sus obras Platón. Habrían de pasar 1800 años antes de obtener nuevos logros.

Las velas fueron superadas gracias a las ballenas, ya que con su aceite se alimentaban lámparas que eran dos veces más luminosas por unidad de energía quemada. La cacería de los nobles animales por parte de los balleneros del siglo XIX, con el fin de obtener su aceite, fue implacable. Salvó a las ballenas de su extinción (y nos salvamos nosotros) el descubrimiento del petróleo. Edwin L. Drake excavó el primer pozo de petróleo en Pensilvania el 27 de agosto de 1859. Las lámparas de queroseno eran un veinte por ciento más luminosas, por unidad de energía quemada, que las de aceite de ballena y, además, el petróleo era barato comparado con el aceite de ballena.

Y llegó Thomas Edison y nos dio la lámpara eléctrica de carbón que aportó

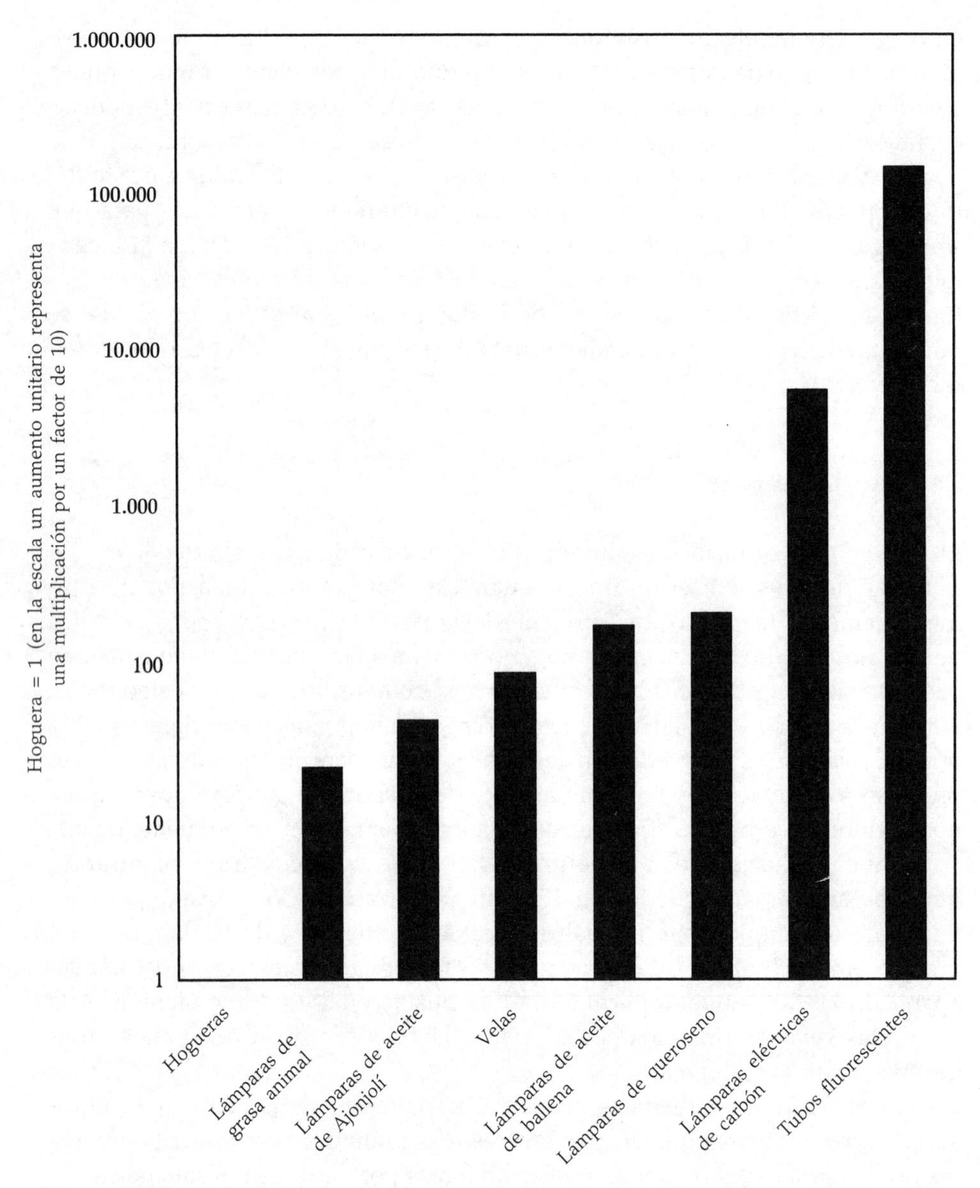

Figura 9.1. Potencia de la iluminación obtenida a partir de una unidad de energía.

un cambio dramático: una eficiencia dieciséis veces mayor que la del queroseno, en términos energéticos. La lámpara eléctrica continuó mejorando hasta llegar a las bombillas fluorescentes compactas de hoy día, las cuales en 1992 habían llegado a ser veintiséis veces más brillantes, por unidad de energía, que la primera lámpara de Edison. En la figura 9.1 se ilustra el avance que nos ha llevado a luces que son 143.000 veces más brillantes, por unidad de energía, que las hogueras de los hombres de las cavernas.

Los dramáticos cambios en la tecnología, y el aumento de los salarios, significan que hoy se puede comprar mucha más iluminación con una misma cantidad de trabajo. Se pueden obtener 840.000 veces más horas-lúmenes de iluminación con una hora de trabajo que las que obtenía el *Homo australopithecus.* Aun acortando el periodo solamente a épocas modernas, encontramos cambios dramáticos. Hoy podemos comprar 45.000 veces más luz por hora de trabajo que las que podían comprar los trabajadores de hace dos siglos.

Está bien, pero tampoco es la panacea

La tecnología es algo maravilloso, pero no vayamos a ungirla como otro elíxir más para el crecimiento. La tecnología, como todo lo demás que hemos visto, responde a los incentivos. Nada ocurre cuando la tecnología está disponible pero los incentivos para utilizarla no están presentes. Los romanos disponían de un motor de vapor pero solamente lo utilizaban para abrir y cerrar las puertas de un templo.[6] Incluso tenían una máquina operada con monedas para vender agua bendita en el templo. También tenían máquinas cosechadoras, cojinetes de rodamientos, y molinos y bombas de agua. Sin embargo, no lograron un crecimiento sostenido. También tenían palancas, tornillos, poleas y engranajes, los cuales utilizaban sobre todo en las máquinas de guerra.[7]

Los mayas y los aztecas tuvieron la rueda pero solamente la utilizaban para juguetes de niños.[8] El primer gran productor de acero de alta calidad de Hyderabad en India exportaba su producto al imperio islámico medieval que lo usaba para hacer espadas utilizadas en la guerra santa contra los infieles.

China se constituye en el ejemplo más dramático de un país que dispone de conocimiento tecnológico y no logra, sin embargo, un crecimiento sostenido de su renta per cápita. Los chinos aprendieron a forjar el hierro mil quinientos años antes que los europeos. Hicieron puentes colgantes de hierro que los europeos imitaron después. La agricultura china era una maravilla, con campos de arroz de alto rendimiento, en los cuales se aplicaba una ingeniería hidráulica de alto nivel para riego y drenaje. En la agricultura se usaba el arado de hierro, la sembradora mecánica, rastrillos de desyerbar, la grada de chuzo, varios tipos de fertilizantes, y el control de plagas químico y biológico. En la época de la dinastía Ming (1368-1644), China tenía la pólvora, la carretilla, la rueda de paletas, la rueca, la rueda hidráulica, la imprenta, el papel (incluso el crítico descubrimiento del papel higiénico), la brújula, y barcos transoceánicos de tres mástiles.[9] Sin embargo, los chinos prefirieron cerrar sus fronteras y no competir en la economía mundial con su avanzada tecnología. De este modo China se mantuvo estancada durante todo el siglo XIX mientras que el mundo occidental, usando en parte la misma tecnología, llegó a imponerle su voluntad a China. (Pensemos sólo lo diferente que habría sido la historia si el descubrimiento de América lo hubieran hecho los chinos).

En el mundo actual podemos tener alguna idea del progreso tecnológico midiendo el crecimiento de la productividad: aquella parte del crecimiento económico que no queda contabilizada al tener en cuenta el crecimiento de la maquinaria y el trabajo. Los países industrializados presentan un crecimiento de la productividad del 1 al 2 por ciento anual. Esto prácticamente explica el total del crecimiento del producto por trabajador en los países industrializados. Sin embargo, aún con la frontera tecnológica ampliándose entre el 1 el 2 por ciento por año, los países pobres no parecen mostrar ninguna tendencia significativa a beneficiarse de ello. Hemos visto que la tasa de crecimiento del ingreso per cápita de un país pobre representativo fue cero entre 1980 y 1998. Las diferencias del crecimiento de la productividad entre los países explican más del 90 por ciento de las diferencias de su crecimiento per cápita entre 1960 y 1992.

Algunos países incluso tuvieron crecimiento negativo de la productividad. Así, por ejemplo, el producto real per cápita de Costa Rica, Ecuador, Perú y Siria, cayó entre 1980 y 1992 a una tasa de más del 1 por ciento por año. Esto ocurría al mismo tiempo que sus stocks de capital crecían a más del 1 por ciento por año y que sus niveles de escolarización aumentaban también. Yo no diría que Costa Rica, Ecuador, Perú y Siria tuvieron un retroceso tecnológico, pero si que claramente hubo elementos que se interpusieron al avance tecnológico. El crecimiento provocado por el cambio tecnológico no es, en manera alguna, automático.

De la misma forma que el crecimiento de la productividad explica la mayor parte de las diferencias del crecimiento per cápita entre los países, asimismo, las diferencias de niveles tecnológicos explican la mayor parte de las diferencias de ingresos per cápita. El producto por trabajador de los trabajadores estadounidenses es veintidós veces el de los chinos. Si los trabajadores chinos utilizasen la misma tecnología que los estadounidenses la proporción anterior se reduciría a solamente el doble (esto sería lo que explican los mayores niveles de escolaridad y maquinaria disponibles en EE UU). La gran parte de la mayor producción de los trabajadores estadounidenses comparados con los chinos se explica por la mayor productividad tecnológica.[10] Los países pobres, tales como China, continúan rezagados desde el punto de vista tecnológico, a pesar de la amplia disponibilidad que hay de tecnología avanzada. La tecnología no puede, por sí sola, mejorar la vida en todas partes.

Progreso tecnológico

El crecimiento económico tiene lugar cuando la gente posee los incentivos para adoptar nuevas tecnologías y están dispuestos a sacrificar consumo presente (mientras que se adopta la nueva tecnología) cuya retribución llegará en forma diferida. Esto permite que el potencial productivo de la economía y el ingreso medio de la gente se eleven de manera continua.

Los incentivos importantes son los mismos que ya hemos discutido. El principal de ellos es un buen gobierno, que no sustraiga de los trabajadores el fruto de sus esfuerzos. Los romanos y los chinos tenían Gobiernos autoritarios centralizados que dedicaban la mayor parte de sus recursos a la guerra y la burocracia. El imperio romano consideraba que el trabajo era para los esclavos, actitud esta no muy positiva para inducir el progreso tecnológico. Estados Unidos de los siglos XIX y XX tuvo (y tiene) un vibrante mercado privado que premió a los inventores de la iluminación nueva. Costa Rica, Ecuador, Perú y Siria tenían todos políticas gubernamentales impredecibles que tendían a desalentar la inversión en innovación para el futuro. Llegamos pues a la misma conclusión de antes: los incentivos son importantes para el crecimiento.

Hay, sin embargo, algunas complejidades en los incentivos para el progreso tecnológico en las cuales debemos detenernos. El progreso tecnológico genera ganadores y perdedores. Detrás del bello rostro del hallazgo tecnológico hay tecnologías y bienes que han de destruirse. El crecimiento tecnológico no es simplemente más de lo mismo, producir cantidades cada vez mayores de los mismos bienes de siempre. Es más bien un proceso de sustitución de los bienes existentes por bienes nuevos. La gente que estaba involucrada en la producción de los bienes existentes puede perder su trabajo, incluso si se generan nuevos empleos para producir los nuevos bienes, empleos que pueden ser para gente diferente a quienes pierden sus trabajos. En Estados Unidos, por ejemplo, cada trimestre desaparecen cerca del 5 por ciento de los empleos, mientras que se genera en el mismo periodo un número parecido de nuevos empleos.[11] Detrás de la tecnología existente hay intereses creados que pueden querer bloquear el advenimiento de nuevas tecnologías.

En nuestro ejemplo de la iluminación, los sistemas caros de producir luz eran sucesivamente desplazados por sistemas más baratos. Las velas cayeron ante las lámparas de aceite de ballena, y éstas a su vez ante las lámparas de queroseno, que finalmente cayeron ante la luz eléctrica. Los fabricantes de velas, los balleneros y los refinadores del queroseno han tenido sucesivamente que cerrar ante el advenimiento de nuevas tecnologías. Esta visión no es nueva. El economista Joseph Shumpeter observaba ya en 1942 que el proceso de crecimiento tecnológico "revoluciona sin cesar la estructura económica *desde dentro,* destruyendo sin cesar la antigua, creando sin cesar una nueva. Este proceso de Destrucción Creativa es una verdad central al capitalismo".[12]

Éste es el enfoque adoptado por los economistas Philippe Aghion y Peter Howitt en sus recientes investigaciones para explicar el crecimiento.[13] Observan que el proceso de destrucción creativa complica el papel de los incentivos en la innovación y dan razones adicionales que explican por qué una economía de libre mercado puede tener una tasa demasiado baja de innovación tecnológica. Los innovadores no pueden apropiarse de todas las ganancias de sus innovaciones, porque otros pueden imitarlos (Apple nunca obtuvo todos los beneficios de su innovativo sistema de menús ya que Microsoft lo imitó con Windows). Como el rendimiento social de la inversión es mayor que el rendimiento privado, el agente privado no innova tanto como sería óptimo desde el punto de vista social. La protección mediante patentes es un intento de resolver este problema que, sin embargo, dista de ser un mecanismo perfecto ya que no garantiza al innovador original todos sus rendimientos potenciales (como bien lo descubrió Apple). A esto se le denomina el problema de no apropiabilidad de las innovaciones. (Problema similar al de que "el conocimiento se difunde", que presentamos en el capítulo anterior).

Aghion y Howitt señalan otro aspecto menos conocido de cómo las circunstancias están en contra de la innovación en una economía de mercado libre. Los innovadores del presente saben muy bien que las innovaciones futuras harán obsoletas sus innovaciones. Este hecho reduce los rendimientos de las innovaciones y desanima, por tanto, la innovación, circunstancia desafortunada puesto que las innovaciones futuras se habrán de basar en las anteriores. Isaac Newton lo dijo: "si he logrado ver más lejos es sólo porque trepé sobre los hombros de gigantes".[14]

Los innovadores actuales no toman en consideración que su innovación generará un aumento permanente en la productividad de la economía, ya que ellos obtendrán rendimientos de su innovación hasta cuando solamente llegue la siguiente "novedad". Tenemos pues otra vez que el rendimiento privado de la innovación es menor que el rendimiento social. En el caso extremo, no habría ninguna innovación por el temor a la innovación que estaría por venir. En palabras de Yogi Berra refiriéndose a un restaurante: "Ya nadie va porque siempre está muy lleno".

Debido a estas razones de no apropiabilidad y obsolescencia, la tasa de innovación tecnológica tenderá a ser demasiado lenta en una economía de libre mercado. Estos desincentivos a la innovación pueden ser tan fuertes como para que no haya innovación y, por tanto, crecimiento en una economía de libre mercado. La salida de esta situación consistiría en establecer fuertes incentivos a la innovación mediante subsidios a la investigación y al desarrollo del sector privado, subsidios a la adopción de tecnología extranjera de comprobado éxito, alentando la inversión extranjera directa en alta tecnología, mediante programas públicos en investigación y desarrollo, y manteniendo unos derechos de propiedad intelectual que ayuden a los inventores a conservar las ganancias de sus invenciones.

El lastre de lo viejo

La otra clarificación del modelo de "destrucción creativa" es que el lastre de las tecnologías existentes pueden limitar los beneficios de las nuevas tecnologías. Una razón para la desaceleración del crecimiento en Estados Unidos y en otros países industrializados puede radicar en que ha habido un agotamiento de las tecnologías existentes que no están siendo sustituidas con suficiente rapidez por nuevas tecnologías. El no haber completado el cambio hacia la tecnología-e puede haber desacelerado los países industriales, aun cuando esto sea un buen presagio para su crecimiento futuro.[15] (Recién acabo de perder dos horas tratando de conseguir billetes para un vuelo internacional en Internet antes de finalmente desistir para pasar al método tradicional de la agencia de viajes. La revolución-e es sensacional pero también tiene sus problemas de crecimiento).

En un artículo clásico escrito por el historiador Paul David (que encontré en Internet, no sin antes pasar por un proceso un poco tedioso), éste describe el efecto de retardo que la tecnología existente tuvo en el caso de una revolución tecnológica: la sustitución de los motores de vapor por los motores eléctricos.[16] En efecto, el periodo de adopción gradual de los motores eléctricos en la industria coincidió con un periodo de desaceleración de la productividad tanto en Estados Unidos como en el Reino Unido. Hacia 1910, solamente el 25 por ciento de la industria estadounidense había sido electrificada a pesar de que Edison había inventado la central de generación eléctrica en 1881. La aceptación del motor eléctrico tomó tiempo porque obligaba a rediseñar toda la fábrica. Como los motores de vapor tenían un alto coste fijo, se colocaba un solo motor en el centro de la planta y se transmitía su potencia a todas las máquinas de la fábrica mediante ejes y correas. La gran ventaja del motor eléctrico era que se podía instalar dentro de cada máquina sin necesidad de tener un motor central. Esto economizaba las pérdidas de transmisión de energía por los ejes y las correas y permitía ahorrar en costes de construcción pues ya no se requería la pesada infraestructura que sostenía los ejes y las correas de transmisión. En el diseño de la nueva fábrica, ya se podía tener en cuenta la forma óptima de transportar los materiales dentro de la planta una vez que la localización con respecto a la fuente de energía dejaba de ser el factor determinante. Fábricas de una sola planta reemplazaron las fábricas de varias plantas que antes, con la tecnología de los ejes y el motor de vapor, eran convenientes. La fábrica con múltiples fuentes de potencia tenía también menos riesgo de pararse. Mientras que un problema con el motor de vapor o con cualquier eje o correa de transmisión obligaba a parar a toda la fábrica mientras el problema se resolvía, la avería de un motor eléctrico solamente afectaba el funcionamiento de la pieza de equipo que lo contenía.

Estas ganancias, sin embargo, no pudieron materializarse de manera inmediata debido a la elevada inversión que ya se había realizado construyendo las fábricas con sus ejes y correas. En la fase inicial de la adopción del motor eléctrico, éste solamente reemplazó al motor de vapor como fuente central de energía que movía los ejes y las correas. Las ganancias plenas de productividad solamente se hicieron realidad a medida que las fábricas anticuadas se depreciaban y se reemplazaban por nuevas fábricas con diseños basados en los motores separados. Irónicamente, la efectividad de la tecnología existente (el vapor) puede bloquear la adopción de la nueva tecnología (la electricidad). Países atrasados que no hayan tenido nunca una cierta tecnología instalada pueden tener la ventaja de poder adoptar con mayor facilidad la tecnología más reciente.

Además, de acuerdo con un tema que resulta ya familiar en este libro, las decisiones de cada fábrica sobre si utilizar la energía eléctrica dependían de lo que las otras fábricas estuvieran haciendo. Valía la pena construir una central de generación eléctrica sólo si había un gran número de clientes en una misma área. Si las demás fábricas no adoptaban la energía eléctrica, una sóla fábrica no podía hacerlo. El efecto de red puede explicar porqué al comienzo hubo muy poca electrificación mientras que, posteriormente, todo se hizo con prisas. En 1930, el 80 por ciento de la industria de Estados Unidos estaba electrificada.

Algo similar ocurre con las ganancias de productividad del ordenador, las cuales se materializan lentamente debido a que se requiere una reorganización total de la manera tradicional de conducir los negocios. Yo aún tengo mucho más espacio en mi oficina dedicado a libros y papeles que el que ocupo con ordenadores. Esto se debe a que la economía aún no es lo suficientemente intensiva en ordenadores como para que yo pueda prescindir de los documentos que tengo en sus viejas versiones de papel. Ya se vislumbra el día en que todos los documentos comerciales y profesionales se compartan en la Red, prescindiéndose de las estanterías que se necesitan para almacenar materiales de papel. Esto no ha ocurrido aún debido a que hoy todavía abundan las personas tradicionalistas de tinta y papel. Cuando llegue el día todo ocurrirá deprisa, más aún, es posible que ya haya comenzado a ocurrir. En 1997, en

Estados Unidos solamente había un ordenador conectado a Internet por cada veintitrés personas. Sin embargo, el número de ordenadores conectados a Internet crece en un 50 por ciento cada año.[17] En muchos países pobres Internet crece aún más rápidamente, por cuanto ellos pueden saltar algunos de los pasos intermedios, para llegar directamente hasta la frontera. México tiene actualmente 36 servidores de Internet, incluido uno en el Estado de Chiapas, el más atrasado del país.

Los intereses creados y la destrucción creativa

Otro aspecto de la destrucción creativa es que como resultado del proceso de crecimiento económico habrá perdedores y ganadores. A medida que el crecimiento avanza, hay industrias que van desapareciendo y otras nuevas que van surgiendo. El crecimiento modifica el entorno, convirtiendo establos en espacios donde se ubican restaurantes de comida rápida o fábricas. Precisamente porque el crecimiento conlleva perdedores y ganadores, es razonable esperar que siempre haya grupos opuestos al crecimiento que expresen ruidosamente su posición, incluso dejando aparte el tema del medio ambiente.

En la web tiene su página el *Preservation Institute,* un grupo que demanda "el fin del crecimiento económico".[18] Un estudio de 1999 advierte que, "la urbanización desordenada está socavando el tejido medioambiental, económico y social de América".[19] El historiador Paul Kennedy señala que el cambio económico "igual que las guerras y los torneos deportivos, no es por lo común beneficioso para todo el mundo". El progreso beneficia a unos "igual que perjudica a otros".[20] Repasando títulos en la biblioteca, uno se encuentra con *El desarrollo económico sólo es posible si se prescinde del crecimiento, Crecimiento económico y la caída del bienestar social, Desarrollados hasta la muerte, La pobreza de la riqueza, Los costes del crecimiento económico* y, el más contenido, *La ilusión del crecimiento: cómo el crecimiento económico ha enriquecido a unos pocos, empobrecido a muchos y puesto en peligro el planeta.*[21] Los manifestantes de la reunión anual del 2000 del FMI y el Banco Mundial, que tuvo lugar en Praga, expresaron su disgusto con el crecimiento económico global lanzando piedras y *cócteles molotov.*

Los que más incentivos tienen para oponerse a la destrucción creativa son los grupos que trabajan con tecnologías que corren un alto riesgo de ser desplazadas. Yo mismo me resisto a utilizar el nuevo *Palm* porque tengo toda mi lista de teléfonos en mi antigua agenda electrónica Sharp Wizard, que se ha hecho obsoleta. En general, se formarán coaliciones de trabajadores y patronos de las industrias amenazadas que soliciten protección ante la nueva tecnología. Cuando la nueva tecnología viene de fuera esto se traduce en protección ante las importaciones más baratas hechas con la nueva tecnología. Habrá políticos interesados en defender los intereses de las tecnologías en vía de desaparición. La burocracia puede sentir que la nueva tecnología es una amenaza a su posición. Esto pudo ser lo que ocurrió en la China de la dinastía Ming, que se encerró en sí misma, y en la China actual que trata de controlar el uso de Internet. Estos intereses creados pueden ser lo suficientemente fuertes como para reducir significativamente el crecimiento.

El historiador económico Joel Mokyr argumenta que los mismos intereses que generaron la primera revolución industrial del mundo en Inglaterra, habrían de oponerse a cualquier progreso tecnológico posterior, causando con ello la pérdida del liderato tecnológico de Inglaterra ante Estados Unidos. Las escuelas públicas inglesas capacitaban a la élite para las profesiones, en lugar de hacerlo en los campos de la ciencia y la tecnología. En contraste, en el continente, Alemania estableció sus *Technische Hochschule*.[22] La industria estadounidense de hilados fue hacia arriba con la introducción de la nueva máquina de hilados de anillos, mientras que Lancashire se quedó con la máquina original de hilados (la mula).[23] Tras tres huelgas de trabajadores en los años 1850, los ingleses prohibieron la introducción de la máquina de coser en la manufactura de zapatos en Northampton. Los obreros de la industria de fabricación de armas de Birmingham bloquearon la introducción del gran descubrimiento de las piezas intercambiables. Los trabajadores ingleses también bloquearon la introducción de nueva maquinaria para la fabricación de alfombras, fabricación de vidrio y en la industria de piezas metálicas.[24]

Encontramos posteriormente que el mismo tipo de sucesos ocurre en Estados Unidos, que pierde su liderato con Japón en las décadas de los 1970 y 1980. Actualmente es Japón el que se está estancando y Estados Unidos —tras una gran sacudida— se encuentra nuevamente al frente, ambos, sin embargo, creciendo más lentamente que en las décadas anteriores.

Al conflicto entre las antiguas y las nuevas tecnologías se le puede considerar como si fuese un conflicto intergeneracional. Los mayores fueron capacitados para operar las viejas tecnologías y sus habilidades son específicas para ellas; por eso tienen todos los incentivos para oponerse a las nuevas tecnologías. Los jóvenes están recién capacitados con base en la tecnología actual de vanguardia y tienen incentivos para introducir esta nueva tecnología que es más productiva. De este modo, el progreso tecnológico continuará dependiendo de quienes estén al mando, si los jóvenes o los mayores. En un sistema democrático esto lo determina la demografía, según hacia donde se sesga la distribución de la población por edades. A su vez, esto depende del patrón de crecimiento de la población. En poblaciones que han crecido rápidamente, los jóvenes son mayoría, mientras que en poblaciones que crecen muy poco los mayores son mayoría.[25] La población en los países pobres crece rápidamente y tienen con ello la ventaja de tener una mayoría joven.

Esta perspectiva puede ayudar a explicar algunos aspectos dramáticos de la experiencia económica más reciente. La desaceleración del crecimiento de las economías industrializadas coincide con el envejecimiento de su población. Esto puede explicar por qué la revolución electrónica de las últimas dos décadas no ha tenido el impacto esperado en términos de aumento de productividad: las generaciones mayores se han resistido a que el ordenador personal penetre en toda la infraestructura de la sociedad moderna. (Mi madre se resiste con fuerza a la introducción del correo electrónico y aún mecanografía sus cartas en la que posiblemente sea la última máquina eléctrica de escribir en Estados Unidos). La economía estadounidense puede ser más dinámica que otras economías industrializadas debido a su mayor crecimiento de la población y a que su población sea relativamente más joven (gracias en parte a la inmigración).

También así se puede explicar otro gran acontecimiento económico: la incapacidad generalizada de transformación de las economías ex comunistas de Europa oriental y de la antigua Unión Soviética. Estas son todas economías con poblaciones envejecidas y crecimiento de población cero. Una historia verosímil (entre otras muchas) para explicar la incapacidad de despegar tras el desmonte de la economía de planificación central es que ello se debe a que los grupos con intereses en la tecnología existente en el momento del cambio se encuentran aún al mando. Los antiguos gerentes de empresas se oponen a la introducción de nuevas tecnologías occidentales que darían ventaja a los jóvenes sobre los mayores.

El economista Mancur Olson, ya fallecido, señaló otro aspecto del crecimiento económico que es explicable por la presencia de intereses en las tecnologías existentes. Observaba Olson el hecho curioso de que las economías parecían crecer mucho tras las guerras y otras revoluciones sociales. Japón, Alemania, y Francia son ejemplos de rápido crecimiento tras la Segunda Guerra Mundial. La explicación de Olson es que la destrucción debida a la guerra y la revolución remueve los viejos intereses creados y permite que surjan nuevos líderes. Ampliando un poco la explicación de Olson, podemos decir que guerras y revoluciones desplazan a la generación anterior y colocan en su lugar a la nueva generación que se encuentra lista para adoptar la nueva tecnología.

La historia de la industria del acero en Japón y Estados Unidos después de la Segunda Guerra Mundial ilustra la diferencia entre una sacudida que coloca a nuevos líderes (en Japón) y la resistencia de los intereses creados a la innovación (en Estados Unidos). La ocupación estadounidense de Japón purgó de la dirección de las empresas a los líderes de la época de la guerra. Un joven ingeniero, Nashiyama Yataro, surgió como presidente de Aceros Kawasaki y se convirtió en uno de los pioneros tecnológicos de la industria.[26]

En 1952, dos compañías austríacas inventaron el horno de oxígeno básico que sustituiría el alto horno tradicional. Estas compañías trataron de vender el horno tanto a los estadounidenses como a los japoneses. Los estadounidenses, que producían diez veces más acero que los japoneses y que habían hecho una gran inversión en la tecnología de altos hornos (gracias a la cual habían saltado por delante de los británicos que usaban el proceso Bessemer),[27] declinaron la oferta de la nueva tecnología de oxígeno básico. En cambio, Nashiyama Yataro adoptó la tecnología a final de los años cincuenta, ejemplo seguido pronto por otras empresas japonesas. Después de sucesivos perfeccionamientos, el horno de oxígeno redujo los costes respecto del sistema de altos hornos entre un 10 y 20 por ciento y redujo el tiempo de refinamiento a un décimo de lo que era con la tecnología antigua. Además, la adopción de tecnología engendró más adopción de tecnología. La fundición y laminado continuos, un sistema en el cual la producción que sale del proceso de refinamiento va directamente a la producción de láminas, reemplazaron el viejo sistema —en Japón, pero no en Estados Unidos— en el cual el acero refinado se colaba en lingotes que luego se recalentaban para hacer las láminas. La fundición y laminado continuos eran un sistema más eficiente en el uso de energía puesto que no había que recalentar los lingotes.

El sistema de fundición y laminado continuos apareció como consecuencia natural del horno de oxígeno básico, pues de otra manera habría habido un desequilibrio en la línea de producción entre la velocidad de preparación de las planchas y de preparación del acero. Esta innovación llevó a su vez al proceso de control computarizado de toda la fabricación del acero, que se introdujo en Japón en 1962 y que era la tecnología de punta en el mundo en la década de 1980.[28] Entre 1957 y 1993, la eficiencia de los recursos utilizados para la fabricación del acero japonés más que se duplicó, mientras que la de Estados Unidos se mantuvo aproximadamente constante.[29] Durante las últimas cuatro décadas, la producción de hierro y acero de Japón se ha cuadruplicado mientras que la de Estados Unidos solamente ha crecido un 13 por ciento.[30] La participación de Japón en el mercado mundial del acero se duplicó entre 1960, y 1996 mientras que la de Estados Unidos se redujo a la mitad. Y ahora el proceso sigue su curso, Japón está perdiendo su participación a expensas de recién llegados como Corea y Taiwan.[30]

La historia del acero de Japón muestra como las tensiones que surgen entre los intereses creados por las antiguas y las nuevas tecnologías le pueden dar una ventaja a la economía más atrasada. La economía más avanzada tiene más que perder si renuncia a la tecnología existente, pues ha capacitado tan bien a sus trabajadores en el uso de ella, que ellos son más productivos si la mantienen que si se pasan a una tecnología nueva.[32] Compárese con el caso de una economía atrasada que no ha capacitado suficientemente a sus trabajadores en el uso de la tecnología disponible, sea porque no ha comenzado a utilizarse en algunas industrias o porque las viejas fábricas desaparecieron bombardeadas durante una guerra. Para la economía atrasada valdrá la pena saltar directamente a la nueva tecnología cuando instale sus nuevas industrias, en las cuales podría superar a la economía avanzada. Algunas personas piensan que ésta es otra forma verosímil de describir como Japón recortó diferencias con Estados Unidos durante la posguerra. Este enfoque contrasta de manera interesante con el mensaje del capítulo anterior sobre las desventajas que sufren las economías atrasadas.

Pero antes de entusiasmarnos demasiado con las bendiciones del atraso, observemos que, con todo, las fuerzas identificadas en el capítulo anterior aún siguen en funcionamiento. Aunque el atraso represente una ventaja al permitir que los países salten directamente a la tecnología de vanguardia, también hay desventajas inherentes al atraso. Los países demasiado atrasados pueden carecer de factores complementarios con las nuevas tecnologías. Por ejemplo, para poder introducir un proceso de control computarizado en la fabricación del acero se requiere estar familiarizado previamente con los ordenadores. A un nivel todavía más básico se requieren suministros fiables de energía, los cuales dependen de la infraestructura de transporte de la economía. Una economía puede ser "tan atrasada" que no tenga ni la mínima esperanza de poder saltar a la tecnología de vanguardia. Las desventajas del atraso pueden explicar por qué el Chad no recortó las diferencias con Estados Unidos de manera similar a como lo hizo Japón. Ya hemos visto que no existe una tendencia generalizada a que los países pobres recorten sus diferencias con los ricos; las pobres más bien se están rezagando cada vez más, en promedio.

Imitación entre los pobres

Las posibilidades de que en los países pobres se invente tecnología son escasas. Sin embargo, no es necesario que tengan sus propios Thomas Edison o Bill Gates, ya que tienen la ventaja de que pueden avanzar tecnológicamente adoptando las invenciones que hacen los países ricos.

El caso del sector de la confección de Bangladesh del capítulo anterior ilustra como los países pueden saltar directamente a la frontera tecnológica imitando las tecnologías de los países industrializados. Los obreros bengalíes de la confección imitaron a los obreros coreanos de la confección durante su pasantía en Corea y los gerentes bengalíes imitaron a los gerentes coreanos.

El resultado fue que se estableció en Bangladesh una industria de la exportación de confecciones de varios miles de millones de dólares.

Un posible vehículo de transmisión de tecnología avanzada de los países ricos a los pobres, que resulta obvio en el caso de las confecciones en Bangladesh, es la inversión extranjera directa. El salto tecnológico de los bengalíes no habría ocurrido si la empresa coreana Daewoo no hubiese decidido invertir en Bangladesh.

Existen datos que avalan los buenos efectos que la inversión extranjera directa puede tener sobre el progreso tecnológico. Varios estudios empíricos muestran que cuanto mayores son los influjos de inversión extranjera directa, como proporción del PIB, más aumenta el crecimiento económico de los países pobres, hecho que posiblemente refleja un crecimiento debido a la adopción de tecnología.[33] Un estudio realizado en empresas indonesias encontró que las pertenecientes a propietarios extranjeros tenían una mayor productividad por trabajador que las empresas nacionales. Las empresas extranjeras también tenían el efecto de subir la productividad de las empresas nacionales probablemente debido a efectos de imitación.[34]

Otro canal mediante el cual la tecnología extranjera llega a un país es a través de las importaciones de maquinaria. Es fácil para las personas de los países pobres plantarse en la frontera tecnológica de ordenadores, simplemente con comprarse el último portátil Dell Latitude que tenga instalados Microsoft Windows con Word y Excel. En un estudio reciente se encontró que, efectivamente, las importaciones de máquinas hacen aumentar el crecimiento.[35] Si un Gobierno comete la enorme tontería de prohibir las importaciones de maquinaria, el crecimiento se resentirá. Es el caso de Brasil, que entró con mayor lentitud de lo conveniente en la revolución de los ordenadores, debido a que el Gobierno prohibió la importación de ordenadores personales en un mal aconsejado intento de promover una industria nacional de ordenadores personales, ejemplo clásico de intento de secuestrar el cambio tecnológico por parte de determinados grupos de presión nacionales.

La imitación responde generalmente a los mismos tipos de incentivos que la innovación. El Gobierno debe subvencionar la imitación tecnológica porque ella, además de traerle beneficios al imitador, le trae beneficios a otras empresas del país. Y, por supuesto, debe existir un clima favorable a la inversión extranjera directa y a las importaciones de maquinaria, así como al mundo de la empresa en general.

Bangalore

Bangalore es la capital de Karnataka, un Estado del sur de la India. Es una ciudad en un valle interior, famosa desde hace mucho tiempo por la frescura de su clima y sus abundantes jardines. Era un sitio tranquilo al cual acudían a refugiarse parejas en luna de miel y jubilados.[36]

Pero el prestigio actual de Bangalore no se debe a su jardinería. La imagen universal es que se ha convertido en el Silicon Valley de la India, pues tiene una de las mayores concentraciones de industria de software en el tercer mundo. En bares con nombres como NASA y Pubworld situados en Church Street, en el centro de Bangalore, es habitual ver jóvenes ingenieros de software que intercambian cotilleos sobre el sector ("los cuchicheos de Church Street"). Entre los clientes de software se encuentran Citibank, American Express, General Electric y Reebok.[37] Texas Instruments, Sun Microsystems, Novell, Intel, IBM y Hewlett-Packard tienen todas oficinas instaladas allí. Las empresas locales incluyen Wipro, Tata, Satyam, Baysoft e Infosys. Algunas de las empresas locales se han asociado con empresas extranjeras (Wipro con Intel, Tata con IBM). Empresas de caza de talentos llegan a Church Street a contratar ingenieros de software para trabajar en el Silicon Valley original. En Bangalore se concentra una gran parte de los 2.200 millones de dólares que mueve el sector del software de la India. Bangalore es un buen ejemplo de cómo una zona atrasada puede saltar por encima de otros directamente hasta la frontera tecnológica.

La pregunta es, ¿por qué hay alrededor del mundo Silicon Valleys que se concentran en determinadas localidades? Igual que en los demás sitios, la historia de Bangalore comienza con una serie de intervenciones del Gobierno y una universidad (pero sin que la historia termine aquí). Lo que Stanford fue para Silicon Valley y MIT para Road 128, el Instituto Indio de Ciencias es para Bangalore. El industrial indio Jamsetji Nasarwanji Tata fundó en 1909 la primera universidad de ciencia y tecnología de la India, el Instituto Indio de Ciencias de Bangalore. Igual que otros, había sido atraído por el maravilloso clima. Tras la independencia nacional, ocurrida en 1947, agencias de defensa del Gobierno, la aeronáutica y la electrónica se ubicaron en Bangalore: Aeronáutica Indostánica, Electrónica Bharat, Organización India de Investigación Espacial y el Laboratorio Nacional de Aeronáutica. Aunque podemos comenzar a entender por qué la industria del software gravitó hacia este punto, parece como si faltara una pieza por colocar para entenderlo todo. Los ingenieros de software llegaron porque ya había otros ingenieros de software, quienes a su vez estaban allí porque antes ya había otros ingenieros de software. ¿Por qué se concentran los ingenieros de software de todo el mundo en estos densos centros geográficos?

Hemos tratado la innovación tecnológica como una decisión consciente tomada por los innovadores como respuesta a ciertos incentivos que, a menudo, pueden ser reforzados por la intervención del Gobierno. Pero hay un aspecto inconsciente de las invenciones denominado "*path dependence*", *la depen-*

dencia de la trayectoria. Un innovador no puede prever hasta donde podrá llevar una cierta invención. Jamsetji Nasarwanji Tata no preveía en 1909 que su escuela técnica conduciría a la concentración de industrias de software que tuvo lugar en Bangalore (teniendo en cuenta particularmente que los ordenadores aún no se habían inventado).

La dependencia de la trayectoria

Un cierto innovador no puede prever si su invención llevará a nuevas invenciones o si será el último rincón de un callejón tecnológico sin salida. Nuevamente nos encontramos con el espectro de la indeterminación. Algunas sociedades pueden correr con la mala suerte de comprometerse con tecnologías que tienen sentido en el momento pero que carecen de potencial para innovar. Otras sociedades pueden tener la suerte de encaminarse por un sendero que terminará convirtiéndose en una avenida tecnológica fructífera. A esto se refiere la dependencia de la trayectoria. El éxito futuro de un país depende del camino o trayectoria que escogió en el pasado. Para citar un ejemplo, consideremos el caso de Inglaterra en el siglo XVIII que estaba interesada en el progreso tecnológico en la minería ya que tenían abundantes depósitos de carbón. Tenían, entre otros, el problema de cómo extraer el agua que se filtraba en las minas de carbón.

El paso siguiente natural fue que los mineros "se preocuparon por desarrollar mejores bombas, lo cual llevó a construir taladros más precisos y otras herramientas que más adelante facilitarían el desarrollo de la generación de potencia mediante vapor y la hidráulica moderna. La minería requería del conocimiento en las áreas de metalurgia, química, mecánica e ingeniería civil; la convergencia de tantas ramas de diferentes áreas del conocimiento... solamente podía traer más progreso tecnológico". Muchos de los grandes inventores británicos del siglo XVIII salieron de la minería.[38]

Otro ejemplo es el de la utilización de la rueda en el transporte del mundo occidental, donde hubo una evolución natural de la carreta al coche de caballos a la diligencia y al ferrocarril. En cambio, en Oriente Próximo y África del Norte el transporte por camello reemplazó el transporte en vehículos de rueda desde la invención de la silla de camellos, antes del año 100 a.C. El uso del camello tenía sentido económico puesto que no hacía necesaria la construcción de carreteras en medio del desierto, pero constituía un callejón tecnológico sin salida. Según Mokyr, "Los camellos eran una tecnología sostenible... pero no inspiraron los ferrocarriles".[39]

Un ejemplo más reciente es el invento japonés de la televisión analógica de alta definición a finales de los años sesenta. Japón fue el líder mundial en televisión de alta definición (TVAD) por un tiempo y realizó su primera transmisión en 1989. Sin embargo, perdió su liderazgo a favor de Estados Unidos y Europa, donde se dieron cuenta de que el futuro tecnológico estaba en la TVAD digitalizada. Las primeras transmisiones de TVAD digitalizadas se hicieron en Estados Unidos en 1998.[40] Es difícil prever en tecnología cual va a ser la trayectoria tecnológica de futuro. A veces simplemente se hace la apuesta equivocada.

¿Complementariedad o sustitución?

Una idea similar consiste en que las nuevas tecnologías son complementarias entre sí, es decir, una invención aumenta la tasa de rendimiento de otra invención diferente. Esto contrasta con el efecto en el que más me he extendido en este capítulo: la destrucción de tecnologías existentes causada por la aparición de una tecnología nueva. El efecto de complementariedad tiene algunos de los mismos resultados que el juego de los emparejamientos de aptitudes discutido en el capítulo anterior. Sea cuál sea el efecto que domine, la complementariedad o la sustitución, determina el resultado histórico-económico.

El ferrocarril fue una invención complementaria al motor de vapor. (No habríamos llegado muy lejos en vagones tirados por caballos). Internet es una invención complementaria al ordenador personal. (¿Alguien se imagina Internet en ordenadores centrales con consolas?).

Cuando el efecto de la complementariedad entre invenciones domina al de la sustitución, las consecuencias son similares a las del capítulo anterior.

En primer lugar, las invenciones tenderían a concentrarse en el espacio y en el tiempo, como fue el caso del interior de Inglaterra entre 1750 y 1830, del Silicon Valley en los años ochenta y noventa, y de la industria india de software en Bangalore actualmente. La actividad de los inventores recibe un impulso con la presencia de otros inventores alrededor. La localización de estas concentraciones puede deberse a un hecho inicial fortuito, como la localización de una universidad.

En segundo lugar, la innovación tendrá lugar donde ya esté operando una tecnología muy avanzada. (Este efecto contrapesa las ventajas del atraso, que favorece la imitación y el salto a la frontera que se han mencionado anteriormente. El resultado neto parece ser que el atraso acaba siendo una desventaja debido al efecto de la complementariedad de las invenciones). Las nuevas invenciones aparecerán donde puedan beneficiarse de otras invenciones existentes, es decir, sí hay dependencia de la trayectoria.

En tercer lugar, hay ocasiones en las cuales las nuevas invenciones revitalizan las existentes, en lugar de destruirlas, contrariamente a lo que se ha venido señalando en este capítulo.[41] Esto no invalida el caso de la destrucción creativa puesto que los dos procesos pueden coexistir, con algunas tecnologías que desaparecen debido a la aparición de una invención y otras tecnologías que se refuerzan y perpetúan mediante procesos de invención continuada.

En último lugar, señalamos que el cambio tecnológico se acelerará a lo largo del tiempo. La tasa de rendimiento de las nuevas invenciones que son complementarias con la tecnología existente, aumentará a medida que la tecnología avance, lo cual significa que el progreso tecnológico es más rápido. Esto parece confirmado por la experiencia. Durante el primer milenio de la era cristiana era una gran noticia la aparición ocasional de una innovación como, por ejemplo, el arnés que permitió que los caballos pudiesen halar grandes cargas sin que el yugo les apretase la tráquea. Todavía en el siglo XIX tomó un buen tiempo pasar de los 1,2 millones de caballos de fuerza que los motores de vapor generaban en 1869 para la industria estadounidense, a los 45 millones de caballos producidos por motores eléctricos en 1939. Esto es una multiplicación de la potencia mecánica de cuarenta veces en setenta años. En contraste, durante los últimos cuarenta años, hemos pasado de 2.000 ordenadores con una capacidad media de procesamiento de 10.000 instrucciones por segundo en 1960, a tener ahora 200 millones de ordenadores con una capacidad media de procesamiento de 100.000 instrucciones por segundo —en cuatro décadas hubo una multiplicación de un millón de veces en la capacidad de procesamiento de información.[42]

La posible complementariedad de las invenciones hace que la historia y las expectativas desempeñen un importante papel. La historia es importante por cuanto un país que tenga una tecnología avanzada lo hace terreno fértil para nuevas invenciones. Las expectativas son importantes porque el rendimiento de una invención será mayor cuando haya expectativas de que se estén haciendo otras invenciones complementarias. Las empresas de ordenadores se instalaron en Bangalore porque esperaban que otras compañías del sector también lo hiciesen.

Debe observarse que, otra vez más, éste es un resultado contrario al predicho por la teoría de la destrucción creativa, en la cual se hablaba de que prever nuevas invenciones reducía la rentabilidad esperada de una invención al hacerla obsoleta más rápidamente. Y otra vez más, las dos teorías pueden ir hombro con hombro aplicándose a diferentes invenciones: unas invenciones harán obsoletas algunas de las tecnologías existentes y otras aumentarán la rentabilidad de otras tecnologías existentes.

Una sola invención puede tener ambos efectos al mismo tiempo. Por ejemplo, Microsoft Windows tendió a sustituir el sistema operativo de Apple, reduciendo la participación de Apple en le mercado a proporciones mínimas. Pero al mismo tiempo, Windows elevó la rentabilidad de otras múltiples aplicaciones de software asociadas con Windows. El procesador de palabras usado para escribir este libro no existiría si no fuese por Windows. El incentivo que tuvo Microsoft para inventar y mejorar Windows fue mayor debido a que esperaba que otros inventores prepararían software complementario. (Algunos de los inventores están dentro del mismo gigante del software. El gigante puede estar tranquilo si consigue capturar todas las invenciones complementarias en una sola compañía —como bien lo ha señalado el Departamento de Justicia de EE UU).

La tecnología también puede ser complementaria a las cualificaciones. Alguna evidencia sobre esto nos la proporcionan los aumentos de los rendimientos a las cualificaciones que se han venido observando en las economías de los países industrializados a medida que la revolución electrónica ha avanzado durante las últimas décadas; ésta es también una posible explicación del aumento en la desigualdad que se viene observando en muchos países industrializados. Las personas con sólo educación secundaria se van rezagando dentro de la nueva economía, mientras que las personas con educación universitaria reciben una mejor remuneración por sus cualificaciones.

La complementariedad entre tecnología y cualificaciones laborales pone en marcha un juego de emparejamientos como el que describimos en el capítulo anterior. La gente adquirirá más cualificaciones donde haya alta tecnología e invertirá en tecnología donde haya más gente cualificada. Habrá el mismo tipo de círculos virtuosos o viciosos como los que vimos en el caso de los emparejamientos de cualificaciones del capítulo anterior y en el caso de las invenciones complementarias de este capítulo.

La dependencia de las invenciones de la historia y de las expectativas otorga relevancia a la pura suerte, igual que ocurrió con las teorías del capítulo anterior. Una masa crítica de inventores puede formarse en cierto sitio, como en Bangalore, y sostenerse a sí misma de manera continua, si logra atraer nuevos inventores. Las tecnologías de Roma y China no pudieron despegar, a pesar de sus auspiciosos comienzos, porque les faltaron algunas invenciones complementarias (o la suficiente gente con las cualificaciones complementarias). Al final pudo haber sido el albur de la suerte. Vamos a explorar el papel de la suerte en el capítulo siguiente.

El futuro del trópico

¿En qué medida va a crear o destruir la actual revolución electrónica en los países pobres —predominará la complementariedad o la sustitución? Estas son, en su mayor parte, preguntas sin respuesta. El atraso tecnológico puede constituirse en una ventaja o en una desventaja. Es desventaja en la medida en que las posibilidades de utilización de la nueva tecnología dependan de la familiaridad con la tecnología existente (o, en otras palabras, si la nueva tecnología se complementa con la existente). Es una desventaja en la medida en que un bajo nivel medio de cualificación rebaja los rendimientos de la nueva tecnología en los países pobres. El hecho de que los países pobres tengan una proporción de su población usuaria de Internet que es una diezmilésima de la de los países ricos, constituiría, en este último caso, una pésima noticia.

Sin embargo, también hemos visto ocasiones en las cuales la nueva tecnología destruye parte de la existente (o sea, que la nueva tecnología sustituye a la tecnología existente). Si éste fuese el caso, la ausencia en los países pobres de buena parte de la tecnología existente se puede convertir en una bendición. Podrían saltar directamente a la tecnología de frontera. Quienes viajan a los países pobres hoy en día habrán observado que hay una enorme densidad de teléfonos móviles. Esto se debe a que, como las compañías estatales de teléfonos nunca fueron capaces de instalar suficientes teléfonos, los usuarios saltaron directamente a los teléfonos móviles, omitiendo el paso intermedio de tener una alta densidad de líneas telefónicas.

Más aún, las reducciones de precios de las comunicaciones y el transporte pueden crear nuevas oportunidades para que las naciones pobres hagan uso del conocimiento y la tecnología de las naciones ricas. La naturaleza descentralizada de la revolución científica puede ser altamente beneficiosa para los pobres. Una línea telefónica con un ordenador y energía eléctrica significan el acceso a un enorme depósito de conocimiento en Internet. El Banco Mundial invierte grandes cantidades actualmente en la educación a distancia, con conferenciantes que hacen presentaciones por teleconferencia desde Washington para audiencias de los países pobres (y viceversa). La reducción en los costes del transporte y las comunicaciones restará importancia a la necesidad de estar cerca de los grandes mercados, lo cual eliminará gradualmente el efecto negativo que el factor distancia ha tenido sobre los países pobres del Sur globalizado, que tratan de competir en los mercados del Norte globalizado. La industria de software de Bangalore no existiría sin la dramática reducción del coste de la distancia. Podemos esperar que surjan nuevos Bangalore a medida que la revolución de las comunicaciones prosiga su marcha.

Hemos visto hasta ahora que los ricos han tendido a crecer más que los pobres durante los últimos dos siglos de progreso tecnológico. Esto, sin embargo no tiene por qué seguir siendo así; la naturaleza cambiante de la tecnología y una promoción agresiva de los incentivos para la adopción de tecnología por parte de los Gobiernos en los países pobres podrían cambiar el balance de la ecuación. La dirección que adopte la revolución de los ordenadores sigue siendo una pregunta sin respuesta.

Conclusión

Comprender cómo la creación y la destrucción tecnológicas están en la esencia misma del crecimiento nos proporciona un mejor entendimiento del proceso. La evidencia empírica indica que la innovación tecnológica y la investigación y desarrollo deben ser subvencionadas. Un caso que va en una dirección equivocada es el de Estados Unidos: el gasto federal en I&D como proporción del PIB es hoy sólo del 0,8 por ciento, comparado con el 1,5 por ciento de los años sesenta.

Las tecnologías existentes tienen sus defensores a quienes habrá que neutralizar para que el proceso de crecimiento siga hacia delante. Estos tratarán de oponerse a la entrada de nuevas empresas para mantener la competitividad de su tecnología obsoleta. Un clima que sea favorable a las nuevas generaciones de empresarios y al mundo de los negocios es crucial para el crecimiento en un contexto de destrucción creativa.

Para los países pobres ha llegado la hora de encender la luz —la luz que es 100.000 veces más luminosa que la de las hogueras. La nueva economía es una espada de doble filo: puede dejar atrás las partes del tercer mundo que son muy poco cualificadas, muy tecnológicamente atrasadas, o muy hostiles a las nuevas iniciativas, pero puede significar una descentralización de la producción a otros centros del tercer mundo y su salto hasta la frontera tecnológica.

La combinación de este capítulo con el precedente puede ayudarnos a comprender por qué muchas economías pobres se estancan mientras que unas pocas recortan las diferencias con los países ricos. En qué grupo cae cada país depende tanto de la suerte como de la política de su Gobierno. Empecemos por la suerte.

Interludio: Un accidente en Jamaica

Éste es un relato de una mujer de Bower Bank, en Jamaica, que tiene ocho hijos, cuyo padre fue encarcelado en Estados Unidos, por lo cual no pudo seguir enviando remesas de dinero.[1]

Su hija de catorce años "se quemó toda su cara, su pecho, el torso y las piernas con agua hirviendo el 2 de febrero de 1999. Esa noche, como nunca tengo dinero más temprano para hacer la comida, me fui a la ciudad a conseguir dinero y comprar algo de comida, porque no habían comido nada desde la mañana. M'hija fue a coger algo del fogón y se echó encima la olla con agua hirviendo. La llevé al hospital y no tenía dinero pa'ingresarla, le pedí dinero a la gente y la inscribí. Le debo al hospital 10.500 dólares pero no puedo pagarlos. Ella tiene que volver para más tratamientos pues no puede extender la mano, pero el hospital no quiere atenderla si no pago la deuda".

10. Bajo la mala estrella

Aunque los hombres se jactan de sus grandes acciones, éstas no son con frecuencia el resultado de grandes ideas sino del azar.
François de la Rochefoucauld

Nha es un padre de familia de veintiséis años en Lao Cai, Vietnam. Su hogar se compone de doce personas. La familia de Nha era una de las más ricas del pueblo, pero ahora es una de las más pobres. Dos desastres les sobrevinieron en los últimos dos años. En primer lugar, su padre murió hace dos años. Esto dejó a la familia con sólo dos trabajadores, Nha y su madre de cuarenta años de edad. Y hace dos años, la hija de Nha, Lu Seo Pao se enfermó seriamente y tuvo que ser operada en el hospital de la provincia. Su familia tuvo que vender cuatro búfalos, un caballo y dos cerdos para poder cubrir el coste de la operación. La operación costó varios millones de dongs vietnamitas. Es triste que la niña aún no se encuentre bien. Todos los miembros de la comunidad ayudaron, pero nadie podía dar más de 20.000 dongs. Lu Seo Seng, el hermano menor de Nha que cursaba sexto año en la escuela, tuvo que dejarla para ayudar a su familia. Nha dice que "si Lu Seo Pao no se hubiese enfermado, su familia aún tendría muchos búfalos, él podría tener una casa para su hermano menor y Seng podría seguir estudiando".

Sandhya Chaalak que vive en Geruwa, India, tiene treinta años de edad y es madre de cuatro hijas. La mayor tiene siete años y la menor es aún una niña de brazos. Su esposo trabajaba en una lechería limpiando búfalos. Pero un día le golpeó una calamidad. Lleva ya un año sin poder trabajar pues tiene diabetes. Con el fin de conseguir dinero para el tratamiento de su esposo, Sandhya le vendió su casa y su tierra a otro residente del pueblo por 1.300 rupias, aunque su valor real fuese de más de 20.000 rupias. Sabe que le pagaron por debajo del valor, pero aún así, se siente agradecida con el comprador porque le permitió mantener una pequeña habitación en la casa para su esposo convaleciente y sus hijas pequeñas. Se ha hecho cargo del mantenimiento de su familia acarreando leña sobre su cabeza, para lo cual tiene que caminar unos 10 kilómetros cada segundo día. Tiene poca esperanza en el futuro. Vive al día pues sus ingresos diarios apenas le alcanzan para comprar dos kilos de arroz. Sus hijas no van a la escuela y tiene serias dudas de que algún día lo hagan.

Freda Musonda es madre de cinco hijos en Muchinka, Zambia. Su esposo falleció en 1998. Tras su funeral, sus parientes se apoderaron de las posesiones de la familia, incluyendo los muebles, sus máquinas de coser (él había sido sastre) y su libreta de ahorros. A Freda sólo le quedaron sus hijos. El suegro le exigió que abandonara la casa. Por suerte, una amiga de su marido la llevó de vuelta a su aldea junto con sus niños. Se preocupa de cómo les dará de comer a sus hijos pues no tiene forma de ganar algún dinero. Comenzó a cultivar maíz en un campo de sus padres, pero no le va bien pues no tiene dinero para comprar fertilizante. Los campos de yuca y mijo son más prometedores. Sus hijos comenzaron a asistir a la escuela pero los devolvieron pues no tenía con qué pagar por ellos. Cuando el entrevistador estaba con ella, tuvo la impresión de que la familia no iba a comer nada al mediodía y, según dijo Freda, el día anterior no habían comido nada pues no había podido vender su vestido. Sus hijos se estaban alimentando de mangos verdes.[1]

Nha, Sandhya Chaalak y Freda Musonda fueron lanzados al círculo vicioso del analfabetismo, el trabajo no cualificado y la pobreza por tragedias que ocurrieron en sus hogares. Cuando uno reside en un país rico, es muy fácil olvidar en qué medida los pobres están a merced de la naturaleza y las enfermedades.

Las trampas de pobreza que amenaza a las familias con pocos ingresos dejan a los hogares y a las economías pobres muy vulnerables ante sucesos imprevistos. Dentro del hogar, el rendimiento de las habilidades laborales de una persona puede depender de las posesiones y habilidades de otros miembros del hogar. La capacidad para poder utilizar nuevas tecnologías como, por ejemplo, las propias de la revolución verde, depende de tener las cualificaciones que permitan usar las proporciones apropiadas de fertilizantes y semillas de alto rendimiento. Los hogares con suficientes recursos pueden invertir en capacitación y tecnología para poner en marcha un círculo virtuoso. Los hogares pobres no pueden conseguir préstamos porque no tienen avales que ofrecer, de modo que no pueden invertir en capacitación y tecnología, por alto que sea el rendimiento de estas inversiones. Un desastre puede acabar con los activos líquidos del hogar que puede verse obligado a venderlos para salir adelante. Un hogar puede verse abocado a un círculo vicioso por culpa de un accidente.

La economía del desastre

Economías enteras también pueden ser vulnerables a los desastres. Así, por ejemplo, una economía puede tener un nivel medio de cualificaciones suficiente como para que resulte rentable adquirir mayores cualificaciones. O, es posible que la introducción de nuevas tecnologías valga la pena porque haya suficiente gente cualificada. Si ocurre un desastre que cause la muerte de personas capacitadas y destruya los activos de los supervivientes, entonces para los más pobres ya no será rentable adquirir nuevas cualificaciones o nueva tecnología. Pueden verse abocados a un círculo vicioso en el cual nadie se capacita porque solamente hay personas no calificadas con las cuales emparejarse. Pueden caer en un circulo vicioso en el cual no se adopten nuevas tecnologías debido a la escasa capacitación de la fuerza de trabajo y a que no haya incentivos para el mejoramiento de las cualificaciones porque el nivel tecnológico sea muy bajo.

Los países pobres son más vulnerables a los desastres naturales que los países ricos. Entre 1990 y 1998, los países pobres fueron víctimas del 94 por ciento de los 568 grandes desastres naturales que ocurrieron y padecieron el 97 por ciento de las muertes relacionadas con ellos.[2]

El 27 por ciento del quintil más pobre de naciones tuvo hambrunas entre 1960 y 1990; no hubo ninguna entre los países del quintil más rico. Más del 1 por ciento de la población de los países del quintil más pobre estaba constituido por refugiados de algún tipo de desastre. Entre la población de los países ricos no había ningún refugiado. El 11 por ciento de la población de bajo riesgo en los países del quintil más pobre sufrían del virus de inmunodeficiencia humana (VIH) mientras que la cifra era solamente del 0,3 por ciento en el quintil de los países más ricos.

Los veintiún países con la más alta incidencia de VIH del mundo están todos en África Subsahariana. La epidemia del SIDA ya ha quitado la vida a 14 millones de africanos. En Zimbabue y Botsuana, uno entre cada cuatro adultos sufre de VIH. Un niño que nazca actualmente en Zambia o Zimbabue tiene una mayor probabilidad de morir de SIDA que de sobrevivir.[3] Si el niño mismo no muere de SIDA, es probable que lo hagan sus padres. En África hay actualmente 11 millones de huérfanos por el SIDA.[4] A causa de la incidencia del SIDA, se proyecta que la expectativa de vida, en los países más golpeados por la epidemia, se reduzca en diecisiete años hacia el año 2010: cuarenta y siete años en lugar de sesenta y cuatro.[5] Solamente en 1999, cuatro millones más de personas se infectaron de VIH en África. El SIDA no es solamente una tragedia humana, sino que además se ceba en el grupo de edad más capacitado para trabajar. En Botsuana las empresas toman un seguro de "puestos claves" para cubrir los costes de sustituir un trabajador calificado que muere de SIDA.[6]

Además de la epidemia del SIDA también existen otros desastres, algunos naturales y otros causados por el género humano. El número de personas que perecieron desde 1969 en el mundo a causa de los desastres naturales (tales como terremotos, sequías, inundaciones, avalanchas, tifones o erupciones volcánicas), y de aquellos causados por el hombre (guerras, hambrunas, y otros) fue de 4,2 millones. Seis son los países pobres que contienen las dos terceras partes de esta cifra: Bangladesh, China, Etiopía, India, Mozambique y Sudán.[7]

La sensibilidad de los países pobres a los desastres puede explicar porque tienen unas tasas de crecimiento mucho más variables que los países industrializados. Los quince países que eran los más pobres del mundo en 1960 crecieron en los años subsiguientes con tasas que en términos medios anuales per cápita para el periodo 1960-1994 varían entre el -2 por ciento (Zaire) y el 6 por ciento (Botsuana). Los quince países más ricos tuvieron un abanico de crecimientos entre el 1,6 (Suiza) y el 3,2 por ciento (Italia).[8]

En los últimos años han ocurrido: el huracán Mitch que causó inundaciones mortales en Nicaragua y Honduras; dos terremotos en Turquía; inundaciones causadas por el monzón en Orissa, India; un terremoto en Colombia; aludes en Venezuela; un terremoto en Armenia; inundaciones en Vietnam; un terremoto en Taiwan; desbordamientos del río Yangtsé en China; El Niño en Ecuador; marejadas en Papua Nueva Guinea; el huracán Keith en Belice e inundaciones en Bangladesh y Mozambique. Con el nuevo milenio ya hay amenazas de hambrunas en Sudán, Kenia y Etiopía.

Tomemos solamente el caso de un desastre, las dos semanas de lluvias torrenciales en Venezuela que causaron inundaciones súbitas y avalanchas en 1999. El número estimado de muertos por el desastre fue de 30.000 personas, 150.000 personas quedaron sin hogar y buena parte del Estado de Vargas quedó destruido. Las pérdidas económicas se estimaron entre 10 y 15 mil millones de dólares, equivalente al 10 o 15 por ciento del PIB.[9] Voluntarios de la Cruz Roja prepararon algunos de los informes iniciales sobre el terreno:

> Casas que parecen tiras de papel. Calles que parecen haber sido bombardeadas continuamente durante varios días. El hedor de la muerte. Escombros por todas partes. Los restos de piedras y lodo de los ríos que se abrieron paso entre las ciudades. Trozos de automóviles y cabinas telefónicas que asoman del suelo. Es difícil creer que esto sea resultado del agua y no de la guerra. Pero al entrar a lo que queda de casas, escuelas o iglesias y caminar por los corredores, pasando por lo que fueron habitaciones o salas de clase, se nota claramente que el criminal fue el lodo. Tan denso y tan alto que cada estructura ahora es, en parte funeraria, en parte morgue, en parte cementerio. En la ciudad de La Guaira sólo quedan 5.000 de los 35.000 habitantes que había.

La superviviente Blanca Rosa Giraldo de setenta y cuatro años de edad dijo: "cuando vi venir la ola [de lodo] ni me acordé que era una vieja". Corrió a buscar refugio a lo alto.

Muchas de las víctimas habitaban en ranchos hechos de lata y madera al pie del Monte Ávila cerca de Caracas. Los empleados del Gobierno habían ignorado por décadas las chabolas que serpenteaban por las peligrosas cuestas del Monte Ávila. "Claro que sabía que era peligroso", dice el residente de una chabola, Andrés Eloy Guillén, pero es la tierra donde vivo. Sólo los ricos pueden elegir".[10]

Yo estuve en Caracas en febrero de 2000, un mes y medio después de las avalanchas. Me estremecí al ver las chabolas de los pobres que colgaban de las laderas —es decir, lo que quedó de ellas. En el resto de las laderas se veían tajos rojos de donde casas y tierra habían sido arrancadas. Aún quedaban escombros amontonados que el Gobierno no había retirado.

Por qué es importante la suerte

Los economistas en su búsqueda del crecimiento prefirieron pensar que el crecimiento respondía a factores deterministas. Sin embargo, las nuevas ideas sobre difusión, emparejamientos y trampas indican que después de todo el crecimiento no es tanto un producto del determinismo. El nuevo enfoque sobre cambio tecnológico indica que la tecnología de un sector de la economía depende de los cambios tecnológicos complementarios que ocurren en otras partes de la economía. La complementariedad entre tecnología y cualificaciones laborales puede poner en marcha círculos viciosos o virtuosos que dependen del punto de partida de la economía. Aun cuando una economía atrasada puede recortar distancias con las economías avanzadas si logra saltar a la frontera tecnológica, una economía puede estar tan atrasada en términos de sus cualificaciones o de la tecnología de que dispone, que no podrá implantar la tecnología requerida para dar el salto.

El crecimiento depende de las condiciones iniciales. Si la economía comienza en una posición favorable, podrá despegar. Si un desastre natural o la pobreza inicial prevaleciente la colocan por debajo del umbral, no despegará. El crecimiento también depende de las expectativas. Si todo el mundo espera que la economía vaya adelante, la gente invertirá en conocimiento y tecnología; si no lo espera, no lo hará. La mala suerte puede establecer malos incentivos y la buena suerte, buenos incentivos. Y, como sabemos la gente responde a los incentivos.

La sensibilidad a las expectativas también hace que las economías sean vulnerables a la suerte. Un cambio accidental en las condiciones prevalecientes puede hacer creer a todo el mundo que no vale la pena invertir en esa economía. Sí, siguiendo este sentimiento, todos retiran sus inversiones va a resultar cierto que no vale la pena invertir en ella. La creencia de que el resto de la gente no va a comprometerse con traer nuevo conocimiento, maquinaria, tecnología y cualificaciones, es suficiente para que la gente no invierta en ello, al creer que faltarán oportunidades para emparejar sus propias inversiones con las de los demás.

Con rendimientos crecientes, una guerra o una inundación pueden convertir una economía en crecimiento en una economía en declive. Lo mismo puede ser cierto si hay cambios abruptos en los precios de las exportaciones o de las importaciones, o una súbita interrupción de los flujos de capital, como fue el caso de América Latina en 1982 y en 1994-1995, Asia en 1997-1998, Rusia en 1998 y Brasil en 1999. Con rendimientos crecientes, las economías capitalistas son inherentemente inestables. Incluso Estados Unidos no ha escapado de los pánicos financieros y las depresiones en su prolongado ascenso de la pobreza a la prosperidad.

¿Cómo cambian los accidentes las posibilidades futuras de un país? Hemos visto que debido a la difusión y los emparejamientos, hay fuertes incentivos para invertir en conocimiento, maquinaria y cualificaciones en donde ya hay establecidos altos niveles de conocimiento, maquinaria y cualificaciones. El conocimiento existente se difundirá a todos los nuevos inversionistas. El conocimiento, la maquinaria y las cualificaciones existentes crearán nuevas oportunidades para que se emparejen con ellos el nuevo conocimiento, la nueva maquinaria y las nuevas cualificaciones. Si la nueva tecnología es complementaria con la existente, habrá círculos virtuosos y viciosos. De esta manera, una caída abrupta en la cantidad existente de conocimiento, maquinaria y cualificaciones o un cambio en las expectativas sobre cuánto de ello habrá en el futuro —sea debido a un desastre natural, una guerra que asole la economía, o salidas inesperadas de capital, como en el caso de las crisis latinoamericanas y asiática— causará una rápida desmejora de los incentivos para el crecimiento.

La suerte nos permite ser honestos

A mí me gusta hablar de la suerte porque es una hipótesis alternativa que nos hace ser honestos como científicos cuando queremos comprobar nuestras hipótesis favoritas sobre qué determina el crecimiento. Tener en cuenta la suerte es bueno para el espíritu. Nos recuerda, a nosotros analistas presuntuosos, que podemos estar perfectamente desenfocados sobre los hechos. La suerte nos obliga a formularnos la pregunta sobre cómo se presentaría la relación entre nuestro factor preferido X y el crecimiento económico, si la causa real del crecimiento fuese la pura suerte. En este capítulo exploro algunas de las maneras sutiles como la suerte puede afectar los datos.

Consideremos un ejemplo relacionado con la evolución de las especies. A menudo queremos percibir en la extinción de los dinosaurios una fábula moral sobre lo que les ocurre a quienes no se ajustan a las condiciones cambiantes. Con frecuencia nos referimos de manera peyorativa a organizaciones condenadas o con problemas, llamándolas "dinosaurios" (actitud bastante presuntuosa como especie, puesto que el *homo sapiens* hasta ahora solamente ha vivido el 1 por ciento del tiempo que vivieron los dinosaurios). Los más aptos sobreviven, los menos aptos perecen.

Esto no deja de parecerse a la idea tradicional de que las economías más aptas serán las que prevalecerán en el largo plazo. La similitud no es accidental. Darwin tomó en préstamo de Adam Smith la idea de que una mano invisible podría estar escogiendo a los ganadores en un sistema descentralizado como un mercado o un ecosistema.

Pero actualmente se sabe mucho mejor lo que ocurrió con los dinosaurios. A ellos les fue bien hasta que cayó sobre la tierra un gran asteroide. En palabras de un evolucionista, los mató la mala suerte, no los malos genes. La hipótesis del asteroide es un buen ejemplo de la eterna tensión que hay entre los méritos inherentes y la buena suerte.

En último término, el que las tasas de crecimiento se comporten como si dependieran de la suerte es importante. La relación entre el crecimiento de cada país entre 1975 y 1990 y entre 1960 y 1975 es débil. Hay países como Gabón que tuvo casi el mayor crecimiento per cápita entre 1960 y 1975 y después, entre 1975 y 1990, tuvo un crecimiento negativo. Casos similares de países que estuvieron por encima del promedio entre 1960 y 1975 y que después tuvieron unos desastrosos entre 1975 y 1990 son los de Costa de Marfil, Guyana, Irán, Namibia, Nicaragua y Perú. Y a la inversa está el caso de países que, como Sri Lanka, no crecieron entre 1960 y 1975 y que estuvieron por encima del promedio entre 1975 y 1990. El crecimiento del periodo anterior es un pobre pronosticador del crecimiento del periodo posterior; el crecimiento del periodo anterior solamente explica el 7 por ciento de la variación entre países del crecimiento del periodo posterior. La figura 10.1 muestra la volatilidad de la renta per cápita de cuatro países prototipos de inestabilidad.

Este crecimiento inestable puede tener mucho que ver con acontecimientos imprevisibles y la forma cómo los países reaccionan ante ellos. Hay países pobres que pueden estar cerca de los umbrales de conocimientos y cualificaciones que, cuando existen rendimientos crecientes, hacen la diferencia entre los círculos virtuosos de crecimiento y los círculos viciosos de declive. Un desastre que acabe con un buen número de trabajadores cualificados o con activos productivos puede hundir el país por debajo del umbral de escape del círculo vicioso de la pobreza. Los países ricos se encuentran a un nivel seguro por encima de dicho umbral.

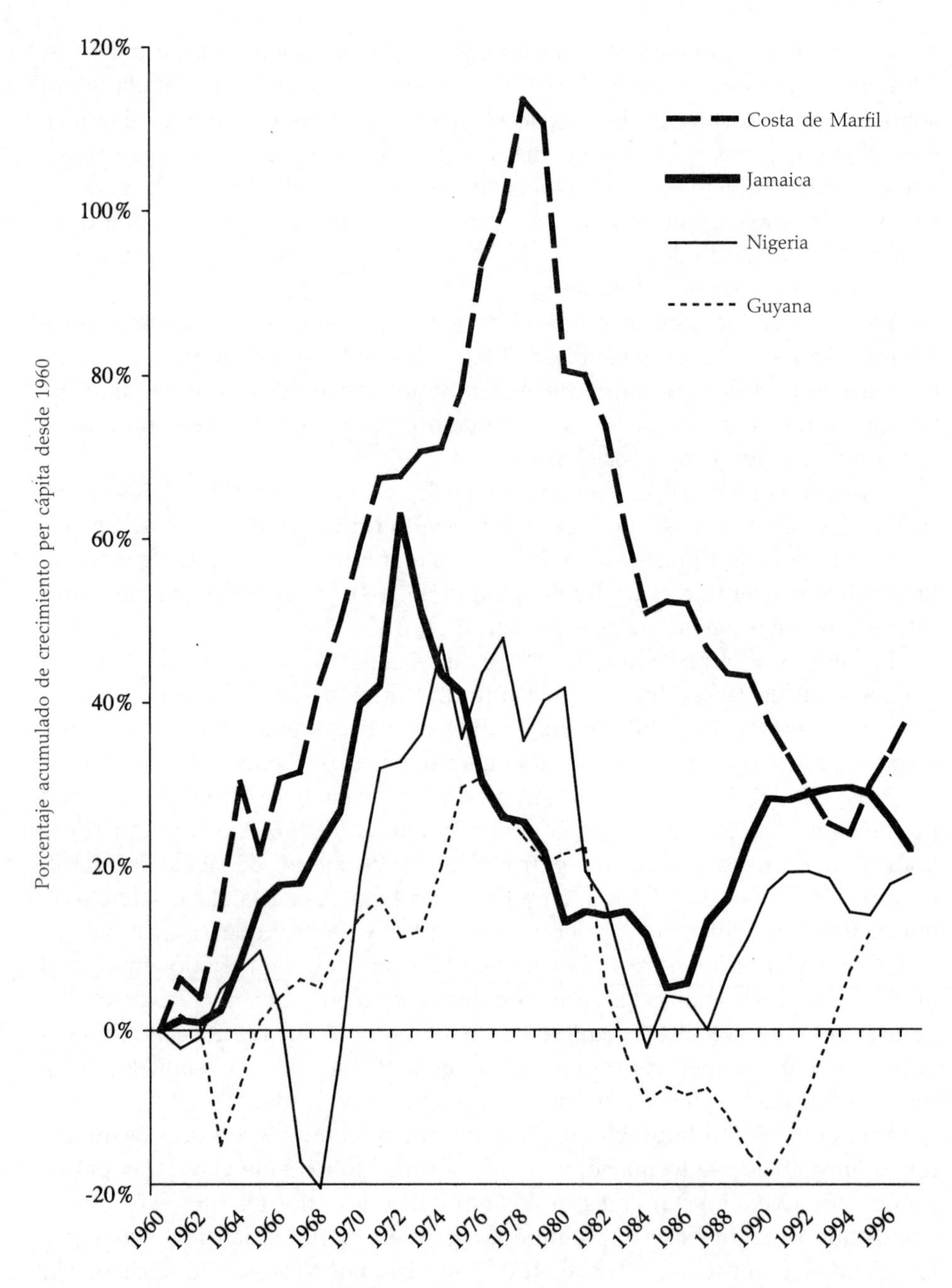

Figura 10.1. Ejemplos de un ingreso per cápita variable a lo largo del tiempo.

Solamente cuatro países —Corea, Taiwan, Hong Kong y Singapur— tuvieron un crecimiento excepcional en ambos periodos. Gracias a su crecimiento consistentemente alto llegaron a ser conocidos como la banda de los cuatro. Pero incluso una débil correlación de las tasas de crecimiento entre periodos puede existir en países que tienen un crecimiento elevado sólo por azar. Pero tarde o temprano las probabilidades los alcanzarán. Recuerden que le ocurrió a Asia Oriental en 1997-1998.

Algunas veces los cambios drásticos en el crecimiento pueden ser consecuencia de cambios drásticos de las políticas económicas pero, en general, éste no es el caso. A diferencia del crecimiento, las políticas de la década anterior son buenas predictoras de las políticas de la década actual. La inflación de la década pasada explica entre el 25 y el 56 por ciento de la inflación actual. La apertura (medida por la participación de comercio exterior en el PIB) de la década anterior explica el 81 por ciento de la de esta década. El desarrollo financiero (medido por la relación entre cantidad de dinero y PIB) de la década anterior explica entre el 60 y el 90 por ciento del desarrollo financiero de esta década. Las políticas económicas resultan ser mucho más persistentes que el crecimiento, y por lo tanto, no pueden ser el determinante exclusivo del crecimiento.

La inestabilidad del crecimiento coloca otro clavo en el ataúd del fundamentalismo del capital, en cualquiera de sus manifestaciones, ya sea la del capital físico o del capital humano. La inversión en capital físico —infraestructura y equipo— es muy persistente a lo largo de décadas. La inversión de la década anterior explica el 78 por ciento de la inversión de la década actual. La matrícula en educación secundaria de la década anterior explica el 85 por ciento de la de esta década. Sin embargo, el crecimiento de esta década explica bien poco de la variación en el crecimiento de la década siguiente.[11]

Esta inestabilidad del crecimiento se extiende también durante largos periodos de tiempo. Al comparar la posición ocupada por un país en el crecimiento per cápita a lo largo de 60 años (1870-1930) con la posición en los siguientes 62 años (1930-1992), se encuentra que el orden se altera considerablemente entre estos dos largos periodos. Veamos algunos ejemplos concretos. Argentina tuvo el crecimiento más alto (entre los veintisiete países de los que disponemos de información) en el periodo inicial y cayó al último puesto en el periodo final. En la dirección opuesta, Italia era decimoquinto en el primer periodo y pasó al segundo lugar en el último periodo.

La reversión a la media

Si el crecimiento económico es un asunto de pura suerte, entonces resultaría imposible hacer pronósticos sobre él. Sin embargo, hay una manera de pretender que se está haciendo un pronóstico correcto aun cuando sea la suerte la que determina el resultado. Se trata de un truco de salón que se le puede hacer a la gente confiada. Se anuncia a los amigos que con seguridad el crecimiento del país X va a caer y también que el crecimiento del país Y va a subir. Esto se puede hacer porque es casi seguro que así va a ocurrir, aunque el crecimiento de todos los países sea aleatorio.

¿Por qué se puede decir esto? Es casi seguro que se acierte si se escogen el país X y el país Y adecuadamente. Hay que escoger como X —el país cuyo crecimiento caerá— al país que haya tenido la más alta tasa de crecimiento en el año actual. Y hay que escoger como Y —el país cuyo crecimiento aumentará— al país que haya tenido la menor tasa de crecimiento en el año actual. Si el crecimiento es aleatorio, como es muy improbable que se repita la pésima suerte en Y, su crecimiento aumentará. Análogamente, es muy improbable que se repita el muy afortunado resultado en X, con lo cual su crecimiento será menor. Esto es lo que se denomina reversión a la media.

Este fue el truco que utilicé para predecir en una publicación que hice en 1995 que "la estratosférica trayectoria de [la banda de] los cuatro debería estar regresando pronto a la tierra". Yo no sabía nada sobre sus sistemas bancarios, flujos de capital, tasas de cambio o cualquier otro elemento relacionado con la crisis de Asia Oriental en 1997-1998. Sólo sabía que los que estaban a la cabeza del crecimiento tenían que revertir a la media, tarde o temprano.

La ruleta

Concretemos más esta historia de la reversión a la media, con el ejemplo del juego de la ruleta (sin el cero). Supóngase que hay mil jugadores de ruleta. Cada uno juega veinte veces apostando al color, negro o rojo. Un supuesto seguro es que cada vez que gira la ruleta, cada jugador tiene una probabilidad del 50 por ciento de ganar.

¿Cuál será el abanico de porcentajes de aciertos entre los mil jugadores tras veinte jugadas? Dado que hay tantos jugadores, el abanico resulta bastante amplio. Del grupo de mil, los de mayor suerte habrán ganado, en promedio, diecisiete de las veinte veces (un porcentaje de aciertos del 85 por ciento) y los de menor suerte van a haber acertado sólo tres de las veinte veces (un porcentaje de aciertos de 15 por ciento). Los de mayor suerte van a estar jactándose de su sexto sentido sobrenatural para percibir el color que sale en la ruleta, en tanto que los de poca suerte sentirán que son unos verdaderos majaderos.

Si los dos grupos siguen jugando a la ruleta, sabemos bien que cada uno sigue teniendo una probabilidad del 50 por ciento de ganar en cada jugada. Cincuenta por ciento es mejor que lo que lograron los que tuvieron mala suerte y peor que lo que lograron los de la buena suerte. Decir que a los del grupo de la mala suerte les va a ir mejor y que a los del grupo de la buena suerte les va a ir peor, es una predicción muy razonable.

El truco incluso funciona cuando el talento interviene y sólo queda un papel parcial para la suerte. Aun sigue siendo muy posible que el mejor resultado sea una combinación de talento superior con la buena suerte y el peor resultado sea una combinación de talento inferior con la mala suerte. Como el talento se mantiene, pero la suerte extrema, buena o mala, es difícil que se repita, es de esperar que los mejores caigan algo y que los peores mejoren un poco. Es muy posible que se acierte haciendo esta predicción.

El principio de reversión a la media es universal. Lo único que va necesitar para predecir correctamente una reversión fuerte a la media, es que la suerte juegue algún papel y que seleccione el caso del mejor resultado del periodo anterior. La reversión a la media explica por que el mejor novato del año en baloncesto tiene un segundo año que es peor (el llamado maleficio del segundo año —ocurre que el novato del año regresa hacia la media tras su primer año excepcional), por qué el equipo campeón de liga parece derrumbarse al año siguiente (no se derrumba, simplemente revierte a la media), por qué las segundas novelas defraudan al lector (la segunda novela llama la atención cuando la primera ha sido excepcional), por qué las segundas partes de las películas no son tan buenas como la original (las segundas partes se hacen después de que la película fuera un gran éxito, y los grandes éxitos es improbable que se repitan), y por qué un pronosticador de la bolsa pierde popularidad justo después de una cadena de aciertos (tuvo suerte varias veces seguidas gracias a la cual llamó la atención y luego revirtió al promedio). En crecimiento económico, la reversión a la media explica por qué las historias de éxito de una década defraudan la década siguiente a los expertos. También explica por que los casos más desastrosos de una década muestran una mejor evolución en la siguiente.

Si hay un colectivo que parece no haber comprendido la reversión a la media es el de los expertos del desarrollo. Cuando extrapolamos la continuación del gran éxito de los países con más crecimiento, estamos haciendo el equivalente a pronosticar la continuación del éxito del jugador de ruleta con la mayor suerte, basándonos en que ganó las primeras veinte veces.

Predicciones

En su éxito editorial de 1978, *The Way the World Works,* Jude Wannisky celebraba los éxitos que Costa de Marfil había tenido hasta ese momento, y decía que era la estrella de África.[12] Como era un entusiasta de la economía de incentivos a la oferta, Wannisky pensaba que el éxito económico de Costa de Marfil se debía a las bajas tasas de impuestos vigentes. (La interpretación de Wannisky ya adolece de dos fallos menores. El primero, que no hay evidencia de que el crecimiento económico tenga relación alguna con las tasas de impuestos vigentes, como se verá en el capítulo siguiente. El segundo, que estas tasas se le aplicaban al sector privado no sumergido de la economía, que emplea solamente el 1,4 por ciento de la población).[13]

El país estrella de Wannisky ha tenido desde entonces uno de los mayores colapsos económicos del mundo (véase nuevamente el gráfico 10.1), pero sólo han habido pequeños aumentos de los impuestos.[14] La población es ahora cerca de 50 por ciento más pobre que en 1978 cuando Wannisky celebraba el milagro forjado por los bajos impuestos de Costa de Marfil.[15]

Pronosticar el crecimiento es una tarea ardua debido a la importancia del elemento aleatorio. Corea tuvo un pobre desempeño económico durante los años cincuenta. La primera misión del Banco Mundial que tuvo lugar al comienzo de los años sesenta opinaba lo siguiente sobre el plan del Gobierno de Corea que proponía un crecimiento del 7,1 por ciento anual del PIB: "No hay duda alguna de que este programa de desarrollo excede notablemente el potencial de la economía coreana". Sin embargo, el crecimiento para el periodo del pronóstico fue del 7,3 por ciento y sería aún mayor en las tres décadas siguientes.

Hollis Chenery y Alan Strout habían escrito al comienzo de los años sesenta que el crecimiento de la India excedería el de Corea entre 1962 y 1976. Resultó ser que Corea creció tres veces más rápido que la India en el susodicho periodo. Otro economista del desarrollo consideró a comienzos de los años sesenta que Asia Oriental estaba por debajo de África Subsahariana en términos de "cultura económica" y "presión de la población". Era el economista Gunnar Myrdal que se preocupaba por los "problemas potencialmente explosivos", incluido el rápido crecimiento de población que debía provocar a "una creciente carga del desempleo"[16] en Singapur, la que habría de ser futura estrella. Lo único que resultó tener un crecimiento explosivo en Singapur fue el PIB.

En busca de la excelencia

La incapacidad de percibir el efecto de reversión a la media es frecuente en ámbitos diferentes del de las naciones. Tom Peters, en su extraordinario éxito de librería escrito junto con Robert J. Waterman, *En busca de la excelencia*, identificó en 1982 treinta y seis empresas estadounidenses de gran éxito. Entre ellas estaban potencias de la industria estadounidense tales como IBM, Digital,

General Motors, Wang y Delta Airlines. Uno de sus criterios para medir el éxito era un rendimiento por acción por encima de la media desde 1961 hasta 1980.[17]

Para Peters y Waterman, el éxito de este grupo provenía de "un conjunto único de atributos culturales", "valores", servicio al cliente, y tener "pequeños y aun minúsculos detalles" funcionando correctamente.[18] Debido a la adhesión a estos valores, escribían ellos en 1982, compañías como Delta Airlines mantienen "su notable éxito". Por ejemplo, una de las personas que le proporcionaron información a Peters y Waterman, comentaba que su esposa no había podido adquirir un billete super rebajado ofrecido por Delta Airlines, debido a un detalle técnico. Ella se quejó y el propio presidente de la compañía fue a entregarle un billete en la puerta de salida del vuelo.[19] (Esperen a que recupere el aliento, perdido por la incredulidad que me produce esta historia, yo que he sufrido los frecuentes abusos a los que nos someten las compañías aéreas). Una empresa de inversiones de Nueva York, Sanford Bernstein y Cía., examinó los resultados posteriores de Delta y de las otras treinta y cinco empresas. Encontró que muchas de las treinta y seis compañías del libro *En busca de la excelencia,* incluyendo Delta, habían caído al fondo de la bolsa de valores. Entre 1980 y 1994, un poco menos de los dos tercios de estas compañías tenían un rendimiento en bolsa por debajo del promedio.[20] La reversión a la media afecta hasta a los más grandes éxitos de ventas.

Es difícil, por lo general, predecir el éxito cuando tras él hay elementos intangibles o inobservables. ¿Quién era el compositor de Viena del siglo XVIII que con mayor probabilidad lograría que sus obras se interpretaran siglos más tarde? Es muy probable que uno no hubiera escogido a quien era, en ese momento, el octavo en popularidad en Viena, pero resultó ser el único entre todos cuya música se escucha hoy: Mozart.

¿Conocéis a Sam Bowie? ¿No habéis escuchado nunca este nombre? Yo no. Sin embargo fue escogido por delante de Michael Jordan en la ronda de contratación de jugadores noveles de la liga estadounidense de baloncesto en 1984.[21]

Un político, refiriéndose a su rival, dijo lo siguiente: "mis ambiciones han acabado en el mayor fracaso; mientras que él ha conseguido un esplendoroso éxito. Su nombre llena la nación y no es desconocido ni siquiera en el extranjero". ¿De quién es esta frase? De Abraham Lincoln, refiriéndose en 1856 a Steve Douglas.[22]

Advertencia: algunos precios están más allá de su control

Se pueden obtener más datos sobre el papel del factor suerte en la determinación del crecimiento, observando lo altamente sensible que es el crecimiento a los cambios en los términos de intercambio, la relación entre el precio de las exportaciones y el de las importaciones. Estos precios se determinan principalmente en el mercado internacional. Un país pequeño es poco o nada lo que puede hacer para influir sobre cualquiera de estos dos precios.

Durante los años ochenta hubo una estrecha relación entre los cambios abruptos de los términos de intercambio y el crecimiento. El cuartil de los países que sufrieron los peores choques —los exportadores de petróleo cuyo precio se colapsó, por ejemplo— también tuvo el peor crecimiento. El choque negativo les costó una reducción del PIB del 1 por ciento anual en promedio. El crecimiento per cápita de estos países fue, en efecto, negativo del -1 por ciento por año. Los países que experimentaron cambios abruptos favorables en sus precios —aumentos de los precios de sus exportaciones o reducciones en los precios de sus importaciones que les significaron alrededor del 1 por ciento del PIB por año— tuvieron también el mejor crecimiento de cerca del 1 por ciento por año. El efecto es de uno a uno: una caída de 1 punto porcentual en el PIB debida a la variación de los términos de intercambio, causará la pérdida de 1 punto porcentual en el crecimiento.[23]

Para poner las cosas en forma más concreta, consideremos el caso de Mauricio y de Venezuela. A las instituciones financieras internacionales les gusta señalar a Mauricio como un caso de gran éxito que se atribuye a la buena política económica. Y es muy posible que la buena política tenga algo que ver con el éxito de Mauricio. Pero también es cierto que Mauricio tuvo la mayor modificación favorable de los términos de intercambio que hubo en los años ochenta en países de los que tenemos datos.

Y, viceversa, las instituciones financieras internacionales presentan a Venezuela como un ejemplo de cómo no se debe manejar una economía. El crecimiento de Venezuela ha sido fuertemente negativo desde 1980. Sucede que esto coincide con el colapso de los precios del petróleo durante los años ochenta. Es muy probable que las políticas defectuosas emprendidas en Venezuela hayan contribuido al catastrófico resultado, pero también ha contribuido la mala suerte. (Y ahora, los mayores precios del petróleo han reactivado nuevamente la economía venezolana —al menos por un tiempo— incluso con un Gobierno populista al frente que no ayuda al crecimiento).

¿Los términos de intercambio, mejoran o empeoran?

Hay un largo debate en economía sobre la tendencia de los términos de intercambio de los países pobres. En los años cincuenta, los economistas postularon que los términos de intercambio de estos países tenderían a empeorar a lo largo del tiempo. Se pensaba entonces que con el aumento de los ingresos, la economía mundial utilizaría productos básicos, tales como el petróleo y el cobre, en una escala menor. Esto parecía un buen argumento para que los países pobres diversificaran su producción alejándose de los productos básicos.

Durante los años setenta, un grupo de expertos postuló justo lo contrario. El colectivo de "los límites al crecimiento" lanzó advertencias en el sentido de que el mundo se estaba quedando sin productos básicos tales como el petróleo y el cobre. Aunque este grupo rara vez llamó la atención sobre los beneficios potenciales que esta escasez podría tener para los países en desarrollo que los producían —puesto que sus términos de intercambio mejorarían en cuanto la escasez de los bienes en cuestión disparara sus precios— sí advirtió a los países industrializados del desastre que se les vendría encima el día en que se agotaran estos productos básicos.

¿Entonces, qué? ¿los términos de intercambio de los países en desarrollo, mejoran o empeoran? La mejor respuesta que he hallado es "ambas cosas". Los expertos de izquierdas frecuentemente advierten sobre ambas cosas simultáneamente, unos términos de intercambio de los países pobres que caen *y* la próxima escasez de materias primas (lo cual debería mejorar los términos de intercambio de los países pobres). La conocida Comisión Brundtland advertía a los países pobres que les esperaban unas "tendencias de precios adversas". Sin embargo, más adelante advertía que la producción de petróleo, buena parte de la cual se concentra en los países pobres, "disminuirá gradualmente durante un periodo de suministros reducidos y precios más altos".[24]

Economistas no lo suficientemente ágiles para concebir que algo puede subir y bajar al mismo tiempo, han intentado averiguar la tendencia de largo plazo de los productos básicos. El estado actual del conocimiento sobre el tema indica que no hay ninguna tendencia fuerte en ninguna de las dos direcciones. Los precios de los productos básicos no bajan en promedio con respecto a los precios de los bienes manufacturados, una vez que estos últimos se ajustan por la calidad de los bienes manufacturados, que ha mejorado.[25]

La guerra

El colapso de sus términos de intercambio es sólo uno de los cambios abruptos que puede descarrilar la economía de un país. Otro tipo de golpe que está fuera del control de quienes toman las decisiones de política económica es una guerra. Es bastante claro que la guerra genera incentivos que son malos para el crecimiento. Nadie va a querer construir una nueva fábrica para que el enfrentamiento de dos ejércitos la destruya.

Es, por ello, lógico esperar que a una economía en estado de guerra no le ocurran muchas cosas buenas, cosa que naturalmente confirman los datos. Un país en guerra, sea con otro país, o en guerra civil, tiene una tasa anual promedio de crecimiento per cápita del -1 por ciento. Las economías en tiempos de paz tienen una tasa anual promedio de crecimiento del 1,8 por ciento. Por ejemplo, la economía de Bangladesh durante su guerra de independencia en 1971 y el periodo subsiguiente se contrajo el 22 por ciento. El ingreso per cápita de Etiopía cayó el 27 por ciento durante su prolongada guerra civil entre 1974 y 1992. A los sudaneses les cayeron sus ingresos el 26 por ciento durante la primera guerra civil entre los islámicos del norte y los cristianos del sur (1963-1973); luego el ingreso volvió a bajar el 23 por ciento cuando la guerra, que aún continua, se reanudó en 1984. Obsérvese que estos desastres propios de la guerra les han ocurrido a países que ya estaban entre los más pobres del mundo.

Estos cómputos probablemente subestiman el efecto de la guerra sobre la economía puesto que en las peores guerras no sólo se destruye la economía sino también las oficinas de estadística encargadas de publicar las cifras relacionadas con el crecimiento. En Sudán, donde la guerra aún continua, dejaron de informarse las cifras del PIB desde 1991. En Afganistán, Liberia y Somalia, se ha dejado de informar sobre el PIB durante las recientes guerras civiles; la evidencia anecdótica sugiere que no se trata de economías florecientes. Es decir, no tenemos cifras sobre los peores desastres en tiempos de guerra.

Estados crónicos de guerra civil explican el subdesarrollo de algunos países. Colombia cuenta con una Administración altamente cualificada y muy profesional y tiene un manejo económico ejemplar. Sin embargo la historia de Colombia después de su independencia está llena de guerras civiles y levantamientos violentos: 1839-1842, 1851, 1859-1862, 1876, 1885, 1895, 1899-1902, 1930, 1946-1957 y 1979 hasta el presente. El coronel Aureliano Buendía, personaje ficticio de la tragicomedia *Cien Años de Soledad* de Gabriel García Márquez, se mantiene en disposición permanente para comenzar nuevas guerras.

Cuando uno piensa en la Colombia actual piensa en una comedia. (Woody Allen dice que la tragedia cuando se junta con el tiempo se convierte en comedia). Guerrillas que están muy bien armadas controlan un área del tamaño de Suiza y tienen vínculos con narcotraficantes, lo cual empeora la violencia. Bandas armadas privadas de extrema derecha batallan contra los guerrilleros. En 1999, los diversos grupos armados mataron a 32.000 personas.

Durante mis visitas a Colombia, una bomba explotó en un sitio contiguo a mi hotel, fui testigo de un intento de asesinato, y una vez acabé caminando distraídamente en medio de una escaramuza que enfrentaba a dos grupos rivales de militares del Gobierno. En otra de mis visitas, un ministro nos ofreció amablemente llevarnos al hotel en su automóvil oficial. Nos daba cierto temor pues sabíamos que la guerrilla había colocado una bomba (que no causó los efectos pretendidos) bajo su coche un mes antes. Pero la cortesía se impuso al temor y aceptamos la oferta, pasando a gran velocidad por los semáforos en rojo hasta llegar al hotel. Aun cuando es imposible estimar el efecto de esta violencia recurrente sobre la economía colombiana, es bien posible que tenga mucho que ver con la pobreza actual del país.

El crecimiento industrial de los países

El crecimiento de los países en desarrollo también es muy sensible al crecimiento de los países industrializados de Estados Unidos, Europa Occidental y del anillo del Pacífico. Cuando los países ricos estornudan, los países pobres cogen la gripe. La evidencia estadística muestra que una desaceleración de un punto porcentual en el crecimiento de los países industrializados está asociada con una desaceleración de uno a dos puntos porcentuales en el crecimiento de los países en desarrollo. La desaceleración de los países industrializados entre el periodo 1960-1979 y el periodo 1980-1998 puede explicar parte de la desaceleración del crecimiento de los países en desarrollo que pasó de 2,5 puntos porcentuales en el periodo 1960-1979 a cero en el periodo 1980-1998.[26]

¿Por qué ha de ser el crecimiento de los países en desarrollo tan sensible al crecimiento de los países industrializados? Es posible que los países industrializados fijen la frontera tecnológica y que los países en desarrollo actúan de seguidores. Una desaceleración del crecimiento de las nuevas tecnología desacelera el crecimiento tanto de los líderes como de los seguidores.

En todo caso, la desaceleración de los países industrializados es otra parte de la mala suerte que ha estado afectando a los países en desarrollo durante las últimas dos décadas. Lo irónico es que estos habían finalmente comenzado a mejorar sus políticas económicas, en promedio, hacia 1990 y la única retribución que han recibido ha sido un crecimiento cero. Esto puede ser el reflejo de los rendimientos crecientes que penalizan a los países pobres o de las malas condiciones económicas mundiales, o de ambas cosas. Si en las economías industrializadas se acelera el crecimiento gracias a la nueva economía, como alguna gente cree, los países en desarrollo pueden ver un cambio de suerte en la próxima década.

No trate de hacer esto en casa

Tratemos de imaginarnos por un momento cómo sería el mundo si el crecimiento dependiese solamente de la suerte. Tomemos dos países que, por el momento, llamaremos Venambia y Singawan. El ingreso per cápita de Venambia creció un 50 por ciento entre 1960 y 2000, mientras que en el mismo periodo el ingreso per cápita de Singawan se triplicó (véase la figura 10.2).

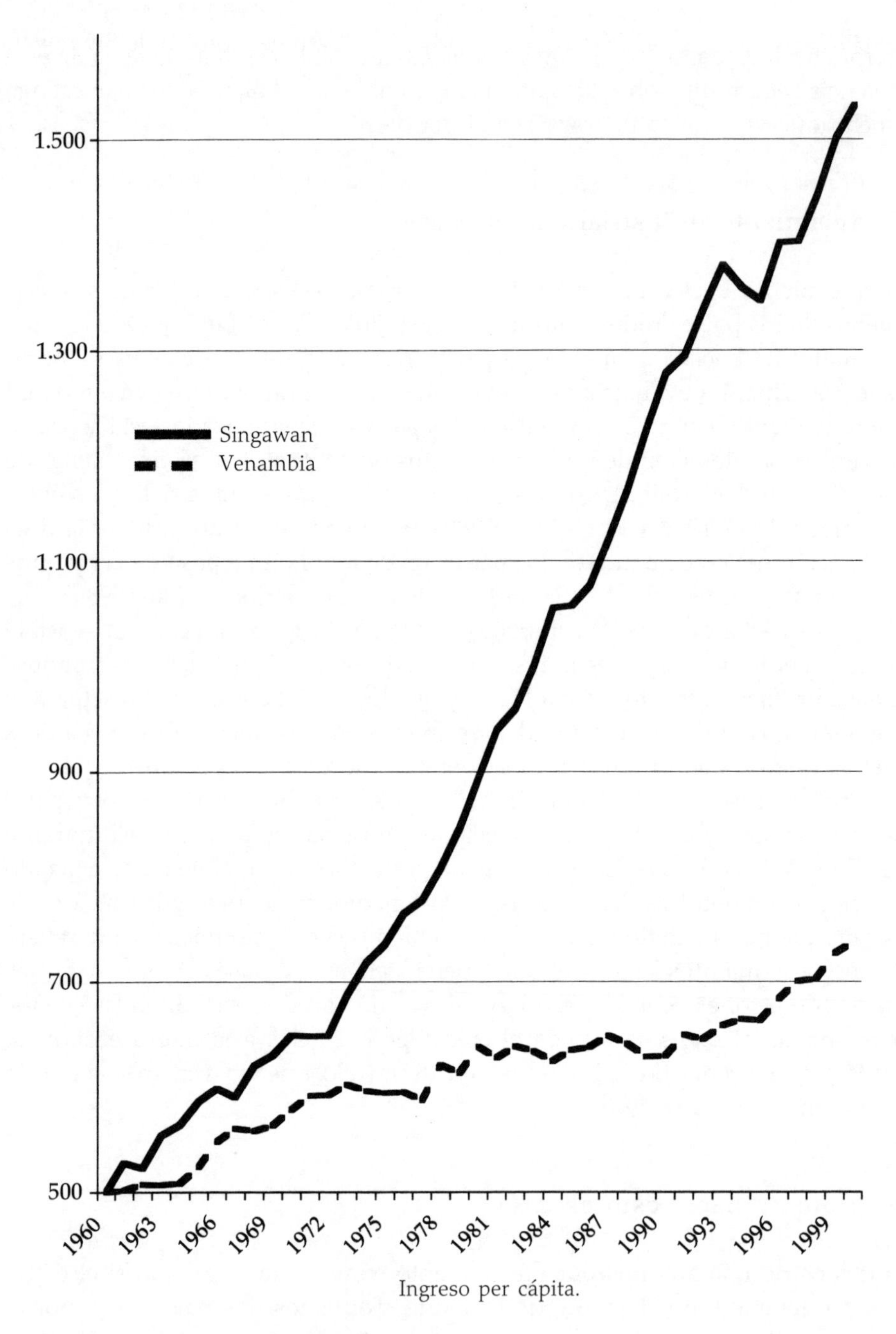

Figura 10.2. Una historia de dos países.

¿Cuáles fueron los elementos que explican el milagro económico de Singawan y la miseria económica de Venambia? Los expertos podríamos hacer correr ríos de tinta. Los elementos diferentes podrían haber sido las diferencias en instituciones, en culturas o en políticas económicas. Podría haber sido la intervención adecuada del Gobierno, la liberalización de los mercados, o una combinación de intervención y *laissez-faire*.

Todo esto pudo haber sido, pero no fue. Yo mismo creé Singawan y Venambia mediante un generador de números aleatorios. Permití que la tasa anual del ingreso per cápita variara aleatoriamente entre –2 y 6 por ciento cada año para 125 países simulados. Al final tomé el país de mayor crecimiento (Singawan) y el de menor (Venambia). El país de mayor crecimiento naturalmente muestra su poderío mientras que el resultado del de menor crecimiento es, por construcción, mediocre. Pero la diferencia entre los dos es meramente aleatoria.

Los matemáticos indican que los números aleatorios, con frecuencia, dan resultados que no son intuitivos. Por ejemplo, si se tira una moneda al aire repetidas veces y se lleva la cuenta del resultado, cara o cruz, es muy frecuente que una de las dos se mantenga por delante durante largos periodos de tiempo. También que haya largas secuencias de caras (o de cruces). Así, en el caso de Venambia y Singawan, Singawan tuvo una secuencia de 22 años sin ninguna recesión. Los jugadores saben muy bien sobre estas "rachas". Igualmente lo saben los jugadores de baloncesto cuando tienen la "mano caliente" para hacer varias canastas consecutivas. Todo esto es completamente aleatorio. En realidad, hay estudios que muestran que un jugador de baloncesto no tiene una mayor probabilidad de encestar tras una racha de aciertos que tras una racha de fallos.

Pensemos en cómo nos sentiríamos los economistas si llegásemos a la conclusión de que las diferencias entre los rápidos y los lentos son puramente aleatorias. El pequeño ejercicio que he presentado debería llenarnos de humildad sobre la capacidad analítica de todos aquellos economistas que tanto presumimos al respecto.

Tendemos a olvidar lo selectivos que somos cuando hablamos de milagros o de desastres de crecimiento. Hay una tendencia natural a concentrarse en los mejores casos de milagros de crecimiento y en los peores de desastres de crecimiento para explicar las causas de las diferencias de crecimiento. Pero no cabe esperar que la diferencia entre unos y otros se pueda explicar en forma completa cuando hay algún elemento aleatorio. Las leyes de la probabilidad exigen que los mejores hayan tenido al menos una dosis de buena suerte y que los malos hayan tenido al menos una dosis de mala suerte. Las dificultades encontradas al tratar de predecir qué países crecerán y cuáles no que hemos visto atrás, pueden explicarse si consideramos que la suerte juega un papel significativo.

Conclusiones

Los romanos tenían una diosa de la suerte, Fortuna, la primogénita de Júpiter. A Fortuna se la representaba con una cornucopia, como la portadora de la prosperidad, y con un timón, como la guía del destino. Las sacerdotisas del templo de Fortuna hacían predicciones tirando los dados y echando la suerte. Al representar a la diosa Fortuna a veces se incluía una rueda, lo que resultó ser un adelanto de dos mil años al popular concurso de Vanna White, en la televisión estadounidense, llamado la Rueda de la Fortuna.

En la abadía benedictina de Fécamp, en Normandía, se encontró una versión medieval de Vanna White de alrededor de 1100:

Vi una rueda que, por medios desconocidos para mí, subía y bajaba, girando continuamente... La Rueda de la Fortuna —enemiga de la humanidad a través de los tiempos— nos lanza muchas veces a las profundidades; tras ello, como falsa y embustera que es, promete levantarnos a las mayores alturas, pero luego vira en redondo; estemos advertidos de los desenfrenados giros de la fortuna y desconfiemos de la inestabilidad de esta rueda que es una perversa seductora falsa apariencia de felicidad.[27]

Para los pobres, el ciclo de la buena y la mala suerte toma un cariz trágico, puesto que no tienen mucho colchón económico. En Ghana, el *sondure*, o periodo del hambre, recurre cada año en algunas regiones y puede durar hasta cinco o seis meses, dependiendo del comportamiento errático de las lluvias. El estado de salud de la gente durante el *sondure* es generalmente malo. En Zambia, la demanda de trabajo llega a su máximo justo antes de la cosecha, en una época cuando la escasez de comida y la malaria reducen la energía de los trabajadores. En Nigeria, los campesinos pobres toman dinero prestado a altas tasas de interés durante el "periodo de hambre", cuando los precios son altos, para luego vender su cosecha a precios bajos y devolver el préstamo.[28]

Sea que observemos los caricaturescos esfuerzos que los economistas hacen para explicar la aleatoriedad o la trágica vulnerabilidad de los pobres, la suerte es un factor constante en la búsqueda del crecimiento. No pienso en serio que el crecimiento sea completamente aleatorio. Espero que la evidencia que proporciono en otras partes del libro les convenza de que las políticas de los Gobiernos y otros elementos tienen una relación fuerte a largo plazo con el crecimiento y la prosperidad. La suerte genera fluctuaciones alrededor de una tendencia de largo plazo que está determinada por factores más fundamentales. Tener en cuenta el papel de la suerte sobre el desarrollo económico es algo que nos ayuda a evitar dedicarle demasiada atención a las fluctuaciones de corto plazo alrededor del resultado de largo plazo. También ayuda a que seamos más caritativos con los países que han crecido poco. Hay que responsabilizar de sus consecuencias a las malas políticas, pero igualmente a la mala suerte. Pasemos al capítulo siguiente para examinar cómo el mal Gobierno afecta al crecimiento.

Interludio: La vida en una favela

Carolina, que tiene veintisiete años, vive en la favela de Piu Miudo, uno de los peores barrios de las afueras de Salvador en Brasil. Carolina se había criado en la aldea de Guapira del nordeste brasileño. Su familia, compuesta por ocho personas, vivía en una choza de barro con cubierta de hojas de palma. Su dieta diaria estaba compuesta de frijoles negros, arroz y harina de yuca. El agua que bebían a veces llegaba contaminada con lombrices que causaban la esquistosomiasis y las cucarachas de la pared eran portadoras de la mortal enfermedad de Chagas. El doctor más cercano estaba a quince kilómetros, en un sitio al que se llegaba por un camino de tierra. No sorprende pues que los residentes de la aldea tuvieran muchas supersticiones, incluso cuando rezaban encomendándose a San Jorge para que les protegiese. Creían que Dios podía convertir a los pecadores en hombres lobos, que la fertilidad de sus tierras estaba regulada por la luna y que una mujer que pisara una cosecha mientras estaba menstruando, la malograba.

Tan pronto tuvo suficiente edad, Carolina se fue a la gran ciudad, Salvador, a trabajar en el servicio doméstico para una familia rica. Pero la búsqueda de Carolina por una vida mejor fracasó. Su patrona la despidió tras quedar embarazada. Después, el padre de su hijo, un estibador del puerto de nombre Afrodizio, la abandonó. Carolina se fue a vivir con una amiga en Piu Miudo. Se sostiene, junto con su hijo, lavando ropa diariamente en un canal. Esto le da unos veinte dólares al mes.[1]

11. Los Gobiernos pueden acabar con el crecimiento

La política es el arte de buscarte problemas, encontrarlos, equivocar su diagnóstico, y luego aplicar mal el remedio equivocado.
Groucho Marx

Los malos Gobiernos, tanto como la mala suerte, pueden acabar con el crecimiento. Cómo enriquecerse, es decir, crecer depende en tal medida de los incentivos para reducir el consumo presente a cambio de lograr una mayor venta en el futuro, que cualquier cosa que interfiera con estos incentivos afectará al crecimiento. El primer sospechoso de interferir con los incentivos es el Gobierno. Cualquier acción del Gobierno que grave el consumo futuro, implícita o explícitamente, reducirá los incentivos para invertir. Cosas tales como una elevada inflación, diferenciales importantes del tipo de cambio del mercado negro, tipos reales de interés negativos, grandes déficit presupuestarios, restricciones al libre comercio, y servicios públicos de mala calidad debilitan los incentivos favorables al crecimiento. Tenemos evidencia que muestra que estas políticas del Gobierno reducen el crecimiento, evidencia que vamos a examinar a lo largo del capítulo. En el capítulo siguiente examinaremos una forma particular de mal gobierno —los Gobiernos corruptos. Luego, en el capítulo posterior, examinaremos las razones más profundas por las cuales los Gobiernos sufren procesos de deterioro en ciertas sociedades.

Cómo se genera una inflación elevada

Visité el Estado de Israel por primera vez en noviembre de 1997. La mayor parte de la gente al pensar en Israel, piensa en su rica historia, en la cuna de tres grandes religiones y en el trágico conflicto Palestino-Israelí. Los macroeconomistas, que siempre tienen una curiosa perspectiva de las cosas, piensan en la inflación de los precios al consumo.

Israel padeció entre 1973 y 1985 uno de los peores casos de inflación en el mundo. A partir de 1985, aplicó uno de los tratamientos con mejores resultados del mundo. Israel es pues un excelente laboratorio para macroeconomistas que deseen examinar que ocurre con la tasa de crecimiento de un país que adolece de alta inflación.

El proceso comenzó a finales del año 1973 a raíz del aumento del precio del petróleo forzado por la OPEP y que golpeó a Israel tanto como a muchos otros países. A diferencia de los otros países, Israel se encontraba en guerra en ese momento: la Guerra de Yom Kipur de octubre de 1983.

A lo largo de buena parte de la historia, la inflación ha sido un recurso que los Gobiernos utilizan en época de guerra. Los Gobiernos que se encuentran con una situación en la que tienen que gastar grandes sumas de dinero con carácter urgente y que, al mismo tiempo, no pueden generar ingresos fiscales extraordinarios, recurren a la emisión de dinero. Durante las dos guerras mundiales, todos los países participantes emitieron más dinero. El Gobierno de EE UU emitió dinero durante la guerra civil como nunca antes lo había hecho, pero no con la misma velocidad con que lo hacían los Gobiernos de los Estados confederados, aún más necesitados de ingresos. El Congreso continental anterior al advenimiento de Estados Unidos pagaba a los soldados de la revolución con papel moneda. El Gobierno revolucionario francés se mantuvo a flote con *assignats* de papel. Aun en tiempos antiguos, Cleopatra financió sus aventuras militares en Egipto utilizando el equivalente de imprimir dinero, es decir, la reducción del contenido de metal precioso de las monedas por debajo de su valor nominal.

Israel siguió todos estos buenos ejemplos anteriores emitiendo dinero en 1973 y 1974 para capear el impacto de las alzas del precio del petróleo y de la guerra. Que el Gobierno emplease la emisión de dinero es comprensible. Pero una vez terminada la guerra, el Gobierno continuó manteniendo la inflación en marcha. Tomaría doce años más desenredar el caos inflacionario comenzado a finales de 1973. ¿Qué fue lo que ocurrió?

Una inflación elevada se puede desencadenar fácilmente, pero no se puede detener tan fácilmente. Los trabajadores exigen la indiciación de sus salarios según el nivel de precios al consumo, y con frecuencia lo obtienen. Los ahorradores demandan la indiciación de sus depósitos. Tanta indiciación genera una inercia en la propia tasa de inflación. Incluso si la inflación bajase en un año dado, los salarios crecerían de acuerdo con la tasa de la inflación del año anterior, lo cual otra vez alimentaría la inflación y así seguiría creciendo. Israel se convirtió en el paraíso de la indiciación durante su periodo de alta inflación.

Más aún, a los Gobiernos les resulta difícil dejar de emitir dinero para financiar sus déficit presupuestarios. Durante el periodo comprendido entre 1973 y 1984, el Gobierno de Israel mantuvo un déficit anual presupuestario del

17 por ciento del PIB en promedio.[1] La tasa de crecimiento per cápita que había sido del 5,7 por ciento anual entre 1961 y 1972, bajó al 1,2 por ciento entre 1973 y 1984.

Para un economista, Israel se distingue por otra cosa además de ser un buen laboratorio de la inflación: es la patria de muchos economistas. Israel para su pequeño tamaño tiene una proporción excepcionalmente alta de miembros de la comunidad internacional de economistas profesionales de reputación internacional. Todos estos grandes economistas aunque acabarían por ser escuchados, no fueron escuchados al comienzo de la etapa de inflación desbordante.

Entre estos grandes economistas se encontraba Michael Bruno, quien fue nombrado gobernador del Banco Central de Israel poco después de que se decidiera comenzar a luchar contra la inflación. Más tarde habría de ser nombrado economista jefe del Banco Mundial, donde tuve el gusto de trabajar con él. Michael falleció muy joven, poco después de dejar el Banco Mundial y justamente la razón de mi primera visita a Israel fue un congreso que tuvo lugar en su homenaje.

Bruno era miembro de un comité de cinco personas que prepararon en secreto un paquete completo de estabilización encerrados en una sala de la Academia de Artes y Ciencias de Israel, sitio donde, como él diría después, "nadie sospechaba que ocurriese nada que tuviera que ver con asuntos prácticos de política".[2] El programa fue aprobado en una prolongada sesión del consejo de ministros en la madrugada del 1 de julio de 1985 que duró veintidós horas, y fue lanzado oficialmente quince días después.

Bruno y sus colegas concibieron ingeniosamente la forma de apagar el motor inflacionario. Lograron que los sindicatos de trabajadores aceptaran una congelación de salarios, congelaron los precios y el tipo de cambio y lograron por parte del Gobierno una pronunciada reducción del déficit presupuestario. (Uno de los mayores temores de Bruno durante la preparación del plan fue que Estados Unidos otorgara ayuda al Gobierno de manera prematura, con lo cual se aliviaría la presión por reducir el déficit). El déficit presupuestario cayó del 17 por ciento del PIB entre 1973 y 1984 al 1 por ciento del PIB entre 1985 y 1990.[3] Bruno participó activamente contribuyendo a que se aplicara el programa a partir de junio de 1986, cuando fue nombrado gobernador del Banco Central.[4] La inflación cayó del 445 por ciento en 1984 al 185 por ciento en 1985, y al 20 por ciento en 1986.

Bruno y sus colegas habían detenido la alta inflación. El crecimiento comenzó a recuperarse, llegándose a un promedio de 3,4 por ciento anual de crecimiento per cápita en el primer trienio después de comenzar la reducción de la inflación.

Israel no fue un caso único en permitir que se desarrollara una inflación tan alta. Durante el periodo entre la década de los setenta y la de los noventa, la enfermedad de la inflación durante periodos de paz se difundió como nunca antes en la historia. Argentina, Bolivia, Brasil, Costa Rica, Chile, Ecuador, Ghana, Guinea-Bissau, Islandia, Jamaica, México, Nigeria, Perú, República Dominicana, Surinam, Turquía, Uruguay, Venezuela, Zaire (Congo) y Zambia tuvieron todos brotes de inflación de más del 40 por ciento anual durante dos o más años (que, como se vio atrás, tuvo lugar también en varios de los países ex comunistas).[5]

Una inflación elevada invierte perversamente la lección que nos enseñó nuestro abuelo sobre cómo el interés compuesto aumenta el valor de los ahorros. Según el abuelo, ahorrando céntimos uno se puede hacer rico si espera suficiente tiempo. En la versión contraria, una elevada inflación reduce un patrimonio a céntimos si se espera demasiado.

Argentina tiene la plusmarca de la mayor y más prolongada inflación, con un promedio del 127 por ciento anual entre 1960 y 1994. Es decir, que los argentinos llegaron a disponer del mejor recurso para diluir el dinero. Si un argentino hubiera mantenido el equivalente a 1.000 millones de pesos en una cuenta de ahorros desde 1960 hasta 1994, su valor real final habría sido de un treceavo de un céntimo. Una chocolatina de un peso de 1960 costaría 1,3 billones de los mismos pesos en 1994. Para evitar tener que utilizar billones en los precios de las chocolatinas, Argentina ha hecho varias transformaciones monetarias en las cuales muchas decenas, centenas, miles, etc. de "pesos viejos" se cambian por 1 "nuevo peso", con lo cual los precios se empiezan a cotizar en "nuevos pesos".

No es un misterio entender por qué la inflación genera incentivos que son malos para el crecimiento. Debido al peligro de que el dinero no valga nada, la gente trata de evitar mantener dinero en efectivo si hay una inflación alta. Es decir que la inflación equivale a un impuesto sobre el dinero en efectivo, lo cual tiene su coste pues el dinero es un medio muy eficiente de llevar a cabo transacciones económicas. Podríamos pensar en el dinero como uno de los factores de una producción eficiente, en cuyo caso la inflación equivale a un impuesto sobre la producción.

Además, la inflación desvía recursos de la producción de mercancías hacia la producción de servicios financieros. Un estudio ha encontrado que la participación de los servicios financieros en el PIB se infla durante los periodos de alta inflación, como consecuencia de lo cual los sectores productivos se contraen relativamente. La razón para ello está en que durante periodos de alta inflación la gente dedica buena parte de sus recursos a la protección de su riqueza, recursos que habían dedicado a la creación de riqueza. Tratar de tener un crecimiento normal en periodos de alta inflación casi equivale a tratar de ganar una carrera olímpica saltando a la pata coja.

¿Son así las cosas en la práctica? Digámoslo sin esperar más: la experiencia de crecer cuando hay inflación elevada no es una experiencia feliz. Los resultados del crecimiento per cápita en una muestra de cuarenta y un episodios de alta inflación (de más del 40 por ciento) antes, durante y después del episodio de alta inflación son los siguientes:[6]

Antes del episodio	1,3 por ciento
Durante el episodio	–1,1 por ciento
Después del episodio	2,2 por ciento

Podemos observar que el caso de Israel representa una experiencia típica. El crecimiento cae verticalmente durante un episodio de alta inflación para luego recuperarse. Este patrón se mantiene bajo diversas definiciones de *antes, durante* y *después,* cuando se excluyen las observaciones extremas, y a lo largo de diferentes periodos de tiempo. La inflación genera incentivos que son malos para el crecimiento, la gente responde a los incentivos y el crecimiento sufre por ello. Una manera fácil de que un Gobierno acabe con el crecimiento es emitiendo dinero, lo cual causa una elevada inflación.

Cómo se crea un alto diferencial cambiario en el mercado negro

Una vez que deambulaba por la playa de Negril en Jamaica, recuperándome de los rigores de un trabajo de consultoría en Kingston, me abordó un empresario local con una propuesta atractiva. Me ofrecía cambiar dólares jamaicanos por moneda estadounidense a una tasa un 65 por ciento superior a la tasa oficial a la que me cambiaban en el hotel. (Como esta operación es ilegal de acuerdo con la ley jamaicana, no comentaré mi reacción a la oferta). ¿Por qué me hacía una oferta así?

El Gobierno jamaicano solamente le permite a sus ciudadanos comprar dólares estadounidenses con fines turísticos en pequeñas sumas. Como a los jamaicanos les gustaría tener dólares estadounidenses para defenderse de la devaluación del dólar jamaicano, existe una demanda de dólares estadounidenses que excede la cantidad que se puede obtener por canales oficiales a la tasa oficial de cambio. La tasa oficial de cambio no valora los dólares estadounidenses tanto como los valoran los jamaicanos, de ahí la oferta que me hacía el empresario local de pagar por mis dólares estadounidenses un precio superior al que ofrecían los bancos locales.

El mismo fenómeno se repite alrededor del mundo. ¿Cómo afecta a los incentivos para el crecimiento la existencia de un diferencial cambiario en el mercado negro? En primer lugar, existe un incentivo obvio de conseguir dólares a la tasa oficial para venderlos en el mercado negro. Esto genera una furiosa competencia por las licencias para comprar dólares estadounidenses. Cuando las mejores oportunidades de lucro de una economía surgen por transgredir las normas del Gobierno no puede haber muchas cosas buenas en esta economía.

No sólo la economía no debe ir bien sino que normalmente empeorará. El diferencial cambiario del mercado negro opera como un impuesto sobre las exportaciones. Los exportadores tienen que entregarle las divisas que reciben al banco central al tipo de cambio oficial. Sin embargo, a la hora de importar se acaba pagando con divisas al precio del mercado negro. Existen dos posibilidades: una, que no les den suficientes divisas al tipo oficial de cambio y tengan que comprar el resto en el mercado negro. La otra, que aunque les den suficientes divisas, sabiendo que las pueden vender en el mercado negro, las valoren para tomar sus decisiones justamente a un nivel que refleje la tasa del mercado negro, utilizando parte de sus valiosas divisas para pagar sus importaciones. Es decir que, efectivamente, compran sus importaciones al tipo de cambio alto del mercado negro y venden sus exportaciones al tipo de cambio oficial, mucho más bajo. Un alto diferencial entre los dos tipos de cambio es un impuesto gravoso sobre las exportaciones, lo cual no es un buen incentivo para crecer.

El alto diferencial cambiario del mercado negro tuvo mucho que ver con el colapso del sector del cacao en Ghana, tema éste que se discute con mayor detalle en un capítulo posterior. El cacao representaba el 19 por ciento del PIB de Ghana en los años cincuenta, pero solamente el 3 por ciento en los años ochenta. Ghana tenía en 1982 el récord mundial de diferencial cambiario de mercado negro, con un 4.264 por ciento, y había mantenido el diferencial consistentemente por encima del 40 por ciento durante dieciocho de los veinte años anteriores. El diferencial cambiario de mercado negro equivalía a un impuesto sobre el cacao porque los agricultores tenían que venderle el cacao a un organismo público encargado de su comercialización, a un precio que reflejaba la tasa oficial de cambio, mientras que tenían que comprar sus factores de producción a precios de mercado negro mucho mayores. En 1982 los agricultores recibían por su cacao solamente el 6 por ciento del precio mundial. La gente responde a los incentivos. Tratando de luchar en contra de los incentivos, Jerry Rawlings, el líder militar de Ghana en ese momento, introdujo la pena de muerte por "delitos económicos" como el contrabando.

Como se vio en capítulos anteriores, no solamente el cacao padecía rigores en Ghana en aquella época. Durante los veinte años en que se mantuvo el alto diferencial cambiario de mercado negro, el ingreso del ghanés promedio cayó cerca del 30 por ciento.

El diferencial ghanés llegó a tales alturas como consecuencia de la combinación de varias malas políticas. La tasa nominal de cambio se mantuvo fija. El Gobierno financió su déficit mediante la emisión de dinero, generando así inflación. Los exportadores evadían la entrega de sus divisas, con lo cual las exportaciones registradas oficialmente disminuían. En 1982, cuando la tan esperada devaluación finalmente llegó, la tasa de cambio oficial era tan ficticia que los precios apenas subieron.

Al observar los datos de otros países, se encuentran efectos ruinosos similares del diferencial cambiario del mercado negro. Los países que tuvieron un diferencial cambiario de mercado negro por encima del 40 por ciento durante algunos años muestran un crecimiento del ingreso per cápita de 0,1 por ciento en dichos años. (Los países con un diferencial cambiario de cero presentan un crecimiento promedio de 1,7 por ciento durante el mismo periodo). Los países con Gobiernos particularmente malos que permitieron que el diferencial cambiario de mercado negro llegase a sobrepasar el 1.000 por ciento tuvieron un crecimiento promedio de -3,1 por ciento por año. El cuadro 11.1 presenta todos los episodios de más de 1.000 por ciento de diferencial.[7]

Cuadro 11.1

Años de vida peligrosa: Casos de diferencial cambiario de mercado negro por encima del 1.000 por ciento.

País	Periodo con diferencial mayor al 1.000 por ciento	Diferencial promedio (%)	Crecimiento anual per cápita (%)
Ghana	1981-1982	2.991	–7,7
Indonesia	1962-1965	3.122	–0,7
Nicaragua	1984-1987	4.409	–5,6
Polonia	1981	1.404	–11,4
Sierra Leona	1988	1.406	–0,4
Siria	1987	1.047	–2,9
Uganda	1978	1.046	–6,9

La relación entre un alto diferencial cambiario de mercado negro y una tasa negativa de crecimiento es fuerte. Si suponemos que el diferencial cambiario de mercado negro causa un bajo crecimiento, una manera como un mal gobierno puede fácilmente aniquilar los incentivos para crecer es manteniendo fija la tasa de cambio nominal ante una elevada, inflación hasta que se llega a valores extremos del diferencial cambiario del mercado negro.

Cómo se producen unos elevados déficit presupuestarios: La historia de tres crisis

México disfrutó de un periodo de estabilidad macroeconómica entre 1950 y 1972, época conocida con el apelativo del "desarrollo estabilizador". La tasa de cambio del peso por el dólar se mantuvo fija durante todo el periodo y la inflación era baja. El producto per cápita del país creció en un sólido 3,2 por ciento anual. Pero cuando Luis Echavarría se hizo con la presidencia en 1970, había cierta sensación de que no todo marchaba bien. Muchos mexicanos se preguntaban si el crecimiento había contribuido a mejorar la situación de los pobres. La respuesta de Echavarría fue establecer un nuevo programa de "redistribución con crecimiento".

Los economistas apoyamos a fondo la propuesta de Echavarría y la "redistribución con crecimiento" se convirtió en un lema popular entre los economistas que trabajábamos con los países pobres. Desgraciadamente, estábamos aventurándonos a salir de un terreno del cual sabíamos poco —los determinantes del crecimiento— para entrar en otro del cual no sabíamos nada —cómo redistribuir la renta hacia los pobres sin perjudicar el crecimiento. (Desde entonces el ciclo viró nuevamente hacia el crecimiento, pero ahora nos estamos desplazando otra vez hacia la redistribución, a pesar de que falta mucho por saber sobre cómo lograrla).

Peor aún fue que su programa le significó a Echavarría la pérdida de control sobre el déficit presupuestario, y que esto habría de costarle a los pobres, en el largo plazo, mucho más que cualquier ganancia que hubiesen obtenido de la "redistribución con crecimiento". Las decisiones que tomó Echavarría entre 1970 y 1976 causaron daños cuyas consecuencias se sienten aún ahora, tres décadas después. Los pecados de un presidente los han sufrido los presidentes siguientes, hasta la cuarta generación. El déficit presupuestario pasó del 2,2 por ciento del PIB en el primer año de su presidencia a más del 5 por ciento tres años después y al 8 por ciento en 1975. La inflación, a su vez, se fue acelerando hasta llegar a más del 20 por ciento.

Los déficit presupuestarios y la inflación no ayudan a mantener fija la tasa de cambio. Las ganancias de los exportadores mexicanos se contrajeron, pues mientras sus costes en pesos crecían, sus ingresos en dólares se mantenían constantes. En consecuencia, las exportaciones bajaron mientras que las importaciones, que resultaban más baratas ante los precios crecientes de los productos mexicanos, se expandieron. El mayor déficit de la balanza externa se financió con el aumento en la deuda externa. Los especuladores comenzaron a mantener sus saldos en dólares previendo la inminencia de una devaluación.

La crisis esperada finalmente se precipitó en 1976. Ante la fuga de capital al extranjero y las reducidas reservas en divisas, después de más de dos décadas con la misma tasa de cambio, Echavarría anunció que la moneda se devaluaba un 82 por ciento.[8] El crecimiento per cápita bajó a menos del 1 por ciento en el periodo 1976-1977.

La crisis se habría alargado aún más de no haber sido por el oportuno descubrimiento de nuevas reservas de petróleo en la bahía de Campeche. Entre 1978 y 1981 la economía se disparó, creciendo al 6 por ciento anual mientras la riqueza del petróleo fluía a borbotones.

Por desgracia, el Gobierno de López Portillo, el sucesor de Echevarría, utilizó la bonanza petrolera para emprender un proceso desaforado de gasto. Aunque la motivación oficial continuaba siendo la "redistribución con crecimiento", la abundancia del petróleo parecía tan desmedida que aumentó todo tipo de gasto.

López Portillo se las arregló para que el gasto superara los ingresos petroleros con mayor rapidez con la que estos aumentaban. Utilizando los ingresos del petróleo como garantía, la deuda externa aumentó de 30.000 millones de dólares en 1979 a 48.700 en 1981 (en 1970 era solamente de 3.200 millones de dólares; López Portillo y Echevarría no fueron más que grandes derrochadores).[9] No es difícil identificar el origen de la nueva deuda en los desmesurados déficit en que incurrió López Portillo, el 8 por ciento del PIB en 1980, el 11 por ciento en 1981 y el 15 por ciento en 1982. Ya en 1981 los especuladores se comenzaron a cebar con el peso mexicano como una moneda que pronto perdería hasta la camisa. Miles de millones de dólares salían, puesto que los mexicanos estaban colocando sus activos en el exterior, mientras que sus empresas recibían préstamos en dólares. López Portillo habría de expresarlo de manera quejumbrosa después de que la inevitable devaluación causara grandes pérdidas a las empresas, a la vez que enormes ganancias de capital para algunas personas, "empresas pobres, personas ricas".

López Portillo tras prometer que defendería la moneda como un "perro guardián", dejó flotar el tipo de cambio el 9 de agosto de 1982. La moneda perdió de inmediato el 30 por ciento de su valor. (Los mexicanos, desilusionados pero ingeniosos, llamaron a la lujosa mansión presidencial situada en un cerro, la colina del perro). Pocos días después de devaluar, el ministro de Finanzas Jesús Silva Herzog anunciaba que México no podía servir su deuda. Fue un hito no sólo para México, sino para muchos otros países pobres. El crecimiento del ingreso per cápita en México durante la subsecuente "década perdida" fue del –1 por ciento por año.

El Gobierno finalmente logró controlar la inflación después de 1988 y nuevamente fijó el tipo de cambio. También introdujo reformas que crearon un ambiente de expansión sin fin en el México de los noventa. Nadie parecía darse cuenta que, aunque el déficit público estaba bajo control, la débil regulación de los bancos los estaba llevando a acumular pérdidas que el Estado tendría que cubrir (parecido a lo que habría de ocurrir tres años más tarde con la caída del crecimiento en Asia Oriental). Por tercera vez en dos décadas, ingenuos inversionistas internacionales se quemaron en México en diciembre de 1994, cuando el peso cayó envuelto en llamas. Por tercera vez en dos décadas, el pueblo mexicano sufrió una crisis causada por una mala política fiscal. El crecimiento per cápita cayó en 1995 al -8 por ciento.

México no era el único país en esto de tener una mala política fiscal que acababa con el crecimiento. Muchos otros países altamente endeudados también se habían visto envueltos en complicaciones a causa de los saldos negativos de las cuentas del Estado y el excesivo endeudamiento. Los datos muestran un alto nivel de relación entre déficit presupuestario y crecimiento. El quintil de los países con el mayor déficit presupuestario tienen un crecimiento anual per cápita del -2 por ciento, en tanto que los países con superávit presupuestario muestran un crecimiento anual del 3 por ciento (véase la figura 11.1).

Los elevados déficit presupuestarios generan malos incentivos para el crecimiento puesto que se prevé que en el futuro habrá necesidad de elevar los impuestos para reducir el déficit y financiar el pago de la deuda pública. Favorecen también el crecimiento de la inflación, lo cual reduce el valor de los activos en dinero. Resultan en una inestabilidad macroeconómica generalizada, lo cual dificulta identificar los buenos proyectos y las empresas a las cuales se les puedan conceder créditos. La gente responde a los incentivos. Por todas estas razones, los altos déficit presupuestarios son otra forma fácil para que los Gobiernos acaben con el crecimiento.

Cómo acabar con los bancos

Otra manera más de acabar con el crecimiento es debilitando los bancos que conceden los créditos para la inversión. ¿Qué se debe hacer para debilitar los bancos? Los bancos, para poder funcionar y ofrecer créditos para inversiones, necesitan que la gente deposite su dinero en ellos. Esto solamente ocurre cuando los depositantes obtienen un buen rendimiento por sus depósitos.

Hemos visto ya que una inflación elevada hace que los sistemas financieros engorden, siempre que las fuerzas del mercado determinen los tipos de interés. Sin embargo, en muchos de los países pobres se controlan los tipos de interés aun cuando la inflación se dispare. El resultado en estos casos es que los depositantes carecen de toda protección contra la erosión del valor real de sus depósitos.

Supongamos que se impone un tope del 10 por ciento a los tipos de interés mientras ocurre una inflación del 30 por ciento. En estas circunstancias, un

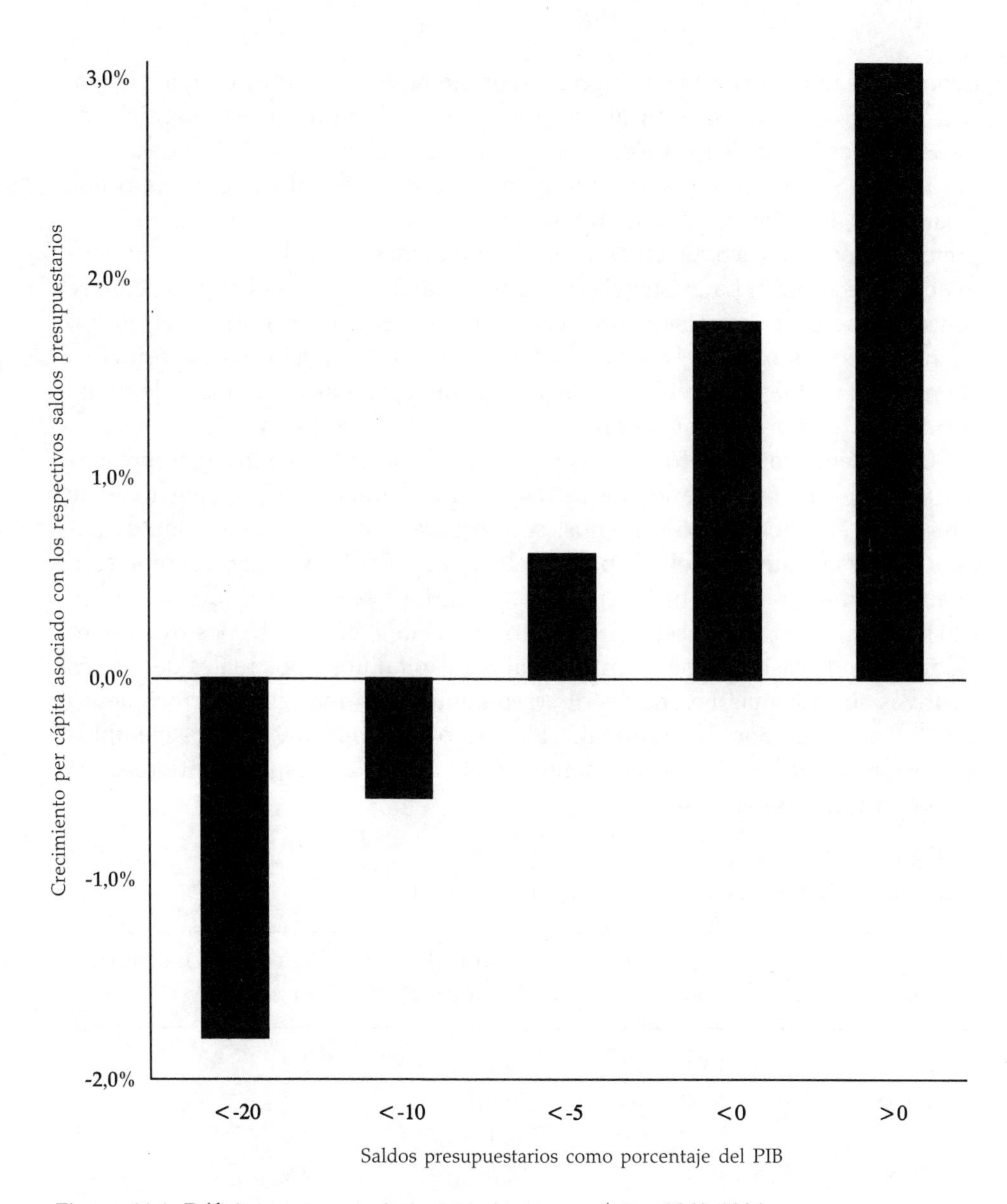

Figura 11.1. Déficit presupuestario y crecimiento per cápita, 1960-1994.

depositante que reinvierta sus ingresos por intereses se encontrará que el valor real de sus depósitos cae en un 20 por ciento cada año. El tipo nominal de interés menos la tasa de inflación da el rendimiento real de los depósitos de ahorro en dinero. Si este tipo real de interés es altamente negativo, está claro que bajarán los incentivos para mantener dinero en los bancos. La gente va a preferir colocar sus activos en el exterior o en bienes inmuebles, o simplemente dejará de ahorrar. La existencia de un tipo real de interés negativo se conoce con el nombre de "represión financiera" por su efecto de reprimir el ahorro financiero en los bancos. Los bancos que tratan de mantener los depósitos de ahorros con un tipo de interés negativo son como aguadores que traten de transportar agua en un balde agujereado.

La evidencia muestra que tipos de interés altamente negativos se presentan al mismo tiempo que los desastres en el crecimiento. Tipos negativas de interés del –20 por ciento o menos, se presentan junto con crecimientos per cápita muy negativos: del –3 por ciento anual. Curiosamente, la represión financiera moderada no es tan nociva. Unos tipos reales de interés de entre –20 y 0 por ciento, se presentan junto con tasas de crecimiento positivas, pero moderadas, de casi un 2 por ciento anual per cápita. Los tipos reales de interés positivos son los más favorables al crecimiento, con una tasa de crecimiento per cápita del 2,7 por ciento anual.[10] El cuadro 11.2 muestra algunos ejemplos de tipos reales de interés severamente negativos y el correspondiente resultado en términos de crecimiento.

Cuadro 11.2

Ejemplos de tipos de interés real altamente negativos.

País	Años	Tipo real de interés (%)	Tasa de crecimiento per cápita (%)
Argentina	1975-1976	–69	–2,2
Bolivia	1982-1984	–75	–5,2
Chile	1972-1974	–61	–3,6
Ghana	1976-1983	–35	–2,9
Perú	1976-1984	–19	–1,4
Polonia	1981-1982	–33	–8,6
Sierra Leona	1984-1987	–44	–1,9
Turquía	1979-1980	–35	–3,1
Venezuela	1987-1989	–24	–2,7
Zaire	1976-1979	–34	–6,0
Zambia	1985-1988	–24	–1,8

Los tipos de interés altamente negativos son malos para el crecimiento pues gravan a quienes colocan en los bancos sus ahorros financieros. La mayor parte de la gente no lo hará, puesto que la gente responde a los incentivos, de modo que la colocación de ahorros en bancos disminuirá. Los depósitos de ahorros en los bancos, como proporción del PIB en los países con tipos reales de interés muy negativos (por debajo del –20 por ciento), son poco más de la mitad de lo que son en los países con tipos positivos o ligeramente negativos.

¿Cómo afecta esto al crecimiento? Si los servicios que prestan los bancos al proporcionar créditos son beneficiosos, la economía va a salir perjudicada cuando los bancos pueden otorgar pocos créditos. Los economistas Robert King y Ross Levine expresan así la función de los bancos:

> Los bancos evalúan los proyectos empresariales, movilizan los ahorros para financiar las actividades más prometedoras en términos de aumentos de la productividad, diversifican los riesgos asociados con estas actividades innovadoras, y revelan cuáles son las ganancias esperadas por participar en procesos innovadores en lugar de hacerlo en la producción de bienes existentes con las tecnologías usuales. Un buen sistema financiero mejora las probabilidades de que la innovación tenga éxito, contribuyendo así a acelerar el crecimiento. Análogamente, al afectar negativamente la tasa de innovación, las distorsiones del sector financiero reducen la tasa de crecimiento.

King y Levine encuentran que hay una fuerte relación entre el nivel de desarrollo financiero de un país (medido por la proporción entre el ahorro financiero en los bancos y el PIB en 1960) y el crecimiento durante las tres décadas siguientes. El crecimiento per cápita baja en 2,3 puntos porcentuales entre el cuartil de los países con mayor desarrollo financiero y el cuartil con el menor desarrollo. Acabar con los bancos es otro medio expeditivo de que Gobiernos mal encaminados acaben con el crecimiento.

Cerrar la economía

Otro legado infortunado de la primera generación de políticas económicas en los países pobres fue el cierre de muchas economías pobres al comercio internacional. Hubo países que hicieron enormes esfuerzos para producir todo tipo de bienes en lugar de importarlos. Un caso que ilustra el desatino extremo hasta el cual se podía llegar ocurrió en Ghana antes de la reforma. Los ghaneses, ansiosos de producir sus propios automóviles, importaron de Yugoslavia juegos con todas las piezas para ensamblar los vehículos que luego se vendían. ¡Resulta que el precio internacional que pagaban por los juegos de piezas era mayor que el precio internacional del vehículo ya ensamblado!

El argumento en favor del proteccionismo tenía dos elementos.[11] En primer lugar, muchos economistas del desarrollo de la primera generación creían que los precios de los productos básicos de exportación, como el petróleo, el cobre y el estaño, tenían una tendencia decreciente en el largo plazo. En consecuencia, un país debía evitar caer en una situación en la cual importaba bienes manufacturados y exportaba productos básicos. En su lugar, debía colocar barreras a las importaciones de bienes manufacturados y así desarrollar su propia industria. Muchos países de América Latina, África y Asia siguieron el consejo y establecieron la "sustitución de importaciones", mediante la cual la producción nacional reemplazaba las importaciones prohibidas.

La idea de que los precios de los productos básicos de exportación estaban destinados a caer no se ha reflejado en la práctica. El cambio típico en los términos de intercambio de los países pobres ha sido negativo, pero de manera moderada, sólo un –0,6 por ciento anual.[12] Incluso esta cifra puede no ser fiable ya que existe el consenso de que los aumentos de precios en los bienes manufacturados son exagerados al subestimarse las mejoras en la calidad de los mismos.[13] Los productos básicos se miden, en cambio, en unidades tipo que no cambian en términos de calidad a lo largo del tiempo. En cualquier caso, los países que tenían ventaja comparativa en productos básicos podían diversificar sus riesgos de precios utilizando instrumentos financieros como los contratos de *hedging*.

En segundo lugar, los economistas del desarrollo de la primera generación creían que permitir las importaciones de productos manufacturados acabaría con cualquier esfuerzo incipiente de establecer un sector industrial en los países pobres. La idea era que el desarrollo de una industria tiene una curva de aprendizaje y que, al permitir las importaciones provenientes de países que ya estaban adelante en su proceso de aprendizaje, impediría que los países pobres pudieran hacer su propio aprendizaje necesario para que la industria se estableciese. Este razonamiento tiene una larga tradición en economía y se conoce con el nombre del argumento de la "industria naciente".

El argumento en favor del libre comercio también es antiguo. El libre comercio permite que las economías se especialicen en lo que mejor pueden hacer, exportando este tipo de bienes e importando aquellos bienes que no pueden hacer tan bien como otros países. Interferir en el comercio genera distorsiones de precios que resultan en subsidios para productores ineficientes. Este tipo de distorsiones puede afectar negativamente el crecimiento puesto que el uso ineficiente de los recursos reduce la tasa de rendimiento de las inversiones que se hacen para el futuro.[14]

Los argumentos a favor del libre comercio han recibido la confirmación de la experiencia de las últimas dos décadas que ha mostrado que las economías más abiertas son más ricas y crecen más rápidamente. La apertura del comercio tiene varias dimensiones, todas ellas relacionadas positivamente con el crecimiento.

Jeffrey Sachs y Andrew Warner definieron como países cerrados aquellos que tengan alguna de las siguiente características: barreras no arancelarias que cubran el 40 por ciento o más del comercio, un nivel medio de aranceles del 40 por ciento o más, un diferencial cambiario de mercado negro del 20 por ciento o más, un sistema de economía socialista, o un monopolio del Estado en las exportaciones principales. Aplicando esta definición encontraron que las economías pobres cerradas crecían al 0,7 por ciento anual per cápita, mientras que las economías pobres abiertas lo hacían al 4,5 por ciento. También encontraron que una economía cerrada que se abría aumentaba su crecimiento en un punto porcentual cada año.[15]

Mi colega David Dollar examinó las economías en las cuales los precios de los bienes comerciados, medidos de acuerdo con el tipo de cambio prevaleciente, eran más altos que en Estados Unidos. En su opinión, los precios más altos de estas economías reflejan políticas restrictivas de comercio, tales como un arancel que hace subir el precio nacional de un bien con respecto al precio internacional. Dollar encontró que las economías con los precios distorsionados en este sentido crecen menos que las economías que no están tan distorsionadas.[16]

El economista coreano Jong-wha Lee encontró que unos aranceles elevados, ponderados por la participación de las importaciones totales en el PIB, tienen un efecto negativo sobre el crecimiento.[17] En otro trabajo encontró que las importaciones de maquinaria contribuyen de manera particular al crecimiento económico.[18] La economista Ann Harrison de la Universidad de Columbia comprobó que las restricciones al libre comercio tienden a reducir el crecimiento.[19] Sebastián Edwards, economista de UCLA confirmó que las interferencias al libre comercio (aranceles, barreras no arancelarias, impuestos al comercio, y otros) tienden a reducir el crecimiento de la productividad.[20]

Los economistas Jeffrey Frenkel de Harvard y David Romer de Berkeley encontraron un efecto positivo sobre el nivel de ingresos de la participación del comercio (exportaciones más importaciones) en el PIB. Aducen que la relación es causal basándose en la identificación proporcionada por el componente geográfico del comercio (la tendencia de comerciar entre vecinos y la tendencia de las economías de mayor tamaño de tener más comercio interno).[21] El efecto es grande: un punto de aumento de la participación del comercio en el PIB aumenta el ingreso per cápita en un 2 por ciento.

Los economistas Francisco Rodríguez de Maryland y Dani Rodrik de Harvard presentan la perspectiva contraria. Ellos aducen que muchas de estas medidas restrictivas no captan realmente las intervenciones sobre el comercio y que no se mantienen estables ante cambios del periodo de la muestra o la inclusión de otras variables de control (sin embargo, ellos no analizan todos los resultados que se mencionan aquí).[22] En cualquier caso, en la investigación del crecimiento pocas variables captan en forma exacta una política concreta o son robustas a todas las variables potenciales de control. Es muy fácil descartar relaciones simples entre dos variables mediante la inclusión de alguna variable de control. Pero lo que se comprueba siempre es que el conjunto de distorsiones de política económica está negativamente relacionado con el crecimiento.[23] Esta evidencia nos indica que los Gobiernos que entorpecen el funcionamiento libre del mercado y la estabilidad macroeconómica de forma muy drástica, sea en términos del comercio, el tipo de cambio, la banca, al déficit presupuestario o la inflación, tendrán un crecimiento menor.

Los perjuicios que pueden causar las políticas económicas de los Gobiernos

Estoy llegando a Islamabad, capital de Pakistán, como parte de una misión que va a examinar los servicios públicos de este país. Los servicios públicos dejan bastante que desear en Pakistán. Indicadores sociales tales como la mortalidad infantil y la participación femenina en la educación secundaria de Pakistán están entre los peores del mundo. Dentro del mismo Pakistán hay variaciones importantes. La tasa de alfabetización entre las mujeres va desde un 41 por ciento en el Sindh urbano hasta un 3 por ciento en la zona rural de la provincia de la Frontera Noroeste y del Beluchistán. El economista pakistaní Ishrat Husain observa que menos de un tercio de los pueblos tienen acceso a centros mayoristas de comercialización y que, cuando hay caminos, su escasa calidad encarece los costes de transporte entre un 30 y un 40 por ciento.[24] Entre 1990 y 1998, el número de vehículos por kilómetro de carretera se duplicó. Los servicios públicos de irrigación también están en crisis. Cerca del 38 por ciento del área bajo irrigación pública sufre de salinidad e inundaciones; las pérdidas de cosecha debidas a la salinidad pueden llegar al 25 por ciento.[25]

Un estudio de los servicios públicos de Uganda encontró que las empresas de este país tienen cortes de energía que llegan a los 89 días por año. Por esto muchas empresas adquirieron sus propios equipos de generación de reserva, lo cual incrementó sus costos de inversión en un 16 por ciento. Cuesta cerca de tres veces más comprar y operar un generador propio que obtener la electricidad suministrada por el servicio público. Los servicios telefónicos no operan mejor: hay que hacer un promedio de 4,6 intentos para lograr completar una llamada de larga distancia dentro del país y 2,8 intentos para completar una llamada internacional. Problemas similares había con el servicio de agua (treinta y tres días al año sin servicio), la recolección de basuras (el 77 por ciento de las empresas no tienen acceso al tratamiento de sus residuos) y el servicio de correo (la empresa de correos solamente entregaba el 31 por ciento de la correspondencia comercial).[26]

En Nigeria, el Gobierno ha dejado casi completamente de prestar ningún servicio público, a pesar de los ingresos de 280 mil millones de dólares que el Gobierno recibe por la venta de petróleo, desde que se descubrieron sus reservas de petróleo a finales de los años cincuenta. El Gobierno ha preferido gastar sus recursos en cosas como un complejo industrial de fabricación de acero que costó 8 mil millones de dólares, que aún no ha producido su primera barra de acero, y en una nueva capital construida a partir de cero, esto sin mencionar las impresionantes cantidades de dinero que los gobernantes han robado. En la región sur del delta, donde se explota el petróleo, hay derrames de petróleo y carencia de caminos, escuelas y servicios sanitarios. La escuela pública secundaria del delta se derrumbó hace unos años a causa de un ventarrón tropical y el Gobierno nunca se ha molestado en reemplazarla. (Los problemas del delta recibieron alguna atención internacional a raíz de una campaña del pueblo Ogoni bajo el liderazgo de Ken Saro Wiva quien, gracias a las molestias que se tomó, fue ejecutado por el dictador Sani Abacha). Los barrios pobres de Lagos no están en mejores condiciones: chozas levantadas en pilotes sobre pestilentes lagunas de aguas negras que también sirven como alcantarillas, ubicadas entre montículos de tierra donde se acumulan desechos. Doctores y enfermeras abandonaron hace tiempo sus puestos en estos barrios debido a la falta de recursos y medicamentos. Los hombres de las lagunas de Lagos arañaban su subsistencia construyendo balsas de troncos que flotaban río Niger abajo hacia las lagunas. A pesar de las abundantes reservas energéticas de Nigeria, los frecuentes cortes de la Compañía Nacional de Energía Eléctrica CNEE (llamada por los nigerianos según sus siglas Como Nunca Entregamos Energía) dejaron fuera de funcionamiento los aserraderos que debían procesar los troncos.[27]

Hasta el momento hemos contemplado una serie de acciones cuantificables muy concretas que los Gobiernos pueden llevar a cabo, y que acaban con el crecimiento. Además, hay otras formas de acción menos cuantificables que también perjudican el crecimiento. Como lo muestran los ejemplos de Pakistán, Uganda y Nigeria, los Gobiernos pueden dejar de proveer servicios públicos de buena calidad tales como energía eléctrica, líneas telefónicas, caminos, sanidad, agua, alcantarillado, irrigación, correo, recogida de basuras y educación (e interferir en la provisión de estos servicios por parte del sector privado). Pueden ser corrompidos, tema este que dejo para un capítulo separado. Pueden crear un laberinto de regulaciones que acabe con la libre empresa.

Una encuesta sobre empresas privadas en sesenta y siete países arroja algunas luces sobre la carga reguladora. En países tan diversos como Bielorusia, Bulgaria, Fiyi, México, Mozambique y Tanzania, las empresas citaban "las regulaciones existentes para comenzar nuevas empresas/nuevas operaciones" como un obstáculo serio para operar.[28] Tomemos el conocido ejemplo del caso descrito por el economista peruano Hernando de Soto quien decidió, con fines experimentales, registrar una pequeña empresa de confecciones en Lima para ver qué ocurría si no se pagaba ningún soborno. En el proceso le solicitaron sobornos, por parte de empleados públicos, diez veces. En dos de los casos tuvo que ceder y pagar pues de otra manera se habría terminado el experimento. Le tomó en total diez meses inscribir la empresa de confecciones. Un proceso similar, toma cuatro horas en Nueva York.[29]

Al evaluar servicios básicos como el suministro de energía eléctrica por parte del sector público, empresas entrevistadas en Azerbaiyán, Camerún, Congo, Chad, Ecuador, Georgia, Guinea, Guinea-Bissau, India, Kazajstán, Kenia, Moldavia, Malaui, Malí, Nigeria, Senegal, Tanzania y Uganda informan que experimentan apagones al menos una vez cada dos semanas. En Guinea, la empresa media informa de al menos un apagón diario. Las empresas tienen que recurrir a costosos generadores para superar el poco fiable suministro de energía pública. Según una encuesta, el 92 por ciento de las empresas nigerianas tenían su propio generador.[30]

Más de un tercio de los países en desarrollo tiene una lista de espera para líneas telefónicas de seis años o más.[31] Guinea sobresale nuevamente porque la gente literalmente tiene que morir esperando: el periodo de espera para una línea telefónica es de noventa y cinco años.

Los caminos son un problema en muchos países. Empresas entrevistadas en Albania, Azerbaiyán, Bulgaria, Camerún, Congo, Costa Rica, Chad, Guinea-Bissau, India, Jamaica, Kazajstán, Kenia, Moldavia, Malaui, Nigeria, República Kirguizia, Togo, Ucrania y Palestina, calificaron la calidad de los caminos con un 5 o peor nota en una escala entre 1 (mejor) y 6 (peor). En Costa Rica, los recortes presupuestarios para el mantenimiento de las carreteras durante el programa de austeridad fiscal de los años ochenta dejaron el 70 por ciento de los caminos en pobres condiciones.

Otro aspecto en el cual los Gobiernos fallan frecuentemente es en el de la prestación de los servicios sanitarios básicos. En la misma encuesta de empresas éstas calificaron la calidad de los servicios sanitarios con un 5 o peor nota en una escala entre 1 (mejor) y 6 (peor) en dieciocho de sesenta y siete países en desarrollo. La pobre Guinea aparece nuevamente destacada, pues gasta solamente el 3 por ciento de su presupuesto sanitario en medicamentos para sus centros de salud, comparado con el 34 por ciento que gasta en salarios.

Esto equivale a un gasto anual en medicamentos de 11 céntimos por persona. El resultado es que prácticamente todas las clínicas carecen de medicamentos.[32] Un personal sanitario que tenga que trabajar sin medicamentos, no puede ofrecer los servicios sanitarios básicos que son tan cruciales para el desarrollo.

En cambio, los buenos gobiernos que gastan su dinero en servicios públicos esenciales obtienen altísimas tasas de rendimiento. En un estudio se estimó que añadir un punto porcentual del PIB en inversión en transporte y telecomunicaciones aumentaba el crecimiento en 0,6 puntos porcentuales.[33] En otros estudios se encontró que el número de teléfonos por trabajador tiene un fuerte impacto positivo en el crecimiento.[34] La tasa de rendimiento de proyectos de infraestructura tales como los de irrigación y drenaje, telecomunicaciones, aeropuertos, carreteras, puertos marítimos, ferrocarriles, energía eléctrica, purificación del agua y alcantarillado, está alrededor de un 16 a 18 por ciento anual en promedio.[35] Los rendimientos del gasto en el mantenimiento de la infraestructura existente (por ejemplo el mantenimiento de caminos) son aún mayores, llegando quizá hasta un 70 por ciento.[36] Los Gobiernos pueden acabar con el crecimiento cuando se exceden en regulación y se quedan cortos en provisión de servicios públicos.

La política ausente

Hay una política gubernamental que ha estado conspicuamente ausente de la selecta lista que he presentado sobre como acabar con el crecimiento: los impuestos. Decía al comienzo que unos impuestos elevados eran el incentivo más obvio para no invertir en el futuro, puesto que reducen directamente los beneficios después de impuestos. Varias de las políticas que hemos reseñado no son más que un impuesto que reduce el rendimiento de invertir en el futuro.

Es sorprendente que, sin embargo, no hay evidencia de que unos tipos impositivos altos reduzcan el crecimiento. Países con altas tasas de tributación, tales como Suecia parecen estar comportándose muy bien, mientras que países con bajas tasas de tributación, tales como Perú, se caen por la borda. Estados Unidos mantuvo las mismas tasa de crecimiento cuando el impuesto sobre la renta se introdujo en 1913 y luego cuando el impuesto subió radicalmente en los años cuarenta. Los ingresos tributarios pasaron en Estados Unidos de poco menos del 2 por ciento del PIB en 1930 a cerca del 20 por ciento del PIB en 1989, y aun así el ritmo de crecimiento no cambió.[37] No existe una relación estadística entre la tasa tributaria establecida y el crecimiento económico, ni a lo largo del tiempo en Estados Unidos, ni entre países.

Este ejemplo muestra la importancia de someter a pruebas empíricas cualquier predicción teórica. Por qué la atractiva frase "los impuestos reducen el crecimiento" no opera en realidad, es algo sobre lo cual solamente podemos hacer conjeturas. Podría ser que los tipos impositivos no capten la tasa efectiva sobre el ingreso. Esta última depende de las oportunidades legales de evasión (tales como deducciones, créditos tributarios, o tasas diferenciadas según el tipo de ingreso) o de la evasión abiertamente ilegal.

En los países en desarrollo, los ingresos tributarios son sólo una pequeña fracción de lo que debía recaudarse de acuerdo con los tipos impositivos existentes. Así, mientras que en Suecia se recolecta toda la cantidad prescrita de acuerdo con las tasas y la magnitud de la base imponible, en Perú solamente se recauda el 35 por ciento. Las tasas de recaudación difieren considerablemente entre países, de manera que la simple lectura de los tipos impositivos es una mala medida de los incentivos a los que las empresas y los inversores se enfrentan.

El huevo y la gallina

Hasta este momento hemos identificado varias acciones de los Gobiernos que están asociadas con un bajo crecimiento: alta inflación, alto diferencial cambiario de mercado negro, un déficit presupuestario elevado y tipos de interés muy negativos en términos reales. Sin embargo, el lenguaje utilizado no ha sido particularmente cuidadoso. Cuando decimos "los Gobiernos pueden acabar con el crecimiento" estamos sugiriendo que las malas decisiones de los Gobiernos *causan* un mal crecimiento.

Los ejemplos de errores ocasionados por la confusión entre correlación y causalidad son abundantes. Un relato conocido habla de unos campesinos rusos del siglo XIX que supuestamente notaron que las aldeas con mayor incidencia de viruela recibían más visitas médicas que las aldeas con poca incidencia. Los campesinos llegaron a la conclusión obvia y comenzaron a matar a los doctores que llegaban.

Otra historia en la misma línea, aunque un poco más sutil, es la del historiador estadounidense Francis Parkman. Unos misioneros católicos franceses organizaron en Canadá una gran campaña para convertir a los indios Hurones en el siglo XVII. No tuvieron un gran éxito quizá porque los Hurones sospecharon acertadamente que el Gran Espíritu de los sacerdotes deseaba no sólo sus almas sino también sus tierras. Aun así los infatigables misioneros persistían. Ellos creyeron que podrían lograr al menos conversiones en el lecho de muerte, así que tan pronto escuchaban la noticia de que había un Hurón gravemente enfermo corrían a su lado y le administraban el rito sacramental del bautismo para convertir al enfermo mortal poco antes de su fallecimiento. La relación entre bautizos y el posterior fallecimiento de los bautizados pronto se hizo notar. Los Hurones tenían legítimas razones para sospechar que el agua bendita rociada por el sacerdote en la ceremonia bautismal contenía algún veneno letal. (Parkman no relata, sin embargo, si esta historia tiene alguna relación con el martirio que algunos Jesuitas sufrieron por parte de los Hurones).

¿Qué debemos hacer para evitar cometer errores similares de confundir causalidad con correlación? ¿Es posible que sea el crecimiento negativo el que causa que los Gobiernos tomen medidas desesperadas? Supongamos que un Gobierno recurre a la alta inflación como medio para financiar unos déficit presupuestarios elevados generados en momentos difíciles para la economía. Tendríamos entonces una relación entre bajo crecimiento económico, elevados déficit y una alta inflación. En este caso no es el Gobierno el que acaba con el crecimiento sino el bajo crecimiento el que acaba con el Gobierno. La causalidad podría ir en cualquiera de las dos direcciones ¿qué viene primero entonces, la gallina o el huevo?

Los economistas han recurrido a diversas estrategias para poder descubrir la relación de causalidad a partir de la relación entre crecimiento y política. Una es ver si el valor inicial de una variable de política económica está correlacionado con el crecimiento subsiguiente. Así, por ejemplo, King y Levine establecieron que un sistema financiero que estuviese bien desarrollado en 1960 estaba asociado a un buen crecimiento económico durante los treinta años siguientes. La idea es que el pasado puede causar el futuro, pero que el futuro no puede causar el pasado.

Esto no es infalible, porque a veces se puede prever el futuro (como lo mostró el ejemplo de los sacerdotes con los Hurones). Sin embargo, tal como vimos en el capítulo anterior, es muy difícil prever el crecimiento. En consecuencia, usar los valores iniciales de las variables de política económica debe permitir comprobar si las acciones de un Gobierno causan cambios en el crecimiento. Otra estrategia para establecer causalidad es identificar una parte de la variable de política económica que esté correlacionada con otros acontecimientos independientes y ver si esta parte está correlacionada con el crecimiento. Por ejemplo, Ross Levine ha encontrado que la adopción de un sistema legal parecido al francés en lugar del inglés tiene efectos negativos sobre el desarrollo del sistema financiero. Tener un sistema legal francés posiblemente no afecta al crecimiento excepto en la medida en que afecte al sistema financiero. Se puede entonces descomponer la medida del desarrollo del sistema financiero en dos partes, una la parte que fue causada por la tradición legal francesa y otra causada por otros factores, como el bajo crecimiento. Si la primera parte sigue correlacionada con el crecimiento entonces podemos tener una mayor seguridad de que el desarrollo del sistema bancario es la causa del crecimiento. Hay economistas que han seguido estrategias similares para establecer causalidad, al menos de manera provisional, del diferencial cambiario del mercado negro y la inflación sobre el crecimiento.[38]

El crecimiento a través de los continentes

Los efectos de la política económica sobre el crecimiento no son meras posibilidades teóricas. Ross Levine y yo examinamos el diferencial de ingresos entre Asia Oriental y África según lo explican las políticas económicas y otros factores. Para cada política económica calculamos la diferencia entre la política observada entre África y Asia Oriental, que multiplicamos luego por su efecto sobre el crecimiento. Aplicamos a continuación este resultado sobre la renta inicial y obtuvimos de esta manera las diferencias de renta. La conclusión es que los mayores déficit presupuestarios, la mayor rigidez financiera y el mayor diferencial cambiario del mercado negro de África explican cerca de la mitad de la diferencia de crecimiento entre Asia Oriental y África a lo largo de tres décadas. Si es cierto que las políticas económicas afectan el crecimiento, en caso de que África hubiese aplicado las políticas económicas que se aplicaron en Asia Oriental, cada habitante de África sería 2.000 dólares más rico (véase la figura 11.2).[39]

Desde una perspectiva más positiva, los Gobiernos latinoamericanos cambiaron los incentivos al crecimiento a comienzos de la década de los noventa corrigiendo todas las políticas mencionadas, como respuesta a lo cual lograron 2,2 puntos porcentuales adicionales de crecimiento.[40] Redujeron la inflación, bajaron el diferencial cambiario con el mercado negro, se desplazaron hacia un comercio más libre y suprimieron el control excesivo sobre los bancos. Cerraron el diferencial de crecimiento con Asia Oriental a comienzos de los noventa al reformar más que los asiáticos (quienes en esa época ya tenían menos reformas pendientes de ser aplicadas que los latinoamericanos).

Conclusión

Finalmente hemos encontrado algo constructivo que decir a partir de nuestro lema de que la gente responde a los incentivos. Según esto, los Gobiernos pueden evitar entorpecer el crecimiento huyendo de cualquiera de las siguientes acciones que generan malos incentivos para el crecimiento: una elevada inflación, unos diferenciales cambiarios elevados con el mercado negro, unos exagerados déficit presupuestarios, unos tipos de interés muy negativos en

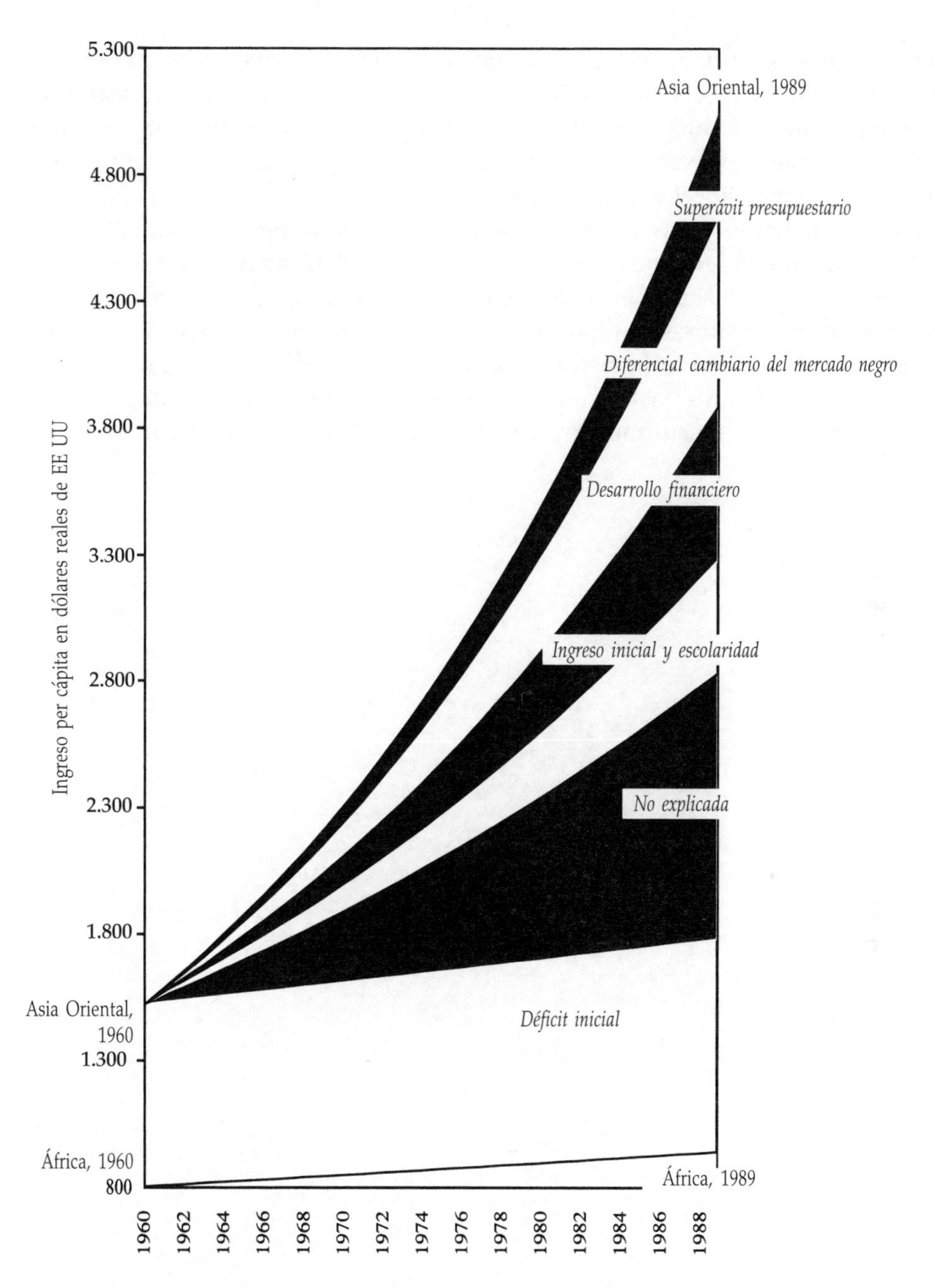

Figura 11.2. Descomposición del déficit de crecimiento entre Asia Oriental y África.
Fuente: Easterly y Levine, 1997.

términos reales, restricciones al libre comercio, unos excesivos requerimientos burocráticos y unos servicios públicos inadecuados. La tragedia es que sean los Gobiernos quienes causen con frecuencia las pérdidas de crecimiento. En los capítulos siguientes veremos por qué los Gobiernos deciden con tanta frecuencia aplicar políticas tan irracionales.

Antes de ungir la reforma de las políticas macroeconómicas como el elíxir del crecimiento, observemos que existe la posibilidad de las trampas de pobreza —tal como se discutió en capítulos anteriores. En efecto, el crecimiento de todos los países pobres durante la década de los noventa estuvo por debajo de lo que sus reformas de la política macroeconómica habrían hecho pensar. Además, las reformas institucionales son también muy importantes. En el capítulo siguiente discutimos un tipo de fallo institucional —la corrupción.

Interludio: Florencia y Verónica

Florencia y Verónica Phiri vivían en una época con sus padres en una casa pequeña pero agradable en Lusaka, Zambia. Su padre era electricista. Cuando tenían ocho y seis años perdieron a ambos padres. La familia de su padre tomó todas las posesiones de los Phiri y envió a las huérfanas a vivir en una aldea rural con una tía. Las niñas tenían que trabajar recogiendo agua y leña. A menudo las pegaban porque no trabajaban lo suficiente.

Después de dos años, la familia de la madre trajo a las niñas de vuelta a Lusaka a vivir con su abuela en una casa que estaba en ruinas. La abuela sobrevivía precariamente vendiendo verduras en el mercado. Cuando el día era malo no se comía. Otros cuatro huérfanos viven con la abuela, en lo que es un país lleno de huérfanos debido a la mortalidad que causa el Sida. Florencia y Verónica con sus cuatro primos juegan en calles llenas de polvo.

Un grupo donó dinero para que Florencia vaya a la escuela. El dinero alcanza para pagar los derechos de matrícula y para comprarle el uniforme y zapatos. Sin embargo, no hubo forma de conseguir lo mismo para Verónica.[1]

12. CORRUPCIÓN Y CRECIMIENTO

No existe ningún grupo de americanos que sea típicamente criminal, excepto el Congreso.

Mark Twain

La urgencia por apropiarse de todo aquello que no esté fuertemente atornillado al suelo es el mayor obstáculo al crecimiento con el que tienen que enfrentarse los Gobiernos. Exigir el pago de sobornos a los empresarios privados es un impuesto directo sobre la producción, del cual debemos esperar que reduzca el crecimiento. La corrupción es uno de los problemas que más comúnmente mencionan los visitantes ocasionales de países pobres y quienes desean invertir en estos países. En una encuesta que contrató la agencia Roper Starch International en diecinueve países en desarrollo, la corrupción era la cuarta entre las quince principales preocupaciones de la ciudadanía después de la delincuencia, la inflación y la recesión.[1]

A pesar de que la importancia que la corrupción tiene para el desarrollo económico es evidente, hasta hace poco el tema no había atraído la atención de los economistas. El prestigioso *Handbook of Development Economics,* que comprende cuatro volúmenes publicados entre 1988 y 1995, no menciona la corrupción en ninguna de sus 3.047 páginas de texto. Un importante texto de desarrollo económico recientemente publicado tampoco menciona la corrupción (ni tampoco la política) en parte alguna.[2]

Más aún, las instituciones financieras internacionales como el Banco Mundial y el Fondo Monetario Internacional prácticamente no prestaron atención a la corrupción durante varias décadas. Sólo recientemente la corrupción se ha convertido en un tema candente para estas instituciones. Incluso ahora, resulta frecuente encontrar reticencias a pronunciar la palabra *corrupción;* en lugar de usarla de manera directa, en la jerga burocrática, se habla de *problemas de gobernabilidad.*

Tras reconocer la importancia que la corrupción tiene en el crecimiento, surgen preguntas a las que se tiene que responder. ¿A qué se debe que unos

Gobiernos tienen que enfrentarse a tendencias a robar más fuertes que otros? ¿Por qué la corrupción causa más daño en unos países que en otros? En este capítulo se discute en qué escala hay corrupción, su efecto sobre el crecimiento, sus determinantes y algunas soluciones posibles.

Vivir huyendo

Cuando residí en México durante un año, estuve continuamente jugando al gato y al ratón con la policía mexicana. Yo hacía de ratón y la corrupta policía mexicana eran unos gatos. Conducir un coche con permiso de conducir estadounidense en Ciudad de México era como colocar un letrero que dijese: "Soy un turista estadounidense. Por favor exíjanme un soborno".

Antes de darme cuenta de lo corrupta que era la policía, yo mismo *llegué hasta el punto de detenerme en una ocasión para pedirle indicaciones a un policía.* Cuando les comenté a mis amigos mexicanos lo que había hecho, prorrumpieron en carcajadas. Tal como ellos se imaginaron, el policía a quien le pedía indicaciones dio un alarido, ¡Alto!, y corrió a buscar a algunos compañeros con quienes compartir el botín. Yo usé la técnica tradicional de simular que desconocía el idioma y supuse que alto quería decir "siga en su coche y aléjese de los policías corruptos que afortunadamente van a pie, tan rápido como pueda".

En mi siguiente encuentro con la policía tuve menos suerte. Esta vez me detuvo un policía motorizado. Cuando le pregunté cuál había sido mi infracción, me contestó que había cometido la seria infracción de *transportar libros sin un permiso.* ¿Qué me creía yo, que era una compañía autorizada de transporte? Esta seria infracción requería que fuese a la comisaría (ya mis amigos mexicanos me habían advertido que "nunca permitas que te lleven a la comisaría"). Ofrecí pagar la multa de inmediato y esto lo arregló todo. (Me da vergüenza revelar cuánto tuve que dar de soborno, puesto que me habían pillado sólo con billetes de alta denominación).

Tras esta experiencia desarrollé varias técnicas para evadir las embestidas de la policía. Cuando el policía estaba a pie continuaba actuando como un perfecto ignorante del idioma. En la siguiente ocasión que un policía motorizado trató de pescarme, simplemente seguí mi camino hasta meterme dentro de la universidad a la cual me dirigía. Debió parecer que aquello era un refugio suficientemente seguro y los policías renunciaron a seguir la persecución cuando llegaron a las puertas.

Las cosas son menos divertidas para los pobres pobladores de Ciudad de México, a quienes la policía sacude con regularidad para sacar sobornos. Parece que cada distrito policial tiene que cumplir una cuota mensual de cobros, parte de los cuales se distribuyen hacia arriba en la jerarquía. Todo el mundo sabe sobre la existencia de esta forma de corrupción, pero todos los intentos de impedirla han resultado inútiles. El fenómeno de una policía venal no es exclusivo de México; lo tienen países que van desde Jamaica hasta India, pasando por otros como Uganda y Moldavia, donde los pobres declaran que la violencia y la corrupción de la policía es una de sus mayores preocupaciones.[3]

Una gira por el mundo de la corrupción

La corrupción se encuentra en los países ricos y en los países pobres, en los países diminutos y en los países enormes, en los países cristianos y en los países islámicos, en los países africanos y en los países asiáticos, en los países del viejo mundo y en los países del nuevo mundo. Aunque la corrupción pueda presentarse en cualquier lugar, su intensidad varía y existen formas de medirla que nos indican las diferencias que hay entre los diversos países. De momento empezaremos por algunas anécdotas que ilustran la ubicuidad de la corrupción y tras ello presentaremos algunas medidas que nos permitan distinguir los niveles de corrupción en diferentes países.

Joseph Coors, el propietario de las famosas cervecerías de Denver (Colorado), había hecho grandes donaciones a las campañas de Ronald Reagan. En una ocasión en que su fábrica tenía que responsabilizarse de unos residuos peligrosos, Reagan nombró varios miembros del clan Coors como cargos de la Agencia para la Protección del Medio Ambiente, la cual poco después eliminó las restricciones que había en Colorado sobre el tratamiento de residuos tóxicos. Hubo una protesta contra Coors por haber comprado el derecho a desentenderse de sus residuos, aunque no por la producción de una cerveza tan aguada.[4]

El Doctor en psicología Don Soeken sostuvo en 1998 que se le había pedido que declarara mentalmente inestables a un grupo de funcionarios que habían revelado casos de corrupción de los Departamentos de Estado y de Defensa de Estados Unidos. Sus superiores pretendían desacreditarlos haciéndolos pasar por dementes.[5]

En Japón, un fiscal descubrió un arreglo mediante el cual empresarios que solicitaron favores a la Administración tenían que costear los gastos de entretenimiento de los funcionarios involucrados. Para demostrar su voluntad de erradicar la corrupción, el Gobierno japonés asignó el fiscal, en agosto de 1998, a un nuevo cargo en una remota ciudad de la costa.[6] En febrero de 1997 agentes del presidente Abdalá Bucaram de Ecuador sacaron del Banco Central 3 millones de dólares en moneda ecuatoriana. Le entregaron el botín en su despacho días antes de que terminase su cargo.[7]

El hermano del presidente mexicano Carlos Salinas estuvo implicado en pagos por tráfico de droga que permiten explicar los 132 millones de dólares que había en una cuenta que tenía en un Banco suizo. Al mismo tiempo, Justo Ceja Martínez, el secretario personal del presidente Salinas, no pudo explicar como logró acumular 3 millones de dólares entre 1988 y 1994 cuando su salario era de 32.400 dólares anuales.[8]

En un Estado del sur de la India, durante los años setenta, la corrupción era habitual en el sistema público de irrigación. Entre los variados tipos de pagos por corrupción, había uno denominado con el eufemismo de "ahorros en el terreno". Un contratista del Gobierno hacía menos trabajo del contratado —por ejemplo, extraer solamente 2 centímetros de sedimentos de un canal en lugar de los 5 centímetros estipulados. El contratista repartía entonces los "ahorros en el terreno" con el ingeniero del Gobierno que ya antes había recibido el 2,5 por ciento del contrato como pago por otorgar el contrato a la firma de marras. Los "ahorros en el terreno" y otros pagos indebidos llegaban a significar entre un medio y un cuarto del valor total de la obra que se debía hacer. Los ingresos del ingeniero encargado por concepto de sobornos llegaban a ser hasta nueve veces su salario oficial. No es de extrañar que, en estas circunstancias existiera un sistema de compraventa de estos lucrativos cargos. El ingeniero de este ejemplo podía hacer un pago de hasta cinco veces su salario anual por un nombramiento de dos años en el cargo, y aún le quedaba un ingreso neto significativo. Esta corrupción extendida tenía bastante que ver con el pobre funcionamiento del sistema de irrigación.[9]

En Corea, cuatro traumatólogos sin título pagaron el equivalente de 11.000 dólares para obtener licencias falsas de una oficina provincial de la Agencia de Salud y Asuntos Sociales. No se sabe cómo les fue a los pacientes de estos traumatólogos aficionados.[10]

A una escala más espectacular operaba el ex alcalde de Beijing y miembro del Politburó Chen Xitong, quien fue sentenciado a dieciséis años de prisión por corrupción. Se le acusó de haber desviado hasta 2.200 millones de dólares durante su etapa de funcionario, utilizando pagos por contratos y muchos otros mecanismos. La televisión china mostró algunos detalles de la vida de los Chen: "un anillo de oro, una tortuga de oro, un carruaje de plata y sus caballos, una casa de campo equipada con mesas para masaje y una alcoba de dimensiones imperiales".[11]

Una agencia del Gobierno filipino llegó a ser tan corrupta que hasta los empleados encargados del aseo recibían sobornos.[12] Marcos había prometido limpiar la corrupción. Su fracaso se puede medir por los múltiples millones de dólares que él mismo robó. Para dar un ejemplo, se dice que Westinghouse le pagó a Marcos 80 millones de dólares para obtener el contrato de construcción de una nueva planta nuclear. Una comisión presidencial aprobó la mejor oferta de General Electric, pero Marcos revocó la decisión. Su ministro de Industria protestó indicando que el país estaba comprando "un reactor por el precio de dos".[13] (Tampoco la democracia ha sido la panacea para la corrupción: el presidente democráticamente elegido hace unos años fue procesado por corrupción y tuvo que dejar el cargo).

Del dictador nigeriano Sani Abacha se dice que acumuló miles de millones de dólares de pagos por contratos de construcción y el desvío de fondos del petróleo a sus cuentas personales. También desvió 2.000 millones de dólares de las refinerías estatales de petróleo, paralizando con ello la producción de gasolina, tras lo cual, con toda la frescura del caso, se echó al bolsillo comisiones por la gasolina importada. Sólo su muerte repentina en junio de 1998 detuvo su imaginativo saqueo.[14]

En Zimbabue, el Gobierno asignó el contrato para la construcción del aeropuerto de Harare a la compañía Air Harbout Technologies de Chipre. Por curiosa coincidencia, el agente local de Air Harbout Technologies era el sobrino del presidente Mugabe. El Gobierno revocó la decisión de la comisión que había colocado en cuarta posición a esta compañía. Se dice que otros dos intermediarios recibieron 1 millón de dólares.[15]

El presidente Mobutu Sese Seko de Zaire, insatisfecho con su fortuna personal de varios miles de millones de dólares robó toda la región de minas de oro de Kilo-moto. Kilo-moto tiene 82.000 kilómetros cuadrados y 100 toneladas de reservas de oro. En otra transacción, Mobutu, quien según parece jamás pensó en pequeño, le concedió a la compañía aeroespacial alemana OTRAG los derechos de un área al sur de Zaire de un tamaño igual que el que tiene la misma Alemania Occidental.[16]

Cómo se ponderan la corrupción y sus efectos

La lectura de los casos anteriores puede hacer pensar que los funcionarios públicos, en todo el mundo, no son mejores para el crecimiento que los puros asaltantes de caminos. Aunque todos los países tienen casos para mostrar, hay países que son más corruptos que otros.

La *International Credit Guide* realiza entrevistas a empresarios en las cuales les pregunta sus percepciones sobre la corrupción en países de todo el mundo con una clasificación que va de 0 (corrupción máxima) a 6 (mínima). Los países que en 1990 se distinguieron con un 0 por su extrema extorsión fueron: Bahamas, Bangladesh, Indonesia, Liberia, Paraguay y Zaire. (Filipinas había logrado antes el 0 con Marcos, pero bajo un nuevo Gobierno reformista había logrado subir hasta un 2). Los países que obtienen un 6 son todos países industrializados, aunque no todos los países industrializados lo logran (por ejemplo, tanto Japón como Estados Unidos se quedan con un 5).

Los datos muestran que corrupción y crecimiento se encuentran relacionados de manera inversa. (Esta muestra compara el crecimiento durante los años ochenta con el nivel de corrupción de 1982 y el crecimiento durante los años noventa con el nivel de corrupción de 1990). De manera similar la corrupción está asociada de manera inversa con el nivel de inversión como proporción del PIB. (Esta muestra compara la proporción de la inversión en el PIB de 1982 con el nivel de corrupción de 1982 y la proporción de la inversión en el PIB de 1990 con el nivel de corrupción de 1990). Nadie desea invertir en una economía corrupta y tampoco nadie desea hacer en ella las demás cosas que contribuyen a que una economía crezca.[17]

La corrupción no sólo tiene un efecto directo sobre el crecimiento, sino que también tiene efectos indirectos, puesto que empeora el estado de otras políticas que son importantes para el crecimiento. Así, por ejemplo, en muchos de los casos de corrupción se trata de desviar ingresos públicos o de inflar los gastos públicos mediante pagos indebidos. No debe pues sorprender a nadie que una mayor corrupción esté asociada con un mayor déficit presupuestario. El déficit presupuestario medio del cuartil menos corrupto de la muestra es del 3,1 por ciento del PIB, mientras que para el cuartil más corrupto es del 6,7 por ciento.

Sin embargo, las relaciones entre corrupción y crecimiento pueden ser variadas. Al observar la lista de los países más corruptos de 1990, se encuentran tanto desastres de crecimiento (Zaire) como milagros de crecimiento (Indonesia lo fue hasta hace unos años). ¿Es posible que el efecto de la corrupción sea diferente según el país?

Es posible incluso que el efecto de la corrupción en un mismo país varíe a lo largo del tiempo. La encuesta de 1990 de la *International Credit Guide* no tenía mucha información sobre los países poscomunistas, puesto que el pos no se aplicaba aún en muchos de ellos. Una encuesta hecha en 1996 por el Banco Mundial en sesenta y nueve países si incluyó bastantes países poscomunistas. Se les pidió a las empresas de los sesenta y nueve países que informaran si hacer "pagos irregulares" era una práctica corriente en su sector. Las respuestas podían variar entre 1 (siempre) y 6 (nunca). Mientras que los países comunistas siempre habían tenido cierta corrupción (la Unión Soviética había recibido un 4 en la encuesta de 1990 de la *International Credit Guide*), quedó claro en la nueva encuesta que una mayor corrupción había invadido los países poscomunistas. Los más corruptos eran Azerbaiyán y Bulgaria. De los veinte países más corruptos en la encuesta de 1996, diez eran poscomunistas, a pesar de que en total sólo componían menos del 30 por ciento de la muestra. La desastrosa caída del producto en los países poscomunistas puede tener muchas causas, pero también parece indicar que la corrupción no es buena para el crecimiento.

Variedades de corrupción

Debe distinguirse cómo afectan al crecimiento dos tipos diferentes de corrupción: la corrupción descentralizada y la corrupción centralizada. La corrupción descentralizada se caracteriza por la presencia de una gran cantidad de receptores de pagos ilegales, cuyas extorsiones no se coordinan entre sí. En la corrupción centralizada, un alto funcionario del Gobierno organiza la operación corrupta y determina la participación de cada cual en los recaudos ilegales.

La corrupción descentralizada se asimila a la multiplicidad de controles militares que los viajeros encuentran en las carreteras en países como, por ejemplo, el Congo. Cada soldado en un control, es un predador individual que no tiene en cuenta los efectos de las acciones de los demás predadores. Los bienes que transporta el viajero constituyen el recurso común total del cual quieren apropiarse los ladrones independientes.

Este es el problema clásico de las propiedades comunales. Los sobornos que se demandan son mayores en la medida en que cada soldado ladrón trata de obtener el mayor botín posible del desventurado viajero, antes de que lo sustraigan otros ladrones. La "tasa de robo" total de los sobornos descentralizados es mayor que en la corrupción centralizada. Más aún, la tasa de robo en la de corrupción descentralizada puede ser tan alta que el total robado resulte menor de lo que sería con una tasa más baja. Cuando la tasa de tributación sube, la gente se esfuerza más en evitar situaciones propicias a la extorsión. Viajan por aquellas carreteras en las que haya menos controles, llevan menos dinero y disfrazan el valor de los bienes que transportan. En situaciones de corrupción descentralizada, la ambición rompe el saco y una mayor "tasa de tributación" sobre la actividad privada genera una recaudación menor que con la corrupción centralizada. La corrupción descentralizada genera los peores incentivos para el crecimiento.

Hay otra razón más por la cual la corrupción descentralizada es nociva. La probabilidad de que alguien sea castigado por llevar a cabo actos de corrupción está relacionada de forma positiva con la capacidad de vigilancia del Estado y negativa con el número de funcionarios corruptos. Cuando hay corrupción descentralizada el Estado es débil y hay muchos funcionarios corruptos. Incluso cuando el Estado procesa a algunos de los corruptos, hay tantos de ellos que la probabilidad que uno de ellos en particular sea encausado se hace más pequeña. Por esto aparecen círculos virtuosos y círculos viciosos de la corrupción. El círculo virtuoso ocurre cuando, por alguna razón, el nivel de corrupción descentralizada es bajo y quien actúa ilegalmente resulta probablemente procesado. En consecuencia, el nivel de corrupción se mantiene bajo. El círculo vicioso ocurre cuando el nivel de corrupción descentralizada es alto, por lo cual la probabilidad de ser procesado es baja. En consecuencia, el nivel de corrupción se mantiene alto.

En el caso de la corrupción centralizada, hay un líder que busca maximizar la recaudación de la red de corrupción que funciona como un todo integrado. Este líder se preocupa por la prosperidad de sus víctimas, puesto que sabe que si se pasa en la exacción, las víctimas buscarán medios de evasión para así reducir el pago total. De acuerdo con ello, el jefe mafioso de la corrupción centralizada fijará la "tasa de tributación" de la exacción en cada control, de manera que se maximice la recaudación total del sistema. Bajo el sistema de corrupción centralizada, se supervisan los montos de las comisiones en cada nivel, para sancionar a quien intente obtener una comisión mayor de la prescrita por la autoridad central. Por esta razón no ocurren círculos viciosos. La corrupción centralizada resulta así, menos nociva que la descentralizada.[18]

En términos más generales, un dictador fuerte escogerá un nivel de corrupción que no le haga demasiado daño al crecimiento, puesto que sabe que su comisión depende de la buena salud de la economía. En un Estado débil con corrupción descentralizada, no se presenta este tipo de incentivo para mantener el crecimiento. Cada colector es muy pequeño como para afectar el tamaño total de la economía, de modo que poco o nada hay que limite su impulso por obtener el máximo que pueda, extraer de su víctima. Esta forma de concebir la corrupción nos ayuda a comprender por qué la corrupción ha sido más nociva en el Congo que en Indonesia. El Congo es un Estado débil, con muchos funcionarios emprendedores. La Indonesia de Suharto era un Estado fuerte, que imponía los sobornos comenzando por todo lo alto. El Congo tuvo un crecimiento per cápita negativo e Indonesia (hasta hace pocos años) tuvo un crecimiento per cápita excepcional.

También hubo un cambio en el tipo de corrupción que existía en los países comunistas. Siempre hubo algo de corrupción en ellos que, principalmente, bajo la dictadura centralizada del partido, comenzaba por arriba. Los países poscomunistas, en cambio, presentan muchos centros de poder independientes entre sí, de modo que se han desplazado hacia la corrupción descentralizada. Esto ayuda a entender por qué la corrupción, en dichos países, ha sido mucho más nociva de lo que era antes, tras la desaparición de los regímenes comunistas.

Los determinantes de la corrupción

Está claro que con Gobiernos descentralizados hay más incentivos para la corrupción que con Gobiernos centralizados. En un Gobierno descentralizado, tal como una coalición de Gobierno constituida por varios grupos de interés, la tasa de robo será mayor. Además, los dineros acumulados por cambios imprevistos en la demanda de productos básicos o en la ayuda externa tienen más probabilidad de ser robados en un Gobierno débil descentralizado que en un Gobierno fuerte centralizado.

En el capítulo siguiente se discutirá una situación que conduce a la existencia de múltiples grupos de interés: un alto nivel de diversidad étnica. Jakob Svensson, de la Universidad de Estocolmo, encontró que, en efecto, la corrupción es mayor cuanto más diversidad étnica hay, resultado que ya había destacado en un trabajo anterior Paolo Mauro del FMI.

Svensson también encontró que la corrupción aumenta cuando la ayuda externa crece en una sociedad dividida étnicamente, cosa que no sucede en una sociedad homogénea étnicamente. La ayuda externa es un recurso compartido que cada grupo étnico tratará de desviar hacia sus propios bolsillos. Svensson también encontró que los países con economías importantes en productos básicos (como el cacao o el petróleo) y que al tiempo estaban étnicamente divididos, tenían mayores posibilidades de ser corruptos. Múltiples grupos de intereses étnicos tratarán, cada uno por su lado, de robar tanto como puedan del fondo común de los ingresos procedentes de la venta de productos básicos.[19]

Ya en el capítulo anterior se había sugerido que una de las razones por la cual se establecen políticas malas es para generar oportunidades de fraude. Esto resulta obvio con una política que conduce a un diferencial cambiario en el mercado negro, con lo cual cualquier funcionario que pueda obtener dólares a la tasa oficial puede lograr una ganancia por corrupción, vendiéndolos en el mercado negro. No debe pues sorprender que la corrupción y la tasa de mercado negro estén relacionadas.[20] El sentido de la causalidad en esta relación es bidireccional: los corruptos tienen un incentivo para crear un alto diferencial cambiario de mercado negro y un alto diferencial cambiario de mercado negro induce a la corrupción.

De manera análoga, las restricciones al libre comercio generan oportunidades de corrupción. Cuando un arancel sobre un bien importado es alto aparece el incentivo de sobornar a los funcionarios de aduanas para así pagar menos aranceles por las importaciones. Y cuando se requiere tener una licencia para poder hacer importaciones, una demanda elevada de licencias provocará que quien quiere una tenga que pagar un soborno. Hay un estudio en el cual se encontró que los países que restringen el libre comercio internacional son más corruptos.[21] La calidad de las instituciones de un país también afecta el grado de corrupción. Una Administración de alta calidad organizada en forma meritocrática va a tener un efecto de contención sobre la corrupción. Un Gobierno que sea respetuoso de la ley, en lugar de colocarse por encima de ella, establecerá un clima desfavorable a la corrupción. La *International Credit*

Risk Guide mide cuatro aspectos de la calidad que el entorno institucional pueda tener sobre los negocios: el predominio de la legalidad, la calidad de la Administración, el cumplimiento de los contratos por parte del Gobierno y la ausencia de expropiaciones. Cada uno de estos temas recoge un aspecto particular del medio institucional que afecta a la corrupción. Para erradicar la corrupción y establecer buenos incentivos para que los funcionarios del Gobierno promuevan el crecimiento, cada uno de los cuatro aspectos institucionales mencionados debe estar firmemente establecido.

El predominio de la legalidad indica la capacidad que tiene una Administración para hacer cumplir la ley o para ignorarla cuando le convenga para así recibir sobornos. Los funcionarios del Gobierno reciben sobornos para interpretar la ley de manera creativa en favor de quienes los sobornan. La *Guía* mide el predominio de la legalidad y la ausencia de corrupción en una escala de 0 a 6. Así, por ejemplo, en 1982 en Haití la ley valía tanto como una orden del rey en *Alicia en el país de las maravillas*. Haití sacó 0 en predominio de la legalidad y 0 en ausencia de corrupción. Quienes sacan un 6 en predominio de la ley son todos países industrializados (excepto Taiwan). Todos los países industrializados, con la excepción de Portugal, sacan un 5 o un 6 en ausencia de corrupción.

Cuando hay una Administración de mala calidad, las resmas de papel que se exigen para cualquier propósito hacen que los negocios se hagan tan lentamente que parezca que se arrastran. Las oportunidades para que haya corrupción descentralizada en tales circunstancias son claras. La *Guía* lo mide en una escala de 0 a 6, pero ningún país recibió un 0. En 1990, Bangladesh sacó un 1 en calidad de la Administración y un 0 en corrupción. En Dhaka, para obtener una licencia para abrir un negocio, o se espera a que un frente frío pase por el infierno, o se paga un soborno. Los países que reciben un 6 en calidad de la Administración, son todos industrializados, con la excepción de Hong Kong, Singapur y Suráfrica. Estados Unidos, por ejemplo, recibe un 6 de alta calidad de la Administración, lo cual puede sorprender a algunas personas que han hecho colas interminables en agencias federales. Pero, todo es relativo, hacer cola no es tan malo como tener que pasar por catorce sitios diferentes en cada uno de los cuales hay que hacer un trámite. Todos los países con un 6 en calidad de la Administración tenían un 5 o un 6 en ausencia de corrupción (nuevamente Portugal es la excepción).

El que los contratos estén garantizados mide otro aspecto diferente de las relaciones entre el mundo de los negocios y los Gobiernos. La frecuencia con que se realiza contratos hace más posible la presencia de corrupción en la medida en que los empresarios sientan que tienen que sobornar a los funcionarios para que sus contratos se cumplan. (Más aún, como los empresarios incluyen el coste de los sobornos en el monto de su contrato, los Gobiernos que no garantizan el cumplimiento de los contratos terminan pagando más).

Cumplir los contratos se mide en una escala de 0 a 10. En 1990, los peores países en este aspecto con un 1 o un 2, fueron Myanmar, Liberia, Líbano, Iraq, Haití, Sudán, Zambia y Somalia —no exactamente un ejemplo de economías honestas, con un promedio de ausencia de corrupción del 1,67 en la escala de medida de 0 a 6. Los países con un 10 son todos industrializados, con la excepción nuevamente de Taiwan, en proceso de industrializarse. Todos los 10 reciben un 5 o 6 en ausencia de corrupción, exceptuando Taiwan e Italia. Finalmente, la ausencia de expropiaciones toca al centro de las relaciones entre el mundo de los negocios y los Gobiernos. Cuando el riesgo de expropiación es alto, la corrupción florecerá con los empresarios pagando por su protección a quienes puedan expropiarles. En 1990, los peores países en esta rúbrica con un 1 o un 2 en una escala de 1 a 10, fueron Nueva Caledonia, Iraq y Namibia. En 1982 tuvieron un 1 o un 2, Irán, Siria, Iraq (repetidor) y Líbano. La media de ausencia de corrupción en estos países era del 1,9.

Todos los países con un 10 en ausencia de expropiaciones son países industrializados y todos los países industrializados tienen un 10, excepto Australia que saca sólo un 9. Y todos estos países industrializados tienen una calificación de 5 o 6 en ausencia de corrupción, excepto España e Italia.

En general, los datos muestran una fuerte relación entre la calidad de las instituciones y la corrupción. (La muestra asocia corrupción en 1982 con calidad de las instituciones en 1982 y corrupción en 1990 con calidad de las instituciones en 1990). Los países con las peores instituciones tienen una posición en términos de corrupción que está de 2 a 4 puntos por debajo de la de los países con las mejores instituciones. La corrupción es alta en los países que fallan en cualquiera de los cuatro tipos de medida de la calidad de las instituciones. Y es baja en los países que cuentan con la mejor calidad de las instituciones en cualquiera de los cuatro apartados. Sin embargo, estas relaciones tienen que interpretarse con cautela. Los puntos asignados son subjetivos, de manera que puede ocurrir simplemente que los empresarios entrevistados perciban que la Administración sea peor en una economía corrupta que en una honesta. Puede, además, haber un tercer tipo de factor, como las malas políticas del Gobierno o la pobreza, que sean la causa tanto de la corrupción como de las malas instituciones. En todo caso, la fuerte relación entre instituciones y corrupción es consistente con la visión de que las instituciones pueden afectar la corrupción.[22]

Políticas de control de la corrupción

Las reformas institucionales son difíciles pero no imposibles. En Ghana, por ejemplo, la calidad de la Administración pasó de 1 en 1980 a 4 en 1990 (en la escala de 0 a 6). El predominio de la legalidad pasó de 1 a 3 (también en la escala 0-6). El Gobierno logró que el diferencial cambiario del mercado negro bajase del 4.264 por ciento en 1982 al 10 por ciento en 1990. Por ello no parece accidental que la ausencia de corrupción en Ghana pasase de 1 en 1982 a 4 en 1990 en la escala 0-6.

Los resultados de este capítulo apuntan a una manera de escapar a la corrupción y sus efectos aniquiladores del crecimiento. En primer lugar, deben establecerse instituciones de buena calidad. Eliminar los trámites, poner reglas para que el Gobierno cumpla sus contratos y no expropie al sector privado, y crear un funcionariado meritocrático. Estas instituciones darán pie a un sistema de control de los funcionarios en lugar de uno de oportunidades de cobros fraudulentos.

En segundo lugar, imponer políticas que eliminen los incentivos a la corrupción. Un alto diferencial cambiario del mercado negro o un tipo de interés real muy negativo prácticamente garantizan la presencia del fraude masivo. La eliminación de ambos no sólo es bueno para el crecimiento como vimos en el capítulo anterior. Es también buena para controlar la corrupción.

Con demasiada frecuencia hemos considerado los Gobiernos como instituciones benefactoras a las que se puede asesorar para el mejoramiento del bienestar público. Saber que los Gobiernos a menudo son corruptos nos debe hacer reconsiderar esta actitud. Si sabemos que un Gobierno es corrupto tenemos que ser más cautelosos con la idea de confiar en que tal Gobierno pueda intervenir a favor del crecimiento. Así, por ejemplo, dudaremos en recomendar políticas de industrialización que subsidien ciertas industrias nacientes por cuanto es muy posible que el Gobierno, en el proceso de decidir que nacimiento subvencionar sea sobornado. El mejor camino a seguir sería eliminar, en la medida de lo posible, el poder discrecional del Gobierno sobre empresas y hogares y establecer un conjunto de reglas de juego firmes y claras bajo las cuales el Gobierno operase. En la búsqueda del crecimiento hemos estado demasiado tiempo ignorando el papel que juega la corrupción.

Interludio: La discriminación en Palanpur

Palanpur es una pequeña aldea en el Estado de Uttar Pradesh en el norte de India. Palanpur es excepcional porque los economistas del desarrollo la han hecho objeto de estudios diversos en varios periodos durante las últimas cinco décadas: 1977-1958, 1962-1963, 1974-1975, 1983-1984 y 1993. Peter Lanjouw y Nicholas Stern publicaron en 1998 un libro sobre estas cinco décadas de estudios de Palanpur. La descripción que se hace a continuación, sobre ciertas características de la vida en Palanpur que se han mantenido prácticamente inmutables durante el periodo, se basa en el primer capítulo escrito por Jean Drèze y Naresh Sharma.[1]

La población de Palanpur a mediados de 1993 era de 1.133 personas. Palanpur es una aldea pobre donde 16 de cada 100 nacidos morirán en 1993 antes de llegar a su primer cumpleaños. La tasa de alfabetización es de solamente el 37 por ciento entre los hombres y del 9 por ciento entre las mujeres.

Hay 117 hombres por cada 100 mujeres, lo cual refleja una discriminación sistemática del sistema sanitario contra las niñas y las mujeres. Los estudiosos se percataron de "varios casos de niñas menores de un año a quienes se dejó languidecer y fallecer en circunstancias que, sin duda alguna, habrían motivado una actuación más enérgica si se hubiese tratado de un varón". Los thakur de la casta alta de Palanpur practican el matrimonio infantil, el aislamiento de las mujeres casadas fuera de la vista del resto de gente (purdah), la prohibición al trabajo de la mujer fuera de casa y, en algunos casos extremos, hasta el infanticidio de niñas y el sati (incineración de la viuda en la pira funeraria de su marido).

El otro grupo discriminado en Palanpur es el de los jatab de casta baja. Todos ellos viven en un bloque de "casas pobres de barro" situado en los extramuros de la aldea. Los jatab poseen poca tierra y trabajan, por lo general, como jornaleros o en su parcela de subsistencia. Sólo el 12 por ciento de los hombres jatab y ninguna de las mujeres están alfabetizados. El maestro de escuela de Palanpur es thakur y, como tal, considera repulsivo cualquier contacto con un jatab. Los administradores de la cooperativa de crédito local a menudo tratan de extorsionar dinero de los jatab. En cualquier caso, los jatab se enfrentan a grandes dificultades para poder conseguir préstamos. Tratan de evitar a las personas de castas altas y cuando los encuentran los tratan con deferencia.

13. Sociedades polarizadas

La propensión de la humanidad a caer en mutuas animosidades es tan grande que cuando una razón sustantiva no aparece, las diferencias más frívolas y rebuscadas son suficientes para encender pasiones hostiles y alimentar los más violentos conflictos.

James Madison, *Federalist Paper No. 10*

En cierta ocasión, un vuelo que debía tomar fue cancelado debido a problemas mecánicos. Otro vuelo con el mismo destino salía poco después. Tanto el vuelo original como el siguiente estaban casi llenos. Las circunstancias hicieron que casi instantáneamente se formaran dos facciones en pugna: los pasajeros del vuelo cancelado y los pasajeros del vuelo siguiente, quienes competían por el número fijo de puestos que tenía el vuelo que iba a salir. Los pasajeros del vuelo cancelado alegaban que la aerolínea, que era responsable de la cancelación de su vuelo, debería darles prioridad para el vuelo siguiente. Los pasajeros del vuelo que salía razonaban que debían conservar sus puestos, derecho éste que no tenía porqué verse afectado por acontecimientos ocurridos con otros vuelos. La animosidad entre los dos grupos se desarrolló con increíble rapidez, al tiempo que se generaba solidaridad en el interior de cada uno de ellos —a pesar de que se trataba de personas que momentos antes eran totalmente desconocidas entre sí. Los pasajeros del vuelo cancelado comentaban entre ellos lo injustos, agresivos y arrogantes que eran los pasajeros del vuelo siguiente. Y éstos, a su vez, mascullaban entre ellos comentarios poco elogiosos sobre los del otro grupo. Poco faltó para que se llegara a las manos. Finalmente, la aerolínea mantuvo los derechos de los pasajeros asignados al vuelo. Sin embargo, ambos grupos se vieron perjudicados, pues el segundo vuelo también se retrasó a causa del conflicto. Es asombroso observar con que facilidad la sociedad se polariza en facciones, a veces por una nimiedad.

La formación de facciones permite explicar la falta de crecimiento atribuible a las malas políticas de los Gobiernos. ¿Qué hace que ciertos Gobiernos elijan políticas que acaban con el crecimiento? ¿Por qué acaban con el crecimiento mediante la corrupción, cuando una economía creciente permite aumentar el botín? Y, ¿por qué, cuando los pobres necesitan que se subvencionen sus inversiones para el futuro, para poder participar en el crecimiento, ciertos Gobiernos son reacios a otorgar estos subsidios? Veremos que los Gobiernos de sociedades fragmentadas tienen incentivos para redistribuir el ingreso existente, mientras que los Gobiernos de sociedades cohesionadas tienen los incentivos para promover el crecimiento. La diferencia fundamental entre un Gobierno que redistribuye y uno que desarrolla es la polarización social. Las sociedades que están divididas en facciones luchan internamente por el reparto del botín; en las sociedades unidas por una cultura común y una clase media fuerte, se establece el consenso para crecer —de manera que se incluya a los pobres.

Vamos a por el cacao

Volvamos al caso del cacao, el principal producto de exportación de Ghana. La producción de cacao está concentrada en la región donde habita el grupo Ashanti, que comprende el 13 por ciento de la población. En la época precolonial dominaba el Imperio Ashanti, lo que había dado pie al resentimiento de otros grupos, como los Akan de la costa (30 por ciento de la población). A partir del movimiento de independencia, en los años cincuenta, el cacao sustituyó a los resentimientos históricos como la manzana de la discordia entre los grupos étnicos.[1]

A comienzos de los años cincuenta, Kwame Nkrumah, miembro de uno de los grupos Akan de la costa, se separó del partido independentista, tradicionalmente de base Ashanti. En 1954, impulsó una ley en el Parlamento colonial para congelar el precio del cacao. Un partido opositor de Nkrumah se presentó contra él en las elecciones de 1956 con un lema no muy sutil, "Vota Cacao". Incluso antes de la independencia, la región Ashanti trató de separarse. Sus esfuerzos fallaron porque la mayoría de los grupos restantes apoyaban a Nkrumah.

Nkrumah mantuvo un fuerte gravamen sobre el cacao hasta los años sesenta. El Consejo de Exportación del Cacao, una empresa del Estado, le compraba el cacao barato a los cultivadores y lo vendía caro a precios internacionales. El alto diferencial cambiario significaba que el precio que se le pagaba a los cultivadores significaba muy poco en dólares. Los cultivadores tenían que entregar sus dólares al tipo de cambio oficial, pero si necesitaban comprarlos, tenían que hacerlo en el mercado negro.

Entre 1969 y 1971, Kofi Busia logró ser el único gobernante de base Ashanti tras haber logrado cooptar como aliados suyos a algunos grupos Akan de la costa. Uno de los primeros actos de Gobierno de Busia fue subir el precio del cacao. Hizo una gran devaluación de la moneda en 1971, lo que significó un aumento en el precio interior del cacao en un momento en el cual su precio internacional estaba bajando. Fue derrocado por los militares tres días después, quienes revirtieron, en parte, la devaluación. Esta fue la última ocasión en que los ashantis recibieron un precio de mercado por su cacao.

Aunque las coaliciones formadas por grupos étnicos rotaron con la velocidad del rayo durante los años setenta y ochenta, todas parecían estar de acuerdo en gravar de manera prohibitiva las exportaciones de cacao ashanti, mediante la disparatada sobrevaloración del tipo de cambio oficial, que se reflejaba en un alto diferencial con el mercado negro, de dólares. El Gobierno distribuía las ganancias del cacao entre sus adeptos políticos y étnicos, proporcionándoles licencias para la importación de bienes al tipo oficial de cambio. Los precios de los bienes importados reflejaban en cambio la tasa de mercado negro, de modo que se vendían con enormes ganancias. El máximo histórico del diferencial cambiario ocurrió en 1982, cuando la tasa del mercado negro fue veintidós veces el tipo oficial de cambio.[2]

En 1949, los productores ghaneses recibían el 89 por ciento del precio internacional por su cacao.[3] En 1983, en cambio, solamente recibían el 6 por ciento del mismo. Las exportaciones de cacao fueron el 19 por ciento del PIB en 1955. En 1983 llegaron solamente al 3 por ciento del PIB.[4] El caso del cacao de Ghana es la típica historia de matar la gallina de los huevos de oro. La historia de Ghana apunta a la relación que puede haber entre las disputas entre los diferentes grupos de interés por apropiarse de las ganancias de un producto básico como el cacao y la elección de políticas económicas que acaban con el crecimiento —en este caso, un tipo de cambio sobrevaluado que provoca un alto diferencial cambiario en el mercado negro de divisas.[5]

Los políticos también son gente

Aunque parezca difícil de creer, hubo una época en la que el análisis de los países del trópico que hacían los economistas dejaba siempre fuera la política. Así, por ejemplo, la política era ignorada en el análisis del desastre del crecimiento de Ghana.

Al examinar a través del túnel del tiempo que proporciona el conjunto de estudios hechos en los años setenta por el National Bureau of Economic Resarch de EE UU, se encuentra un trabajo como el análisis elaborado en 1974 sobre las restricciones que Ghana estableció al comercio.[6] El trabajo no dice una palabra sobre los aspectos políticos y recomienda a los líderes ghaneses que tomen medidas de política económica como si se tratase de los reyes filósofos benefactores de Platón. En ninguna parte del trabajo hay alusión alguna a que Ghana era un país manejado por jefes militares corruptos o a que la política del país estaba hecha jirones a causa de las divisiones étnicas. En ninguna parte hay alusión alguna a que las restricciones al comercio en Ghana eran pretextos para el latrocinio a través de la compraventa de licencias de importación, las cuales a veces se otorgaban incluso a las amigas de los hombres fuertes del ejército. Sólo más tarde nos dimos cuenta los economistas de que los Gobiernos están compuesto por seres humanos. Igual que todas las personas, éstos también responden a los incentivos. Si los miembros de un Gobierno tienen incentivos para proponer políticas generadoras de crecimiento las llevarán a cabo. En caso contrario, no.

La pregunta más difícil sólo se podrá abordar una vez que reconozcamos que los miembros de un Gobierno responden a los incentivos igual que el resto de la gente. Si los Gobiernos favorecen una inflación elevada, grandes déficit, una tasa de diferencial cambiario elevada y unos tipos reales de interés negativos que destruyen el crecimiento, ¿qué incentivos tiene el Gobierno para llevar a cabo tales políticas? En este capítulo examinaremos los incentivos perversos que a veces tienen los políticos para acabar con el crecimiento.

La respuesta equivocada

Una respuesta rápida a por qué los políticos acaban con el crecimiento sería que esto se debe a que durante su ejercicio le roban a la gente hasta las cejas. Es cierto que una alta inflación y un gran déficit pueden ser el resultado de un gasto excesivo que termina en las cuentas bancarias de los funcionarios. Es cierto que un alto diferencial cambiario y unos tipos reales de interés altamente negativos constituyen un caldo de cultivo para la corrupción. Los que mandan obtienen divisas al tipo de cambio oficial, que venden a la tasa del mercado negro. Financian su compra de divisas con préstamos que obtienen a un tipo real de interés negativo e invierten el dinero en activos extranjeros que tienen una tasa real de rendimiento positiva.

Es razonable pensar que estas políticas generen corrupción, pero ésta no es la explicación de por qué los políticos escogen estas políticas que van contra el crecimiento. Las oportunidades de conseguir ingresos fraudulentos para los políticos son mejores cuanto más rica sea la economía. Se le puede robar más a una economía rica que a una economía pobre. De este modo, el uso de parte de los políticos de políticas económicas que acaban con el crecimiento se vuelve en contra suya. Incluso los políticos que roban preferirían que la economía creciera más rápido, para así poder robar más. ¿Por qué, entonces, si los políticos responden a los incentivos, escogen políticas que acaban con el crecimiento?

Uno y múltiple

El concepto clave que ha estado ausente hasta ahora es que el Gobierno no es un actor único omnisapiente. El Gobierno es más bien una coalición de políticos que representan a facciones distintas. Esta multiplicidad es la que conduce a la elección de políticas que acaban con el crecimiento.

Consideremos, por un momento, la analogía siguiente. Supongamos que se ha descubierto un pozo de petróleo que atraviesa los límites entre su propiedad y la mía. La ley prescribe que quien sea propietario de la tierra que está directamente sobre el pozo, es quien tiene el derecho a explotar el petróleo. En consecuencia, los dos tenemos derecho a extraer petróleo de este pozo único. Hay una característica de la tecnología de explotación de los campos de petróleo que consiste en que cuanto más rápidamente se extraiga el petróleo, menor será el rendimiento total del mismo. ¿Teniendo esto en cuenta, vamos usted y yo a reprimirnos de extraer rápidamente todo el petróleo que podamos con el objeto de proteger el potencial del campo? Por el contrario, nos esforzaremos en extraer la mayor cantidad posible de petróleo antes de que el otro lo haga. El campo dará un rendimiento por debajo de su potencial a causa de nuestras prisas. Los expertos pontificarán sobre nuestra codicia autodestructiva mientras rápidamente consumimos un recurso no renovable. Sin embargo, ambos estamos actuando dentro de los cánones de la racionalidad. A este tipo de situación se la denomina "la tragedia de los ejidos".

Comparemos ahora esta situación con aquella en la cual el pozo de petróleo está ubicado solamente bajo mi propiedad. Extraeré el petróleo cuidadosamente a una velocidad que permita preservar el pleno potencial del campo. La causa del comportamiento autodestructivo del ejemplo anterior gracias al cual ambos salimos perjudicados, fue la existencia de múltiples agentes con derechos sobre el mismo pozo de petróleo.

Este es el gran descubrimiento de la economía política. Las malas políticas son el resultado de la existencia de grupos de interés divergentes que actúan, cada uno, en su propio interés. Las sociedades que están más fragmentadas tienen peores políticas que las sociedades que están más cohesionadas. Cualquier elemento que facilite la polarización empeorará las políticas económicas, lo cual reducirá aún más el crecimiento.

En el ejemplo de Ghana, consideremos el caso en el cual los grupos de interés de una coalición multiétnica hubieran llegado a un compromiso de acuerdo con el cual el representante de cada grupo de interés se hiciese cargo de una política. Uno determina el tipo de cambio del mercado negro, otro determina la emisión de dinero y la inflación, el tercero determina el déficit del presupuesto y un cuarto determina el tipo real de interés negativa.

Con este tipo de arreglo, el representante de cada grupo de interés escoge su política de modo que maximice sus ingresos, sin consideración alguna respecto a la forma como su decisión afecta las rentas de los otros grupos. Examinemos el caso en el cual el tipo real de interés muy negativo escogido por el ministro número 4 genera incentivos para sacar dinero del país. En este caso, los exportadores declararán un menor valor de sus ventas para así poder depositar la diferencia en sus cuentas bancarias del extranjero. Esto reducirá los ingresos del ministro número 1, que está a cargo del diferencial cambiario del mercado negro, puesto que la base de sus ingresos está constituida por las divisas que entregan los exportadores a la tasa oficial de cambio. El ministro número 1 obtiene sus ganancias al revender su recaudación en dólares al tipo del mercado negro. Cuantas menos divisas lleguen al país por concepto de exportación, menos gana.

El ministro número 2 también verá reducidos sus ingresos, puesto que los ingresos que genera la emisión de dinero dependen de la cantidad de dinero que se mantiene dentro del país. Cuando parte del dinero se lleva fuera, los ingresos del ministro número 2 que provienen del "impuesto inflacionario" se ven reducidos. Y el ministro número 3 no puede generar un déficit tan alto como él quisiera, puesto que la financiación del déficit se hace mediante los activos financieros que permanecen en el país. Se observa entonces que el ministro número 4 ha elegido un tipo real de interés que es más negativo que si tuviera en consideración cómo sus acciones afectan a los demás ministros.

Ahora démosle la vuelta al caso y consideremos que el ministro número 1 no tiene en cuenta el efecto del diferencial cambiario del mercado negro sobre el ministro número 4. Con un diferencial elevado, nuevamente los exportadores tienen un incentivo para subfacturar sus exportaciones y conservar parte de sus ingresos en el exterior. Esto significa que habrá menos dinero en las cuentas bancarias del país, es decir, menos recursos para que el ministro número 4 consiga préstamos baratos que luego invierte en activos de mayor rendimiento. El ministro número 1 elige un diferencial cambiario más alto que si tuviese en cuenta el efecto de sus acciones sobre el ministro número 4. Todos los ministros están explotando el mismo bien comunal, sin tener en cuenta el efecto que su propio lucro tiene sobre el provecho de los demás.

Comparemos este resultado con lo que habría ocurrido si el líder ghanés hubiese sido tan fuerte como para imponerse sobre unos grupos de interés relativamente débiles. El líder habría podido controlar el diferencial cambiario del mercado negro, la emisión de dinero y la inflación, el déficit del presupuesto y el tipo real de interés de Ghana. Habría tenido presente el efecto de cada uno de estos elementos sobre los otros, puesto que sus ingresos dependen del conjunto de ellos. Habría escogido un menor diferencial cambiario del mercado negro, una menor emisión de dinero con menor inflación, un menor déficit presupuestario y un tipo real de interés menos negativo que en el caso de los cuatro ministros independientes. La polarización de los distintos grupos de interés genera múltiples agentes. Estos varios agentes escogen políticas que son en su conjunto más nocivas para el crecimiento que las que escoge un agente único.

Sin embargo, no se debe saltar a la conclusión de que una autocracia es el mejor sistema para promover el desarrollo económico. Los autócratas pueden estar cediendo ante tantos grupos de interés como lo haría una democracia. La distinción que es importante hacer no es la diferencia entre autocracia y democracia (no hay evidencia de que una sea mejor para el crecimiento que la otra), sino que hay entre un Gobierno débil central conformado por una coalición de facciones con intereses diversos y un Gobierno central fuerte constituido a partir de un consenso.

La polarización de intereses propia de los Gobiernos débiles explica por qué hay Gobiernos que tan a menudo parecen querer autodestruirse matando la gallina de los huevos de oro. La polarización de intereses parece explicar como en Ghana acabaron con las exportaciones de cacao, reduciéndolas del 19 por ciento del PIB de los años cincuenta al 3 por ciento del PIB de los años ochenta. Cada grupo de interés obtuvo su exacción, gravando a los exportadores de cacao, sin la menor consideración por los efectos sobre los otros grupos. Quizá incluso hubo un grupo que controló la Agencia de Exportación del Cacao y fijó el precio que debían recibir los productores. Y quizá luego vino otra facción que controló el diferencial cambiario, fijando así el precio del productor en términos de una divisa fuerte. Estos dos grupos al actuar independientemente pudieron haber gravado a los productores de cacao más duramente que si el impuesto del cacao lo hubiera fijado el mismo agente. Cada grupo involucrado trató de sacarle el máximo provecho al cacao. Acabar con el cacao es el equivalente ghanés a la más rápida extracción posible de petróleo de un pozo compartido.

A la hora de comer

Con un análisis similar al anterior se puede explicar cómo los presupuestos de países cuyas economías se caracterizan por el predominio de intereses contrapuestos, sucumben a déficit incontrolables. Comencemos otra vez con una analogía. Imaginemos que seis compañeros salimos a comer y decidimos de antemano que partiremos la cuenta a partes iguales. Al pedir mi comida ya sé que solamente pagaré un sexto del coste de cualquier plato que pida. Si pido langosta (que cuesta 24 euros) en lugar de pasta (que cuesta 12 euros) mi coste adicional es solamente de dos euros. Cada uno de los compañeros hace la misma cuenta, con el resultado que terminamos gastando más que si cada uno hubiera pagado lo suyo. Esta es una variante de nuestro problema del pozo compartido de petróleo. Cada uno toma en consideración el efecto de sus acciones sobre su propio presupuesto en lugar del efecto sobre el presupuesto colectivo.

Una situación similar surge cuando quienes determinan el presupuesto nacional son los representantes de diferentes grupos de interés. Si hay seis grupos de interés de idéntico tamaño, uno tiene que financiar solamente un sexto del coste de cualquiera de los proyectos favoritos que proponga para beneficio de su grupo de interés. Este es el caso de cada uno de los seis representantes. El resultado es que el presupuesto aprobado y el déficit correspondiente son más grandes que lo que habrían sido si los hubiera determinado un sólo agente. Cada representante responde a los incentivos existentes. Sin embargo, el resultado para el conjunto de la nación no es nada bueno.

Guerras de desgaste

Alberto Alesina de Harvard y Allan Drazen de la Universidad de Maryland mostraron otra circunstancia bajo la cual grupos de interés múltiples pueden favorecer la persistencia de malas políticas. Constataron que puede haber guerras de desgaste entre los distintos grupos de interés.

Comencemos con una economía que padece una alta inflación que ya está causando reducciones del crecimiento y consideremos un caso en que hay solamente dos grupos de intereses dispares. Usted y yo encabezamos cada uno de los dos grupos. Cualquiera de nosotros podría reducir la inflación renunciando a algunos de nuestros proyectos favoritos que están siendo financiados con emisión de dinero. ¿Vamos a hacerlo? No necesariamente, ya que cada uno de nosotros confía en que el otro lo haga, para así acabar con la inflación. Cada uno de nosotros espera que el otro ceda en alguno de sus proyectos favoritos para bajar la inflación y, de esta manera, quien no haya cedido se beneficiará de la eliminación de la inflación sin haber tenido que abandonar sus proyectos favoritos. Estamos en una guerra de desgaste con la expectativa que sea el enemigo quien se quede primero sin soldados.

Para entender este proceso, examinemos una verdadera guerra de desgaste, la guerra de Vietnam. En un comienzo esta guerra era apoyada por los ciudadanos estadounidenses, y los vietnamitas del norte y el Vietcong estaban igualmente decididos a persistir. A medida que iba transcurriendo el tiempo y la medida del éxito en la guerra llegó a ser la relación entre los Vietcong desaparecidos en acción y los estadounidenses, las fortalezas y debilidades políticas de los combatientes se comenzaron a hacer más evidentes. A pesar de sus grandes bajas, los norvietnamitas y el Vietcong contaban con una población numerosa de profundo sentimiento nacionalista de donde seguir sacando nuevos soldados. Las bajas de Estados Unidos causaban descontento en su país y la población estaba cada vez menos decidida a enviar soldados a un combate letal. Ho Chi Minh se dio cuenta de esto antes que Lyndon Johnson. Cuando, con el correr del tiempo, estos dos líderes dejaron sus cargos, ambas partes comprendieron que Vietnam del Norte podía sobrevivir a Estados Unidos en una guerra de desgaste. Las dos partes se sentaron a la mesa de negociaciones y llegaron a un acuerdo para la retirada de los EE UU.

En guerras de desgaste sobre políticas económicas, cada parte conoce mejor al otro a medida que la guerra avanza. En una guerra de desgaste que ya lleva dos años, ambos sabemos que el otro no quiere ceder, ya que ha aguantado dos años. Pero, finalmente, uno de los dos llega a un punto en el cual se da cuenta de que el adversario está dispuesto a aguantar más que uno mismo. Uno de los dos, sea quien sufra los peores efectos de la inflación o quien valore menos sus proyectos favoritos, va a ceder primero y la guerra de desgaste termina.

Obsérvese que, sin embargo, la economía ha tenido que pasar por un periodo significativo de inflación que destruye el crecimiento antes que la guerra de desgaste llegue a su fin. La guerra de desgaste tuvo lugar porque había grupos de interés polarizados. Un Gobierno con un agente único que tenga que decidir sobre la inflación la controlará tan pronto como los costes para la sociedad excedan sus beneficios. El caso de la guerra de desgaste con múltiples grupos de interés muestra una situación en la cual las malas políticas se mantienen por largo tiempo, aunque sus costes, en términos del crecimiento económico que se deja de obtener, sean claros para todo el mundo.

En defensa del *statu quo*

Raquel Fernández de la Universidad de Nueva York y Dani Rodrik de Harvard presentan otro ingenioso caso sobre cómo, en presencia de grupos de interés múltiples, una mala política puede persistir incluso cuando la mayoría se beneficiaría de un cambio. Consideremos otra vez que solamente hay dos grupos de interés. El mío, que cuenta con un 40 por ciento de la población que se beneficiaría con seguridad de un cambio. En el otro grupo de interés, que comprende el 60 por ciento de la población, hay un tercio de la gente que se beneficiaría con la reforma. Si la reforma se definiese por una votación mayoritaria directa, una coalición de mi grupo con el tercio beneficiario del otro grupo votaría la reforma que se impondría con el 60 por ciento de los votos.

Supongamos, sin embargo, que en el grupo grande cada uno de sus miembros carece de información sobre si pertenece al tercio que se beneficiaría y que tampoco sabe cual sería la probabilidad de estar en el tercio beneficiario. Es decir, que todos los miembros de este grupo tienen una probabilidad de dos contra uno de no beneficiarse de la reforma, por lo que todos votarán en contra de la reforma, la cual perdería la votación por 60 por ciento en contra y 40 por ciento a favor, aunque si la reforma se llevara a cabo favorecería al 60 por ciento de la población. Una mala situación persiste debido a que hay incertidumbre sobre quienes se beneficiarían de la reforma. Esta incertidumbre resulta fatal debido a que hay los distintos grupos de interés que se benefician de la reforma de manera desigual.

Desigualdad y crecimiento

Los incentivos que confrontan quienes deciden las políticas de los Gobiernos van por mal camino cuando intervienen múltiples grupos de interés. ¿Cuáles son las circunstancias bajo las cuales surgen estos múltiples grupos de interés? Si observamos el mundo, veremos que las sociedades se hacen añicos debido a dos tipos de enfrentamientos: la lucha de clases y los conflictos étnicos.

El primer sospechoso de generar los grupos de interés es la existencia de una gran desigualdad. Consideremos una sociedad que está compuesta por una mayoría pobre que es dueña solamente de su trabajo y una minoría rica que es dueña de los otros factores de producción, el capital y la tierra. Supongamos que las políticas se deciden por votación democrática o que, si se trata de una sociedad no democrática, al menos hay una representación efectiva de los grupos de interés. En un marco aproximadamente democrático, la mayoría, en este caso los pobres, será la que determine las políticas. Un impuesto sobre los ricos puede ser una propuesta atractiva para esta mayoría pobre.

¿Qué determina cuán atractiva es la propuesta? Existen dos efectos que van en sentido contrario. En primer lugar, el impuesto sobre los ricos reducirá la tasa de crecimiento de la economía, lo cual es un inconveniente tanto para los trabajadores como para los capitalistas. (Habíamos visto que los impuestos prescritos no afectan el crecimiento, pero aquí uso el término *impuesto* en el sentido de cualquier mecanismo redistributivo, como por ejemplo, un alto diferencial cambiario del mercado negro). En segundo lugar, el impuesto sobre los ricos redistribuye el ingreso de los ricos a los pobres. El potencial de redistribuir es mayor cuanto mayor sea el abismo entre la renta de los capitalistas propietarios de la tierra y la de los trabajadores. Una mayor diferencia de ingresos —una gran desigualdad— significa que el potencial de que los pobres se beneficien de una redistribución mediante un impuesto sobre el capital es mayor. De manera que compensaría las pérdidas de los pobres debidas a la reducción del potencial de crecimiento. De esta manera, en una sociedad con gran desigualdad, la mayoría compuesta por los pobres votaría a favor de un impuesto alto y sacrificaría algo de crecimiento a cambio de una mayor redistribución. Incluso en sociedades no democráticas, el Gobierno y sus seguidores tratarán de tomar tajada de los ricos en lugar de apoyar el crecimiento futuro. Existe cierta evidencia directa sobre esto: los países con gran desigualdad tienen un mayor diferencial cambiario del mercado negro, unas mayores restricciones sobre el sistema financiero, una mayor inflación y un tipo de cambio menos favorable para los exportadores que los países con menos desigualdad.

Venezuela representa un ejemplo contemporáneo de esto. A finales del año 2000 fue elegido por voto democrático Hugo Chávez, un populista que prometió explícitamente a sus seguidores, una mayoría de pobres, redistribuir la riqueza de la oligarquía. Caracas, la capital de Venezuela, es el retrato de la desigualdad, con rascacielos construidos por la élite con la riqueza del petróleo, que están rodeados por chabolas que se posan precariamente sobre las colinas cercanas, chabolas, muchas de las cuales fueron arrastradas por las aguas en las recientes inundaciones. A pesar de las ganancias del petróleo, 266.000 millones de dólares en los últimos tres años, y el descubrimiento permanente de nuevas reservas de petróleo, el ingreso medio del venezolano es un 22 por ciento más bajo hoy que en 1970.

La desigualdad también puede explicar lo ocurrido en Ghana, donde las coaliciones étnicas gravaron a los relativamente ricos cultivadores ashanti de cacao. En sociedades más igualitarias, los pobres votarán por un impuesto menor sobre el capital debido a que el potencial de beneficios de la redistribución no es tan grande como el potencial de ganancias del crecimiento. El escenario precedente predice que una alta desigualdad está acompañada por un bajo crecimiento.

Y esto es, en efecto, lo que los investigadores han descubierto: una alta desigualdad en los ingresos o en la propiedad de la tierra está asociada con un menor crecimiento. Examinemos la relación entre la desigualdad de la propiedad de la tierra y el crecimiento económico. Mido la desigualdad con el coeficiente de Gini que va de 0 (todos poseen igual cantidad de tierra) a 1 (una persona es dueña de toda la tierra). El cuartil de la muestra con la menor desigualdad (un coeficiente de Gini de 0,45 en promedio) tiene el mayor crecimiento medio. Este cuartil incluye las estrellas del crecimiento, países como Corea del Sur, Japón y Taiwan. (Corea tenía el mayor crecimiento y la distribución más igualitaria de la tierra de toda la muestra). El cuartil de la muestra con la mayor desigualdad de la propiedad de la tierra (un coeficiente de Gini de 0,85 en promedio) tiene el menor crecimiento. Este cuartil altamente desigual incluye desastres de crecimiento tales como Argentina, Perú y Venezuela.[7] En Argentina, por ejemplo, las políticas de Juan y Eva Perón para redistribuir el ingreso hacia los descamisados enviaron cuesta abajo a la economía. Hugo Chávez puede convertirse ahora en el Juan Perón de Venezuela.

Obsérvese que este tipo de redistribución es diferente de los subsidios a los pobres que he presentado como necesarios para eliminar las trampas de pobreza. A los pobres se les debe subsidiar su capacidad para generar ingresos futuros. La redistribución inducida por la presencia de una gran desigualdad está destinada a subvencionar el consumo presente. Esto se debe a que cuando la desigualdad es muy grande hay pocos incentivos para invertir en el futuro, el de los pobres incluido.

Una de las explicaciones que se da a la diferencia de crecimiento entre Asia Oriental y América Latina se basa en que la tierra estaba distribuida mucho más igualitariamente en Asia Oriental que en América Latina. ¿De dónde proviene la desigual distribución latinoamericana?

Las opciones de la oligarquía

La interacción dinámica entre crecimiento, democracia, educación y desigualdad es aún más sutil. Consideremos un caso en el cual una élite rica mantiene el poder de manera exclusiva con un derecho al voto que se restringe solamente a los terratenientes. Esta clase de sistema fue común en Estados Unidos a comienzos del siglo XIX, en varios países europeos hasta finales del siglo XIX y en países latinoamericanos aún en el siglo XX. La pregunta que queremos formular ahora es, ¿votaría la oligarquía por la educación universal gratuita? ¿Cómo incide el grado de desigualdad sobre la respuesta?

La élite que vota se enfrenta a diversas disyuntivas. Por una parte, establecer un sistema de educación universal aumentaría el crecimiento puesto que la educación sube el potencial productivo de la mayoría pobre. Por otra parte, la educación universal promueve la participación política. Los pobres recién educados demandarán el derecho al voto. Posteriormente, una mayoría votante de pobres podría votar la redistribución de la tierra de la élite a favor de la mayoría, lo cual reduciría el crecimiento. El resultado depende del nivel inicial de desigualdad.

En una sociedad muy desigual, la oligarquía votará contra la educación universal. Con lo cual, para aquellos que están fuera de la élite, el ingreso medio se mantendrá bajo. La sociedad que es muy desigual se mantiene muy desigual y antidemocrática. Los datos confirman esta apreciación: las sociedades más desiguales, en efecto, tienden a ser menos democráticas y a tener menos libertades civiles.[8]

En una sociedad relativamente igualitaria, por el contrario, la élite votaría por la educación universal. Confían en que las masas recién educadas, incluso si exigen el derecho al voto, no votarán la redistribución puesto que las ganancias de la redistribución, en una sociedad relativamente igualitaria, son pequeñas comparadas con las ganancias del crecimiento. Todos se van a beneficiar de la mayor productividad de las masas lograda por su mayor educación. Se observa que, en efecto, los países con una clase media de mayor tamaño tienen mayor escolaridad media cuando se comparan con países cuya clase media es pequeña.

Los historiadores económicos Ken Sokoloff y Stanley Engerman consideran que este tipo de situación explica la gran diferencia entre el desarrollo de América del Norte y el de América del Sur. En Estados Unidos y Canadá, la oferta ilimitada de tierra permitió alimentar a un gran número de familias campesinas. La gran clase media de familias campesinas aseguró que en América del Norte la desigualdad fuese baja. (Mientras me criaba entre agricultores en Ohio, no me pasó por la cabeza la idea de que estos tipos con sombreros de paja fueran parte del secreto de nuestra prosperidad). En cambio, en América del Sur, el dinero estaba en la minería y las plantaciones de azúcar. El personal que trabajaba para la oligarquía eran esclavos y campesinos analfabetos. La propiedad de las minas y las plantaciones se concentró desde el comienzo en las manos de una pequeña élite —cosa que fue inevitable debido a la gran escala que requerían esas actividades, lo cual se combinaba con los favores de la corona. (Sigue siendo cierto en el presente que las economías que se basan en la minería y la agricultura de plantaciones son más desiguales que las demás).

De este modo América del Norte se desarrolló para convertirse en una tierra rica con educación universal y el derecho de todos al voto. América del Sur se mantuvo pobre para quienes estaban fuera de los confines de la pequeña élite, la desigualdad se mantuvo alta, la educación universal solamente llegó a aparecer recientemente y la élite mantuvo el poder político durante largo tiempo.

La historia de América del Sur no es única entre los países del tercer mundo. En Pakistán, en la zona rural, las tasas de alfabetización —particularmente entre las mujeres— están entre las más bajas del mundo. Un autor dice que, "Las élites gobernantes encontraron que era conveniente perpetuar las bajas tasas de alfabetización. Cuanto más baja fuese la proporción de personas alfabetizadas, menor la probabilidad de que la élite gobernante fuese desplazada".[9]

En resumen, la polarización que surge por razones de desigualdad es una buena fórmula para la continuidad del subdesarrollo. O los Gobiernos populistas tratan de redistribuir el ingreso hacia sus partidarios, o las élites suprimen la democracia y la educación universal. En el peor de los mundos, se alternarán en el Gobierno dictaduras oligárquicas y democracias populistas, con lo cual se hace imposible hacer ninguna predicción sobre política económica (cosa que a su vez empeora el crecimiento). Los datos confirman que los países más desiguales también son los más inestables políticamente; son los que tienen más revoluciones y golpes de Estado.[10] Las sociedades con una clase media grande, en cambio, cuentan con incentivos que favorecen el crecimiento, la estabilidad política y la democracia.

Odios étnicos y crecimiento

La polarización por razones de diferencias de ingresos no es el único tipo de fragmentación social que puede dividir a una sociedad en grupos de interés beligerantes. Otro fenómeno común es la polarización por razones étnicas. El caso de Ghana ya ilustraba el papel que jugaron los grupos de interés de origen étnico en el establecimiento de las malas políticas. A pesar de que el tema del conflicto étnico resulta claro desde la perspectiva histórica, los economistas le han dado poca consideración. Esta omisión resultó aún más curiosa después de que la teoría de la economía política comenzara a consolidarse alrededor del tema de los conflictos entre grupos con intereses en pugna. ¿Qué intereses en pugna que unos grupos étnicos más claros que los de unos grupos étnicos que se odian entre sí?

El símbolo más evidente de la existencia de enfrentamientos étnicos es el derramamiento de sangre. Diariamente se encuentra algún titular en la prensa que habla de un grupo étnico que asesina a miembros de otro grupo étnico, de Ruanda a Afganistán, pasando por Bosnia y Kosovo. La depuración étnica es tan antigua como los romanos, quienes tuvieron que ver tanto con la depuración de otros como con la suya propia. En 146 a.C. los romanos capturaron Corinto en Grecia. La arrasaron por completo, asesinando a muchos de sus habitantes, violando a muchas mujeres y, finalmente, vendiendo como esclavos a los corintios supervivientes. Quien a hierro mata a hierro muere. En 88 a.C., Mitrídates VI, el rey de Ponto, invadió territorios romanos en Asia Menor e incitó a los deudores asiáticos a que matasen a los acreedores romanos. Los asiáticos masacraron a 80.000 romanos.[11]

La lista de masacres étnicas es bien larga. Una lista de víctimas de masacres étnicas desde tiempos de los romanos, por ningún motivo exhaustiva, incluye: los daneses en la Inglaterra anglosajona en 1002; los judíos en Europa durante la primera Cruzada, 1096-1099; los franceses en Sicilia en 1282; los franceses en Brujas en 1302; los flamencos en Inglaterra en 1381; los judíos en la península Ibérica en 1391; los judíos conversos en Portugal en 1507; los hugonotes en Francia en 1572; los protestantes en Magdeburgo en 1631; lo judíos y polacos en Ucrania, 1648-1654; las poblaciones indígenas en Estados

Unidos, Australia y Tasmania en los siglos XVIII y XIX; los judíos en Rusia en el siglo XIX; los franceses en Haití en 1804; los árabes cristianos en Líbano en 1841; los armenios turcos en 1895-1896 y 1915-1916; los cristianos nestorianos, jacobitas y maronitas en el imperio turco en 1915-1916; los griegos en Esmirna en 1922; los haitianos en República Dominicana en 1936; el holocausto judío en los territorios ocupados de Alemania, 1933-1945; los serbios en Croacia en 1941; los musulmanes e hindúes en la India británica en 1946-1947; los chinos en 1965 y los timoreses en 1974 y 1998 en Indonesia; los ibos en Nigeria, 1967-1970; los vietnamitas en Camboya, 1970-1978; los bengalíes en Pakistán en 1971; los tutsis en Ruanda, 1956-1965, 1972 y 1993-1994; los tamiles en Sri Lanka en 1958, 1971, 1977, 1981 y 1983; los armenios en Azerbaiyán en 1990; los musulmanes en Bosnia en 1992; los kosovares y serbios en Kosovo, 1998-2000.[12] Lo lejos que esta lista está de ser exhaustiva queda ilustrado con las cuentas del científico político Ted Gurr, según el cual hubo cincuenta conflictos de origen étnico sólo en 1993-1994.[13]

El nuevo milenio ya trae sus primeras guerras étnicas. El *Washington Post* del 16 de febrero de 2000 informa así sobre el Congo:

> En este país de África, donde muchos han llegado a pelear y nadie parece gobernar, las consecuencias del caos surgen de la manera más cruda posible. En las remotas aldeas de los bosques que rodean Lago Albert en el noreste del Congo, cerca de 7.000 personas han sido asesinadas y 150.000 desplazadas desde junio, cuando, según residentes y voluntarios, estalló una brutal guerra étnica por la posesión de una colina. Miembros de la tribu Lendú, armados con machetes y flechas van de una aldea a otra dejando muertos y heridos. Se encuentran miles de chozas quemadas a lo largo de los caminos. El conflicto entre los agricultores Lendú y los ganaderos Hema refleja el clima combativo que invade el Congo, país que se hunde cada vez más en una guerra civil iniciada en 1996.

Al mismo tiempo, el *New York Times* del 22 de febrero de 2000 informaba sobre docenas de muertos en los motines que hubo en el norte de Nigeria entre musulmanes y católicos.[14] Los musulmanes que residen en la región norte solicitan la implantación de la ley islámica para los Estados del norte; los cristianos que vienen del sur, pero residen en el norte, han protestado. La división entre el norte y el sur ha venido perjudicando al país desde su independencia, periodo durante la mayor parte del cual, el norte musulmán ha detentado el poder. Los cristianos del sur trataron infructuosamente de separar a Biafra en 1967. Actualmente, el presidente es un cristiano del sur tras las elecciones democráticas de febrero de 1999. Sin embargo, la violencia continúa y ha habido miles de muertos desde las elecciones.

Hasta la fecha de abril de 2000, musulmanes y cristianos se estaban matando en las Molucas en Indonesia. La juventud musulmana de Jakarta está organizando una *yihad* para unirse a la lucha. Los historiadores y los periodistas prestan atención a los conflictos étnicos solamente cuando llevan al derramamiento de sangre. Sin embargo, el antagonismo entre grupos étnicos se encuentra extendido prácticamente en cualquier sitio donde grupos étnicamente diferentes comparten una misma nación.

Consideremos el caso de la discriminación contra los gitanos en Bulgaria. La ciudad de Demetriogrado tiene una infraestructura bastante buena —la cual, no obstante, no llega a los distritos pobres y, en particular, al gueto gitano. Este no tiene nada que ver con el resto de la ciudad. No hay calles ni teléfonos, las instalaciones de saneamiento son desastrosas, muchas casas carecen de energía eléctrica, y hay solamente un autobús que pasa cada tres horas. La situación es similar en Sofía. Los distritos de los gitanos son completamente diferentes al resto de distritos de la ciudad. No hay alcantarillado, los pozos están obstruidos, el agua corriente es sucia y maloliente, no hay recogida de basuras ni tampoco ningún otro servicio comunal. Los gitanos así segregados se sienten verdaderamente estigmatizados, víctimas de la discriminación, "tratados como perros".

La comunidad predominante en Didjibe Watju, Etiopía, que es cristiana ortodoxa, no se mezcla con los protestantes. A éstos no les permiten que entierren a sus muertos en los patios de la iglesia cristiana ortodoxa. Los muertos tienen un sitio separado para ser enterrados. Incluso los cristianos ortodoxos de una misma *idir* (asociación funeraria) no asisten al funeral de un miembro protestante.

En Ecuador, un indígena se quejaba de que los maestros discriminaban a sus hijos. A los niños que tenían dificultades para hacer sus deberes les decían: "eres un burro, por eso no lo puedes hacer. Eres un animal". Los niños tenían que enfrentarse a una lengua ajena, lo cual constituye por sí solo un obstáculo para su éxito escolar y sus posibilidades futuras.[15]

Entre otros grupos étnicos que se quejan de discriminación están los hindúes de Bangladesh, las castas bajas en la India, los pomak en Bulgaria, los tajik en Uzbekistán y los ciudadanos de habla Khmer en Vietnam. La lista está lejos de ser completa. El *Scientific American* decía en su número de septiembre de 1998, "Muchos de los problemas del mundo resultan de que haya 5.000 grupos étnicos y solamente 190 naciones".

Los científicos sociales han documentado la gran cantidad de problemas que surgen en la determinación de las políticas económicas en presencia de diversidad étnica. Para ello primero hay que definir el concepto de diversidad étnica, tarea que no es fácil. La presencia de idiomas diferentes puede ser una indicación de diferencias étnicas. Una medida basada en este concepto que utilizan los científicos sociales para medir la diversidad étnica, es la probabilidad de que dos ciudadanos de un mismo país tengan un idioma diferente. Esta probabilidad es mayor cuanto mayor sea el número de grupos lingüísticos diferentes y cuanto más similar sea el tamaño de los diferentes grupos. Para calcular esta medida de diversidad se requiere tener datos nacionales sobre las personas que utilizan cada uno de los cientos de idiomas diferentes que existen en el mundo.

Un grupo de intrépidos estudiosos de un centro de investigaciones de la ex Unión Soviética recolectó la información de los censos de los años sesenta. Quién sabe con qué oscuro objetivo, si la guerra fría u otro motivo, se recorrieron el mundo entero recogiendo los datos de quiénes hablaban cada idioma en cada nación. Podemos utilizar sus datos para calcular la probabilidad de que dos personas en una misma nación tengan un idioma diferente. Esta medida de diversidad étnica tiene los mayores valores en los países del África Subsahariana, donde existen multitud de pequeñas tribus. Los valores más bajos se dan en países de Asia Oriental, como en Corea o Japón, donde todo el mundo habla el idioma nacional con la excepción de unos pocos estudiantes universitarios visitantes procedentes de países occidentales.

La diversidad étnica (lingüística) no implica de manera automática que haya conflicto violento o de cualquier otro tipo. Solamente refleja una situación potencial para que surjan conflictos, situación en la cual los políticos oportunistas intentan explotar las divisiones étnicas existentes para obtener una base política de tipo étnico. Parece ser que este tipo de oportunismo es corriente. Tal como se muestra en el cuadro 13.1, una alta diversidad étnica predice bien la frecuencia de guerras civiles y de genocidios. El riesgo de guerra civil es dos veces y media más grande, y el de genocidio tres veces más grande, en el cuartil de países más diversos étnicamente que en el cuartil de países menos diversos étnicamente.

Cuadro 13.1
Diversidad étnica, violencia y servicios públicos, 1960-1989.

	Promedio del cuartil menos diverso de la muestra	Promedio del cuartil más diverso de la muestra
Diversidad étnica (probabilidad que dos individuos tengan un idioma diferente)	5%	80%
Violencia		
Probabilidad de guerra civil	7%	18%
Probabilidad de genocidio	5%	16%
Servicios públicos		
Escolaridad media (en años) de la fuerza de trabajo	5,3	2,6
Porcentaje de carreteras pavimentadas	53,9	24,2
Porcentaje de apagones del sistema eléctrico	12,4	22,8
Teléfonos por cada 1.000 trabajadores	92,8	7,4

Las sociedades étnicamente diversas también tienen menos servicios públicos. El cuadro 13.1 muestra que las sociedades que son étnicamente más diversas tienen la mitad de la escolaridad, un treceavo de los teléfonos por trabajador, casi el doble de apagones de electricidad, y menos de la mitad de la fracción de carreteras pavimentadas que los países étnicamente más homogéneos. Todos estos resultados dependen en buena medida de la provisión de servicios públicos. ¿Por qué será menor la provisión de servicios públicos en sociedades étnicamente polarizadas?

Para que un Gobierno suministre un servicio público, los grupos de interés tienen que estar de acuerdo con respecto al tipo de servicio que desean. Incluso en un caso aparentemente inocuo como es el de las carreteras, cada grupo étnico querrá que los caminos se hagan en su región y valorará poco las carreteras de otras regiones. Y si los grupos étnicos no tienen mucha relación entre sí, probablemente habrá pocos viajes inter-regionales. Como los grupos étnicos valoran poco la red nacional de carreteras, los políticos no invertirán tanto en carreteras como lo harían en una sociedad étnicamente más homogénea.

En el caso de un servicio público como la educación universal, los diferentes grupos lingüísticos preferirán que la educación se haga en su idioma. A veces se logran acuerdos para que se utilice un idioma diferente como, por ejemplo, el idioma del antiguo país colonizador. Sin embargo, cada grupo se siente insatisfecho de no haber logrado el uso de su propio idioma para la educación. El apoyo a la educación universal es menor del que se logra en una sociedad étnicamente más homogénea.

El nuevo enfoque del crecimiento económico puede ayudar a reforzar esta falta de apoyo a la educación universal. Consideremos el caso en el cual las personas de un grupo lingüístico prefieren asociarse con personas del mismo grupo pero no desean hacerlo con las de otros grupos. En este caso, la generación de nuevo conocimiento proveniente de los más educados sólo tendrá valor cuando provenga de personas del mismo grupo. El conocimiento se difunde dentro de cada grupo pero no entre grupos diferentes. De este modo, las personas solamente apoyan la educación de otras personas de su mismo grupo, que son quienes difunden el conocimiento, pero no la educación de los otros grupos. Esto ocurre con cada grupo. En conjunto, los miembros de una sociedad heterogénea valoran menos la educación que los de una sociedad homogénea. Un estudio hecho en la zona rural de Kenia occidental lo confirma. Los distritos en áreas con una mayor diversidad étnica, medida por los idiomas utilizados, tienen menos fondos asignados para educación primaria y peores instalaciones escolares que las áreas más homogéneas.[16]

El mismo tipo de argumentos se puede dar para los restantes servicios públicos, de modo que, en general, los servicios públicos son más insuficientes en economías que tengan polarización étnica. Esto, posiblemente se refleje de manera indirecta en las peores condiciones que las sociedades más étnicamente heterogéneas soportan en términos de mortalidad infantil, esperanza de vida, peso de los niños al nacer, acceso a servicios de saneamiento y acceso a agua potable.[17]

Pero eso no es todo. Vimos que grupos con intereses diferentes pueden enfrentarse en una guerra de desgaste por una reforma que podría ser beneficiosa para todos. La existencia de grupos de interés de base étnica hace que este tipo de enfrentamientos sean más frecuentes y que, a la postre, resulten muy destructivos. A pesar de la mayor atención que se presta a la violencia de origen étnico, es muy posible que sean los enfrentamientos étnicos por las políticas económicas los que tengan mayor importancia en la mayoría de los países.

Cuando hay un grupo que es más rico que los demás, las políticas de redistribución también se pueden convertir en generadoras de conflictos. Habíamos visto en un capítulo anterior que la existencia de élites de tipo étnico era frecuente en el mundo de los negocios. En estas circunstancias, las disyuntivas de política económicas serán las mismas que las que se analizaron en la discusión más general sobre la desigualdad. Por una parte, políticas que derivan en unos altos diferenciales cambiarios del mercado negro y los tipos reales de interés negativos, redistribuyen el ingreso de la élite de los negocios hacia los partidos en el poder. Por otra parte, estas políticas reducen el crecimiento al afectar los incentivos para invertir en el futuro. La dirección que los partidos en el poder sigan depende de la diferencia de ingresos existente entre la coalición étnica que está en el poder y la élite étnica de los negocios. La combinación de una importante diversidad étnica con grandes diferencias de ingresos entre grupos étnicos puede conducir a la adopción de políticas económicas que destruyan el crecimiento. Un ejemplo de esto son aquellos Gobiernos de países de África Oriental, liderados por africanos, que adoptan malas políticas con el fin de gravar a las élites indias de los negocios.

El cuadro 13.2 presenta la relación entre diversidad étnica y dos resultados de política económica, el diferencial cambiario del mercado negro y la relación entre cantidad de dinero (incluidos los depósitos) y PIB (que indica la existencia de tipos de interés negativos desincentivadores de los ahorros en dinero). Esto, junto con unos mayores niveles de violencia y una menor disponibilidad de servicios públicos, puede ayudar a explicar por qué el crecimiento es menor en dos puntos porcentuales en los países étnicamente más diversos que en los étnicamente menos diversos.

Cuadro 13.2
Diversidad étnica y su consecuencia sobre las políticas económicas, 1960-1989.

	Promedio del cuartil menos diverso de la muestra	Promedio del cuartil más diverso de la muestra
Diversidad étnica (probabilidad que dos individuos tengan un idioma diferente)	5	80
Tasa anual de crecimiento per cápita	3,0	
Políticas económicas:		
Diferencial del mercado negro de divisas	10	30
Profundidad del sistema financiero (CD[a]/PIB)	47	22

[a]CD = activos totales del sistema bancario.

La relación entre una menor provisión de servicios públicos y la polarización étnica es un problema que se encuentra incluso en economías ricas. En el caso de Estados Unidos se definen con fines estadísticos cinco grupos étnicos: blancos, negros, asiáticos, nativos e hispanos. Mediremos la diversidad étnica por la probabilidad de que dos individuos seleccionados al azar en un mismo condado pertenezcan a diferentes grupos étnicos.

Resulta que los condados con mayor diversidad étnica gastan una proporción menor de sus presupuestos en servicios básicos como la educación y las carreteras. Las diferencias son estadísticamente significativas.[18] Como la mayoría de votantes en prácticamente todos los condados es blanca, la interpretación lógica está en que los blancos racistas no han querido gastar cantidades mayores en servicios públicos que, como las escuelas, tienen que compartirse con otras razas.

¿Qué ocurre con los subsidios a los pobres que son tan necesarios para eliminar las trampas de pobreza? Desgraciadamente, una mayor diversidad étnica está asociada también con una menor proporción del gasto en ayudas sociales en los condados y áreas metropolitanas de Estados Unidos.[19] En otro estudio se encontró que hay un menor apoyo a la educación por parte de las personas de mayor edad, cuando la población mayor y la población en edad escolar pertenecen a grupos étnicos diferentes.[20] Un estudio de orientación similar muestra que la gran expansión que ocurrió en el sistema educativo de Estados Unidos a comienzos del siglo XX fue principalmente en las áreas de "mayor homogeneidad religiosa y étnica".[21] Un trabajo anterior mencionaba que los servicios sociales de Estados Unidos eran inferiores a los de Europa Occidental y lo atribuía a "los históricos antagonismos raciales".[22] La incapacidad de rescatar de la pobreza a la población negra tiene su razón de ser en el conflicto étnico.

El famoso sociólogo William Julius Wilson dice que "Muchos de los blancos de Estados Unidos se oponen a las estrategias que ellos perciben como centradas en programas que solamente benefician a las minorías raciales... Los servicios públicos se identifican principalmente con los negros y los servicios privados principalmente con los blancos... Los contribuyentes blancos sienten que se les obliga, a través de sus impuestos, a pagar por servicios médicos y legales que muchos de ellos no podrían pagar ni siquiera para sí mismos".[23]

Ayuda al extranjero y conflicto étnico

Los donantes de ayuda han ignorado de manera notoria la polarización étnica. No han dedicado la atención suficiente a verificar en qué medida los recursos que se otorgan puedan beneficiar excesivamente a cierto grupo étnico en particular y, con ello, contribuir a agudizar las tensiones de tipo étnico.

Un estudio de un proyecto en Sri Lanka ilustra esta cuestión. La historia de las tensiones entre la minoría tamil y la mayoría singalesa es larga. En 1977 un Gobierno nuevo, dominado por la mayoría singalesa inició un gran proyecto de irrigación conocido como el proyecto Mahaweli. El Banco Mundial y otros donantes otorgaron enormes sumas de ayuda externa de financiación para el proyecto; la ayuda anual en el periodo 1978-1980 se sextuplicó con respecto a los años anteriores, durante el periodo 1970-1977.[24] Sin que los donantes le prestasen mucha atención, Mahaweli se llevaba a cabo principalmente en áreas singalesas y principalmente para beneficiarios singaleses. El uso de recursos de ayuda externa en la ciudad tamil de Jaffna fue cero entre 1977 y 1982. El canal de alimentación que debía servir el norte tamil fue eliminado de la ejecución del proyecto desde muy temprano. Peor aún, el proyecto preveía el asentamiento de campesinos singaleses en áreas predominantemente tamiles, lo cual diluiría la mayoría tamil debilitando su capacidad para articular y defender sus intereses ante los Gobiernos locales.

El proyecto Mahaweli tenía un contenido simbólico de carácter étnico: prometía la resurrección de la civilización hidráulica de los reyes budistas singaleses que había sido destruida por invasores tamiles en tiempos medievales.

Muchos otros factores dispararon las tensiones étnicas que llevaron a la guerra civil que estalló en 1983. Sin embargo, la polarización étnica causada por el proyecto no contribuyó en el delicado proceso de buscar acuerdos interétnicos. La guerra civil y el terrorismo han continuado intermitentemente desde entonces. El *Washington Post* en su edición de 11 marzo de 2000 informó que un hombre bomba suicida asesinó a veinte personas e hirió a otras sesenta y cuatro en Colombo. Dice el periódico: "Portavoces militares culparon a los separatistas tamiles por la explosión que ocurrió mientras el Parlamento discutía la extensión del estado de emergencia en la región norte de Sri Lanka, medida que le daría amplios poderes al ejército y la policía en su lucha contra los rebeldes tamiles en la región".

Polarizados por la clase y por la raza

El peor escenario para tomar buenas decisiones de política económicas y mantener las libertades políticas es uno con gran desigualdad y alta diversidad étnica. En el Estado mexicano de Chiapas la rebelión zapatista estalló el 1 de enero de 1994. Los rebeldes, en su mayoría residentes de la región, tomaron siete municipalidades, entre ellas la conocida ciudad indígena de San Cristóbal de las Casas. El ejército mexicano (no indígena) respondió con 25.000 soldados, ante lo cual los zapatistas optaron por retirarse el 2 de enero. El ejército ejecutó algunos de los rebeldes capturados y bombardeó las montañas al sur de San Cristóbal.

En febrero de 1995, el Gobierno mexicano ordenó una nueva ofensiva militar contra los zapatistas. Hubo abundantes noticias de desmanes cometidos por las tropas mexicanas. Como respuesta a las protestas, el Gobierno finalmente detuvo la ofensiva.

Desde el inicio de la rebelión ha prevalecido un estado de "guerra sucia" de bajo nivel entre los zapatistas, de un lado, y el ejército mexicano con bandas paramilitares, del otro. El 22 de diciembre de 1997 bandas paramilitares, aliadas con los terratenientes blancos, atacaron y masacraron en Acteal, Chiapas, a un grupo de cuarenta y cinco indígenas desarmados que incluía mujeres y niños. La policía nacional estaba cerca pero no intervino.

Ha habido varios intentos infructuosos por establecer la paz en Chiapas. En enero de 2000, como respuesta a los esfuerzos por la paz, el Gobierno mexicano inició el proceso de deportación de cuarenta y tres observadores internacionales de los derechos humanos que estaban en Chiapas.[25]

La rebelión zapatista es solamente el último episodio de un largo conflicto entre los terratenientes (usualmente blancos) y los campesinos (usualmente indígenas) de Chiapas. El gobernador de Chiapas, Absalón Castellanos Domínguez, observaba en 1982 que "no tenemos una clase media; están los ricos, que son muy ricos, y los pobres, que son muy pobres". Esta afirmación es aún más patética cuando se toma en consideración que el mismo Castellanos pertenece a una vieja y rica familia de terratenientes y que, como militar, estuvo involucrado en una masacre de indígenas en 1980.[26] Muchos observadores han señalado la "asociación sórdida" que hay entre los terratenientes y sus pistoleros, los jefes de los partidos, el ejército y la policía, todos en connivencia para el uso de la fuerza con el objetivo de reprimir los derechos de los campesinos indígenas (por ejemplo, quitarles la tierra a la cual tienen derecho). Amnistía Internacional señalaba la existencia de "un patrón de asesinatos políticos aparentemente deliberados" de miembros y jefes de organizaciones independientes campesinas. Hubo un momento cuando fueron asesinados cuatro jefes consecutivos de la organización campesina La Casa del Pueblo.[27]

Chiapas no constituye un caso aislado de la opresión a la que los ricos someten a los pobres. En el Estado de Bihar en India, los terratenientes de casta superior "están aterrorizando a las familias de los trabajadores "atados" a sus tierras —mediante el asesinato selectivo y las violaciones. En la aldea Salamankulam en Sri Lanka, los pobres caen en el mismo tipo de endeudamiento pagado con trabajo: "Los pobres se endeudan con los ricos y como forma de pago trabajan gratis para ellos". El sector rural pakistaní "está marcado por relaciones desiguales de poder feudal".[28]

Fracasos del desarrollo como Chiapas, Guatemala, Sierra Leona y Zambia son ejemplos de la mezcla letal que se obtiene al juntar los odios étnicos con los odios de clase. En cambio, éxitos de desarrollo, como Dinamarca, Japón y Corea del Sur (incluso con su crisis reciente) se han beneficiado del alto consenso social que típicamente está asociado con una baja desigualdad y con homogeneidad étnica.

La tragedia de la raza americana

Los odios étnicos y de clase no han sido un hecho desconocido en Estados Unidos. Es muy indicativo que la región más polarizada por las diferencias étnicas y de renta entre blancos y negros —el sur— haya sido históricamente la más atrasada económicamente.

La horripilante tradición sureña de los linchamientos violó por décadas los derechos humanos más elementales. Una descripción de un linchamiento dice: "En abril de 1899 el trabajador negro Sam Hose mató en defensa propia a su patrón. Acusado falsamente de haber violado a la esposa del patrón, Hose fue mutilado, apuñalado y quemado vivo en presencia de 2000 blancos que vitoreaban. Sus restos fueron vendidos a trozos como recuerdo; en Atlanta una tienda de abarrotes exhibió sus nudillos en la vitrina principal durante una semana".[29]

Durante la era de Jim Crow, los negros tuvieron que aguantar en el Sur no sólo linchamientos sino incontables humillaciones cotidianas. Existían muchos espacios exclusivos para ellos, escuelas de inferior calidad, fuentes de agua, piscinas, vagones de tren, barras de restaurantes y hoteles segregados. El negro tenía que ceder el espacio en la acera al blanco. En las tiendas donde se atendía a unos y otros, los negros tenían que esperar hasta que todos los blancos fuesen atendidos. Matones blancos humillaban a los negros forzándolos a beber whisky y bailar al estilo de bufones negros.[30] Cuando el movimiento de los derechos civiles logró la derogación de las leyes de Jim Crow en los años sesenta, al mismo tiempo que el "nuevo sur" empezaba a recortar sus diferencias con el norte, no estamos hablando de una mera coincidencia.

Estados Unidos, en su conjunto, presenta la paradoja de haber logrado progresar a pesar de su triste historia de odios étnicos. Esto puede haberse debido a que su esfuerzo por crear una clase media entre su mayoría tuvo éxito, aunque a costa de marginar de ella a sus minorías. En las famosas palabras introductorias de Tocqueville a su *Democracy in America,* resulta claro que sólo está pensando en la población blanca: "Entre las novedades que atrajeron mi atención durante mi estancia en Estados Unidos, nada me causó un impacto mayor que la igualdad generalizada de condiciones".

Los datos de Estados Unidos muestran en aquellos sitios donde la polarización entre grupos por cuestiones de raza y clase es mayor, la prosperidad tarda más en llegar. El éxito de Estados Unidos, mirado como un todo, incluso con su polarización racial, puede deberse a su estabilidad institucional.

Cómo contrarrestar la polarización

No existe un bálsamo mágico que permita a las sociedades polarizadas curarse. Toma tiempo —décadas quizá— para que los grupos de interés superen sus diferencias y formen el necesario consenso para crecer. Por ejemplo, en Argentina la guerra de desgaste alrededor de la hiperinflación duró cerca de dos décadas hasta que finalmente el Gobierno logró controlarla durante los años noventa. En muchos de los países africanos, el inmovilismo que favorece los grupos de interés no se rompe incluso después de cuatro décadas de independencia.

Los economistas, que jamás se quedan sin decir algo, proponen ciertos acuerdos institucionales que generan los incentivos para que los Gobiernos emprendan mejores políticas.

Uno, que es altamente relevante para países que padecen una elevada inflación, es la independencia de la autoridad monetaria central. Recordemos que una guerra de desgaste entre grupos de interés hace que perdure la inflación. Una autoridad monetaria central que no pertenezca a ninguno de los grupos de interés tiene mejores posibilidades de oponerse con fuerza a las presiones de los grupos de interés que desean que aumente el crédito que reciben con el consiguiente efecto alimentador de la inflación. Una autoridad monetaria central independiente tiene mejores posibilidades de repartir el coste de la estabilización entre los distintos grupos de interés.

Una forma de definir una autoridad monetaria independiente es mediante el establecimiento de leyes que limiten la concesión de créditos al Gobierno y la creación de un comité de dirección independiente. Otra definición más pragmática se refiere a la frecuencia con la cual se cambia el gobernador del Banco Central. Periodos muy cortos significan que el gobernador tiene poco margen para enfrentarse al Gobierno. Investigaciones recientes han encontrado que, en efecto, una autoridad monetaria independiente está asociada con una menor inflación y un mayor crecimiento. Estos resultados utilizan la definición legal de independencia para los países industrializados y la definición pragmática para los países en desarrollo.[31]

Una autoridad presupuestaria independiente puede resolver el problema tipo "propiedad comunal" que conduce a un elevado déficit y al endeudamiento de los Gobiernos. Cuando se tiene un ministro de finanzas fuerte que puede imponer su presupuesto, esto elimina el problema de que cada grupo obtenga tajada a expensas de los otros grupos. El proceso de asignación presupuestaria también es de gran importancia. El mejor procedimiento es que el ejecutivo fije primero el presupuesto total y permita luego que sea en la legislatura (que representa los grupos de interés) donde se produzcan los enfrentamientos para determinar la composición del presupuesto.[32]

Buenas instituciones

Se puede decir, en términos generales, que las restricciones que las instituciones imponen sobre el funcionamiento de una sociedad hacen menos factible que grupos de interés de carácter étnico o clasista puedan ordeñar a su antojo la vaca pública.

Buenas instituciones tales como las que se describieron en el capítulo anterior (medidas de acuerdo con la *International Credit Risk Guide*) mitigan directamente los efectos de la polarización. Cuando los países con diversidad étnica tienen buenas instituciones tienden a evitar la violencia, la pobreza y el tipo de redistribución que se asocian generalmente con la diversidad étnica. La democracia también ayuda a neutralizar los efectos de las diferencias étnicas; las democracias que tienen diversidad étnica no parecen tener desventajas económicas con respecto a las democracias que son étnicamente homogéneas.[33]

En concreto, las sociedades con las instituciones de mejor calidad no tienen altos diferenciales cambiarios del mercado negro, poco desarrollo financiero ni poca escolaridad, independientemente de cual sea su nivel de heterogeneidad étnica. Las sociedades con las instituciones de mejor calidad no tienen guerras, independientemente de cual sea su nivel de heterogeneidad étnica. Las buenas instituciones eliminan la peor forma de violencia étnica: el genocidio. No ha habido genocidio en los países que aparecen clasificados dentro del tercio superior en cuanto a calidad institucional. Esto contrasta con el número de países que aparecen clasificados en el tercio inferior en calidad institucional y en el tercio superior en heterogeneidad étnica que han tenido durante las últimas dos décadas actos de genocidio patrocinados por el Estado. La lista incluye a Angola, Guatemala, Indonesia, Nigeria, Pakistán, Sudán, Uganda y el Congo.[34]

Las soluciones institucionales nos dejan, sin embargo, bastante lejos de resolver de manera concluyente el problema de las políticas económicas polarizadas que acaban con el crecimiento. Después de todo, una sociedad polarizada a causa de pugnas raciales o de clase encontrará difícil concederle independencia a la autoridad monetaria o al ministro de finanzas y, asimismo, le será difícil consolidar unas instituciones de alta calidad. Sin embargo, al menos hemos descubierto los incentivos que están en la base de las malas políticas en las sociedades polarizadas. Esto constituye un enorme avance con respecto a simplemente soltar a los países pobres el discurso de que deben cambiar sus políticas. Conocemos algunas soluciones institucionales que pueden ayudar, aunque tampoco constituyen la panacea. Si consiguiéramos, el predominio de la ley, la democracia, una autoridad monetaria central y un ministro de finanzas independientes, y otras instituciones de gran calidad, seguramente podríamos poner fin al inacabable ciclo de las malas políticas y el escaso crecimiento.

El consenso de clase media

Aristóteles lo expresó muy bien en el años 306 a.C.: "Así que es manifiesto que la mejor comunidad política es la conformada por ciudadanos de clase media, y que los Estados que pueden ser bien administrados, son aquellos en que la clase media es grande... Cuando la clase media es grande, es menos probable que haya facciones y disensión".

Una manera de resumir las condiciones que son apropiadas para el crecimiento es diciendo que las políticas que favorecen el crecimiento son más viables cuando no se presentan las dos formas más corrientes de polarización social, el conflicto de clases y las tensiones étnicas. Decimos que se impone el consenso de la clase media cuando ésta tiene una alta participación en los ingresos y existe también un alto grado de armonía étnica. Las sociedades con un consenso de clase media son más propensas a tener buenas políticas económicas, buenas instituciones y un alto crecimiento económico. Corea, Japón y Portugal son ejemplos de países con un consenso de clase media y un elevado crecimiento. Entre los países polarizados por cuestiones raciales y de clase están Bolivia, Guatemala y Zambia —todos ellos tienen bajo crecimiento económico.

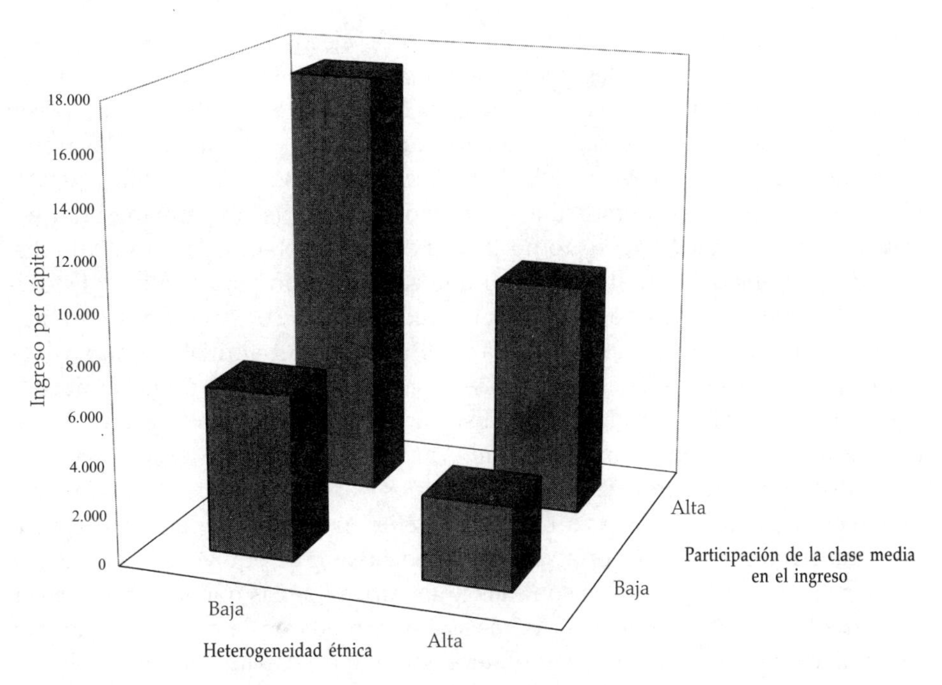

Figura 13.1. Desarrollo económico y polarización social.

En la figura 13.1 se representa este hecho: los países con una alta participación de la clase media en los ingresos y poca heterogeneidad étnica (medida por el uso de idiomas) son ricos; los países con poca participación de la clase media en los ingresos y una elevada heterogeneidad étnica son pobres.

Al examinar los datos de los diferentes países, las sociedades con un consenso de clase media tienden a tener un alto nivel de escolaridad, elevadas tasas de inmunización, una baja mortalidad infantil, redes telefónicas más densas, más acceso a servicios de saneamiento, mejores políticas macroeconómicas, más democracia y Gobiernos más estables. Todas estas condiciones se prestan, a su vez, a un mayor crecimiento y desarrollo económicos. Así como un consenso de clase media explicaba las diferencias de desarrollo entre América del Norte y Suramérica, igualmente contribuye a explicar los éxitos y fracasos del desarrollo por todo el mundo.

El colapso de la producción en Europa Oriental y en la ex Unión Soviética se ha vinculado a la destrucción de la vieja clase media que tuvo lugar antes de que se pudiese establecer una nueva. Milanovic describe el "vaciamiento" de la vieja clase media vinculada al Estado. Peor aún, la presencia de minorías étnicas de tamaño importante en estos nuevos Estados complica las posibilidades de lograr un consenso para crecer.

Podemos imaginar que la ausencia de un consenso de clase media fue la causa por la cual sociedades como la Roma antigua, la China de la dinastía Ming (1368-1644) y la India del imperio Mughal (1526-1707) no pudieron industrializarse a pesar de sus comienzos auspiciosos. Los romanos llevaron a cabo monumentales proyectos de ingeniería, pero todo ello se hizo para la élite y el ejercito; recordemos que un tercio de la población romana eran esclavos.[35] La dinastía Ming se tomó 200 años para restaurar la Gran Muralla. Los Mughal nos dejaron el Taj Mahal que construyeron para la élite.[36] Esto es lo mismo que el desvío de fondos del Estado para la construcción de monumentos para la élite que se lleva a cabo en muchas economías modernas carentes de un consenso de clase media —por ejemplo, cuando no hace muchos años, el ya fallecido presidente de Costa de Marfil construyó la catedral más grande del mundo en su pueblo natal, Yamassoukro.

Antes de la industrialización, los imperios habían sido autoritarios y acumulaban poco capital humano fuera de la élite, la cual a menudo era étnicamente diferente de la mayoría. Con frecuencia se cree equivocadamente que las sociedades preindustriales son más igualitarias que las que se industrializa, (ésta fue la base de la famosa hipótesis representada en la curva de Kuznets, según la cual la desigualdad primero empeora y luego mejora con la industrialización). Un simple examen de los imperios anteriores a la industrialización nos sugiere lo contrario. De hecho, la evidencia reciente al respecto indica que la desigualdad se reduce continuamente con la industrialización.[37] En términos generales, como ya dijo Marx, la revolución industrial comenzó cuando las revoluciones sociales abolieron la esclavitud, el feudalismo y los sistemas de clase rígidos, estableciendo una clase media burguesa por primera vez en la historia del mundo. Las regiones donde el feudalismo perduró se industrializaron más lentamente. En algunas regiones atrasadas del mundo, tales como Chiapas en México, algunas zonas rurales de Pakistán y el Estado de Bihar en la India, incluso hoy en día sobrevive un tipo de feudalismo.

Conclusión

Estoy visitando el Museo Egipcio de El Cairo con mi amigo Manny. El trabajo magistral de orfebrería de oro de la tumba del rey Tut que se hizo hace tres milenios nos deja abrumados, lo mismo que me había ocurrido antes al visitar las pirámides que fueron levantadas hace unos cinco milenios. Estamos allí para asistir a una conferencia que reúne investigadores de países en desarrollo para estudiar la riqueza y la pobreza de las naciones. El Cairo mismo nos lanza una gran pregunta: ¿Por qué Egipto continua siendo tan pobre cuatro milenios después de haber construido las pirámides? ¿Por qué no hubo una revolución industrial en tiempos de los faraones? Algunas cuentas rápidas nos permite hallar la respuesta: la distribución del ingreso. Los faraones lo tenían todo y las masas oprimidas nada. La élite rica puede hacer un gran trabajo levantando monumentos para ellos con la ayuda del trabajo de las masas. Igual que en otras sociedades oligárquicas, la rica élite egipcia eligió mantener a las masas pobres e ignorantes. De esta manera la prosperidad de los pocos duró algunos milenios pero la prosperidad aún elude a la mayoría en El Cairo de hoy.

Interludio: Siglos de violencia

Tonio, que tiene treinta y ocho años de edad, vive en la aldea de Tulungatung en Mindanao, Filipinas. Las casas de la aldea, que se encuentra situada sobre la costa, están construidas sobre pilotes y entre una profusión de buganvillas. La aldea no tiene ni electricidad ni caminos pavimentados. Durante la estación lluviosa todo se llena de lodo. Los montes tenían bosques de caoba pero la explotación de tala y quema ha dejado muchos huecos en el bosque. Tonio cultiva arroz en 1 hectárea que alquila a un maestro de la ciudad. Su esposa, María Elena, enseña en la escuela de la aldea. La cosecha de Tonio se va casi toda en pagar el alquiler del propietario absentista y en alimentar a sus tres hijos.

La cosecha de Tonio no solamente es apenas adecuada a las necesidades sino que, además, fluctúa mucho cada año. Para su primera cosecha había utilizado la nueva especie de "arroz milagroso" y logró obtener seis toneladas de su parcela arrendada. Sin embargo, el nuevo arroz era más vulnerable a las plagas de insectos y Tonio no tenía con qué financiar los pesticidas necesarios. Durante los años siguientes la lombriz militar, el gusano barrenador y la langosta le bajaron el rendimiento a tres toneladas y media. Apareció, entonces, un programa del Gobierno que ofrecía préstamos para adquirir semilla, fertilizante e insecticidas. Tonio tomó un préstamo de 172 dólares para comprar la nueva semilla milagrosa, insecticida y fertilizante. Otra vez logró una cosecha de seis toneladas y se benefició de un aumento del 50 por ciento en el precio del arroz. Pagó el préstamo, compró una trilladora mecánica y tres cerdos, y se casó con María Elena. Pero su prosperidad duró poco. Pronto los precios de los fertilizantes y los insecticidas comenzaron a subir más rápidamente que el del arroz, lo cual forzó a Tonio a reducir su utilización. Otra vez su cosecha bajó a tres toneladas y media.

El arroz no es la única incertidumbre que Tonio tiene que confrontar. Mindanao tiene una población dividida entre cristianos y musulmanes. Grupos de terroristas de ambos bandos luchan entre sí en una cruenta guerra de guerrillas en los campos que rodean Tulungatung. Cristianos y musulmanes han estado matándose alrededor de Tulungatung durante cientos de años. Aunque Tulungatung siempre ha escapado de la violencia, Tonio teme que la paz se rompa en cualquier momento.

La religión de Tonio, una mezcla de creencias católicas y paganas, lo conforta en los malos momentos y le permite explicarse el porqué de los malos tiempos. Una vez que Tonio tuvo una fiebre que le produjo alucinaciones, se vio perseguido por un enano en forma de hermosa mujer. Mientras estuvo embrujado se sentía extraviado. Finalmente, Tonio acudió en busca de ayuda donde una anciana de la aldea. Ella lo ató y lo curó utilizando unas hierbas y un fuego mágico.[1]

La vida de Tonio en Tulungatung es una mezcla de moderno y tradicional en muchos aspectos. Las casas sobre pilotes le dan a la aldea un aspecto que no ha cambiado durante siglos. Por otra parte, hay radios de transistores que atruenan permanentemente con música pop del estilo de la de Estados Unidos. Tonio tiene una afición tradicional filipina que practica con gran entusiasmo: la pelea de gallos. En una época tuvo un gallo importado de Tejas. Ganó ocho peleas en las cuales Tonio apostó con dinero de su padre y sus tíos. En la novena riña le rompieron el pescuezo al valioso gallo. Tonio estaba, en todo caso, agradecido con el ejemplar que le había ganado tantos honores dentro de la comunidad, caracterizadamente machista, de las peleas de gallos.

Las vicisitudes de la vida de la aldea finalmente alcanzaron a Tonio. " Todo está empeorando otra vez en el barrio. Verdaderamente no sé que hay que hacer para poder tener una buena vida aquí. ¿Qué es lo que hace Dios allá arriba?".

14. Conclusión: Desde la perspectiva de Lahore

Tengo nostalgia de un país
en el que nunca he estado.
Canción popular de Estados Unidos

Me encuentro nuevamente en Lahore, la capital de la provincia de Punjab en Pakistán. Es el mes de abril de 2000 y voy a participar, como representante del Banco Mundial, en un análisis del gasto público de la provincia de Punjab. El Gobierno provincial obtiene más de las tres cuartas partes de sus ingresos del Gobierno nacional, el cual tiene una deuda del 94 por ciento del PIB y enormes gastos en apartados tales como armas nucleares y autopistas que nadie utiliza. El Gobierno nacional está tratando de reducir aquellos gastos que no sean para el pago de intereses, para defensa o ante la galería y que, por tanto, incluyen las transferencias a las provincias. No habiendo tenido contacto previo con Pakistán, excepto con las alarmantes estadísticas que he encontrado en los informes del Banco Mundial, me siento como un despistado que tiene que aconsejar a un desvalido.

La vitalidad que tiene Lahore es abrumadora. Por los caminos transita un sinnúmero de carretas tiradas por burros, bicicletas, cada una con dos o tres pasajeros, transeúntes que van por mitad de las calles, motocicletas que llevan cada una entre dos y cinco personas (a menudo con un niño agarrado del manillar), automóviles, carretillas, camiones, *rickshaws* a motor, taxis, tractores que remolcan furgones sobrecargados, autobuses de colores llamativos que llevan cantidad de gente colgada de los lados, todos ellos zigzagueando a sus respectivas velocidades máximas. El gentío atesta los mercados de la ciudad antigua, donde las calles son tan estrechas que la multitud se engulle el automóvil. Hay gente que compra, gente que vende, gente que come, gente que cocina. Cada calle, cada calzada abarrotada de tiendas, cada tienda abarrotada de gente. Esta es una economía privada con una dinamismo enorme.

El Antiguo Fuerte de Lahore es el reflejo de su rica historia. Los sucesivos conquistadores de Lahore incluyeron a los hindúes, los mughales, los sikhs, los británicos y los pakistaníes. Admiro la hermosa mezquita y la conmovedora devoción de los creyentes.

He sido invitado a una boda en Lahore. La ceremonia previa a la boda, el *mehndi,* es como una ventana que se abre a otro mundo. En el patio de una casa se han tendido tapices que lo cubren todo y, en medio, un largo tapiz rojo, por donde habrán de entrar los novios. El tapiz rojo está bordeado con velas y flores, todo iluminado desde arriba por reflectores. El novio recibe a sus huéspedes ataviado en una túnica blanca y luciendo un fajín amarillo. La novia hace su entrada. Su rostro está cubierto con un velo y cuatro asistentes llevan otro velo que la cubre por encima. Sus asistentes la conducen a un columpio totalmente envuelto en azahares donde el novio se sienta con ella. Los padres de la novia y del novio se alternan para dar dulces a su yerno y a su nuera.

Vibrantes tambores empiezan a sonar y los invitados del novio y de la novia se alternan en una danza frenética en la cual los unos tratan de superar a los otros. Yo intento participar con mi propio estilo de baile convulsivo al estilo de John Cleese.

De pronto se produce un apagón. Pero un generador listo para esta clase de emergencias, se pone rápidamente en marcha. Se sirve una espléndida cena con especialidades pakistaníes. Converso con los invitados, muchos de ellos con maestrías y doctorados obtenidos en universidades de Estados Unidos, que hacen dinero en Lahore. Son elegantes, ingeniosos y atentos. Simplemente confirman la impresión que me había formado en mis contactos anteriores con la diáspora pakistaní, compuesta por personas cultas, educadas y distinguidas. Es una hermosa y maravillosa cultura, llena de potencial para la creatividad y la prosperidad.

Lahore se ha extraviado

Sin embargo, son tantas las cosas que han fallado en Lahore, en Punjab y en Pakistán. Gente magnífica y un Gobierno terrible. La mayor parte de la población es analfabeta, está mal alimentada y su vivienda es pésima. El Gobierno se lo alternan dictadores militares con demócratas corruptos, preocupados cada uno de ellos más por como mantenerse en el poder a cualquier precio, que por llevar prosperidad a la población. Un Gobierno que puede producir armas nucleares es incapaz de llevar a cabo una simple y barata campaña de vacunación. La obsesión de los poderosos militares con la disputa territorial sobre Cachemira que su encarnizado enemigo India ocupó en 1947, no tiene límites. Cada día el titular del periódico se refiere a algo relacionado con

Cachemira. Sin embargo, a ninguno de ellos les preocupa tomar por asalto un territorio libre de ocupación, como es la prosperidad de las masas.

Estoy aquí para dirigir un equipo de quince personas que va a examinar los servicios públicos que provee el Gobierno de Punjab. Tengo la suerte de contar con un equipo de personal del Banco Mundial compuesto por personas curtidas por el trabajo de campo, que están bien informadas y pletóricos de facultades. Muy pronto resulta evidente que una burocracia corrompida, jerarquizada y autocrática ha hecho un trabajo deplorable en lo referente a la provisión de servicios públicos. La burocracia tiene pocos incentivos para proveer servicios cuando se comparan con los que tiene para llenar sus propios bolsillos. Por ejemplo, durante el periodo entre 1985 y 1999, solamente hubo 102 condenas de los tribunales anticorrupción por irregularidades de cualquier tipo, cifra que parece ridícula en el contexto de una Administración provincial compuesta por 1 millón de personas sobre cuya corrupción no existe ninguna duda.

A pesar de que han transcurrido décadas recibiendo ayuda exterior con la intención de mejorar el bienestar de las masas, Punjab tiene algunos de los peores indicadores sociales del mundo. Aunque la mayor parte de los problemas sanitarios de Punjab se podrían prevenir con facilidad, y a pesar de un gran esfuerzo para aumentar los servicios bajo una campaña denominada Programa de Acción Social que lleva ocho años financiada por donantes extranjeros, la provincia gasta solamente 1,50 dólares por persona en servicios de sanidad. Solamente la mitad de los niños están vacunados. Solamente el 27 por ciento de las mujeres embarazadas reciben atención prenatal. No hay ningún control de la tuberculosis. La mitad de las instalaciones de atención primaria de la salud informaron del agotamiento de más de dos medicamentos esenciales durante el último trimestre de 1999.

Los logros del sistema de educación primaria en el Panjab son escasos, incluso tras ocho años de ímprobos esfuerzos para mejorar la extensión y la calidad de la educación primaria realizados por el Programa de Acción Social. La cantidad total de recursos dedicados a la educación no ha aumentado significativamente, si se ajustan por la inflación, desde que el Programa empezó en 1992: el clásico ejemplo de la reducción del gasto nacional que acompaña un aumento de la ayuda exterior. El porcentaje de analfabetos se mantiene en el 60 por ciento en el Punjab y el porcentaje sube al 73 por ciento en el caso de las mujeres. Esto que la definición de lo que es una persona alfabetizada no alcanza los mínimos requeridos en una sociedad moderna.

El gasto directo anual por estudiante en la educación primaria durante el periodo 1977-1998 fue el equivalente a 27 dólares, lo cual es bajo incluso cuando se compara con otros países pobres. La partida para materiales educativos es alrededor de 0,36 dólares por estudiante y los gastos de mantenimiento son del mismo nivel. Solamente el 3 por ciento del presupuesto se dedica a gastos diferentes del pago de salarios, tanto en las escuelas de educación primaria como en los institutos de secundaria. Las excesivas tasas de abandono del sistema escolar significan que cerca de un tercio de los recursos que se asignan para educación primaria se desperdician puesto que no contribuyen a una alfabetización perdurable ni al uso de la aritmética elemental.

Una gran cantidad de la población depende de la agricultura, la cual también adolece de unos servicios públicos caducos. El Punjab tiene la fortuna de contar con los abundantes recursos acuíferos de la cuenca del río Indo, los cuales han sido captados durante más de un siglo con el sistema de irrigación más grande del mundo. Sin embargo, como consecuencia de la gestión pública centralizada del sistema de irrigación, los fondos utilizados para el mantenimiento regular y preventivo, y para las reparaciones, han sido insuficientes. El resultado es que solamente el 35 por ciento del agua pasa de la cabeza del canal al área de distribución. La insuficiente inversión en drenajes ha producido la saturación de los suelos y un exceso de salinidad, lo cual ha ocasionado una reducción de los rendimientos de las cosechas. El precio del agua se mantiene artificialmente bajo tanto para los usuarios ricos como para los pobres, con lo cual se dejan de recaudar fondos que son necesarios para el mantenimiento de los canales. La diferencia entre los requerimientos para mantenimiento y los ingresos corrientes está entre el 30 y 40 por ciento. Mientras que los terratenientes poderosos reciben toda el agua que requieren, los agricultores pobres se encuentran a menudo con una situación en la cual solamente pueden irrigar una parte de sus tierras.

Los funcionarios del Gobierno con quienes nos reunimos daban la impresión de ser genuinamente bienintencionados. La panacea que ofrecía el Gobierno era la descentralización: permitir a los usuarios locales de los servicios públicos que determinasen el uso del dinero para mejorar dichos servicios. Que se permitiese la elección local de alcaldes, de modo que tuvieran que responder por su gestión ante sus electores a la manera de las democracias. Esto parece ser claramente mejor que la burocracia excesivamente centralizada que administra hasta el menor detalle más de 4.000 proyectos del tipo "el puente sobre el canal cerca de la aldea Abbianwala Nankana Sahib". Es posible que algunos incentivos mejoren con la descentralización. Sin embargo, la descentralización sin que haya reformas fundamentales de la Administración y de la estructura semifeudal de propiedad de la tierra, no es ninguna panacea. Los funcionarios podrían astutamente simular el papel de la participación local cuando en realidad lo que harían sería conservar sus feudos. Los terratenientes feudales podrían con su poder capturar el control de los Gobiernos locales poniendo en práctica su refinada destreza de dominio sobre los campesinos. Otra vez resulta claro que colocar en su sitio los incentivos correctos para generar el crecimiento constituye una tarea diabólicamente difícil.

Hicimos una visita oficial a una escuela primaria para niñas en Sheikpura, un distrito cercano a Lahore. La escuela estaba en una aldea ubicada al final de un estrecho camino de tierra. Cuando llegamos, una niña y un niño, ambos en edad preescolar, nos entregaron a cada uno de los visitantes un ramo de flores. Las niñas mayores que estaban alineadas en dos filas, sostenían cada una un plato de cartón lleno de flores de colores. Mientras caminábamos entre las dos filas, las niñas alegremente nos lanzaron una lluvia de flores. Entramos a la escuela así, cubiertos de flores. En las aulas estaban las demás niñas sentadas en respetuoso silencio. Cada aula se utilizaba para estudiantes de dos cursos. Aun así les hacía falta un aula más, pues los niños de primer curso tomaban sus clases al aire libre. Cuando entrábamos en las aulas, todos los alumnos se ponían de pie. No tenían ni libros, ni cuadernos, ni papel, ni lápices. La directora nos comentó que los padres solamente podrían comprar los libros y los cuadernos a final del mes, cuando recibiesen su paga. ¡Y ésta era la escuela que el distrito seleccionaba para mostrar a los visitantes!

Los incentivos para los participantes

Los ricos son diferentes a los pobres: tienen más dinero. Nuestro recorrido por el trópico tratando que los países pobres se hagan ricos nos ha dejado con más preguntas que respuestas.

¿Por qué cuando vuelo de Estados Unidos a Ginebra me encuentro con una radiante prosperidad y, en cambio, unas horas más de vuelo me llevan hasta Lahore con su enorme masa de pobres? ¿Cómo ha logrado cierta gente (unos 900 millones) en Europa Occidental, América del Norte y parte de los países del anillo que rodea el Pacífico, encontrar la prosperidad, mientras que hay 5 mil millones de personas en naciones que son pobres? ¿Por qué hay 1.200 millones de personas que viven en una pobreza extrema con menos de un dólar diario?

Hemos aprendido de una vez por todas que no hay pociones mágicas que lleven nuestra búsqueda del crecimiento a un final feliz. La prosperidad tiene lugar cuando todos los participantes en el juego del desarrollo tienen los incentivos adecuados. Acontece cuando los incentivos de los Gobiernos inducen la adaptación tecnológica, la inversión de alta calidad en máquinas y la escolaridad de calidad. Acontece cuando los donantes extranjeros tienen incentivos para otorgar su ayuda a los países con buenas políticas económicas que sacarán buen partido a estas ayudas, en lugar de otorgarla a países con políticas defectuosas donde la ayuda se desperdicia. Acontece cuando los pobres tienen oportunidades e incentivos, para lo cual es necesario que haya programas públicos de ayuda social que premien y no penalicen el ganar dinero. Acontece cuando, en lugar de que la política esté polarizada entre grupos de interés antagónicos, existe el consenso compartido por todos de invertir en el futuro. Un desarrollo amplio y profundo tiene lugar cuando un Gobierno que debe dar cuentas de sus acciones emprende la tarea de invertir en bienes colectivos como la sanidad, la educación y el respeto a la ley.

Para explicar los fracasos del desarrollo he presentado una serie de casos de incentivos fallidos. Las empresas privadas y las familias que no invertían en el futuro porque sus inversiones eran penalizadas por políticas del Gobierno tales como el alto diferencial cambiario del mercado negro o la elevada inflación. Los pobres que no invertían en el futuro porque tenían que emparejarse con colegas de baja productividad; con el objeto de crecer, estas personas necesitan subsidios para complementar sus ingresos. Los Gobiernos que en lugar de asignar subsidios a los pobres elegían políticas que penalizaban el crecimiento debido a la presencia de facciones polarizadas que pugnaban por redistribuir a su favor los recursos existentes, sin preocuparse por invertir para el futuro. Los donantes que debilitaban los incentivos de los Gobiernos para llevar a cabo las reformas necesarias al sostener a políticos corruptos por motivaciones políticas. Los Gobiernos dominados por facciones que carecían de los incentivos para subsidiar a los pobres y para proveer los servicios de sanidad, educación, comunicaciones y transporte que son cruciales para una buena calidad de vida.

Describir las soluciones es mucho más difícil que describir los problemas. El camino tiene que ser crear los incentivos al crecimiento para Gobiernos, donantes y personas.

Comencemos con los Gobiernos. ¿Los Gobiernos de cada país tienen incentivos para generar el crecimiento del sector privado o, por el contrario, los incentivos invitan a robar —y, por lo tanto, reprimir— a la iniciativa privada? En una sociedad polarizada y antidemocrática, con un predominio de grupos de interés de base étnica o de clase sumidos en una feroz competencia para quedarse con la mejor parte del botín, la situación es, probablemente, la segunda. Es posible que la corrupción no sea aparente; en lugar de ello, puede existir un tipo de interés menor que la tasa de inflación con lo que, implícitamente, se expropian los ahorros de los ciudadanos, o un tipo de cambio del mercado negro varias veces mayor que la oficial, por la cual se extraen las ganancias de los exportadores. En una sociedad democrática con instituciones que protegen los derechos de las minorías, con instituciones que protegen los derechos de la propiedad privada y de las libertades económicas individuales, los Gobiernos tendrán los incentivos adecuados para promover el crecimiento del sector privado. Es posible imaginar un mundo en el cual los Gobiernos no roben, en el cual los Gobiernos inviertan en infraestructura —clínicas, escuelas, carreteras bien mantenidas, servicios generalizados de electricidad y telefonía— y que den asistencia a los pobres.

Continuemos con los donantes. ¿Ocurre que los donantes conceden ayudas con el fin único de justificar el presupuesto de ayuda del año siguiente? ¿Conceden el Fondo Monetario Internacional y el Banco Mundial préstamos a los Mobutus de este mundo, o, por el contrario, a los Gobiernos que pueden demostrar de forma fehaciente su intención de invertir en infraestructuras y de ayudar a los pobres? Si se les permite a las dos instituciones mencionadas y al resto de agencias donantes actuar por su cuenta, posiblemente acabe resultando que sean razones administrativas internas las que determinen qué préstamos se conceden. En este caso, se valorará más el hecho en sí de conceder un préstamo que el hecho de ayudar a los pobres de cada país. La solución para esto es tener "concursos de ayuda" transparentes, en los cuales cada Gobierno concurse por los préstamos de un fondo común apelando a su historia y a la credibilidad de sus intenciones, las cuales habrá hecho públicas. Podemos imaginar un mundo en el cual los donantes internacionales no otorguen ayuda solamente para justificar su presupuesto de ayuda del año siguiente, sino para asignarla donde ayude más a los pobres.

Y terminemos con las personas. Los hogares y las empresas privadas a veces tienen incentivos deficientes porque tienen malos Gobiernos que expropian sus inversiones para el futuro. Incluso si los incentivos en el ámbito de la sociedad como un todo se encuentren correctamente orientados a favor del crecimiento, pueden resultar insuficientes en el caso de los pobres porque su productividad depende de la de sus compañeros, quienes, por lo común, serán también pobres. Una ayuda que ofrezca donaciones a los pobres a medida que aumentan los ingresos ganados con su propio esfuerzo (en lugar de la habitual reducción de las ayudas a medida que aumenta los ingresos de las familias pobres) puede ayudar a corregir estos incentivos deficientes. Podemos imaginar un mundo en el cual se confíe en que los pobres respondan a los incentivos como lo hacen los ricos.

He sido crítico en este libro con algunas de las decisiones del Banco Mundial y del Fondo Monetario Internacional. Sin embargo, no debería sorprender al lector que yo afirme que dichas instituciones son necesarias. En ambas instituciones hay un gran número de personas dedicadas, inteligentes y trabajadoras, que pasan muchos días difíciles lejos de su hogar en sitios complicados de cualquier parte del mundo. El Banco Mundial puede ser una institución básica para ayudar a los pobres del mundo y el FMI puede jugar un papel importante en sacar a los países de los apuros financieros que incluso economías capitalistas sanas sufren ocasionalmente.

Incluso, si hemos aprendido poco en esta búsqueda del crecimiento, como mínimo, los economistas que trabajamos en los países pobres hemos aprendido que debemos abandonar la arrogancia de la que hicimos gala en el pasado. El problema de hacer ricos a los países pobres ha resultado ser mucho más difícil de lo que jamás habíamos creído. Es mucho más fácil describir los problemas que encaran los países pobres que formular soluciones operativas para acabar con su pobreza. Las recomendaciones que he formulado no son por sí mismas ninguna panacea —exigen un esfuerzo paciente y más dinero para ejecutarlas. Nada sería más triste que tener que abandonar del todo la búsqueda del crecimiento.

Mientras recuerdo mi visita a la escuela para niñas de Pakistán, situada en medio de un bello paisaje de campos de trigo dorado y canales rebosantes de agua, pienso en las niñas que lanzaban flores pero no tenían libros —con la esperanza de que su futuro sea mejor. Que la búsqueda del crecimiento en los cincuenta años venideros tenga más éxito que la búsqueda pasada, y que más países pobres se hagan ricos por fin.

Notas

Capítulo 1

1. Filmer y Pritchett 1997.
2. Esta lista proviene del cuadro B.2 del *World Development Report* del Banco Mundial para 1993 que presenta las enfermedades contagiosas que tienen las mayores pérdidas de años de vida ajustados en función de la discapacidad (AVAD) en países en desarrollo.
3. Unicef, 1994, pág. 6.
4. Banco Mundial, *World Development Report,* 1993, pág. 224.
5. Demographic Data for Development Project, 1987, pág. 23.
6. Unicef, 1993, pág. 4.
7. Banco Mundial, *World Development Report,* 1993, pág. 74.
8. Unicef, 1994, pág. 26.
9. Banco Mundial, *World Development Report,* 1993, pág. 77.
10. Unicef, 1994, pág. 6.
11. Banco Mundial, *World Development Report,* 1993, pág. 73.
12. Unicef, 1993, pág. 12; 1995, pág. 13.
13. Unicef, 1994, pág. 26.
14. Banco Mundial, *World Development Report,* 1993, pág. 74.
15. Muhuri y Rutstein, 1994, cuadro A.6.4, pág. 67.
16. Narayan, *et al.*, 2000a.
17. Demographic and Health Services, 1994, pág. 55.
18. Narayan, *et al.*, 2000a.
19. Narayan, *et al.*, 2000a.
20. Narayan, *et al.*, 1999, cap. 2, pág. 9; cap. 6, pág. 10.
21. Narayan, *et al.*, 1999, capítulo 6, pág. 12.
22. Kidron y Segal, 1995.
23. Narayan, *et al.*, 1999, cap. 6, pág. 24.
24. Unicef, *State of the World's Children,* 1996, pág. 14.
25. Humana, 1992; Dollar y Gatti, 1999. En Easterly 1999a se encontró que la

calidad de la educación de las mujeres mejoraba fuertemente con los aumentos del ingreso en el largo plazo, pero que, en el corto plazo, el crecimiento no necesariamente conlleva tales mejoras.
26. Todas son citas de Narayan, *et al.*, 2000a, cap. 5.
27. Ravallion y Chen, 1997.
28. Dollar y Kraay, 2000.

Interludio: En busca de un río

1. Jacob, 1881.
2. Cresap y Cresap, 1987, pág. 31.
3. Cresap y Cresap, 1987, pág. 32.
4. Bailey, 1944, pág. 34.
5. Bailey, 1944, pág. 40.
6. Bailey, 1944, pág. 179.
7. Bailey, 1944, pág. 51.
8. Cresap y Cresap, 1987, pág. 79.
9. Cresap y Cresap, 1987, pág. 76.
10. Rorabaugh, 1981, pág. 141.
11. Cresap y Cresap, 1987, pág. 91.
12. Cresap y Cresap, 1987, pág. 87.
13. Fischer, 1991, pág. 754.
14. Cresap y Cresap, 1987, pág. 100.

Capítulo 2

1. Rooney, 1988, pág. 133.
2. Rooney, 1988, pág. 5.
3. Rooney, 1988, pág. 88.
4. Rooney, 1988, pág. 137.
5. Seers y Ross, 1952.
6. Rooney, 1988, págs. 4-6.
7. Frempong, 1982, pág. 130.
8. Rooney, 1988, págs. 154-168.
9. Kamarck, 1967, pág. 247.
10. Frempong, 1982, págs. 84, 85, 87, 126.
11. *Ending the Hunger 1985;* USAID 2000.
12. Demographic Data for Development Project, 1987, cuadro 8, pág. 90.
13. Rimmer, 1992, pág. 4.
14. Unicef, *Progress of Nations,* 1995, pág. 14.

15. Domar, 1957, págs. 7-8.
16. Obsérvese que la teoría indica que el concepto que se debe utilizar es la inversión neta de depreciación. La mayor parte de los economistas que han utilizado desde entonces el modelo de Harrod-Domar lo han hecho utilizando incorrectamente la inversión bruta en lugar de la neta.
17. Marshall, 1946, pág. 4.
18. Arndt, 1987, pág. 33.
19. Arndt, 1987, pág. 49.
20. Lewis, 1954, pág. 139.
21. Domar, 1957, pág. 255.
22. Kuznets, 1963, pág. 35. Éste fue uno de los pocos casos en los cuales se comprobó empíricamente el modelo de las ICOR de Harrod-Domar-Lewis-Rostow. A continuación apareció una literatura curiosa (por ejemplo, Patel 1968 y Vanek y Studenmund 1968) que llamaba la atención sobre una fuerte correlación inversa entre el crecimiento y las ICOR (inversión/crecimiento). Leibenstein (1966) y Boserup (1969) tuvieron la claridad suficiente para señalar que dicha correlación negativa debe aparecer de manera mecánica cuando la correlación entre crecimiento e inversión es baja en el corto plazo.
23. Edwards, 1995, pág. 224.
24. Wiles, 1953, Thorp 1956.
25. Rostow, 1960, pág. 37.
26. Definidos como los miembros de la Organización para la Cooperación y el Desarrollo Económicos (OCDE) que incluye a Europa Occidental, Norteamérica, Australia, Nueva Zelanda y Japón. Los datos son los de la OCDE.
27. Bauer, 1972, pág. 127.
28. Bhagwati, 1966, págs. 69, 170, 219.
29. Chenery y Strout, 1966, denominaron su modelo con el nombre de modelo de los dos déficits. El déficit entre inversión y ahorro era uno y el otro era del comercio internacional, que *ex post* se iguala al déficit de inversión pero *ex ante* puede ser una restricción efectiva en una economía con escasez y precios fijos. Ignoraré el déficit del comercio a lo largo del capítulo pues fue menos influyente sobre los practicantes del desarrollo después que las políticas favorables a los mercados libres se pusieron en boga, lo cual redujo la probabilidad de encontrar economías con escasez.
30. Correspondencia con John Holsen, 17 de diciembre, 1996.
31. Correspondencia con Nick Carter y Norman Hicks, 16 de diciembre, 1996.
32. Meier, 1995, pág. 153.
33. Todaro, 2000.
34. Banco Mundial, 1993a.
35. Datos de la OCDE.

36. Banco Mundial, 1993a, pág. 32.
37. Banco Mundial, 1996, pág. 23.
38. Banco Mundial, 1995a, págs. 10, 23.
39. Banco Interamericano de Desarrollo, 1995, pág. 19.
40. Banco Mundial, 2000b.
41. FMI, 1996a, págs. 228, 239.
42. Banco Mundial, 1993b, pág. 20.
43. Banco Mundial, 1997a, pág. 15.
44. Banco Europeo de Reconstrucción y Desarrollo (BERD), 1995, págs. 5, 66, 71. A pesar de lo que se dice en estas citas, el economista jefe del BERD, Nicholas Stern, negó enfáticamente que en los asuntos del BERD se hubieran utilizado de manera alguna el modelo de Harrod-Domar.
45. Incluso la relación lineal entre crecimiento e inversión de los soviéticos se fue abajo. En los años sesenta, setenta y ochenta, las tasas de crecimiento cayeron a pesar de que la inversión siguiese aumentando. Easterly y Fischer, 1995.
46. Los datos de la inversión los utilizo en precios domésticos debido a que la ayuda externa no está ajustada para reflejar su poder de compra. Cuando todos los datos estén juntos tendré que mezclar los datos de la paridad del poder adquisitivo con los de los precios domésticos. Los datos de asistencia externa son de la OCDE.
47. Estos resultados se parecen a los de Blomström, Lipsey y Zejan, 1996, quienes encontraron, utilizando periodos quinquenales, que la inversión era función del crecimiento rezagado un periodo pero que el crecimiento no era función de la inversión rezagada un periodo.
48. Estos cálculos fueron hechos con los datos de producto e inversión a precios internacionales de Summers y Heston, 1991. También se obtienen resultados similares cuando se utilizan los datos de cuentas nacionales a precios domésticos del Banco Mundial.
49. Banco Mundial, 1998, pág. 2.
50. Banco Mundial, 2000b.
51. Banco Mundial, 2000c.
52. Utilicé el PIB y las tasas de inversión de Summers y Heston, 1991. Para la relación entre ayuda y PIB utilicé las cifras de la asistencia externa para el desarrollo de la OCDE a precios corrientes. Esto no es lo ideal puesto que dicha relación no queda ajustada por la paridad del poder de compra y, por lo tanto, se puede subestimar o sobre estimar la inversión que se compra con la ayuda.

Interludio: Parmila

1. Las citas y paráfrasis son de Narayan, *et al.*, 2000a.

Capítulo 3

1. Hadjmichael, *et al.*, 1996, pág. 1.
2. Banco Interamericano de Desarrollo, 1995, pág. 19.
3. Middle Eastern Department 1996, pág. 9.
4. Banco Mundial, 1993d, pág. 191.
5. Naciones Unidas, 1996, pág. 8.
6. Solow, 1957.
7. Cálculos del United States Statistical Abstract de 1995.
8. Las ventajas de la especialización han sido subrayadas por economistas que van desde Adam Smith hasta Paul Romer (1992).
9. Tomado de la nota sobre los luditas de la Enciclopedia Groliers en Compuserve.
10. Baumol, 1986, comenta los datos del paro en el largo plazo para el Reino Unido, EE UU y Alemania.
11. United Nations Development Program, *Human Development Report*, 1996, pág. 2; 1993 HDR, págs. 35-36 "Growth without employment".
12. Belser, 2000.
13. United Nations Development Program, *Human Development Report*, 1996.
14. Lucas, 1990. Utilizó la misma participación del capital de 0,4 que utilizó Lucas. La relación entre los acervos de capital debería ser 15 a la 2,5 (=1/0,4) lo cual da 871.
15. Pritchett, 1997b.
16. Baumol, 1986.
17. De Long, 1988.
18. Véase también el estudio de Pack y Page 1994, el cual le asignó también un papel importante a la acumulación de capital y presentaba un estimativo bastante bajo del crecimiento de la productividad total de los factores en Singapur.
19. Klenow y Rodríguez-Clare, 1997.
20. Easterly y Levine, 2000.
21. Datos provenientes de King y Levine, 1994.
22. Devarajan, Easterly y Pack, 1999.
23. Hsieh, 1999.
24. Banco Mundial, 1995a, pág. 35.

Interludio: Las plantas secas de maíz

1. Tremblay y Capon, 1988, págs. 197-198.

Capítulo 4

1. Tomado del Boletín de la World Conference on Education for All sobre *The Major Project in the Field of Education in Latin America and the Caribbean,* 1990, pág. 9.
2. Mayor, 1990, pág. 445.
3. Banco Mundial, *World Development Report,* 1997, pág. 52.
4. Verspoor, 1990, pág. 21.
5. Frase tomada de Pritchett, 1999.
6. Pritchett, 1999.
7. Un estudio reciente de Krueger y Lindahl, 1999, considera que los resultados de Pritchett's adolecen de errores de medición en el logro educativo. Sin embargo, como Pritchett controla cuidadosamente por errores de medición, sus resultados no son vulnerables a esta crítica.
8. Benhabib y Spiegel, 1994.
9. Barro y Sala-i-Martin, 1995, y Barro, 1991, entre otros. En Judson, 1996 en el cuadro 1 se encuentra un resumen útil de resultados sobre logros educativos y crecimiento.
10. Barro y Sala-i-Martin, 1995, comentan este efecto.
11. Klenow y Rodríguez-Clare, 1997, pág. 94. Obsérvese que Barro y Sala-i-Martin, 1995, tampoco encuentran relación entre el crecimiento per cápita y el cambio en escolaridad secundaria y en años de educación superior.
12. Bils y Klenow, 1998.
13. Bils y Klenow, 1998.
14. Mankiw, 1995, pág. 295. Mankiw se basó en el trabajo anterior de Barro, Mankiw y Sala-i-Martin, 1995, y de Mankiw, Romer y Weil, 1992.
15. Young, 1992, 1995; Banco Mundial, 1993d.
16. Barro y Sala-i-Martin, 1995, pág. 431. Véase también Barro, 1991.
17. Esto fue puntualizado inicialmente por Klenow y Rodríguez-Clare, 1997.
18. Romer, 1995. Reproduzco los cálculos de Romer con las participaciones del capital físico y humano que usa Mankiw, las cuales son ligeramente diferentes a las de Romer.
19. Carrington y Detragiache, 1998.
20. Union Bank of Switzerland, 1994.
21. Psacharopoulos, 1994, pág. 1332.
22. Murphy, Shleifer y Vishny, 1991
23. Narayan, *et al.,* 2000b.
24. Talbot, 1998, pág. 339.
25. Husain, 1999, págs. 384, 404.
26. Pritchett y Filmer, 1999.

Interludio: Sin un refugio

1. Burr y Collins, 1995, pág. 15; véase también Deng, 1995.
2. Unicef State of the World's Children, 96, pág. 21.
3. http.//www.reliefweb.int/irin/cea/weekly/19991119.htm#SUDAN: Refugees flee ethnic clashes to Uganda, Kenya.
4. http.//www.reliefweb.int/irin/cea/countrystories/sudan/20000315.htm.

Capítulo 5

1. Ehrlich, 1968, págs. 74, 88.
2. Banco Mundial, *World Development Indicators,* 2000; Simon, 1995, pág. 397.
3. http://www.worldbank.org/data/wdi/pdfs/tab6_4.pdf.
4. Ehrlich, 1968, pág. 44; *World Development Indicators,* 2000, cuadro 3.3.
5. Ehrlich y Ehrlich, 1990, pág. 185.
6. Datos provenientes de las Stars World Tables en CD-ROM; http://www.worldbank.org/data/wdi/pdfs/tab2_1.pdf.
7. Banco Mundial, *World Development Report,* 1984, pág. 3.
8. http://www.worldwatch.org/alerts/990408.html.
9. World Watch Institute, 2000, pág. 5.
10. http://www.worldwatch.org/alerts/990408.html.
11. http://www.populationaction.org/why_pop/whyfood.htm.
12. http://www.populationinstitute.org/issue.html.
13. http://www.worldwatch.org/alerts/990902.html.
14. http://www.un.org/ecosocdev/geninfo/populatin/icpd.htm#intro.
15. http://www.worldwatch.org/alerts/990902.html.
16. http://www.populationinstitute.org/thehague.html.
17. http://www.undp.org/popin/unpopcom/32ndsess/gass/state/secgeneral.pdf.
18. http://www.zpg.org/Reports_Publications/Reports/report83.html.
19. -—Unicef, *State of the World's Children,* 1992.
20. http://www.info.usaid.gov/pop_health/pop/popunmetneed.htm.
21. http://www.condoms.net/cgi-bin/SoftCart.cgi/condoms/crown.html?L+csense+hGSb8034+948055430.
22. Pritchett, 1994.
23. Kelley y Schmidt, 1995, 1996; Kling y Pritchett, 1994.
24. Levine y Renelt, 1992.
25. Kling y Pritchett, 1994.
26. Hice regresiones de los promedios decenales del crecimiento per cápita entre los años 1960 y 1990 contra el diferencial de mercado negro del tipo de cambio, la proporción entre M2 y el PIB, inflación, sobrevaluación del tipo de

cambio, matrícula en secundaria, ingreso inicial, mejoramiento de los términos de intercambio como proporción del PIB, crecimiento de los países miembros de la OCDE con los cuales se comercia y crecimiento de la población. Para esta última variable se obtuvo un coeficiente de 0,09 con una estadística t de 0,4.

27. Hechos tomados de Kling y Pritchett, 1994.
28. Kremer, 1993b, señaló que la idea de Boserup difiere de la de Kuznets-Simon, en el sentido de que el principio de Boserup diría que un mayor ingreso reduce la presión sobre la población, lo cual reduce así el cambio tecnológico, cosa que contradice la experiencia histórica.
29. http://www.census.gov/ipc/www/worldhis.html; Kremer, 1993b.
30. Population Action International, 1995.
31. El argumento de los párrafos anteriores está basado en Becker, Murphy y Tamura, 1990. Sin embargo, hay muchos otros investigadores y teorías que también sugieren una relación negativa entre ingreso per cápita y fecundidad. La idea de una trampa al crecimiento con bajos ingresos y alta tasa de crecimiento de la población data de Nelson, 1956.
32. Lucas, 1998. Mi argumento no sigue necesariamente las mismas líneas del de Lucas, de modo que mi texto no debe considerarse como una presentación del pensamiento de Lucas. También me baso en Jones, 1999.

Interludio: Las pinturas de las tumbas

1. Critchfield, 1981, págs. 143-161.
2. Critchfield, 1994, pág. 136.
3. Critchfield, 1994, pág. 142.

Capítulo 6

1. World Bank, *World Development Report*, 1983, pág. 27, y *World Development Report*, 1997, pág. 221. He sacado las proyecciones de crecimiento per cápita sustrayendo la tasa observada de crecimiento de la población de la tasa de crecimiento proyectada del PIB.
2. Banco Mundial y FMI, 1983.
3. Clausen, 1986.
4. Corbo, Goldstein y Khan, 1987.
5. Ghosh, 1994.
6. Easterly, 2000b.
7. Schadler, *et al.*, 1995, pág. 39.
8. Tomé para cada año la media geométrica de la inflación de los países y después hice la acumulación geométrica anual a lo largo del tiempo.

9. Grosh, 1991, págs. 22, 144 y siguientes.
10. Banco Mundial, 1983, pág. 43.
11. Banco Mundial, 1989b, pág. 11.
12. Fondo Monetario Internacional, 1996c, pág. 35.
13. Banco Mundial, 1988c, vol. 1, pág. 3.
14. Banco Mundial, 1998b.
15. Banco Mundial, 1996, pág. 4.
16. Banco Mundial, 1994c, pág. 27.
17. Banco Mundial, 1983, pág. 35.
18. Banco Mundial, 1979, pág. 51; véase también pág. 17.
19. Mallet, 1998.
20. Easterly, 1999d.
21. Alesina y Perotti 1995, encontraron que los ajustes del déficit hechos con recortes del consumo eran más duraderos que otros, lo cual coincide con las apreciaciones hechas en el texto.
22. El Government Finance Statistics Manual (IMF, 1986, pág. 31) recomendaba llevar contabilidad de caja en lugar de contabilidad de obligaciones. La práctica corriente es una mezcla de ambas. Cuando la mora se convierte en problema serio, el enfoque convencional de los países en desarrollo con respecto a los déficit es presentar un rubro financiero en la contabilidad de obligaciones que incluye una meta del déficit. El Government Finance Statistics Manual de 1996 (IMF, 1996d, pág. 16) ya recomendaba una contabilidad de obligaciones. Sin embargo, aún se pueden utilizar recursos de mora para financiar temporalmente una meta de déficit bruto ya que la mora no está incluida en la deuda pública bruta.
23. Kee, 1987, pág. 11.
24. Kopits y Craig, 1998.
25. White y Wildavsky, 1989, pág. 514.
26. Luis Servén me sugirió la idea sobre la conversión de los subsidios de las empresas estatales en deuda. El ejemplo sobre Egipto proviene del Banco Mundial, 1995a, pág. 84.
27. Mackenzie y Stella, 1996.
28. Los fondos de reserva de las pensiones también se utilizan para cubrir los gastos de salud de los trabajadores que están cubiertos por los programas de seguridad social, lo cual agota aún más las reservas. El Gobierno de Venezuela invirtió entre el 10 y el 30 por ciento de las reservas de las pensiones en hospitales del sistema de seguridad social. Actualmente, el Gobierno tiene que confrontar mayores gastos, tanto en salud como en pensiones, asociados con una población de mayor edad, con un fondo de reservas para las pensiones que está agotado. (Banco Mundial, 1994b, pág. 47).
29. Banco Mundial, 1994b, pág. 128.

30. Sargent y Wallace, 1985.
31. Esta sección se basa en Svensson, 1997.
32. *Economist,* 19 de agosto, 1995.

Capítulo 7

1. Banco Mundial, 1998a, pág. 56.
2. Dupuy, 1988, pág. 116; Lundahl, 1992, págs. 39, 41, 244.
3. Dommen, 1989; Winkler, 1933, pág. 22; Wynne, 1951, págs. 5-7.
4. *International Herald Tribune,* 14 de junio, 1999, pág. 1; *Financial Times,* 21 de junio, 1999. 3. Véase el espacio del Banco Mundial en la Red sobre la iniciativa de los PPAE: www.worldbank.org/hipc.
5. http://www.jubilee2000uk.org/main.html.
6. Citado de UNCTAD, 1967, pág. 3.
7. Banco Mundial, 1979, págs. 7-8; UNCTAD 1983, pág. 3.
8. Banco Mundial, 1981, pág. 129
9. Banco Mundial, 1984, pág. 46.
10. Banco Mundial, 1986, pág. 41.
11. Banco Mundial, 1988a, pág. xix. La literatura general comenzó a informar sobre la deuda de los países pobres de África en varios lados por la misma época. Véase Lancaster y Williamson, 1986; Mistry, 1988; Green, 1989; Parfitt y Riley, 1989; Humphreys y Underwood, 1989; Husain y Underwood, 1991; Nafziger, 1993. Para recopilaciones analíticas más recientes véase Iqbal y Kanbur, 1997; Brooks, *et al.,* 1998.
12. Banco Mundial, 1991a, pág. 176.
13. Banco Mundial, 1988b, pág. xxxviii.
14. Banco Mundial, 1989, pág. 31.
15. Banco Mundial, 1990, pág. 29.
16. Banco Mundial, 1991b, pág. 31.
17. Banco Mundial, 1993c, pág. 6.
18. Banco Mundial, 1994a, pág. 42.
19. Boote, *et al.,* 1997, págs. 126, 129.
20. Banco Mundial, 1999, pág. 76, y la web www.worldbank.org/hipc. Los siete países son Bolivia, Burkina Faso, Costa de Marfil, Guyana, Malí, Mozambique y Uganda. Según el espacio del Banco en la Red, "Etiopía, Guinea-Bissau, Nicaragua, Mauritania y Tanzania han satisfecho una revisión preliminar y pueden ser objeto de miles de millones más para alivio de la deuda".
21. Banco Mundial, 1988c, vol. 2, pág. 78.
22. Chamley y Ghanem, 1994.
23. International Monetary Fund, 1998, pág. 29.

24. Banco Mundial, 1988c, vol. 1.
25. Site http: //www.worldbank.org/afr/ci2.htm.
26. International Monetary Fund., 1999.
27. Economist Intelligence Unit, 1999.

Interludio: Una casa de cartón

1. Gonzales de la Rocha, 1994, págs. 94-95, 122-123, 236-237, 241, 248.

Capítulo 8

1. Como en el caso del modelo AK de Rebelo, 1991.
2. Véase Romer, 1986, 1990, 1992, 1993.
3. Datos de empleo para 1978-1979 de Bangladesh Bureau of Statistic, 1985, pág. 418 (trabajadores de la confección excepto los del calzado). Banco Mundial, 1987 proporciona los siguientes promedios en millones para las exportaciones de confecciones terminadas en Bangladesh para los periodos 1972-1975 y 1975-1980: –0,00 y 0,17, respectivamente.
4. Rhee y Belot, 1990, pág. 8.
5. Exportaciones de 1980, tomado de International Monetary Fund, International Finance Statistics yearbook, series 77aa d.
6. Banco Mundial, 1996b, pág. 14: 54 % de 3.450 millones de dólares de las exportaciones en 1994-1995.
7. Rhee y Belot, 1990, págs. 6-7.
8. Rhee y Belot, 1990, pág. 12.
9. Rhee y Belot, 1990, pág. 17.
10. Del espacio de Empire Capital en la Red: http://www.empire-capital.com/maxpages/Back_to_Back_LCS.
11. La metáfora sobre el anillo tipo O y la teoría correspondiente son de Kremer, 1993a. La información sobre el transbordador tomada de: http://www.ksc.nasa.gov/shuttle/missions/51-1/mission-51-1.html.
12. Cifras y ordenamientos de los más ricos y los más pobres (según ingreso per cápita) tomados del U.S. Census Bureau City and County Databook.
13. Lucas, 1988, pág. 39.
14. Rauch, 1993.
15. Grubel y Scott, 1997.
16. Banco Mundial, *World Development Report*, 1995, pág. 11.
17. Cifras para 1992 tomadas del *Statistical Abstract of the United States* 1995. PIB de 6,02 billones de dólares corrientes; agricultura, silvicultura y pesca, 116.000 millones de dólares.

18. Banco Mundial, *World Development Report*, 1996, pág. 88 (datos para 1994). Para confirmar las sequías y la topografía véase Banco Mundial 1987b, pág. 34.
19. Banco Mundial, *World Development Report*, 1996, pág. 88 (datos para 1995).
20. Esta clase de discriminación que se determina a sí misma ha sido postulada desde hace mucho tiempo por distinguidos economistas tales como Kenneth Arrow y Glen Loury, pero Kremer fue el primero en aplicarla de manera general al caso de la relación entre el acoplamiento de las calificaciones y el crecimiento económico.
21. *Statistical Abstract of the United States*, 1995, cuadros 52, 724.
22. Kosmin y Lachman, 1993, pág. 260.
23. Lipset, 1997, págs. 151-152.
24. Psacharopoulos y Patrinos, 1994, pág. 6.
25. Psacharopoulos y Patrinos, 1994, pág. 37.
26. Patrinos, 1997.
27. Narayan, *et al.* 2000a.
28. *New York Times*, 18 de septiembre, 1999.
29. Easterly y Levine, 2000.
30. Easterly y Levine, 2000. Véase también Brookings Institution Center on Urban y Metropolitan Policy, 1999.
31. Narayan, *et al.*, 2000a.
32. Las otras historias sobre trampas de pobreza tomadas de Azariadis y Drazen, 1991; Becker, Murphy y Tamura, 1990; y, Murphy, Shleifer y Vishny, 1989.

Interludio: La guerra y los recuerdos

1. Critchfield, 1994, págs. 169-189.

Capítulo 9

1. http://econ161. berkeley.edu/E_Sidebars/E-conomy_figures2.html.
2. http://www.duke.edu/~mccann/q-tech.htm#Death of Distance.
3. http://econ161.berkeley.edu/OpEd/virtual/technet/An_E-conomy.
4. Banco Mundial, *World Development Report*, 1998-1999, págs. 3-5, 57.
5. El recuento que sigue proviene de Nordhaus, 1994.
6. Jovanovic, 2000. Véase también Mokyr, 1990, pág. 22.
7. Mokyr, 1990, págs. 21-22, 29.
8. Mokyr, 1990, pág. 161.
9. Véase Jones, 1999 para una descripción del crecimiento en imperios antiguos. Allí se observa que la China de los Sung aparentemente tuvo progreso tecnológico e ingreso per cápita crecientes entre los siglos X y XIII, pero que tras ello

vino el estancamiento en la China de los Ming y sus sucesores, hasta el siglo XIX (véase también Young 1993). Mokyr 1990 es la fuente para la descripción general de las destrezas tecnológicas de China.

10. Hall y Jones, 1999.
11. Davis y Haltiwanger, 1998, fig. 6.
12. Schumpeter, 1942, pág. 82.
13. Aghion y Howitt, 1992, 1999.
14. http://www-groups.dcs.st-and.ac.uk/~history/Quotations/Newton.html.
15. Greenwook y Jovanovic, 1998.
16. David, 1990.
17. http://econ161.berkeley.edu/E_Sidebars/E-conomy_figures2.html.
18. http://www.preservenet.com/endgrowth/EndGrowth.html.
19. Benfield, Raimi y Chen, 1999.
20. Kennedy, 1993, págs. 13, 15.
21. Daly, 1992; Zolotas, 1981; Douthwaite, 1992; Trainer, 1989; Wachtel, 1983; Mishan, 1967.
22. Mokyr, 1990, pág. 263.
23. Mokyr, 1990, págs. 142-143.
24. Mokyr, 1990, págs. 263-265.
25. Párrafo basado en Aghion y Howitt, 1999, págs. 313-316.
26. Yonekura, 1994, pág. 207.
27. Mokyr, 1990, pág. 118.
28. Yonekura, 1994, págs. 219-222.
29. Lieberman y Johnson, 1999.
30. UNIDO, Estadísticas de Industria al nivel de 3 dígitos. Banco Mundial, base de datos de la Red.
31. D'Costa, 1999, pág. 3.
32. Jovanovic y Nyarko, 1996. La idea de las "ventajas del atraso" la presentó Alexander Gerschenkron.
33. Borensztein, de Gregorio y Lee, 1998; Blomström, Lipsey y Zejan, 1994.
34. Blomström y Sjöholm, 1998.
35. Lee, 1995.
36. http://www.wired.com/wired/archive/4.02/bangalore_pr.html.
37. Stremlau, 1996.
38. Mokyr, 1990, pág. 162.
39. Mokyr, 1990, pág. 164.
40. http://www.teleport.com/~samc/hdtv/.
41. This possibility was noted by Young, 1993.
42. Brad de Long, http:// econ161.berkeley.edu/E_Sidebars/ Economy_figures2.html.

Interludio: Un accidente en Jamaica

1. Citas y paráfrasis de Narayan, *et al.*, 2000a.

Capítulo 10

1. Las paráfrasis de este párrafo y los anteriores se basan en Narayan, *et al.*, 2000a.
2. Banco Mundial, *World Development Report*, 2000-2001, borrador para consultas, pág. 6.24.
3. http://www.worldbank.org/html/today/archives/html/sep13-17-99,htm#9-14.
4. http://www.worldbank.org/aids-econ/africa/fire.htm.
5. http://www.worldbank.org/aids-econ/africa/fire.htm.
6. UNAIDS, 1999.
7. Red Cross, 1995, págs. 99, 104.
8. Ingreso per cápita tomado de Summers y Heston, 1999; los datos de crecimiento per cápita tomados de la base de datos de la Red del Banco Mundial.
9. http://wb.eiu.com/search_view.asp?from_page=composite&doc_id=EI541397& topicid=VE.
10. *New York Times*, 20 de diciembre, 1999.
11. Easterly, *et al.*, 1993, págs. 468-469.
12. Wanniski, 1998, págs. 255, 260.
13. Véase Slemrod, 1995 y Easterly y Rebelo, 1993. Con respecto al sector formal véase Chamley y Ghanem, 1995.
14. Dunn y Pelecchio, 1990, incluso muestran una tasa máxima del 40 por ciento en 1986, que se compara con el 37 por ciento de Wanniski. Gwartney y Lawson, 1995, presentan 45 por ciento entre 1979 y 1989.
15. Crecimiento per cápita de 1979-1994 de las cuentas nacionales del Banco Mundial.
16. Citas de Easterly, 1995.
17. Peters y Waterman, 1982, pág. 23.
18. Peters y Waterman, 1982, págs. 26, 318.
19. Peters y Waterman, 1982, pág. xxi.
20. *Los Angeles Times*, 2 de octubre, 1995.
21. El otro era Akeem Olajuwon, quien se convertiría en un jugador estrella pero aún no ha llegado a ser campeón con su equipo —en contraste con los seis campeonatos obtenidos por los Bulls con Michael Jordan.
22. Lincoln, 1989, pág. 384.
23. Las pérdidas en los términos de intercambio se calculan como: (Cambio porcentual de los precios de las exportaciones) x (exportaciones/PIB) - (cambio porcentual de los precios de las importaciones) x (importaciones /PIB).

24. Brundtland Commission, 1987, págs. 67, 131.
25. Lipsey, 1994.
26. Easterly, 2000.
27. Rescher, 1995, págs. 8-9.
28. Narayan, *et al.*, 2000b.

Interludio: La vida en una favela

1. Critchfield, 1981, págs. 13-15.

Capítulo 11

1. Bruno, 1993, pág. 32.
2. Bruno, 1993, pág. 101.
3. Bruno, 1993, pág. 32.
4. Bruno, 1993, pág. 117.
5. El listado de todos los periodos de alta inflación entre 1970 y 1994 es de Bruno y Easterly, 1998, excluidos los casos obvios de guerra.
6. Bruno y Easterly, 1998, págs. 8-9.
7. World Currency Yearbook (para 1985, 1990-1993); Wood 1988 (llenando los casos de observaciones faltantes en la muestra completa).
8. Little, *et al.*, 1993, pág. 195.
9. Reuters, 9 de agosto, 1982; Banco Mundial, *World Debt Tables*, 1996, pág. 314.
10. Muchos autores encuentran que hay correlación entre tipos de interés real severamente negativos y crecimiento. Véase King y Levine, 1992; Gelb, 1989; Easterly, 1993; y Roubini y Sala-i-Martin, 1992.
11. Me baso en Edwards, 1993, para la presentación de este caso.
12. Este es el crecimiento mediano de mínimos cuadrados, entre 1960 y 1998, de los términos de intercambio de sesenta y tres países con ingresos medios y bajos que cuentan como mínimo con treinta años de observaciones.
13. Lipsey, 1994.
14. Véase Easterly, 1993.
15. Sachs y Warner, 1995.
16. Dollar, 1992.
17. Lee, 1993.
18. Lee, 1995.
19. Harrison, 1996.
20. Edwards, 1998.
21. Frankel y Romer, 1999.
22. Rodríguez y Rodrik, 2000.

23. Como lo muestran Levine y Renelt, 1992.
24. Husain, 1999, pág. 74.
25. Banco Mundial, 1997b.
26. Reinikka y Svensson, 1999.
27. Maier, 2000.
28. Banco Mundial, *World Development Report,* Private Sector Survey, 1997.
29. Loayza, 1996.
30. Banco Mundial, *World Development Report,* 1977, págs. 30, 31.
31. Banco Mundial, *World Development Report,* 1997, pág. 31.
32. Jha, Ranson y Bobadilla, 1996.
33. Easterly y Rebelo, 1993.
34. Easterly y Levine, 1997; Canning, 1999.
35. Banco Mundial, *World Development Report,* 1997, pág. 17.
36. Gyamfi, 1992.
37. Rebelo y Stokey, 1995.
38. Easterly, Loayza y Montiel, 1997; Barro, 1997.
39. Easterly y Levine, 1997.
40. Easterly, Loayza y Montiel, 1997.

Interludio: Florencia y Verónica

1. *New York Times,* 18 de septiembre, 1998, pág. A12.

Capítulo 12

1. Easterly y Fischer 2000.
2. Ray, 1998.
3. Narayan, *et al.,* 2000a, cap. 6, pág. 11.
4. Theobald, 1990, pág. 55.
5. Theobald, 1990, pág. 68.
6. *New York Times,* 14 de agosto, 1998.
7. Dow Jones International News Service, 29 de julio, 1998.
8. *New York Times,* 17 de julio, 1998.
9. Wade, 1982, págs. 292-293, 305.
10. Alfiler y Concepcion, 1986, pág. 38.
11. *Financial Times,* 1 de agosto, 1998, pág. 3; Associated Press, 2 de agosto, 1998.
12. Alfiler y Concepcion, 1986, pág. 42.
13. Theobald, 1990, pág. 97.
14. *Washington Post,* 9 de junio, 1998, pág. A1; 17 de agosto, 1998, pág. A13.

15. Rose-Ackerman, 1997b, pág. 13.
16. Theobald, 1990, pág. 97.
17. Mauro (1995, 1996) fue el primero entre los autores recientes que documentó los nexos entre corrupción e inversión o crecimiento. Encontró que la relación entre corrupción y crecimiento y entre corrupción e inversión se mantenía cuando se controlaba por la posible endogeneidad de la corrupción e incluso al incluir otras variables de control.
18. Este análisis se basa en Shleifer y Vishny, 1993.
19. Svensson, 2000.
20. Mauro, 1996 también observa este nexo.
21. Ades y Di Tella, 1994.
22. Datos sobre instituciones provenientes de Knack y Keefer 1995, quienes encontraron un nexo entre la calidad institucional y el crecimiento.

Interludio: La discriminación en Palanpur

1. Drèze y Sharma, 1998.

Capítulo 13

1. Mikell, 1989.
2. Wetzel, 1995, pág. 197.
3. Bates, 1981.
4. Frimpong-Ansah, 1991, pág. 95.
5. La fuente del relato sobre Ghana es Easterly y Levine, 1997; consúltese allí sobre otras referencias.
6. Leith, 1974.
7. La medida de desigualdad es el índice de Gini. Los datos y los resultados sobre desigualdad de la propiedad de la tierra y crecimiento provienen de Deininger y Squire, 1998; también han encontrado una relación negativa entre desigualdad y crecimiento, entre otros, Alesina y Rodrik, 1994; Persson y Tabellini, 1994; Perotti, 1996; and Clarke 1995. El resultado contrario de relación positiva entre desigualdad y crecimiento lo encuentra Forbes 1998, 2000, utilizando efectos fijos para eliminar los promedios de países; sin embargo, Dininger y Olinto, 2000, encuentran un efecto negativo de la desigualdad de la propiedad de la tierra sobre el crecimiento incluso con efectos fijos.
8. Easterly, 1999b. Este resultado proviene de una regresión de democracia (derechos políticos medidos por el índice de Gastil) y libertades civiles en la participación de la clase media y heterogeneidad étnica.
9. Husain, 1999, pág. 359.

10. Easterly, 1999b, 2000b.
11. Bell-Fialkoff, 1996, págs. 10-11.
12. Bell-Fialkoff, 1996, págs. 10-11.
13. Gurr, 1994.
14. *New York Times*, 22 de febrero, 2000.
15. Las paráfrasis de los párrafos siguientes se basan en Narayan, *et al.*, 2000b.
16. Miguel, 1999.
17. Easterly, 1999b.
18. Alesina, Baqir y Easterly, 1999. Muestra de 1.397 condados con una población mayor a 25.000.
19. Alesina, Baqir y Easterly, 1999. Véase también Luttmer, 1997.
20. Poterba, 1998.
21. Goldin y Katz, 1998.
22. Gould y Palmer, 1988, pág. 427.
23. Wilson, 1996, págs. 193, 202.
24. Athukorala y Jayasuriya, 1994.
25. http://flag.blackened.net/revolt/mexico/reports/five_years.html.
26. Benjamin, 1996, págs. 246-247.
27. Benjamin, 1996, págs. 223, 242, 249.
28. Talbot, 1998, pág. 24.
29. Litwack, 1999, págs. 281, 286.
30. Litwack, 1999.
31. Alesina y Summers, 1993; Cukierman, Webb y Neyapti, 1992.
32. Alesina, 1996.
33. Easterly, 2000b.
34. Easterly, diciembre 1999b.
35. Esta cifra se refiere a la población de Roma misma o de Italia, en tiempos de Augusto. Véase http://www.ucd.ie/%7Eclassics/96/Madden96.html.
36. http://www.sscnet.ucl.edu/southasia/History/Mughals/mughals.html y http://pasture.ecn.purdue.edu/~agenhtml/agenmc/china/scengw.html.
37. Anand y Kanbur, 1993; Ravallion, 1997.

Interludio: Siglos de violencia

1. Crithchfield, 1981, cap. 5, págs. 51-60.

Bibliografía

Ades, Alberto, y Rafael Di Tella, 1994, "Competition and Corruption", Oxford University Institute of Economics and Statistics, Discussion Paper 169.

Aghion, P., y P. Howitt, 1992, "A Model of Growth Through Creative Destruction", *Econometrica* 60, núm. 2 (marzo).

Aghion, P., y P. Howitt, 1999, *Endogenous Growth Theory*, Cambridge, Mass., MIT Press.

Ajayi, S. Ibi, 1997, "An Analysis of External Debt and Capital Flight in the Severely Indebted Low-Income Countries", en Z. Iqbal y R. Kanbur, eds., *External Finance for Low-Income Countries*, Washington, D.C., Fondo Monetario Internacional.

Alesina, Alberto, 1996, "Fiscal Discipline and the Budget Process", *American Economic Review, Papers and Proceedings* 86 (mayo), págs. 401-407.

Alesina, A., R. Baqir y W. Easterly, 1999, "Public Goods and Ethnic Divisions", *Quarterly Journal of Economics* 114, núm. 4 (noviembre), págs. 1243-1284.

Alesina, Alberto, y Roberto Perotti, 1995, "Fiscal Expansions and Adjustments in OECD Countries", *Economic Policy* 20, págs. 205-248.

Alesina, Alberto, y Dani Rodrik, 1994, "Distributive Politics and Economic Growth", Quarterly Journal of Economics 109, núm. 2 (mayo), págs. 465-490.

Alesina, Alberto, y Lawrence H. Summers, 1993, "Central Bank Independence and Macroeconomic Performance, Some Comparative Evidence", *Journal of Money, Credit and Banking* 25 (mayo), págs. 151-162.

Alfiler, Ma., y P. Concepción, 1986, "The Process of Bureaucratic Corruption in Asia, Emerging Patterns", en Ledivina V. Carino, ed., *Bureaucratic Corruption in Asia: Causes, Consequences, and Controls*, Quezón City, Filipinas, JMC Press.

Anand, Sudhir y S. M. R. Kanbur, 1993, "The Kuznets Process and the Inequality-Development Relationship", *Journal of Development Economics* 40, núm. 1 (febrero), págs. 25-52.

Arndt, H. W., 1987, *Economic Development: The History of and Idea*, Chicago, University of Chicago Press.

Athukorala, Premachandra, y Sisira Jayasuriya, 1994, *Macroeconomic Policies, Crises, and Growth in Sri Lanka, 1969-1990*, Washington, D.C., Banco Mundial.
Avramovic, Dragoslav, 1955, *Postwar Economic Growth in Southeast Asia*. E.C. 48, International Bank for Recontruction and Development, Washington, D.C., 10 de octubre.
Ayittey, George B. N., 1998, *Africa in Chaos*, Nueva York, St. Martin's Press.
Azariadis, Costas, y Allan Drazen, 1990, "Threshold Externalities in Economic Development", *Quarterly Journal of Economics* 105, núm. 2 (mayo), págs. 501-526.
Bailey, Kenneth P., 1944, *Thomas Cresap, Maryland Frontiersman*, Boston, Christopher Publishing House.
Banco Interamericano de Desarrollo, 1995, *Economic and Social Progress in Latin America*, Washington, D.C.
Banco Interamericano de Desarrollo, 1996, *Economic and Social Progress in Latin America*, Washington, D.C.
Banco Mundial, 1975, *Kenya: Into the Second Decade. Baltimore*, Md., Johns Hopkins University Press.
Banco Mundial, 1979, *World Debt Tables 1979*, Washington, D.C.
Banco Mundial, 1981, *Accelerated Development in Sub-Saharan Africa: An Agenda for Action*, Washington, D.C.
Banco Mundial, 1983, *Kenya Country Economic Memorandum*, Red Cover, Washington, D.C.
Banco Mundial, 1984, *Toward Sustained Development in Sub-Saharan Africa: A Joint Program of Action*, Washington, D.C.
Banco Mundial, 1986, *Financing Adjustment with Growth in Sub-Saharan Africa, 1986-90*, Washington, D.C.
Banco Mundial, 1987a, *Bangladesh Country Economic Memorandum*, Reportaje 6616-BD, 10 de marzo.
Banco Mundial, 1987b, *Ethiopia Country Economic Memorando*, Reportaje 5929-ET, 25 de febrero.
Banco Mundial, 1988a, *World Debt Tables 1987-88*, vol. 1, Washington, D.C.
Banco Mundial, 1988b, *World Debt Tables 1988-89*, vol. 1, Washington, D.C.
Banco Mundial, 1988c, *Côte d'Ivoire: Mobilizing Domestic Resources for Stable Growth*, Report 7372-RCI, vols. 1 y 2, Washington, D.C.
Banco Mundial, 1988d, *Côte d'Ivoire, Mobilizing Domestic Resources for Stable Growth*, 7372-RCI, Washington, D.C.
Banco Mundial, 1989a, *World Debt Tables 1989-90*, vol. 1, Washington, D.C.
Banco Mundial, 1989b, *Kenya Public Expenditure Review*, 14 de abril.
Banco Mundial, 1990, *World Debt Tables 1990-91*, vol. 1, Washington, D.C.
Banco Mundial, 1991a, *Sub-Saharan Africa: From Crisis to Sustainable Growth*, Washington, D.C.
Banco Mundial, 1991b, *World Debt Tables 1991-92*, vol. 1, Washington, D.C.

Banco Mundial, 1991c, *World Development Report*, Washington, D.C.
Banco Mundial, 1993a, *Guyana: From Economic Recovery to Sustained Growth*, Washington, D.C.
Banco Mundial, 1993b, *Lithuania: The Transition to a Market Economy*, Washington, D.C.
Banco Mundial, 1993c, *World Debt Tables 1993-94*, vol. 1, Washington, D.C.
Banco Mundial, 1993d, *The East Asian Miracle*, Nueva York, Oxford University Press.
Banco Mundial, 1994a, *World Debt Tables 1994-95*, vol. 1, Washington, D.C.
Banco Mundial, 1994b, *Adjustment in Africa: Reforms, Results, and the Road Ahead*, Oxford, Oxford University Press.
Banco Mundial, 1994c, "Lao People's Democratic Republic", Country Economic Memorandum, Reportaje 12554, 24 de marzo.
Banco Mundial, 1995a, *Bureaucrats in Business*, Oxford, Oxford Unviersity Press.
Banco Mundial, 1995b, *Latin America After Mexico: Quickening the Pace*, Washington, D.C.
Banco Mundial, 1995c, *RMSM-X Model Building Reference Guide*, Washington, D.C. julio.
Banco Mundial, 1996a, *Uganda: The Challenge of Growth and Poverty Reduction*, Washington, D.C.
Banco Mundial, 1996b, *Bangladesh Country Economic Memorandum*, Report 15900-BD, Washington, D.C.
Banco Mundial, 1997a, *Croatia, Beyond Stabilization*, Washington, D.C.
Banco Mundial, 1997b, Reportaje núm. 15310-PAK *Staff Appraisal Report Pakistan National Drainage Program Project*, 25 de septiembre, 1997.
Banco Mundial, 1998a, *Global Development Finance 1998*, vol. 1, Washington, D.C.
Banco Mundial, 1998b, *Assessing Aid: What Works, What Doesn't, and Why*, Oxford, Oxford University Press.
Banco Mundial, 1998c, *Egypt in the Global Economy*, Washington, D.C.
Banco Mundial, 1999, *Global Development Finance 1999.*, vol. 1, Washington, D.C.
Banco Mundial, varios años, *World Development Report*, Washington, D.C.
Banco Mundial y International Monetary Fund, 1983, "Adjustment and Growth; How the Fund, and Bank Are Responding to Current Difficulties", *Finance and Development* 20, núm. 2 (junio), págs. 13-15.
Banco Mundial, 2000a, *World Development Indicators*, Washington, D.C.
Banco Mundial, 2000b, *Thailand: Social and Structural Review*, Reportaje 19732-TH, Washington, D.C.
Banco Mundial, 2000c, *Can Africa Claim the 21st Century?*, Washington, D.C.Bangladesh Bureau of Statistics, 1985, *Statistical Yearbook of Bangladesh* 1984-85, Government of the People's Republic of Bangladesh, Dhaka.
Bank for International Settlements 1995/96, 1996, *66th Annual Report*, Basel, 1996.

Barro, Robert J., 1991, "Economic Growth in a Cross Section of Countries", *Quarterly Journal of Economics* 106 (mayo), págs. 407-443.

Barro, Robert, 1997, *Determinants of Economic Growth: A Cross-Country Empirical Study*, Cambridge, Mass., MIT Press.

Barro, Robert J., N. Gregory Mankiw, y Xavier Sala-i-Martin, 1995, "Capital Mobility in Neoclassical Models of Growth", *American Economic Review* 85, núm. 1 (marzo), págs. 103-115.

Barro, Rober J., y Xavier Sala-i-Martin, 1992, "Convergence", *Journal of Political Economy* 100, núm. 2 (abril), págs. 223-251.

Barro, Robert, y Xavier Sala-i-Martin, 1995, *Economic Growth*. Nueva York, McGraw-Hill.

Barro, Robert J., y Xavier Sala-i-Martin, 1997, "Technological Diffusion, Convergence", *Journal of Economic Growth* 2, núm. 1 (marzo), págs. 1-26.

Bates, Robert H., 1981, *Markets and States in Tropical Africa: The Political Basis of Agricultural Policies*, Berkeley, University of California Press.

Bauer, P. T., 1972, *Dissent on Development: Studies and Debates in Development Economics*, Cambridge, Mass., Harvard University Press.

Baumol, William J., 1986, "Productivity Growth, Convergence, and Welfare, What the Long Run Data Show", *American Economic Review* 76, núm. 5 (diciembre), págs. 1072-1085.

Bayoumi, Tamim; David T. Coe y Elhanan Helpman, 1999, "R&D Spillovers and Global Growth", *Journal of International Economics* 47, págs. 399-428.

Becker, Gary S., Kevin M. Murphy, y Robert Tamura, 1990, "Human Capital, Fertility, and Economic Growth", *Journal of Political Economy* 98, núm. 5 (octubre), págs. S12-37.

Bell-Fialkoff, Andrew, 1996, *Ethnic Cleansing*, Nueva York, St. Martin's Press.

Belser, Patrick, 2000, "Vietnam, On the Road to Labor-intensive Growth", World Bank Policy Research Paper 2389, julio.

Benfield, F. Kaid, Matthew D. Raimi, y Donald D. T. Chen, 1999, *Once There Were Greenfields, How Urban Sprawl Is Undermining Americas's Environment, Economy, and Social Fabric*, Nueva York, Natural Resources Defense Council.

Benhabib, Jess, y Mark Spiegel, 1994, "Role of Human Capital in Economic Development, Evidence from Aggregate Cross-Country Data", *Journal of Monetary Economics* 34 (octubre), págs. 143-173.

Benjamin, Thomas, 1996, *A Rich Land, a Poor People: Politics and Society in Modern Chiapas*, Albuquerque, University of New Mexico Press.

Berthelemy, Jean-Claude, y François Bourguignon, 1996, *Growth and Crisis in Côte d'Ivoire*, Washington, D.C., Banco Mundial.

Bhagwati, Jagdish, 1966, *The Economics of Underdeveloped Countries*, Nueva York, McGraw-Hill.

Bils, Mark, y Peter Klenow, 1998, "Does Schooling Cause Growth or the Reverse?", NBER Working Paper 6393.

Blanchard, Olivier, y Standley Fischer, 1989, *Lectures on Macroeconomics*, Cambridge, Mass., MIT Press.

Blomström, Magnus, Robert Lipsey, y Mario Zejan, 1994, "What Explains the Growth of Developing Countries?", en William Baumol, Richard Nelson, y Edward Wolff, eds., *Convergence and Productivity: Cross-National Studies and Historical Evidence*, Oxford, Oxford University Press.

Blomström, Magnus, Robert E. Lipsey, y Mario Zejan, 1996, "Is Fixed Investment the Key to Economic Growth?", *Quarterly Journal of Economics* 111, núm. 1 (febrero), págs. 269-276.

Blomström, Magnus, y Frederik Sjöholm, 1998, "Technology Transfers: Does Local Participation with Multinationals Matter?", *European Economic Review* 43 (abril), págs. 915-923.

Boone, Peter, 1994, "The Impact of Foreign Aid on Savings and Growth", Mimeo, London School of Economics.

Boote, Anthony, Fred Kilby, Kamau Thugge y Axel Van Trotsenburg, 1997, "Debt Relief for Low-Income Countries and the HIPC Debt Initiative", en Z. Iqbal and R. Kanbur, eds., *External Finance for Low-Income Countries*, Washington, D.C., Fondo Monetario Internacional.

Borensztein, Eduardo, José de Gregorio, y Jong-wha Lee, 1998, "How Does Foreign Direct Investment Affect Growth?", *Journal of International Economics* 45 (junio), págs. 115-135.

Boner, Silvio, Aymo Brunetti, y Beatrice Weder, 1995, *Political Credibility and Economic Development*, Nueva York, St. Martin's Press.

Boserup, Mogens, 1969, "Warning Against Optimistic ICOR Statistics", Kyklos 22, págs. 774-776.

Brookings Institution Center on Urban and Metropolitan Policy, 1999, *A Region Divided: The State of Growth in Greater Washington*, Washington, D.C., Brookings Institution.

Brooks, Ray, Mariano Cortes, Francesca Fornasari, Benoit Ketchekmen, Ydahlia Metzgen, Robert Powell, Saquib Rizavi, Doris Ross y Kevin Ross, 1998, "External Debt Histories of Ten Low-Income Developing Countries, Lessons from Their Experience", IMF working paper WP/98/72.

Bruno, Michael, 1993, *Crisis, Stabilization, and Economic Reform: Therapy by Consensus*, Oxford, Oxford University Press.

Bruno, Michael, 1995, "Does Inflation Really Lower Growth?", *Finance and Development* 32 (septiembre), págs. 35-38.

Burnside, Craig, y David Dollar, 2000, "Aid, Policies, and Growth", *American Economic Review*, forthcoming.

Burr, J. Millard, y Robert O. Collins, 1995, "Requiem for the Sudan: War,

Drought, and Disaster Relief on the Nile, Boulder", Colo., Westview Press.
Canning, David, 1999, "Infrastructure's contribution to aggregate output", World Bank, Policy Research Working Paper 2246.
Carrington, William J., y Enrica Detragiache, 1998, "How Big Is the Brain Drain?", International Monetary Fund working paper 98/102.
Center for International Development, Harvard University, 1999, "Implementing Debt Relief for HIPCs", Mimeo, agosto.
Chamley, Christophe, y Hafez Ghanem, 1994, "Côte d'Ivoire, Fiscal Policy with Fixed Nominal Exchange Rates", en W. Easterly, C. Rodríguez, y K. Schmidt-Hebbel, eds., *Public Sector Deficits and Macroeconomic Performance,* Oxford, Oxford University Press.
Chenery, Hollis B., y Alan M. Strout, 1966, "Foreign Assistance and Economic Development", *American Economic Review* 56, núm. 4, part I (septiembre).
Clarke, George R. G., 1995, "More Evidence on Income Distribuion and Growth", *Journal of Development Economics* 47, núm. 2 (agosto), págs. 403-427.
Clausen A. W., 1986, *Adjustment with Growth in the Developing World: A Challenge for the International Community: Excerpts from Three Addresses,* Washington, D.C., Banco Mundial.
Cohen, Daniel, 1996, "The Sustainability of African Debt", World Bank policy research paper 1621.
Collier, Paul, Anke Hoeffler, y Catherine Patillo, 1999, "Flight Capital as a Portfilio Chice", World Bank policy research paper 2066, febrero.
Corbo, Vittorio, Morris Goldstein y Mohsin Khan, eds. 1987, Growth-Oriented *Adjustment Programs, Washington,* D.C., Fondo Monetario Internacional.
Cresap, Bernarr, y Joseph Ord Crespa, 1987, *The History of the Cresaps,* rev. ed. Gallatin, Tenn., Cresap Society.
Critchfield, Richard, 1981, *Villages,* Nueva York, Doubleday.
Critchfield, Richard, 1994, *The Villagers,* Nueva York, Anchor Books.
Cukierman, Alex, Steve B. Webb, y Bilin Neyapti, 1992, "Measuring the Independence of Central Banks and Its Effect on Policy Outcomes", *World Bank Economic Review* 6 (septiembre), págs. 353-398.
D'Costa, Anthony P., 1999, *The Global Restructuring of the Steel Industry, Innovations, Institutions, and Industrial Change,* Londres, Routledge.
Dadush, Uri, Ashok Dhareshwar, y Ron Johannes, 1994, "Are Private Capital Flows to Developing Countries Sustainable?", World Bank policy research working paper 1397.
Daly, Herman, 1992, "Sustainable Development Is Possible Only If We Forgo Growth", *Earth Island Journal* 7, núm. 2 (primavera).
David, Paul A., 1990, "The Dynamo and the Computer, An Historical Perspective on the Modern Productivity Pradox", *American Economic Review* 80, núm. 2 (mayo).

Davis, Steven J., y John Haltiwanger, 1998, "Measuring Gross Worker and Job Flows", en J. Haltiwanger, M. Manser, y R. Topel, eds., *Labor Statistics Measurement Issues*, Chicago, University of Chicago Press.

De Long, J. Bradford, 1988, "Productivity Growth, Convergence, and Welfare: Comment", *American Economic Review* 78, núm. 5 (diciembre), págs. 1138-1154.

De Long, J. Bradford, y Lawrence H. Summers, 1991, "Equipment Investment and Economic Groewth", *Quarterly Jounal of Economics* 106, núm. 2 (mayo), págs. 445-502.

De Long, J. Bradford, y Lawrence H. Summers, 1993, "How Strongly Do Developing Economies Benefit from Equipment Investment?", *Journal of Monetary Economics* 32 (diciembre), págs. 395-415.

Deininger, Klaus, y Lyn Squire, 1998, "New Ways of Looking at Old Issues, Inequality and Growth", *Journal of Development Economics* 57, núm. 2 (diciembre), págs. 259-287.

Deininger, Klaus y Pedro Olinto, 2000, "Asset distribution, inequality, and growth", World Bank Policy Reserach Working Paper 2375.

Delors, Jacques, ed. 1996, *Learning, The Treasure Within*, Report to Unesco of the International Commission on Education for the Twenty-first Century, Nueva York, Unesco Publishing.

Demographic Data for Development Project, 1987, *Child Survival: Risks and the Road to Health*, Columbia, MC., Institute for Resource Development/Westinghouse.

Demographic and Health Services, 1994, *Women's Lives and Experiences*, Claverton, Md, Macro Internationa, Inc.

Deng, Francis M., 1995, *War of Visions, Conflict of Identities in the Sudan*, Washington, D.C., Brookings.

Devarajan, Shanta, Vinya Swaroop, y Heng-fu Zou, 1996, "The Composition of Public Expenditure and Economic Growth", *Journal of Monetary Economics* 37 (abril), págs. 313-344.

Devarajan, S., W. Easterly, y H. Pack, 1999, "Is Investment in Africa Too High or Too Low?", Mimeo, Banco Mundial.

Dollar, David, 1992, "Outward-Oriented Developing Economies Really Do Grow More Rapidly, Evidence from 95 LDCs, 1976-1985", *Economic Development and Cultural Change* 40, núm. 3 (abril), págs. 523-544.

Dollar, David y Roberta Gatti, 1999, "Gender Inequality, Income, and Growth: Are Good Times Good for Women?", Mimeo, Banco Mundial.

Dollar, David y Aart Kraay, 2000, "Growth Is Good for the Poor", Mimeo, Banco Mundial.

Domar, Evsey, 1946, "Capital Expansion, Rate of Growth, and Employment", *Econometrica* 14 (abril), págs. 137-147.

Domar, Evsey, 1957, *Essays in the Theory of Economic Growth,* Oxford, Oxford University Press.
Dommen, Edward, 1989, "Lightening the Debt Burden: Some Sidelights from History", *UNCTAD Review* 1, núm. 1, págs. 75-82.
Douthwaite, R.J., 1992, *The Growth Illusion, How Economic Growth Has Enriched the Few, Impoverished the Many, and Endangered the Planet,* Dublin, Resurgence.
Drazen, Allan, y William Easterly, 1999, "Do Crises Induce Reform? Simple Empirical Tests of Conventional Wisdom", Mimeo, University of Maryland y Banco Mundial.
Drèze, Jean y Naresh Sharma, 1998, "Palanpur, Population, Society, Economy", en Peter Lanjouw y Nicholas Stern, eds., *Economic Development in Palanpur over Five Decades,* Oxford, Clarendon Press.
Dunn, David y Anthony Pellechio, 1990, "Analyzing taxes on business income with the marginal effective tax rate model", World Bank Discussion Paper 79.
Dupuy, Alex, 1988, *Haiti in the World Economy, Class, Race, and Underdevelopment Since 1700,* Boulder, Colo., Westview Press.
Easterly, William, 1993, "How Much Do Distortions Affect Growth?", *Journal of Monetary Economics* 32, págs. 187-212.
Easterly, W., 1994, "Economic Stagnation, Fixed Factors, and Policy Thresholds", *Journal of Monetary Economics* 33, págs. 525-557.
Easterly, W., 1995, "Explaining Miracles: Growth Regressions Meet the Gang of Four", en Takatoshi Ito y Anne Krueger, eds., *Growth Theories in Light of East Asian Experience,* Chicago, University of Chicago Press.
Easterly, W., 1999a, "Life During Growth", *Journal of Economic Growth* 4, núm. 3 (septiembre), págs. 239-76.
Easterly, W., 1999b, "The Middle-Class Consensus and Economic Development", Mimeo, Banco Mundial, diciembre.
Easterly, W., 1999c, "The Ghost of Financing Gap, Testing the Growth Model of the International Financial Institutions", *Journal of Development Economics* 60, núm. 2 (diciembre), págs. 423-438.
Easterly, William, 1999d, "When Is Fiscal Adjustment an Illusion?", *Economic Policy* núm. 28 (abril), págs. 57-86.
Easterly, W., 2000a, "Can Institutions Resolve Ethnic Clonflict?", Forthcoming, *Economic Developmet and Cultural Change.*
Easterly, W., 2000b, "The Lost Decades, Explaining Developing Country Stagnation 1980-98", Mimeo, Banco Mundial, enero.
Easterly, W. y S. Fischer, 1995, "The Soviet Economic Decline", *World Bank Economic Review* 9, núm. 3, págs. 341-371.
Easterly, William y Stanley Fischer, 2000, "Inflation and the Poor", *Journal of Money, Credit, and Banking,* forthcoming.

Easterly, W., y R. Levine, 2000, "It's Not Factor Accumulation: Stylized Facts and Growth Models", Banco Mundial, Mimeo.

Easterly, W., M. Kremer, L. Pritchett, y L. Summers, 1993, "Good Policy or Good Luck: Country Growth Performance and Temporary Shocks", *Journal of Monetary Economics* 32, núm. 3 (diciembre), págs. 459-483.

Easterly, W., y R. Levine, 1997, "Africa's Growth Tragedy: Policies and Ethnic Division", *Quarterly Journal of Economics* 112, núm. 4 (noviembre), págs. 1203-1250.

Easterly, William; Norman Loayza, y Peter Montiel, 1997, "Has Latin America's Post-Reform Growth Been Disappointing?", *Journal of International Economics* 43 (noviembre), págs. 287-311.

Easterly, W. y S. Rebelo, 1993, "Fiscal Policy and Economic Growth: An Empirical Investigation", *Journal of Monetary Economics* 32, núm. 3 (diciembre).

Economics Intelligence Unit, 1999, Côte d'Ivoire Country Report, Fourth Quarter.

Edwards, Sebastian, 1993, "Openness, Trade Liberalitzation, and Growth in Developing Countries", *Journal of Economic Literature* 31 (septiembre).

Edwards, Sebastian, 1995, "Crisis and Reform in Latin America: From Despair to Hope", Nueva York, Oxford University Press para el Banco Mundial.

Edwards, Sebastian, 1998, "Openness, Productivity, and Growth: What Do We Really Know", *Economic Journal* 108 (marzo), págs. 383-398.

Ehrlich, Paul R., 1968, *The Population Bomb*, Nueva York, Ballantine Books.

Ehrlich, Paul R., y Anne H. Ehrlich, 1990, *The Population Explosion*, Nueva York, Simon and Schuster.

European Bank for Reconstruction and Development, 1995, *Transition Report*, Londres.

Filmer, Deon, y Lant Pritchett, 1997, "Child Mortality and Public Spending on Health: How Much Does Money Matter?", World Bank Policy research Working Paper 1864, diciembre.

Fischer, David Hackett, 1991, *Albion's Seed: Four British Folkways in America*, Nueva York, Oxford University Press.

Fondo Monetario Internacional, 1986, *Government Finance Statistics Manual*, Washington, D.C.

Fondo Monetario Internacional, 1992, *World Economic Outlook*, Washington, D.C.

Fondo Monetario Internacional, 1993, *World Economic Outlook*, Washington, D.C.

Fondo Monetario Internacional, 1996a, *Financial Programming and Policy: The Case of Sri Lanka*, Washington, D.C.

Fondo Monetario Internacional, 1996b, *World Economic Outlook*, Washington, D.C., Octubre.

Fondo Monetario Internacional, 1996c, *Kenya Enhanced Structural Adjustment Facility*, 12 de abril.
Fondo Monetario Internacional, 1996d, *Government Finance Statistics Manual*, Washington, D.C.
Fondo Monetario Internacional, 1998, *Côte d'Ivoire: Selected Issues and Statistical Appendix*, IMF Staff Country Report núm. 98/46, Washington, D.C.
Fondo Monetario Internacional, 1999, "IMF Concludes Article IV Consultation with Côte d'Ivoire", Public Information Notes 99/63, 16 de julio.
Fondo Monetario Internacional, varios años, *International Finance Statistics*. Washington, D.C.Forbes, Kristin, 1998, "Growth, Inequality, Trade, and Stock Market Contagion: Three Empirical Tests of Interantional Economic Relationships", Ph.D. dissertation, MIT.
Forbes, Kristin, 2000, "A Reassessment of the Relationship Between Inequality and Growth*", American Economic Review*, forthcoming.
Frankel Jeffrey, y David Romer, 1999, "Does Trade Cause Growth?", *American Economic Review* 89, núm. 3 (junio), págs. 379-399.
Frempong, Agyei, 1982, "Multinational Enterprise and Industrialization in Developing Countries: An Assessment of Ghana's Volta River Project", Ph.D. dissertation, University of Pittsburgh.
Frimpong-Ansah, Jonathan, 1991, *The Vampire State in Africa: The Political Economy of Decline in Ghana*, Londres, James Currey.
Gelb, Alan, 1989, "Financial Policies, Growth, and Efficiency", World Bank Working Paper Series 202.
Ghosh, Atish, 1994, "A Review of World Bank Projections", Mimeo, Banco Mundial.
Gillis, Malcolm, Dwight Perkins, Michael Roemer y Donald Snodgrass, 1996, *Economics of Development*, Nueva York, Norton.
Goldin, C., y L. Katz, 1998, "Human Capital and Social Capital: The Rise of Seconday Schooling in America, 1910 to 1940", National Bureau of Economic Reserch Working paper 6439.
Gonzales de la Rocha, Mercedes, 1994, *The Resources of Poverty, Women and Survival in a Mexican City*, Cambridge, Mass., Blackwell Publishers.
Gould, Stephanies, y John L. Palmer, 1988, "Outcomes, Interpretations, and Policy Implications", en John L. Palmer, Timothy Smeeding, y Barbara boyle Torrey, ed., *The Vulnerable*, Washington, D.C., Urban Institute Press.
Green, Joshua, 1989, "The External Debt Problem of Sub-Saharan Africa", *IMF Staff Papers* 36 (diciembre), págs. 836-874.
Greenwood, Jeremy y Boyan Jovanovic, 1998, "Accounting for Growth", National Bureau of Economic Research working paper W6647, (julio).
Groliers Encyclopedia, Compuserve, article on Luddites.
Grosh, Margaret, 1991, *Public Enterprise in Kenya: What Works, What Doesn't, and Why*, Boulder, Colo., Lynne Rienner Publishers.

Grubel, Herbert G., y Anthony Scott, 1977, *The Brain Drain: Determinants, Measurement and Welfare Effects*, Waterloo, Ont., Wilfrid Laurier University Press.

Gurr, Ted Robert, 1994, "Peoples Against States: Ethnopolitical Conflict and the Changing World System", *International Studies Quarterly* 38, págs. 347-377.

Gyamfi, Peter, 1992, *Infrastructure Maintenance in LAC: The Costs of Neglect and Options for Improvement*, vol. 4, *The Road Sector*, World Bank Latin America and Caribbean Technical Department Regional Studies Program report 17, junio.

Gwartney, James D. y Robert A. Lawson, 1995, *Economic Freedom of the World 1975-1995*, Vancover, Fraser Institute.

Hadjmichael, Michael T., Michael Nowak, Robert Sharer, y Amor Tahari, 1996, *Adjustment for Growth: The African Experience*, Washington, D.C., FMI, (octubre).

Hall, Robert E. y Charles Jones, 1999, "Whay Do Some Countries Produce So Much More Output per Worker Then Others?", *Quarterly Journal of Economics* 114, núm. 1 (febrero), págs. 83-116.

Harberger, Arnold, 1983, "The Cost-Benefit Approach to Development Economics", *World Development* 11, núm. 10, págs. 864-866.

Harrison, Ann, 1996, "Openness and Growth: A Time Series, Cross-Country Analysis for Developing Countries", *Journal of Development Economics* 48, págs. 419-447.

Hayes, J.P., assisted by Hans Wyss y S. Shahid Husain, 1964, "Long-Run Growth and Debt Servicing Problems, Projection of Debt Servicing Burdens and the Conditions of Debt Failure", en Dragoslav Avramovic, *et al.*, *Economic Growth and External Debt*, Washington, D.C., Economic Departmen, International Bank for Reconstuction and Development.

Herring, Ronald, 2000, "Making Ethnic Conflict: The Civil War in Sri Lanka", en Milton J. Esman y Ronald J. Herring, eds., *Foreign Aid and Ethnic Conflict*, Ann Arbor, University of Michigan Press, forthcoming.

Heywood, Paul, 1996, "Continuity and Change, Analysing Political Corruption in Modern Spain", en Walter Little and Eduardo Posada-Carbo, eds., *Political Corruption in Europe and Latin America*, Nueva York, St. Martin's Press.

Hine, David, 1996, "Political Corruption in Italy", in Walter Little and Eduardo Posada-Carbo, eds., *Political Corruption in Europe and Latin America*, Nueva York, St. Martin's Press.

Howitt, Peter, 1999, "Steady Endogenous Growth with Population and R&D Inputs Growing", *Journal of Political Economy* 107, núm. 4 (agosto), págs. 715-730.

Hsieh, Chang-Tai, 1999, "Productivity Growth and Factor Prices in East Asia", *American Economic Review* 89, núm. 2 (mayo), págs. 133-138.

Humana, Charles, 1992, *World Human Rights Guide,* 3d ed., Nueva York, Oxford University Press.

Humphreys, Charles, y John Underwood, 1989, "The External Debt Difficulties of Low-Income Africa", en Ishrat Husain y Ishac Diwan, eds., *Dealing with the Debt Crisis,* Washington, D.C., Banco Mundial.

The Hunger Project, *Ending the Hunger: An Idea Whose Time Has Come,* 1985, Nueva York, Praeger.

Husain, Ishrat, 1999, *Pakistan: The Economy of an Elitist State,* Karachi, Oxford University Press.

Husain, Ishrat, y John Underwood, eds. 1991, *African External Finance in the 1990s,* Washington, D.C., Banco Mundial.

International Labor Organization, 1995, *World Employment, Geneva.*

Iqbal, Z., y R. Kanbur, eds. 1997, *External Finance for Low-Income Countries,* Washington, D.C., Fondo Monetario Internacional.

Jacob, John J., 1881, *A Biographical Sketch of the Life of the Late Michael Cresap,* Cumberland, Md, J.J. Miller.

Jha, Prabhat, Kent Ranson, y José Luis Bobadilla, 1996, "Measuring the Burden of Disease and the Cost-Effectiveness of Health Interventions: A Case Study in Guinea", Banco Mundial technical paper 333.

Jones, Charles I., 1999, "Was an Industiral Revolution Inevitable? Economic Growth over the Very Long Run", National Bureau of Economic Research, working paper 7375.

Jovanovic, Boyan, 2000, "Growth Theory", National Bureau of Economic Researc Working paper 7468.

Jovanovic, B., y Y. Nyarko, 1996, "Learning by Doing and the Choice of Technology", *Econometrica* (noviembre), págs. 1299-1310.

Judson, Ruth, 1996, "Do Low Human Capital Coefficients Make Sense? A Puzzle and Some Answers", Board of Governors of the Federal Reserve System, Finance and Economics Discurssion Series 96-13, marzo.

Kamarck, Andrew M., 1967, *The Economics of African Development,* Nueva York, Praeger.

Kee, James, 1987, "President Reagan's FY88 Budget: The Deficit Drives the Debat", *Public Budgetting and Finance* 7, núm. 2 (verano), págs. 3-23.

Kelly, Allen C. y Robert M. Schimidt, 1995, "Population and Income Change: Recent Evidence", Banco Mundial discussion papers 0259-210X, pág. 249.

Kelley, Allen y Robert Schimidt, 1996, "Towards a Cure for the Myopia and Tunnel Vision of hte Population Debate: A Dose of Historial Perspective", en D. Ahlburg, A. Kelley y K. Mason, eds., *The Impact of Population Growth on Well Being in Developing Countries,* Nueva York, primavera.

Kennedy, Paul, 1993, *Preparing for the Twenty-Firs Century,* Nueva York, Vintage.

Kidron, Michael y Ronald Segal, 1995, *The New State of the World Atlas*, Nueva York, Simon & Schuster.

King, Robert, y Ross Levine, 1992, "Financial Indicators and Growth in a Cross-Section of Countries", Banco Mundial Working Paper Series 819, enero.

King, Robert G., y Ross Levine, 1993a, "Finance, Enterpreneurship, and Growth: Theory and Evidence", *Journal of Monetary Economics* 32 (diciembre), págs. 513-542.

King, Robert G. y Levine, Ross, 1993b, "Finance and Growth: Schumpeter Might Be Rights", *Quarterly Journal of Economics* 108 (agosto), págs. 717-737.

King, Robert y Ross Levine, 1994, "Capital Fundamentalism, Economic Development, and Economic Growth", *Carnegie-Rochester Conference Series on Public Policy* 40, págs. 259-292.

Klenow, Peter, y Andrés Rodríguez-Clare, 1997, "The Neoclassical Revival in Growth Economics: Has It Gone Too Far?", en Ben Bernanke y Julio Rotenberg, eds., *NBER Macroeconomics Annual 1997*, Cambridge, Mass., MIT Press.

Kling, Jeff, y Lant Pritchett, 1994, "Where in the World Is Population Growth Bad?", Banco Mundial policy reserach working papers 1391.

Klitgaard, Robert, 1988, *Controlling Corruption*, Berkeley, University of California Press.

Knight, Alan, 1996, "Corruption in 20th-Century Mexico", en Walter Little and Eduardo Posada-Carbo, eds., *Political Corruption in Europe and Latin America*, Nueva York, St. Martin's Press.

Kopits, George, y Jon Craig, 1998, "Transparency in Government Operations", Fondo Monetario Internacional occasional paper 158, enero.

Kosmin Barry A., y Seymour P. Lachman, 1993, *One Nation Under God: Religion in Contemporary Americna Society*, Nueva York, Harmony Books.

Kremer, Michael, 1993b, "Population Growth and Technological Change: 1 Million B.C. to 1990", *Quarterly Journal of Economics* (agosto).

Krueger, Alan B., y Mikael Lindahl, 1999, "Education for Growth in Sweden and the World", *Swedish Economic Policy Review* 6, núm. 2 (otoño), págs. 289-339.

Kuznets, Simon, 1963, "Notes on the Takeoff", en W.W. Rostow, ed., *The Economics of Takeoff into Self-Sustained Growth*, Londres, Macmillan.

Lambsdorff, Johann Graf, 1998, "Corruption in Comparative Perception", en Arvind K. Jain, ed., *Economics of Corruption*, Recent Economic Thought Series, vol. 65., Boston, Kluwer Academic.

Lancaster, Carol, y John Williamson, eds. 1986, *African Debt and Financing*, Washington, D.C., Institute for International Economics.

Lee, Jong-Wha, 1993, "International Trade, Distortions, and Long-Run Economic Growth", *IMF Staff Papers* 40, núm. 2 (junio).
Lee, Jong-Wha, 1995, "Capital Goods Imports and Long-run Growth", *Journal of Development Economics* 48, págs. 91-110.
Leibenstein, H., 1966, "Incremental Capital-Output Ratios and Growth Rates in the Short Run", *Review of Economics and Statistics* (febrero), págs. 20-27.
Leith, J. Clark, 1974, *Foreign Trade Regimes and Economic Development: Ghana*, Nueva York, NBER/Columbia University Press.
Levine, Ross, y David Renelt, 1992, "A Sensitivity Analysisi of Cross-Country Growth Regressions", *American Economic Review* 82, págs. 942-963.
Lewis, W. Arthur, 1954, "Economic Development with Unlimited Supplies of Labor", *Manchester School* 22 (mayo), págs. 139-192.
Lieberman, Marvin B., y Douglas R. Johnson, 1999, "Comparative Productivity of Japanese and US Steel Producers, 1958-1993", *Japan and the World Economy* 11, págs. 1-27.
Lincoln, Abraham, 1989, *Speeches and Writings 1832-1858*, Nueva York, Library of America.
Lipset, Robert E., 1994, "Quality Change and Other Influences on Measures of Export Prices of Manufactured Goods and the Terms of Trade Between Primary Products and Manufactures", National Bureau of Economic Resarch Working paper 4671, marzo.
Little, I.M.D., Richard N. Cooper, W. Max Corden, y Sarath Rajapatirana, 1993, *Boom, Crisis and Adjustment: The Macroeconomic Experience of Developing Countries*, Oxford, Oxford University Press.
Litwack, Leon, 1999, *Trouble in Mind: Black Southerners in the Age of Jim Crow*, Nueva York, Vintage Books.
Loayza, Norman, 1996, "The Economics of the Informal Sector: A Simple Model and Some Empirical Evidence from Latin America", *Carnegie-Rochester Conference Series on Public Po*licy 45 (diciembre), págs. 129-162.
Lucas, Robert E., Jr., 1988, "The Mechanics of Economic Development", *Journal of Monetary Economics* 22, núm. 1 (julio), págs. 3-42.
Lucas, Robert E., Jr., 1990, "Whay Doesn't Capital Flow from Rich to Poor Countries?", *American Economic Review* 80, núm. 2 (mayo), págs. 92-96.
Lucas, Robert E., Jr., 1998, "The Industrial Revolution: Past and Future", Febrero, Mimeo, University of Chicago.
Lundahl, Mats, 1992, *Politics or Markets: Essays on Haitian Underdevelopment*, Londres, Routledge.
Luttmer, Erzo F.P., 1997, "Group Loyalty and the Taste for Redistribution", Mimeo, Harvard University.
Mackenzie, G.A., y Peter Stella, 1996, *Quasi-Fiscal Operation of Public Financial Institutions*, Fondo Monetario Internacional occasional paper 142, octubre.

Maier, Karl, 2000, *This House Has Fallen, Midnight in Nigeria,* Nueva York, Public Affairs.

Mallet, Victor, 1998, "Telecom Investors Prepare to dial Africa's Number", *Financial Times.*

Mankiw, N. Gregory, 1995, "The Growth of Nations", *Brookings Papers on Economic Activity* 1, págs. 275-326.

Mankiw, N. Gregory, David Romer, y David N. Weil, 1992, "A Contribution to the Empirics of Economic Growth", *Quarterly Journal of Economics* 107, núm. 2 (mayo), págs. 407-437.

Marshall, Alfred, 1946, *Principles of Economics,* 8th ed. Nueva York, Macmillan.

Mauro, Paolo, 1995, "Corruption and Growth", *Quarterly Journal of Economics* 110, núm. 3 (agosto), págs. 681-712.

Mauro, Paolo, 1996, "The Effects of Corruption on Growth, Investment, and Government Expeditures", Fondo Monetario Internacional, Working paper 96/98, septiembre.

Mayor, Federico, 1990, "Education for All: A Challenge for the Year 2000", *Prospects* 20, núm. 4, págs. 441-448.

Meier, G.M., ed. 1995, *Leading Issues in Economic Development,* 6th ed. Oxford, Oxford University Press.

Meyer, Stephen Grant, 2000, *As Long As They Don't Move Next Door: Segregation and Racia Conflict in American Neighborhoods,* Lanham, Md., Rowman and Littlefield.

Middle Eastern Department, International Monetary Fund, 1996, *Building on Progress: Reform and Growth in the Middle East and North Africa,* Washington, D.C.

Miguel, Ted, 1999, "Ethnic Diversity and School Funding in Kenya", Mimeo, Harvard University, noviembre.

Mikell, Gwendolyn, 1989, *Cocoa and Chaos in Ghana,* Nueva York, Paragon House.

Milesi-Ferretti, Gian Maria y Assaf Razin, 1996, "Sustainability of Persistent Current Account Deficits", National Bureau of Economic Research working paper 5467.

Mishan, E. J., 1967, *The Costs of Economic Growth,* Londres, Staples Press.

Mistry, Percy S., 1988, *African Debt: The Case for Relief for Sub-Saharan Africa,* Oxford, Oxford International Associates.

Mokyr, Joel, 1990, *The Lever of Riches: Technological Creativity and Economic Progress,* Oxford, Oxford University Press.

Muhuri, Pradip, y Shea Rutstein, 1994, *Comparative Studies 9: Socioecnomic, Demographic, and Health Indicators for Subnational Areas,* Claverton, Md., Macro International, junio.

Mulligan, Casey B., y Xavier Sala-i-Martin, 1993, "Transtitional Dynamics in Two-Sector Models of Endogenous Growth", Quarterly Journal of Economics 108 (agosto), págs. 739-773.

Murphy, Kevin M., Andrei Shleifer y Robert W. Vishny, 1989, "Industrialization and the Big Push", *Journal of Political Economy* 97, núm. 5 (octubre), págs. 1003-1026.

Murphy, Kevin M., Andrei Shleifer y Robert W. Vishny, 1991, "The Allocation of Talent: Implications for Growth", *Quarterly Journal of Economics* 106, núm. 2 (mayo), págs. 503-530.

Nafziger, E. Wayne, 1993, *The Debt Crisis in Africa,* Baltimore: Johns Hopkins University Press.

Narayan, Deepa, Robert Chambers, Meera Shah y Patti Petesch, 2000a, *Crying out for Change: Voices of the Poor,* vol. 2, Washington, D.C., Banco Mundial.

Narayan, Deepa, with Raj Patel, Kai Schafft, Anne Rademacher, y Sarah Koch-Schulte, 2000b, *Can Anyone Hear Us? Voices from 47 Countries,* Washington, D.C, Banco Mundial.

Nelson, Richard R., 1956, "A Theory of the Low-Level Equilibrium Trap in Underdeveloped Economies", *American Economic Review* 46, núm. 5 (diciembre), págs. 894-908.

Nordhaus, William, 1994, "Do Real Output and Real Wage Measures Capture Reality? The History of Lighing Suggests Not", Yale Cowles Foundation discussion Paper 1078, septiembre.

Obstfeld, Maurice, y Kenneth Rogoff, 1996, *Foundation of International Macroeconomics,* Cambridge, Mass., MIT Press.

Ogaki, Masao, Jonathan D. Ostry y Carmen M. Reinhart, 1995, "Saving Behavior in Low- and Middle-Income Developing Countries: A Comparison", FMI Working Paper WP/95/3.

Pack, Howard, y John M. Page, Jr., 1994, "Accumulation, Esports, and Growth in the High-Performing Asian Economies", *Carnegie-Rochester Conference Series on Public Policy* 40 (junio), págs. 199-250.

Parfitt, Trevor W. y Stephen P. Riley, 1989, *The African Debt Crisis,* Londres, Routledge.

Patel, Surendra J., 1968, "A Note on the Incremental Capital Output Ratio and Rates of Economic Growth in the Developing Countries", *Kyklos* 21, págs. 147-150.

Patrinos, Harry, 1997, "Differences in Education and Earnings across Ethnic Groups in Guatemala", *Quarterly Review of Economics and Finance* 37 (Fall), págs. 809-821.

Perotti, Roberto, 1996, "Growth, Income Distribution, and Democracy: What the Data Say", *Journal of Economic Growth* 1, núm. 2 (junio), págs. 149-187.

Persson, Torsten, y Guido Tabellini, 1994, "Is Inequality Harmful for Growth?", *American Economic Review* 84, núm. 3 (junio), págs. 600-621.

Peters, Thomas J., y Robert H. Waterman, Jr., 1982, *In Search of Excellence: Lessons from America's Best-run Companies,* Nueva York, Harper and Row.

Population Action International, 1995, *Reproductive Risk: A Worldwide Assessment of Women's Sexual and Maternal Health,* Washington, D.C., Population Action International.

Poterba, J., 1998, "Demographic Structure and the Political Economy of Public Education", National Bureau of Economic Research working paper 5677, julio.

Pritchett, Lant, 1994, "Desired Fertility and the Impact of Population Policies", *Population and Development Review* 20, núm. 1 (marzo), págs. 1-56.

Pritchett, Lant, 1997a, "Where Has All the Education Gone?", Banco Mundial policy research working paper 1581, junio.

Pritchett, Lant, 1997b, "Divergence, Big Time", *Journal of Economic Perspectives* 11, núm. 3 (verano), págs. 3-17.

Pritchett, Lant, 1999, "The Tyranny of Concepts: Cumulative Depreciated Investment Effort (CUDIE) Is Not the Same as Capital Accumulation", Mimeo, Banco Mundial.

Pritchett, Lant, y Deon Filmer, 1999, "What Educational Production Functions Really Show: A Positive Theory of Education Spending", *Economics of Education Review* 18, núm. 2 (abril), págs. 223-239.

Przeworski, Adam, y James Vreeland, 2000, "The Effect of IMF Programs on Economic Growth", *Journal of Development Economics,* 62, Issue 2 (agosto), págs. 385-421.

Psacharopoulos, George, 1994, "Returns to Investment in Education: A Global Update", *World Development* 22, págs. 1325-1343.

Pscacharopoulos, George, y Harry Anthony Patrinos, eds. 1994, *Indigenous People and Poverty in Latin America*: An Empirical Analysis. Banco Mundial Regional and Sectoral Study, Washington, D.C., Banco Mundial.

Rauch, James E., 1993, "Productivity Gains from Geographic Conventration of Human Capital: Evidence from the Cities", *Journal of Urban Economics* 34, págs. 380-400.

Ravallion, Martin, 1997, "A Comment on Rati Ram's Test of the Kuznets Hypothesis", *Economic Development and Cultural Change* 46 (octubre), págs. 187-190.

Ravallion, Martin y Shaohua Chen, 1997, "Distribution and Poverty in Developing and Transition Economies: New Data on Spells During 1981-93", *World Bank Economic Review* 11 (mayo).

Ray, Debraj, 1998, *Development Economics,* Princeton, Princeton University Press.

Rebelo, Sergio, 1991, "Long Run Policy Analysis and Long Run Growth", *Journal of Political Economy* 99, págs. 500-521.

Rebelo, Sergio, y Nancy L. Stokey, 1995, "Growth Effects of Flat-Rate Taxes", *Journal of Political Economy* 103, núm. 3 (junio), págs. 519-550.

Red Cross, 1995, *World Disasters Report*, Dordrecht, Netherlands, Nijhoff.
Reinikka, Ritva, y Jakob Svensson, 1999, "How Inadequate Provision of Public Infrasturcture and Services Affects Private Investment", Banco Mundial working paper 2262, diciembre.
Reno, William, 1995, *Corruption and State Politics in Sierra Leone*, Cambridge, Cambridge University Press.
Rescher, Nicholas, 1995, *Luck: The Brilliant Randomness of Everyday Life*, Nueva York, Farrar Straus Giroux.
Rhee, Yung Whee, y Therese Belot, 1990, "Export Catalysts in Low-Income Countries: A Review of Eleven Success Stories", Banco Mundial discussion paper 72.
Rimmer, Douglas, 1992, *Staying Poor: Ghana's Political Economy, 1950-1990*, Nueva York, Oxford University Press.
Rodriguez, Francisco, y Dani Rodrik, 2000, "Trade Policy and Economic Growth: A Skeptic's Guide to the Cross-National Evidence", en *NBER Macroeconomics Annual 2000*, Cambridge, Mass., MIT Press.
Rodrik, Dani, 1995a, "Getting Interventions Right: How South Korea and Taiwan Grew Rich", *Economic Policy* 20 (abril), págs. 55-107.
Rodrik, Dani, 1995b, "Trade Strategy, Investment, and Exports: Another Look at East Asia", National Bureau of Economic Research, working paper 5339, noviembre.
Romer, Paul, 1986, "Increasing Returns and Long-run Growth", *Journal of Political Economy* 94, núm. 5 (octubre), págs. 1002-1037.
Romer, Paul, 1987, "Crazy Explanations for the Productivity Slowdown", en S. Fischer, ed., *NBER Macroeconomics Annual, Cambridge,* Mass., MIT Press.
Romer, Paul, 1990, "Endogenous Technological Change", *Journal of Political Economy* 98, núm. 5, part 2 (octubre), págs. S71-102.
Romer, Paul M., 1992, "Growth Based on Increasing Returns Due to Specialization", en Kevin D. Hoover, ed., *The New Classical Macroeconimics*. vol. 3, Aldershot, U.K., Elgar.
Romer, Paul, 1993, "Idea Gaps and Object Gaps in Economic Development", *Journal of Monetary Economics* 32, núm. 3 (diciembre), págs. 543-574.
Romer, Paul, 1994, "The Origins of Endogenous Growth", *Journal of Economic Perspectives* 8, núm. 1 (invierno), págs. 3-22.
Romer, Paul, 1995, Comment on N. Gregory Mankiw, "The Growth of Nations", *Brookings Papers on Economic Activity* 1, págs. 313-320.
Rooney, David, 1988, *Kwame Nkrumah, The Political Kingdom in the Third World,* Londres, IB Tauris and Co.
Rorabaugh, W.J., 1981, *The Alcoholic Republic, and American Tradition,* Nueva York, Oxford University Press.
Rose-Ackerman, Susan, 1997a, "The Political Economy of Corruption", en

Kimberly Ann Elliot, ed., *Corruption and the Global Economy*. Washington, D.C., Institute for International Economics.
Rose-Ackerman, Susan, 1997b, "The Costs and Causes of Corruption", Prepared for a panel discussion on corruption, FMI, Washington, D.C., abril 3.
Rose-Ackerman, Susan, y Jacqueline Coolidge, 2000, "Kleptocracy and Reform in African Regimes", en *Corruption and Development in Africa: Lessons from Country Case Studies*, ed. Bornwell C. Chikulo and Kempe Ronald Hope, Sr. Nueva York, St. Martin's Press.
Rostow, W. W., 1960, *The Stage of Economic Growth: A Non-Communist Manifesto*, Cambridge UK, University Press.
Roubini, Nouriel, y Xavier Sala-i-Martin, 1992, "Financial Repression and Economic Growth", *Journal of Development Economics* 39, núm. 1 (julio), págs. 5-30.
Roubini, Nouriel, y Paul Wachtel, 1998, "Current Account Sustainability in Transition Economies", National Bureau of Economic Research working paper 6468.
Sachs Jeffrey, y Andrew Warner, 1995, "Economic Reform and the Process of Globa Integration", *Brookings Papers on Economic Activity* 1, págs. 1-117.
Sargent, Thomas J., y Neil Wallace, 1985, "Some Unpleasant Monetarist Arithmetic", *Quarterly Review/Federal Reserve Bank of Minneapolis* (Estados Unidos) 9 (invierno), págs. 15-31.
Schadler, Susan, *et al.*, 1995, "IMF Conditionality, Experience Under Stand-by and Extended Arrangements", FMI occasional paper 128, septiembre.
Schmidt-Hebbel, Klaus, y Luis Serven, 1997, "Saving Across the World: Puzzles and Policies", Banco Mundial discussion paper 354.
Schumpeter, Joseph, *Capitalism, Socialism, and Democracy*, Nueva York, Harper, (originally published 1942).
Seers, Dudley y C. R. Ross, 1952, *Report on Financial and Physical Problems of Development in the Gold Coast*, Accra, Office of the Government Statistician.
Shleifer, Andrei, y Robert Vishny, 1993, "Corruption", *Quarterly Journal of Economics* 108 (agosto), págs. 599-617.
Simon, Julian, ed. 1995, *The State of Humanity*, Oxford, Blackwell.
Slemrod, Joel, 1995, "Do Cross-Country Studies Teach About Government Involvement, Prosperity, and Economic Growth?", *Brookings Papers on Economic Activity* 10, núm. 2, págs. 373-415.
Solow, Robert M., 1957, "Technical Change and the Aggregate Prodution Function", *Review of Economics and Statistics* 39, págs. 312-320.
Solow, Robert M., 1987, *Growth Theory: An Exposition*, Nueva York, Oxford University Press, (originally published 1970).
Stremlau, John, 1996, "Dateline Bangalore: Third World Technopolis", *Foreign Policy* (primavera), págs. 152-168.
Summers, Robert, y Alan Heston, 1991, "The Penn World Table (Mark 5): An

Expanded Set of International Comparisons, 1950-1988", *Quarterly Journal of Economics* 106, núm. 2 (mayo), págs. 327-368.
Svensson, Jakob, 1997, "When Is Foreign Aid Policy Credible? Aid Dependence and Conditionality", Banco Mundial Working paper 1740, marzo.
Svensson, Jakob, 1998, "Reforming Donor Institutions, Aid Tournements", Mimeo, Banco Mundial, abril.
Svensson, Jakob, 2000, "Foreign Aid and Rent-Seeking", *Journal of International Economics* 51, núm. 2 (agosto), págs. 437-461.
Talbot, Ian, 1998, *Pakistan: A Modern History*, Nueva York, St. Martin's Press.
Theobald, Robin, 1990, *Corruption, Development, and Underdevelopmen*, Durham, N,C., Duke University Press.
Thorp, Willard, 1956, "American Policy and the Soviet Economic Offensive", *Foreign Affairs* (octubre).
Todaro, Michael P., 2000, *Economic Development*, 7th ed. Reading, Mass., Addison-Wesley.
Trainer, Ted, 1989, *Developed to Death*, Londres, Green Print.
Tremblay, Helene, y Pat Capon, 1988, *Families of the World: Family Life at the Close of the Twentieth Century*, Nueva York, Farrar, Straus and Giroux.
Unaids, 1999, *AIDS Epidemic Update*, diciembre.
Unicef, varios años, *Progress of Nations*, Nueva York.
UNICEF, varios años, *State of the World's Children*, Nueva York.
Union Bank of Switzerland, 1994, *Prices and Earnings Around the Globe*, Ginebra.
United Nations Conference on Trade and Development, 1967, *The Terms, Quality, and Effectiveness of Financial Flows and Problems of Debt Servicing*, Reportaje TD/B/c.3/35, 2 de febrero.
United Nations Conference on Trade and Development, 1983, *Review of Arrangements Concerning Debt Problems of Developing Countries Pursuant to Board Resolution 222 (XXI), parágrafo* 15, Reportaje TD/B/945, 23 de marzo.
United Nations Development Program, varios años, *Human Development Report*.
United Nations Industrial Development Organization, Industrial Statistics, varios años.
Naciones Unidas, 1996, *World Economic and Social Survey*.
United States Agency for International Development, Office of U.S. Foreign Disaster Assistance (OFDA), 2000, OFDA Reports Index, Washington, D.C.
United States Census Bureau, City and County Databook, varios años.
United States Statistical Abstract, 1995, Washington, D.C.
Van Wijnbergen, Sweder, Ritu Anand, Ajay Chhibber, y Roberto Rocha, 1992, *External Debt, Fiscal Policy, and Sustainable Growth in Turkey*, Baltimore, Johns Hopkins University Press.
Vanek, J., y A. H. Studenmund, 1968, "Towards a Better Understanding of the

Incremental Capital-Output Ratio", *Quarterly Journal of Economics* (agosto), págs. 452-464.

Verspoor, Adriaan, 1990, "Educational Development: Priorities for the Nineties", *Finance and Development* 27 (marzo), págs. 20-23.

Wachtel, Paul L., 1983, *The Poverty of Affluence: A Psychological Portratit of the American Way of Life*, Nueva York, Free Press.

Wade, Robert, 1982, "The System of Administrative and political corruption: canal irrigation in South India", *Journal of Development Studies* 18, núm. 3 (abril), págs. 287-328.

Wade, Robert, 1989, "Politics and Graft: Recruitment, Appointment, and Promotions to Public Office in India", en Peter M. Ward, ed., *Corruption, Development, and Inequality, Soft Touch or Hard Graft*, Londres, Routledge.

Wanniski, Jude, 1998, *The Way the World Works*, 4th ed. Washington, D.C., Regnery.

Wetzel, Deborah L., 1995, "the Macroeconomics of Fiscal Deficits in Ghana, 1960-94", Ph.D. dissertation, Oxford University.

White, Joseph, y Aaron Wildavsky, 1989, *The Deficit and the Public Interest: The Search for Responsible Budgeting in the 1980s*, Berkeley, University of California Press.

Wiles, Peter, 1953, "Soviet Economy Ourpaces the West", *Foreign Affairs* (julio), págs. 566-580.

Wilson, W., 1996, When Work Disappears: *The World of the New Urban Poor*, Nueva York, Knopf.

Winkler, Max, 1933, Foreign Bonds: *An Autopsy*, Philadelphia, Roland Swain Company.

Wood, Adrian, 1988, "Global Trends in Real Exchange Rates, 1960-84", Banco Mundial discussion paper 35.

World Commission on Environment and Development (Brundtland Commission), *Our Common Future*, (Nueva York, Oxford University Press), 1987.

World Conference on Education for All, 1990, "World Declaration on Education for All", *Bulletin, The Major Profect in the Field of Education in Latin America and the Caribbean*, núm. 21, Santiago, Chile, abril.

World Currency Yearbook, varios años, Brooklyn, International Currency Analysis Inc.

World Watch Institute, 2000, *State of the World 2000*, Nueva York, Norton.

Wynne, William H., 1951, *State Insolvency and Foreign Bondholders: Selected Case Histories of Governmental Foreign Bond Defaults and Debt Readjustments*, New Haven, Conn., Yale University Press.

Yonekura, Seiichiro, 1994, *The Japanese Iron and Steel Industry, 1850-1990*. Nueva York, St. Martin's Press.

Young, Alwyn, 1992, "A Tale of Two Cities: Factor Accumulation and Technical Change in Hong Kong and Singapore", en Olivier Blanchard and Stanley Fischer, eds., *NBER Macroeconomics Annual,* Cambridge, Mass., MIT Press.

Young, Alwyn, "Substitution and Complementarity in Endogenous Invention", *Quarterly Journal of Economics* 108, núm. 3 (agosto 1993), págs. 775-807.

Young, Alwyn, 1995, "The Tyranny of Numbers: Confronting the Statistical Realities of the East Asian Growth Experience", *Quarterly Journal of Economics* (agosto), págs. 641-680.

Zolotas, Xenophon, 1981, *Economic Growth and Declining Social Welfare,* Atenas, Bank of Greece.

Índice analítico